중국 여성,
　신화에서 혁명까지

중국 여성, 신화에서 혁명까지

초판 1쇄 발행 2005년 9월 5일
초판 2쇄 발행 2006년 7월 1일

지은이   이화여자대학교 중국여성사연구실
펴낸곳   서해문집
펴낸이   이영선
출판등록 1989년 3월 16일 (제406-2005-000047호)
기획주간 김혜경
편집주간 고혜숙
편집장   강영선
편집   우정은, 임정우, 조건형, 한세정
디자인   이우정, 전윤정, 김민정
마케팅부 김일신, 박성욱
관리부   이규정
주소   경기도 파주시 교하읍 문발리 파주출판도시 498-7
연락처   (031) 955-7470 팩스 (031) 955-7469
홈페이지 www.booksea.co.kr
이메일   shmj21@hanmail.net

ⓒ 2006, 서해문집
ISBN 89-7483-257-7 03910
값은 뒤표지에 있습니다.

이 도서의 국립중앙도서관 출판시도서목록(CIP)은 e-CIP 홈페이지
(http://www.nl.go.kr/cip.php)에서 이용하실 수 있습니다.(CIP제어번호: CIP2005001654)

중국 여성, 신화에서 혁명까지

이화여자대학교 중국여성사연구실 엮음

서해문집

책머리에

『중국 여성, 신화에서 혁명까지』는 중국 여성의 역사를 어떻게 이해할 것인가에 대해 유용하지만 결코 무겁지 않은 안내서가 되었으면 하는 취지에서 시작되었다. 역사를 연구하는 여성 연구자라면(물론 남성 연구자들도 예외인 것은 아니지만) 여성과 역사에 대한 고민으로부터 자유로울 수 없다. 그러나 의외로 여성사 전공자를 찾아보기란 쉽지 않게 마련이다. 그것은 여성사가 단순히 여성이나 여성의 삶을 대상으로 하는 것만으로 성립하는 것이 아니기 때문일 것이다. 그래서 여성을 보는 다양한 시각과 그보다 더 다양한 정치적, 사회적 고민들이 여성사를 향한 접근을 어렵게 했던 것은 아닐까.

우리는 이 책에 그 문제들의 해결이 아니라 해결 모색의 출발점이라는 의미를 부여하고 싶다. 중국여성사에 대한 국내 연구성과가 많지 않은 현 상황에서 신화에서 혁명까지, 또 개인 생활에서 사회 참여에 이르는 다채로운 천착은 중국 여성을 보는 눈을 넓혀나가는 데 도움이 될 수 있으리라 생각하기 때문이다. 한 권의 책으로 묶여졌지만 물론 공동 학습이나 공동 작업의 산물은 아니므로 전체적으로 관점과 입장을 통일하거나 구조의 일관성을 갖추지는 못하였다. 그러한 다양성은 탄생 과정에서 비롯된 이 책의 장점이자 단점일 것이다.

사실 이 책은 중국여성사 연구의 길을 이끌었던 이화여자대학교 사학과 김염자 교수의 정년 퇴임을 계기로 중국여성사에 대한 다양한 주제들을 모아보자는 뜻에서 기획되었다. 중국여성사에 관심을 가지고 있던 이화여자대학교 사학과 동문 연구자들이 중심이 되어 관련 연구성과를 이미 발표한 연구자에 한해 원고를 섭외함으로써 현재의 필진이 구성되었다. 김염자 교수의 정년을 기념하는 작업에 동참하고자 했던 연구자들의 범위는 이보다 넓었지만, 일반 독자들도 읽을 수 있는 중국 여성사 단행본을 만들겠다는 목표가 처음부터 뚜렷했기 때문에 섭외 자체를 극히 제한적으로 진행하였음을 밝혀둔다.

2004년 여름부터 약 1년간의 준비 기간을 거쳐 총 18편의 글이 수합되었다. 이 글들은 고대부터 현대에 이르는 개인의 삶에서 사회구조까지 다양한 시선으로 중국 여성들을 관찰하고 있다. 인물 연구들이 구체적 삶에 가까이 다가가 생동감 있는 체험을 전달한다면 사회적 공간에 대한 연구들은 한걸음 떨어져 사회와 여성을 구조적으로 분석하도록 인도할 것이다.

섭외 단계에서는 이 글들을 인물 연구와 사회구조 연구로만 나누었으나 수합된 원고들을 편집하는 과정에서 개별 논문들의 관계와 방향성을 보다 선명하게 보여줄 수 있는 방식으로 다시 분류해보았다. 각 영역의 표제로 채택한 4개의 주제, '신화에서 현실로', '역사 속 여성의 초상', '봉건으로부터의 해방', '혁명과 여성 사이에서'를 통해 중국여성사의 주요 이슈들이 조금이라도 더 잘 전달될 수 있기를 바란다.

빠듯한 제작 기간이었는데도 때맞추어 이 책이 결실을 맺을 수 있었던 것은 모두 바쁜 연구 일정 속에서도 원고 마감을 지켜주고 촉급하게 진행된 교정 일정에도 적극 협조한 필진 덕분이었다. 특히 본교 동문이 아님에도 학계 선배인 김염자 교수를 위해 흔쾌히 귀한 원고를 투고한 이양자·이성규·윤혜영·조세현 교수에게 각별한 감사의 마음을 표한다. 그리고 여러모로 열악한 상황 속에서도 최선을 다해 책을 다듬고 만들어준 서해문집에게도 진심으로 감사의 뜻을 전한다. 또한 이 책의 기획에서 제작까지 세심하게 지원한 사학과 함동주 교수의 노고에도 깊은 감사를 돌린다. 우리의 작업에 김염자 교수의 학문적 삶에 대한 존경과 학은(學恩)에 대한 감사의 마음을 담을 수 있었다면 그것만으로도 작은 기쁨일 것 같다.

2005년 8월
이화여자대학교 중국여성사연구실

5 책머리에

1장 | 신화에서 현실로

12 김선주 신화 속의 여성상, 아황과 여영
34 배진영 백호에서 아름다운 여신으로, 중국 여신 서왕모
56 문현실 천하를 지배한 여인들, 후한의 여섯 황후
84 김성희 북위의 실질적 통치자, 문명태후와 그 시대

2장 | 역사 속 여성의 초상

114 이성규 중국 고대의 계모상
          -효자를 빛내는 악녀와 공의를 실천하는 의녀
159 이명화 한대 여성의 삶과 법적 지위
187 육정임 송대 딸들의 재산 상속 권한
215 권현주 여성의 능력을 배제한 명대의 여성관
240 이승은 개혁·개방 이후 달라진 현대 중국 여성의 삶

3장 | 봉건으로부터의 해방

264 김염자 항일통일전선과 여성의 정치 참여
  -1930·40년대 국민당통치지구의 부녀운동

306 조세현 가족제도와 국가권력의 벽을 넘어서
  -근대 중국사회에서의 아나르코 페미니즘의 전개

337 김문희 여성 혁명가 하향응의 사료로 보는 여성사교육

360 지현숙 교과서 속 여성국민 만들기
  -남경정부 시기 중학 교과서의 여성국민상

385 천성림 1920년대 중국사상계를 지배한 엘렌 케이

4장 | 혁명과 여성 사이에서

406 윤혜영 정령, 혁명 속 신여성의 고뇌
428 이양자 세기의 자매, 송경령과 송미령
456 전동현 중국 여성혁명가의 초상, 등영초
479 최은진 민중교육의 보모, 유경당

500 필자소개

1장 신화에서 현실로

신화 속의 여성상, 아황과 여영 _ 김선주

백호에서 아름다운 여신으로, 중국 여신 서왕모 _ 배진영

천하를 지배한 여인들, 후한의 여섯 황후 _ 문현실

북위의 실질적 통치자, 문명태후와 그 시대 _ 김성희

신화 속의 여성상, 아황과 여영

김_선_주

01 머리말

넓은 의미의 신화 개념으로 말하면, 중국 신화 전설은 중국 문명의 원형으로 중국 역사의 발자취를 돌이켜 볼 수 있는 근거가 된다.

중국의 학자들은 고대 신화 전설에 등장하는 영웅들을 역사상의 실존 인물로 이상화하였다. 이러한 중국 신화의 역사화는 현재까지도 많은 논란을 일으키고 있다.

순(舜)의 두 왕비인 아황(娥皇)과 여영(女英)이 활동했던 시기는 요순시대(堯舜時代)에서 역사상의 하왕조(夏王朝)로 접어드는 시기로서, 이 시기는 전설의 시대에서 역사의 시기로 이행되는 전환기이다. 요순시대에 대한 기록은 춘추전국시대의 것들이 주를 이루는데, 그 가운데는 후대인의 상상에 의해 부가된 것도 있다. 하지만 그 시대를 배경으로 이루어진 기록이어서 당시의 사회 상황을 잘 반영하고 있다. 요순시대는 최근에 이르러 고대 문헌과 고고 자료를 결합하여 연구를 진행하여 적지 않은 연구성과가 이루어짐으로써 점차 역사의 시기로 인정받게 되었다.

중국 신화에서 여성은 독자적인 지위와 역할을 하는 경우보다는 중국 신화의 영웅과 관련되어 등장하는 경우가 많다. 아황과 여영 또한 그들 공동의 남편인 순이라는 영웅의 이야기와 떨어뜨려 생각할 수 없다.

중국 신화 전설에 등장하는 아황과 여영을 통해서 중국 고대 초기 여성의 이미지와 지위를 생각해보고, 더불어 아황과 여영의 신화 전설이 반영하고 있는 당시 사회적, 정치적 성격을 검토해보고자 한다.

02 신화 속 아황과 여영의 이미지

중국 문헌에서 아황과 여영에 관한 신화 전설의 기록은 그들의 남편인 순에 관한 기록과 연관지어 살펴볼 수 있다.

문헌의 기록에 의하면 요의 두 딸 아황과 여영 이외에도 순은 여러 명의 아내가 있었다. 『산해경』에는 순의 아내로 등비씨라는 인물이 등장하는데, 그녀는 소명과 축광을 낳았다.[1] 『죽시기년(竹書紀年)』에는 "세 순(帝舜) 30년, 후맹(后盲)을 위(渭)에 장사지냈다"[2]라는 기록이 있다. 그러나 『상서』, 『사기』 등의 순에 관한 기록에는 순의 아내로 아황과 여영을 거론하고 있을 뿐이다.

아황과 여영은 순의 두 부인이다. 중국 신화 전설 속에서 순은 제준

(帝俊)과 같은 인물로 간주되곤 한다. 그런데 제준의 아내라고 언급되는 이 중에 아황이 있다.

제준의 또 다른 아내로 언급되는 이름은 아황이다. 인간 세계와 좀더 직접적으로 관련돼 있는 아황은 삼신족을 낳았으며, 이 삼신족은 의균을 낳았다. 이 의균은 순의 아들 가운데 왕위를 계승하지 않고 상 지역에 봉읍을 받은 상균과 연결될 수 있다. 아황은 또 순임금의 아내이기도 하며, 『제왕세기』에 따르면 아황과 삼신족 모두 요(堯)와 똑같은 '요(姚)' 성을 썼다. 제순과 제준 역시 같은 인물로 간주된다. 이는 '준(俊)'과 '순(舜)'의 음이 비슷하다는 점과, 둘의 아내인 아황을 포함해 그들의 역할과 관계가 일치한다는 점에 근거한다.[3]

곽말약(郭沫若)은 『중국고대사회 연구』, 『갑골문자 연구』 등의 저술에서 요가 그의 두 딸(아황, 여영)을 순에게 시집보냈다는 내용의 '아황'과 『산해경』에서 말한 '제준의 처 아황'의 아황이 한 사람이라고 논술하였다.[4]

아황과 여영에 대해서는 한대(西漢時期) 유향이 편찬한 『열녀전』에 그 기록이 보인다.[5] 『열녀전』의 내용을 중심으로 아황과 여영에 대한 문헌 내용을 살펴보면 다음과 같다.

> 순임금의 두 비는 요임금의 두 딸이다. 장녀는 아황이고 차녀는 여영이다.
> 요임금은 나이가 많아서 나라를 넘겨줄 인물을 찾고 있었다. 그 중에 순의 효성과 지극한 품행은 대신들의 입을 거쳐 마침내 요임금의 귀에까지 들어가게 되었다. "순이라는 사람이 현명하고 바르고 근면하다고 하니, 내가 그를 한번 시험해 보겠다." 그러고는 자신의 두 딸

■ 순의 두 부인, 아황과 여영

■ 역산에서 농사를 짓고 있는 순

아황과 여영을 순에게 시집보내 집안에서의 인격을 살펴보게 하였다. 요임금의 두 딸은 순의 시골집으로 내려가 순의 일을 도왔는데, 천자의 딸이라고 교만하거나 게으르지 않았다. 그녀들은 오히려 겸손하고 부지런하였으며, 또 검소함으로써 부도(婦道)를 다하려고 하였다.

그런데도 아버지 고수와 배다른 동생 상(象)은 공모해 순을 죽이려고 곳간 수리를 명했다. 순이 두 아내(요임금의 딸 아황과 여영)와 어떻게 할까 의논하자, 아내들이 "이것은 당신을 죽이려는 거예요. 당신을 불태워 죽이려고 하는 것이니, 까치의 옷을 입으세요. 새처럼 되는 옷을 입고 가세요" 하고 말했다. 순이 그 말대로 하고 곳간을 보수하자, 고수는 사다리를 치우고 창고에 불을 질렀다. 그러나 순임금은 새가 되어 날아가 위기에서 벗어날 수 있었다.

고수 등이 이번에는 우물을 쳐낼 것을 명했다. 순이 이것을 아내들과 의논하자, 아내들은 "이것은 당신을 죽이려는 거예요. 당신을 산 채로 묻어버리려는 거예요. 옷을 벗고 용처럼 되는 옷을 입고 가세요" 하고 말했다. 순이 우물을 쳐내러 나가 그 속으로 들어가자, 고수 등이 위쪽을 덮어 가렸다. 그러나 순은 용처럼 땅속을 잠행해 무사히 탈출했다.

고수는 또 순에게 술을 마시도록 강요하였다. 취하면 죽이려 한 것이다. 순이 또 이 사실을 두 부인에게 알리자 두 부인은 술에 취하지 않는 약을 그에게 주고 먹게 하였다. 순이 가서 종일 술을 마셨지만 취하지 않았다.

또 어떤 기록에 의하면 다음과 같은 이야기도 전해진다. 순은, 요가 그를 시험해 매번 새로운 시험에 부딪치게 될 때마다 먼저 그의 아내들과 의논하였다고 한다. 폭풍우가 치는 산림에서의 일도 순은 사랑하는 두 아내와 미리 의논하였다고 하는데, 두 아내가 어떻게 그를 도와 난관을 극복하게 하였는가에 대해서는 고서에 기록이 없어 의문으로 남아 있다. 추측해보건대 아내들이 준 어떤 부적 같은 걸 몸에 지니고 있었던 덕분에 사악한 것들을 물리치고 무사히 돌아올 수 있었을 것이라고 여겨진다. 그러나 어쨌든 그가 혼자서 깊은 산림에 들어가 시험을 겪어냈다는 그 용감한 정신은 실로 드문 것이었고, 사람들은 그 일에 대해 찬탄을 금치 못했다.[6]

요는 순이 천자의 자질이 되는지 여러 방면으로 시험하였는데, 모든 일을 항상 두 딸과 상의하였다. 여러 시험을 거쳐 천자의 후계자로 지목된 순은 요에게서 천자의 자리를 물려받아 천자가 되었다. 아황은 후(后)가 되고, 여영은 비(妃)가 되었다. 순은 상을 유비(有庳) 땅에 봉해주었다. 아버지 고수를 섬기는 것은 전과 똑같았다. 세상 사람들은 두 비를 총명하고 정숙하다고 칭송하였다.

순은 만년에 남쪽 여러 지방을 순시하였는데 도중에 창오(蒼梧)에서 죽고 말았다. 그와 고락을 함께 했던 두 아내 역시 이 불행한 소식을 듣고서는 간장이 끊어질 듯이 슬퍼하였다고 한다. 그래서 그녀들은 수레와 배를 타고 즉시 남쪽으로 가는데, 가는 도중에 보이는 각 지방의 수려한 경치가 더욱 마음을 슬프게 해 눈물이 샘물처럼 솟아나왔다. 이 상심의 눈물이 남쪽의 대나무 숲에 흩뿌려지자 그 대나무에는 온통 그녀들의 눈물자국이 남겨지게 되었다.

피눈물이 대나무 위로 흘러서, 대나무에 얼룩얼룩한 반점이 물들었다. 이 대나무를 상비죽(湘妃竹)이라 부른다. 이런 연유로 해서 후에 남방에는 상비죽이라는 무늬 있는 대나무가 생겨나게 되었다. 두 왕비는 상수(湘水)라는 강을 건너다 풍랑을 만나 빠져 죽고 말았고, 후에 두 왕비의 혼은 상수의 여신으로 화하였다고 한다. 혹은 아황과 여영은 비탄을 이기지 못하여 두 사람이 함께 상수에 몸을 던져 투신자살하였다고도 한다.

『열녀전』의 송(頌)에 이렇게 말하고 있다.

> "처음에 두 비는 요임금의 딸이었네.
> 빈으로 유우(순임금)와 나란히 섰지만 아래에서 순을 보좌하였네.
> 높은 신분으로 낮은 신분의 순을 섬겼으니 그 노고 심하였도다.
> 까다로운 고수와 화목하니 마침내 복을 즐길 수 있었다네."[7]

이상에서 살펴본 바와 같이 신화 전설에 나타나는 아황과 여영은 그들 공통의 남편인 순이라는 영웅을 만들고 도와주는 조력자의 역할을 충실히 하고 있다. 그들은 순이 가족들의 음모에 의해 어려움에 처하게 되었을 때나, 요가 그를 시험해 어려움에 처했을 때마다 지혜롭게 조언하여, 순이 난관을 극복하고 요의 뒤를 이어 성군이 되는 데 적극적으로 내조하였다.

아황과 여영은 집안에서도 역시 귀족의 태도를 조금도 내보이지 않고 부지런히 집안을 섬기고 묵묵히 어려움을 극복한 정숙하고 어진 성격의 소유자들이다. 『사기』의 내용을 통해서 보면 요의 두 딸은 고귀한 신분이라고 교만하지 않고, 도리어 부도(婦道)를 극진히 다하였다. 그들은 순이 죽게 되자 비탄을 이기지 못하고 순을 따라 죽기까지 하였다.

아황과 여영에 대한 고사를 통해서 당시 여성에 대한 이미지는 여성

우위의 신화세계를 벗어나 남성 우위의 역사세계 속에서 남성 중심적으로 이루어졌음을 볼 수 있다. 이는 춘추전국시대 유교적 관념에 의해 요순선양의 주인공을 미화하는 가운데, 그의 배우자들은 영웅을 돕고 의존하는 이미지로 보이게 되었다.

그런데 여기서 순과 두 왕비의 비극적인 최후에 의문이 생기게 된다. 후대 유학자들이 정치의 모범으로 이상화하였던, 선양이라는 절차를 거쳐서 천하를 다스리고 태평성대를 구가하였던 순의 돌연한 객사와 그의 두 왕비가 피눈물을 흘리며 죽어간 사연은 그들에 대한 신화상의 이미지와 부합되지 않기 때문이다.

이는 요순선양의 미화와 역사 왜곡과 결부되어 볼 수 있으며, 정치투쟁과 관련한 순의 피살설과 두 왕비의 죽음 등에 관한 진실이 영웅신화의 이미지에 지워진 것일 수도 있다. 이러한 순의 두 왕비 신화의 정치적 배경에 관한 문제는 4장에서 구체적으로 고찰해보겠다.

03 아황과 여영 신화의 사회적 배경

요의 두 딸이자 순의 두 부인인 아황과 여영이 활동했던 소위 요순시대는 중국사회가 원시사회 말기에서 역사시대로 접어드는 대전환기의 시대를 그 배경으로 하고 있다.

요(堯)가 생존했던 시대는 국가 형성 직전의 원시사회 말기에 해당된다. 앙소문화(仰韶文化)로 대표되는 채도문화는 황제씨(黃帝氏), 도당씨(陶唐氏), 하후씨(夏后氏)로 이어지는 중국 신석기시대의 농업문화이다.

앙소문화 말기부터 용산문화 초기는 오제시대(五帝時代)에 해당한다. 오제시대에는 각 집단 간의 전쟁, 접촉이 빈번하였다.

요가 활동했던 지역에 대해 살펴보면, 『제왕세기』에 다음과 같이 기록되어 있다.

> (요)모친 경도가 14개월을 잉태하여 단릉에서 요를 낳았다.

단릉은 단주가 봉지를 받은 곳으로 하남의 단수(丹水)와 석수(淅水)가 만나는 지역이다. 요는 채도문화의 중심 지역인 하남인일 가능성이 크다.

『회남자(淮南子)』의 기록에 의하면 요가 천하를 얻어 제위에 오르기까지는 그 과정이 순탄하지 않았고 피비린내 나는 투쟁을 통해 이루어졌다는 것을 짐작할 수 있다.

> 요가 마침내 예(羿)로 하여금 착치를 주화의 들에서 죽이고, 구영을
> 흉수 가에서 죽이고, 대풍을 청구의 택에 돌려보내고 (……)

은작산(銀雀山) 한묘(漢墓)에서 출토된 『손빈병법(孫臏兵法)』에는 "요가 천하를 통치하였을 때에 왕의 명령을 거부하고 따르지 않은 자가 일곱인데 그 중 이민족에서 둘이고 중국에서 넷이다[堯有天下之時, 黜王命而弗行者七, 夷有二, 中國四……]."라는 기록이 있다.

순(舜)의 활동 지역에 대해 살펴보면, 『맹자』「이루하(離婁下)」편에는 "순은 제풍(諸馮)에서 태어나서, 부하(負夏)로 옮겼다가 명조(鳴條)에서 죽었다. 동이인(東夷人)이다"라고 하여 순이 동이 사람임을 밝히고 있는

데, 이는 순의 활동 지역이 동방이라는 증거가 된다. 『사기』 「오제본기(五帝本紀)」에는 "순은 기주인(冀州人)으로 역산(歷山)에서 농사짓고, 뇌택(雷澤)에서 고기 잡고, 하빈(河濱)에서 도자기 굽고, 수구(壽丘)에서 십기(什器)를 만들고, 부하(負夏)에 때에 맞추어 갔다"[8]라고 하였고, 『제왕세기』에는 "고수의 처는 악등(握登)으로 (……) 요허(姚墟)에서 순을 낳았으므로 성을 요(姚)라고 한다. (……) 본가는 기주(冀州)이다"[9]라고 기록되어 있다. 이상의 지명은 고고학자들의 견해에 차이가 있지만 대체로 현재의 하남과 산동 교계(郊界)에 해당한다.

위의 기록에 의하면 순의 활동 무대는 용산문화의 본거지로서 동이족의 활동 무대인 하남과 산동 교계에 해당한다. 순은 그곳의 지배자라고 볼 수 있다.

중국 고고학 연구성과에 의하면, 중원용산문화는 앙소문화와 이리두문화(二里頭文化)의 중간 시기에 해당한다. 대다수의 학자들은 앙소문화는 씨족사회 시기로 보고, 이리두문화는 문명 시기로 진입하였다고 보고 있다.

근 이십 년 이래의 발굴과 연구로 이리두문화의 내용에 대해 비교적 심도 있는 이해가 가능해졌고, 하문화를 탐색하는 데 기초가 마련되었다.[10] 이리두문화의 유적지에서 발견된 면적이 수천 내지 1만 평방미터의 항토(夯土)건축 기지, 대형의 주동작방(鑄銅作坊)과 각종의 청동예기(青銅禮器) 등은 모두 연대가 가장 초기의 것으로 하문화와 중국 문명의 형성 과정을 이해하는 데 중대한 의의를 갖는다.[11]

고고학상 용산문화에 속하는 시대는 사회 대변혁의 시대이다. 씨족제의 공동 노동, 평균 분배의 원칙은 이미 타파되고, 권력, 문화 등이 소수의 상층에 집중되었다. 사유제의 출현으로 씨족 간의 공동 이익 관념은 점차 사라지고 대항과 반목을 하는 현상이 나타나게 되었다.

용산문화의 취락 형태로 보면 중심 지역과 그 외의 등급 지역으로 나뉘어져 있음을 알 수 있고, 도사(陶寺) 묘지의 정황은 그 사회가 불평등한 등급으로 나뉘어져 있으나 왕의 묘와 같은 단독의 묘지는 나타나지 않았음을 반영한다. 도사(陶寺)의 중형묘 주위에 대형묘가 매장되어 있는 것을 통해 양자 사이에 긴밀한 혈연 관계가 있고, 씨족 혹은 부락 추장과 친소 관계가 다른 성원이 함께 매장되어 있음을 알 수 있다. 중형묘의 대부분에서 석월(石鉞) 등이 매장되어 있는 것을 통해 부락 영수 주위에 무사집단이 형성되어 있다고 추측할 수 있다.

이와 같이 중원용산문화는 사회 대변혁의 시대로 소위 영웅시대에 해당된다. 당시의 계급모순은 이미 첨예화되었으나, 씨족 조직의 울타리를 벗어나지 못하고 국가 사회에 진입하지 못한 단계이다.[12]

요는 아황과 여영 두 딸을 순에게 시집보냈다. 유향의 『열녀전』「유우이비(有虞二妃)」편에 나오는 "요의 두 딸 중 장녀가 아황이고, 차녀가 여영이다", "아황은 후가 되었고, 여영은 비가 되었다"라는 기록에 의하면, 아황과 여영은 순의 공동의 처임을 알 수 있다. 즉 그들은 2인 또는 그 이상의 형제가 그 처를, 또는 2인 또는 그 이상의 자매가 그 남편을 공유하려고 하는 경향에 있다는 '푸날루아(punalua)'이다.[13] 아황은 순의 주처(主妻), 즉 '대우(對偶)'이고, 순은 아황의 주부(主夫), 즉 '대우(對偶)'임을 알 수 있다.

『산해경』에는 순의 아내로 등비씨(登比氏)라는 인물이 등장하고, 『죽서기년』에는 후맹(后盲)을 장사지냈다는 기록이 있다. 순은 요의 두 딸을 정비와 차비로 맞이하였으나 그 외에 여러 명의 처가 있었음을 짐작할 수 있다.

마르크스는 "푸날루아 가족제 아래에서 일남일녀가 배우가 되어 동거 생활을 한 사실이 발견되는데 이는 사회 상황의 여러 조건에 의해 이루어진 것이다. 한 남자의 약간의 처 중에 한 명은 주처이고, 반대로 여자의 경우도 그러하다. 따라서 대우 가족에 대한 과도적 경향이 나타난다"[14)]라고 지적하였다.

양성 간의 활동은 결국 양인 간의 일이다. 그들은 일대일로 성생활을 하는 가운데 성교 자체에 대한 흥미 이외에 성교의 상대방에 대한 감정이 발생한다. 따라서 푸날루아 중 목적적 선택이 생기고 선택이 쌓이면 대우혼이 성립한다. 대우혼은 대우 외의 기타 푸날루아의 성교 관계를 배척하는 것은 아니고, 성교가 대우 위주로 진행하는 것으로, 이는 푸날루아 혼인제에서 일부일처제로 나아가는 과도기적 형태로서 인류 혼인 사상 큰 의의가 있다.[15)]

중국에 있어서 대우혼은 용 토템계의 황제 부족이 창시한 것으로 요순시대까지 존속되었다.[16)]

『제왕세기』에서는 "요가 단주를 낳고 다시 서자 아홉 명을 두었다"라고 기록되어 있다. 여기서 '서자'란 대우혼 중의 비주처(非主妻)와의 사이에서 태어난 자이다. 즉 단주는 주처 사이에서 태어났지만 그 외의 9인은 비주처와의 사이에서 태어난 것이다. 『제왕세기』에 "아황은 자식이 없고 여영은 상균을 낳았다"라고 기록되어 있고, 『사기』「오제본기」에는 "요의 아들 단주, 순의 아들 상균은 모두 봉토가 있고, 조싱 제사를 받든다"고 기록되어 있다. 『한서』「율력지」에는 "상균은 로(虞)에 봉해졌는데 우는 양국(梁國)에 있고, 지금의 우성현(虞城縣)이다"라고 기록되어 있다. 여기서 우리는 대우혼제에서 주처의 자식만이 계승권이 있을 수 있다는 추측을 할 수 있다.

고고학의 연구 결과 용산시대의 후반기에 들어서서 중원에는 이미 가족묘지와 부부병혈합장(夫婦幷穴合葬)이 출현하였다. 이렇게 매장의 형태에서 보면 용산문화의 후반기에 이르면 중국의 가족제도가 씨족제도를 탈피하여 일부일처 형태로 나아감을 짐작할 수 있다.[17]

요순선양의 배경, 즉 아황과 여영의 전설신화에는 중국의 혼인제가 원시씨족사회의 대우혼에서 점차 국가 형성기의 가부장적 일부일처제로 나아가는 과도기적 사회 상황을 그 배경으로 하고 있다.

04 아황과 여영 신화의 정치적 배경

요의 딸이자 순의 두 왕비인 아황과 여영에 대한 이야기는 요순선양이라는 거대한 정치적 배경을 갖고 있다.

전설이나 신화는 그 자체가 모두 사실이 아니라고 하더라도 그 시대를 배경으로 이루어졌고, 그 시대의 사회상을 반영하고 있다는 것은 부인할 수 없다. 요순선양설도 후대에 첨삭되었지만 그 내용 가운데 요순시대의 사회 상황을 살펴볼 수 있다.

신화를 역사화시킨 대표적 인물이라고 평가되는 사마천은 『사기』의 「오제본기」와 「하본기(夏本紀)」 속에서 『상서』의 「요전」 및 선진 시기 각 저작에 기록된 내용을 종합해서 요순 간의 선양 정황에 대해 고사 발전의 선후 순서에 따라 배열해서 체계적이고 비교적 상세한 서술을 하였다.

요는 재위한 지 70년이 지나자 후계자를 양성할 생각을 하였다. 그런데 요의 아들 단주(丹朱)는 불초하였다. 천하 사람들을 위해서 생각한다면 제위를 단주에게 전해줄 수는 없었다. 그래서 요는 사악(四嶽)을 소집하여 회의를 열고 후계자를 추대하는 문제를 공동으로 상의하였다. 요가 사악에게 자문을 구하였다. "여러분 중에 천명에 순응해서 나의 자리에 들어와서 천하를 통치하는 일을 할 사람이 있는가?" 사악은 이 말을 듣고서는 모두 스스로를 아는 현명함을 갖추고 있는지라 자신들은 덕이 부족하여 이 직책을 감당하기 어렵다고 생각하였다. 이에 그들은 공동으로 순을 요에게 추천하며 순은 반드시 이 직책을 감당할 수 있을 것이라고 주장하였다. 요는 비록 자신도 여러 차례에 걸쳐 순이 민간에서 행한 모범적인 덕행에 대해 들은 적이 있었지만 이것은 천하의 대사이기 때문에 경솔하게 전위를 할 수가 없어서 순에 대해 다방면에 걸친 엄격한 시험을 하였다. 요는 자신의 두 딸인 아황·여영을 순에게 시집보내서 순의 집안 다스리는 방법을 관찰하였고, 다시 아홉 아들을 순과 같이 살게 해서 밖에서 드러나는 그의 행동을 살폈다. 또 요는 순에게 오교(五敎)·백관(百官)의 일을 담당하게 해서 사도(司徒)의 직책으로써 그를 시험하였다. 그 결과 순은 집안을 다스리는 데 훌륭하였을 뿐 아니라 직책을 수행하는 데도 뛰어난 능력을 발휘하였다. 이 때문에 요는 크게 기뻐하였지만 더욱 확실하게 하기 위해서 순에게 산림천택(山林川澤)에 들어가게 하였는데 그 결과 순은 폭풍이나 폭우 속에서도 길을 잃지 않았다. 이렇게 해서 요는 초보적으로 순의 재능을 믿게 되었다. 이어서 다시 순에 대해 다각도로 치국하는 능력을 키우는 훈련을 시켰다. 장장 28년 동안의 시험과 훈련을 거쳐서야 요는 비로소 안심하고 제위를 순에게 선양하였다. 그러나 요가 승하하자 삼년상을 마치고 순은 여전히 겸양의 미덕을 발휘하여 제위를 요의 아들인 단주(丹朱)에게 전해주고 자신은 남하(南河)의 남쪽으로 숨어버렸다. 그러나 이때 순이 제(帝)가

되는 일은 이미 여러 제후들에게 승인이 된 것이라서 제후들은 순에게 조근(朝覲)하러 가고 단주에게 가지 않았으며, 소송 문제도 순에게 의뢰하고 단주에게 하지 않았으며, 순의 덕을 노래하고 단주를 노래하지 하지 않았다. 순은 이렇게 되자 할 수 없이 천자의 자리에 올랐다.[18]

이것이 바로 사마천이 기록한 '선양' 이야기의 전말이다.

『맹자』「만장상(萬章上)」에서 요순 선양 문제를 언급하는 가운데 다음과 같은 내용이 나온다.

> 요가 승하자자, 삼년상을 마치고 순은 남하의 남쪽으로 요의 아들을 피하였다.
> 순이 승하하자, 삼년상을 마치고 우는 양성으로 순의 아들을 피하였다.
> 우가 승하하자, 삼년상을 마치고 익은 기산의 남쪽으로 요의 아들을 피하였다.

요는 단주에게 양위하지 못하였고, 순은 상균에게 전위하지 못하였고, 우도 자기의 아들에게 직접 전위를 하지 못하였다. 이러한 선양의 방식은 유가에 의해 윤색된 것이다. 그러나 순이 요의 아들을 피하고, 우가 순의 아들을 피하고, 익이 우의 아들을 피한 것은 완전히 조작된 것인가? 이는 당시의 모순 상황이 반영되어 있는 것이다. 즉 세습제가 확립되지 못한 국가 형성 직전의 원시씨족사회 말기 귀족 간의 세력 쟁탈 모순을 반영하는 것이다.

요와 순의 선양에 대해서는 사실이 아니라는 견해를 넘어서 순이 요를 핍박하여 제위를 찬탈하였다는 견해도 제기되었다. 앞에서 살펴본 바와 같이, 요·순 간의 선양을 미덕으로 강조하는 유가에서 순자도 요·순 간의 선양은 사실이 아니라는 의문을 표명하였다. 심지어 한비자는 요·순 간의 제위 이양은 선양이 아니라 '순핍요(舜偪堯)'에 의해 이루어진 것이라고 하였다. 이것은 한비자 개인의 견해가 아니라 전국시대에 널리 퍼져 있었던 내용이었다고 보인다.

『죽서기년』의 기록에, "옛날에 요가 덕이 쇠해서 순에게 구금당했다", "순은 요를 구금한 후에 언에서 단주를 가두어 놓고 부자지간에 만나지 못하게 하였다"라고 한 것으로 볼 때 순은 무력으로 권력을 장악하고 천하를 차지하였다. 순은 요의 아들 단주를 외지에서 막고 그들 부자가 만나는 것을 허락하지 않았다. 또한 "순은 남면해서 서 있고 요는 제후들을 이끌고 북면해서 그를 배알하였다." 이로 보면, 요가 순에게 굴복당했을 가능성을 배제할 수 없다.

당대 유지기(劉知幾)는 『사통(史通)』「의고(疑古)」편에서 『급총쇄어(汲冢瑣語)』[19]를 인용하여 "순이 평양으로 요를 축출하였다"라고 하였고, 또 순이 우에게 창오(蒼梧)로 쫓겨나서 죽었다고 기록하였다.

요순시대는 원시씨족사회에서 국가 형성 단계의 과도기이므로 힘 있는 자에 의한 무력 사용은 보편적인 것이다.

요·순·우는 모두 중인(衆人)에 의해 선출되었다. 이는 추장추대제도의 모습이다. 사유제와 세습제국면의 국가 형성 이전 추장추대제도는 보편적으로 존재하고 있었던 것으로 보인다. 우리나라 고대 부여의 예에서도 그러한 경우를 찾아볼 수 있다. 『삼국지』「부여전(夫餘傳)」주에 다음과 같이 기록되어 있다.

> 옛날 부여의 습속에, 홍수와 가뭄이 고르지 못하여 오곡이 제대로 익지 못하면 왕에게 허물을 돌린다. 어떤 사람은 바꾸어야 한다고 말하

고, 어떤 사람은 죽여야 한다고 말한다.

여기에서 부여에도 원시씨족사회의 추장추대제도가 있었음을 볼 수 있다. 선임된 추장이 역할을 제대로 수행하지 못하면 원시씨족사회의 성원은 새로운 추장을 선출하려고 하였던 것이다.

원시씨족사회의 추대제도는 경제 상황과 계급생산의 급격한 변화의 촉진하에 복잡하고 잔혹한 투쟁을 거쳐 부자 세습의 제도로 대체되었다. 추대제는 역사상 일찍이 모계씨족제 형성과 더불어 발생하였고, 모계씨족사회 시기에 주로 시행되었다.

추대제의 경제적 기초는 생산의 공유제이다. 모계씨족사회에서 부계씨족사회로 바뀐 것은 사유제 출현의 결과이다. 추대제하에서 생산은 공유되었으나 농경 등 생산 방법의 발달에 따라 생산량이 증가되었고, 잉여생산이 증가됨에 따라 씨족사회의 빈부 차이가 나타나게 되었다. 이렇게 사유제의 발전에 따라 추대제 존립의 근거가 무너지고 사유제와 상응하는 세습제로 대체되어 갔다.

추대제에서 세습제로 전환되는 과도기에는 폭력을 수반하게 된다. 단지 중국 역사에서 이러한 폭력적 상황은 후대에 선양으로 포장되었을 뿐이다. 요·순·우 간에 이루어진 몇 번의 선양은 사실상 쟁탈을 통해 이루어진 것이다. 요·순·우의 사례에서 볼 수 있듯이 몇 차례 반복된 투쟁과 찬탈 이후에 승리자는 통치 지위를 취득하고, 추대제를 세습제로 바꾸어 세습왕권을 확정하였던 것이다.

「요전」에 의하면 요·순 선양, 순·우 선양은 모두 사악에 의해 추천되었다. 사악은 부락의 추장들이다. 그들이 추천한 사람이 바로 부락연맹의 추장이다.

「요전」에는 또 이런 기록이 있다.

> (요는) 능력과 덕을 발양할 수 있고 구족을 화목하게 할 수 있다. 구족이 화목해진 후에는 백관을 변별해서 밝혔다. 백관의 선악을 변별해서 밝힌 후에는 모든 제후국을 어울리게 하고 화목하게 만들었다
> 〔克明俊德, 以親九族. 九族旣睦, 平章百姓. 百姓昭明, 協和萬邦〕.

여기서 소위 구족은 요 소재의 씨족 조직이고, 백성은 요의 씨족과 동시에 한 부락 혹은 부락집단 중에 존재하고 있던 기타의 씨족이고, 만방은 다중의 부락집단이다. 요의 씨족은 부락귀족에 속한다.[20] 여기서 '협화만방(協和萬邦)'이라는 기록을 통해서 요시대에 부락연맹(통합)이 이루어졌음을 짐작할 수 있다.

씨족사회는 토템 사회이다. 소위 토템은 고대 씨족과 종교의 의의를 모두 지니고 있다. 중국 고대의 신화 전설의 구성도 토템과 같이 고대 부족 분파의 방식이다. 중국은 염제(炎帝)를 대표로 하는 동이족(東夷族·동방족)과 황제(黃帝)를 대표로 하는 화하족(華夏族·서방족)으로 나뉜다. 순의 본족인 동이족은 새 토템의 부족이다. 더욱이 봉황은 종합적 토템으로서 그들에게 최고의 정신적 지배력을 갖는다. 용은 서방 부족의 종합적 토템으로서 요와 그의 두 딸의 본족 토템이 된다.

동방족의 순이 서방족의 요의 두 딸을 공동의 처로 맞이하고, 요의 제위를 계승함으로써 동서부족연맹을 실현하였다. 순의 부친 고수와 동생 상은 모두 협애한 토템주의자로서 그들은 새 토템 지상, 동방지상의 주장을 하였다.[21] 따라서 순과 고수와의 정치적 불화는 심화될 수밖에 없음을 추측할 수 있다.

이와 관련하여 소야택정일(小野澤精一)은 요순선양설의 기저에는 불과 물을 숭상하는 종족의 관계가 전제되고, 양족의 통혼·협력의 관계를 갖고 있다고 지적하였다.[22]

『사기』, 『맹자』 등에는 요·순 선양에 관한 전설 가운데 순의 부친인 고수와 아우 상이 순을 모해하는 고사들이 보인다. 여기서 보면 몇 번의 죽을 고비를 자신의 기지로 위기에서 벗어난 순은 부친과 동생에게 이전과 다름없이 효도와 우애를 다 한다. 이러한 순의 효를 강조하는 고사들은 그 이전부터 알려진 전설 속에 전국시대 유가와 묵가가 순의 왕위계승을 합리화하기 위하여 첨가했을 가능성이 높다.

이상에서 살펴보았듯이 요순선양설은 후대에 와서 미화되고 왜곡되었으며, 요와 순의 사이에는 선양의 형식을 빌린 제위 이양이 있었다고 보인다. 순이 요의 두 딸을 공동의 처로 맞이한 것도 요와 순 사이의 제위 이양과 맞물려서 이루어진 것으로, 부족 통합에 따른 권력투쟁, 소위 종족 간의 정략적 통혼과 밀접한 연관이 있다.

05 맺음말

이상에서 살펴본 바와 같이 중국 신화 전설 속에 보이는 아황과 여영의 이미지는 그들 공통의 남편인 순이라는 영웅을 만들고 도와주는 충실한 내조자이다. 순이 어려움에 처했을 때마다 지혜롭게 조언을 하여, 순이 난관을 극복하고 요의 뒤를 이어 성군이 되는 데 적극적인 내조를 하였다.

아황과 여영에 대한 고사를 통해서 당시 여성에 대한 이미지는 남성

우위의 역사세계 속에서 남성 중심적으로 이루어졌음을 볼 수 있다. 이는 춘추전국시대 유교적 관념에 의해 요순선양을 이상화하고 그 주인공을 미화하는 가운데, 그의 배우자들은 유교적 관념에 어울리는 부도를 갖춘 양처의 이미지로 보이게 된 것이다.

아황과 여영이 활동했던 시기는 중국의 혼인제가 원시씨족사회의 대우혼에서 점차 국가형성기의 가부장적 일부일처제로 나아가는 과도기적 사회 상황을 그 배경으로 하고 있다.

요의 딸이자 순의 두 왕비인 아황과 여영에 대한 이야기는 요순선양이라는 거대한 정치적 배경을 갖고 있다. 즉 동방족의 순이 서방족의 요의 두 딸을 공동의 처로 맞이한 것은 양족의 통합·통혼의 관계를 맺는 것과 밀접한 관련을 가진다.

■주 석

1) 『山海經』「海內北經」, "舜妻登比氏生宵明, 燭光, 處河大澤, 二女之靈能照此所方百里, 一曰登北氏." 정재서 역주, 『산해경』(서울: 민음사, 1999), p.276.
2) (帝舜)三十年, 葬后盲于渭.(『竹書紀年』권2)
3) 사라 알란 저, 오만종 역, 『거북의 비밀, 중국인의 우주와 신화』(서울: 예문서원, 2002), pp. 68-69. 참조.
4) 葉林生, 『古帝傳說與華夏文明』(合爾濱: 黑龍江敎育出版社, 1999), pp.191-192 참조.
5) 劉向 저, 이숙인 역, 『열녀전(列女傳)』「유우이비(有虞二妃)」(서울: 예문서원, 1996) 참조.
6) 袁珂, 전인초·김선자 역, 『중국신화전설』1(서울: 민음사, 1999), 제5장 순임금과 지혜로운 두 아내, pp. 279-280.
7) 劉向 저, 이숙인 역, 『열녀전』(서울: 예문서원, 1996), 「유우이비(有虞二妃)」, p.38.
8) 『史記』권1, 「五帝本紀」제1, "舜冀州之人也. 舜耕歷山, 漁雷澤, 陶河濱, 作什器於壽丘, 就時於負夏."
9) 『太平御覽』권81 참조.
10) 대표적인 연구성과로는 中國社會科學院考古硏究所二里頭工作隊, 「河南偃師二里頭二號宮殿遺址」(『考古』, 1983. 3.), 中國社會科學院考古硏究所河南第2工作隊, 「偃師商城獲重大考古新成果」(『中國文物報』, 1996. 12.) 등이 있다.
11) 中國社科院, 「考古硏究所史前考古二十年」, 『考古』1997. 8. 참조.
12) 편집부 편, 「中國文明起源硏討會紀要」, 『考古』1992.6., p.532.
13) 모오건, 『고대사회』(서울: 문화문고, 2000), p.442.
14) 모오건, 『고대사회』, p.67.
15) 鄭慧生, 『上古華夏婦女與婚姻』(鄭州: 河南人民出版社, 1988), p.34.
16) 徐亮之, 『中國史前史話』(臺北: 華正書局, 1979), p.229.
17) 편집부 편, 「中國文明起源硏討會紀要」, 『考古』1992.6., p.546.

18) 『史記』권1,「五帝本紀」제1, "堯曰吾其試哉. 於是堯妻之二女, 觀其德於二女. 舜飭下二女 於嬀汭, 如婦禮. 正義: 舜能整齊二女以義理, 下二女之心於嬀汭, 使行婦道於虞氏也."
19) 서진 무제 태강(太康) 2년(281년)에 급군(汲郡) 사람 부준(不準)이 위(魏) 양왕 묘를 도굴하다가 대규모의 죽간을 발견하였는데 거기에 전국시대의 고문(蝌蚪文)이 기록되어 있었다. 후에 속석(束晳)·두예(杜預) 등이 연구 정리하여 예서로 바꾸었는데, 총 16종 75편이었다. 그 중에서 완벽한 것이 68편이고 잔결된 것이 7편으로서 글자 수는 10여만 자에 달했다. 원래의 죽간은 이미 없어졌으며, 책도 후에 태반이 산일되었고 단지 『일주서(逸周書)』·『죽서기년』·『목천자전(穆天子傳)』·『쇄어(瑣語)』 등 4종만이 남아 있는데 모두 원본이 아니다. 『급총서(汲冢書)』, 서한 때 발견된 고문경(古文經) 및 근대 은허(殷墟)에서 발견된 갑골문(甲骨文)을 중국문화사상 3대 발견이라고 한다.
20) 田繼周, 『先秦民族史』(成都: 四川民族出版社, 1996), pp.114-115.
21) 徐亮之, 『中國史前史話』, p.262.
22) 小野澤精一,「堯舜禪讓說話の思想史的考察」, 『中國古代說話の思想史的研究』(東京: 汲古書院, 1982), p.49.

백호에서 아름다운 여신으로, 중국 여신 서왕모

배_진_영

01 머리말

일반적으로 신화는 생산력이 낮은 원시사회에서 발생한다고 볼 수 있다. 이런 원시사회에서 인간은 사물과 세계에 대해 명확하게 인식할 수 없었기 때문에 신화의 내용이나 인물은 실제 역사나 실존 인물이 아니다. 그러나 상상력이 가미된 신화의 세계는, 현대의 과학적인 분석이 존재하지 않던 원시사회에서 사회와 사물을 투시하는 인류의 세계관이 적극적으로 반영된 것은 아니었을까 한다. 이런 점에서 보면 신화의 세계와 인물은 인류 문물의 과정을 고스란히 담고 있다고 할 수 있다.

신화가 당시 인류 문물의 과정을 투영하는 것이라면, 신의 이미지 변화는 각 시대의 사회의식이나 관념 체계의 변화를 반영하는 것은 아닐까. 초기 신화의 주인공은 여성신·남성신의 대별적인 존재를 초월한 복합체이거나 대부분 여신으로 추정된다. 반고 역시 초기 인물 묘사를 본다면 여성도 아니고 남성도 아닌 실체로 볼 수 있다. 현대 고고 발굴은 초기 신들이 여신이었음을 증명하고 있다. 그런데 어느 순간 여신은 대부분 남신에 종속된 존재로 전락했다. 그리고 남신은 영웅 같은 위대한 신으로 격상되었다. 반고 역시 남신이라는 인식이 당연시되었고, 독신인 인류 창조의 여신 '여와'는 어느 순간 '복희'와 남매 또는 부부 사이로 변했다. 이러한 예는 여신에게 많이 나타나는 현상이다. 여신의 변모상은 사회 변화와 이에 따른 의식 변화를 반영한다고 할 수 있다.

이 글에서는 신화가 역사 상황을 투영한다는 전제 아래 초기 신화의 여신 이미지와 역사 과정 속에서 변화된 여신 이미지를 검토하고 이를 초래한 사회 배경도 아울러 살펴보고자 한다. 이 글에서 대상으로 하는 여신은 중국의 대표 여신인 서왕모(西王母)이다. 서양의 여신 중에서는 미의 화신인 아프로디테에 해당하는 서왕모는 대중에게 가장 인기 있는 아리따운 모습을 가진 여신이지만 처음부터 이러한 모습으로 존재한 것은 아니었다. 서왕모는 시대에 따라 이미지가 변화한 대표적인 여신이다. 서왕모가 초기 이미지에서 아름다운 여신으로 변화하는 과정은 바로 중국인들의 여신에 대한 관념의 변화에 따른 것이라 할 수 있지 않을까.

02 『산해경』에 나타나는 서왕모의 초기 이미지

서왕모에 대한 기록은 갑골문에 보이는 '서모(西母)'라는 글이 최초라고 추정되지만 본격적인 기록은 『산해경(山海經)』에서 나타난다.

'서해의 남쪽, 유사(流沙)의 언저리, 적수(赤水)의 뒤편, 약수(弱水)의 앞에 큰 산이 있어 이름을 곤륜(崑崙)의 언덕이라 한다. 어떤 신이 그곳에 사는데, 사람의 얼굴에 호랑이의 몸으로, 무늬가 있고 꼬리가 있는데 모두 흰색이다. 그 아래에는 약수의 연못이 둘러싸고 있으며 그 바깥에는 불꽃의 산이 있어 물건을 던지면 곧 타버린다. 어떤 사람이 머리 장식을 꽂고 호랑이 이빨에 표범의 꼬리를 하고 동굴에서 사는데 이름이 서왕모라 한다. 이 산에는 온갖 것들이 다 있다.'

— 『산해경』「대황서경(大荒西經)」

'(……) 옥산(玉山)은 서왕모가 살고 있는 곳이다. 서왕모는 사람처럼 생겼지만 표범의 꼬리에 호랑이 이빨을 하고 휘파람을 잘 분다. 봉두난발에 비녀를 꽂고 있는데 그는 하늘의 재앙과 다섯 가지 잔인한 형벌을 주관하고 있다.'

— 『산해경』「서산경(西山經)」

'서왕모가 책상에 기대어 있는데 옥비녀를 꽂고 있고 그 남쪽에 세 마리의 파랑새가 있어 서왕모를 위해 음식을 나른다. 곤륜허의 북쪽에 있다.'

— 『산해경』「해내북경(海內北經)」

이상의 『산해경』에서 나타나는 서왕모의 모습은 무서운 괴수 혹은 반인반수의 형상이다. 거처는 연못이나 불꽃의 산으로 둘러싸인 서쪽 끝에 있는 곤륜산의 동굴로 사람이 감히 접근하기 어려운 곳이다. 무시무시한 모습으로 곤륜산에 사는 서왕모의 임무도 그에 걸맞게 전염병이나 하늘의 형벌 등 무서운 재앙을 주관하고 있다. 서왕모가 부리는 세 마리의 파랑새는 삼위산에 살고 있는데 날카로운 발톱과 부리를 가진, 사냥을 하는 매와 같은 존재이다. 이들은 사납고, 푸른 몸에 머리가 붉고, 검은 눈을 한 날카롭고 힘이 매우 센 새인 신조(神鳥)로, 하늘 높이 올라가 먹이를 사냥한 후 서왕모가 사는 곳에 날아와 떨어뜨려 주었다.[1]

신화가 당시 역사를 일정하게 투영하는 것이라면 서왕모의 모습과 그가 부리는 삼청조가 상징하는 것은 무엇일까. 서왕모를 괴수 형상과 반인반수 형상과 관련하여 살펴보면 세 마리의 파랑새는 사냥새를 상징한다. 금수의 정복자인 백호의 모습을 하고 이들을 자유롭게 부리던 서왕모는 수렵과 관련된 존재일 가능성이 높다. 이 신화는 수렵의 신[2]으로서 서왕모의 존재를 의미하거나 인류가 수렵사회에서 처한 상황을 보여주는 것으로 생각된다.

수렵사회에서 강한 능력을 가진 포식동물은 인간에게는 당연히 공포의 대상이자 동시에 숭배의 대상이었을 것이다. 따라서 당시 인간에게 신은 강한 동물의 형상과 관련 있을 것으로 추정된다. 좀더 시간이 흘러 인간이 포식동물을 사냥하고 지배하는 과정에서는 동물 형상의 신 이미지가 점차 인간적인 모습으로 변모되었을 것이다. 이런 면에서 반인반수 형상의 신의 출현 시기란 인간의 의식이 동물과 별반 다를 바 없는 동물과 인간의 미분화 단계 시기였을 것으로 생각된다. 따라서 이 시기의 신의 모습은 인간의 형상이 아닌 공포스럽고 강력한 형태이긴 하지만 숭배의 대상으로서 동물 혹은 괴수나 반인반수의 형태가 아니었을까 생각된다.

인간이 동물을 숭배하던 시기에 형성된 토템 숭배의식은 원시사회 인간이 자연을 두려워하여 생겨난 종교적 신앙으로, 스스로를 어떤 식물이나 동물의 후손이라고 하여 그 자태를 모방하고 조상의 보호를 기원한다. 이런 환상의 조상은 곧 그 씨족이 믿는 토템이 되었다고[3] 설명할 수 있다. 서왕모의 모습에서도 한 씨족의 토템 숭배와 관련된 측면을 분명히 찾아볼 수 있다.『산해경』의 서왕모의 원형은 '무늬가 있고 꼬리가 있는, 모두 하얀' 호랑이, 즉 백호로(혹은 표범도 가능) 고양잇과 맹수 중에서도 맹수인 셈이다. 고양잇과의 동물은 낮에는 자고 밤에 나가는 습성이 있으며 낮에는 심산에 거하고 황혼 시에 먹이를 찾으러 나가기 때문에 서왕모를 '혈거(穴處)'하며 산속 동굴 안에 깊이 살고 있다고 하였으며 호랑이가 포효하면 산과 계곡이 진동하기 때문에 서왕모가 휘파람을 잘 분다고 한 것이다. 이것은 서왕모의 임무 즉 '하늘의 재앙과 다섯 가지 잔인한 형벌을 관장하는' 본성을 확정하게 된 것이다.[4]

한편 이런 원시씨족사회의 한 토템 숭배로서 각기 반인반수의 형상이 나타난 증거가 각 지역의 고고 발견으로 확인되는 바, 서왕모를 형상화한 원시 토템 숭배 형태로 추정되는 발견이 있었다. 1973년 청해성(青海省) 대통현(大通縣) 상손가채(上孫家寨) 마가요(馬家窯)문화의 한 묘장에서 1건의 무용문(舞踊文) 도안의 채회분(彩陶盆)이 출토되었다.[5] 이 대통현이라는 곳이 바로 『한서(漢書)』, 『후한서(後漢書)』 등에서 서왕모의 석실이 있으며 그가 살았다는 곤륜산이 있을 것으로 추정되는 지역으로 기재된 금성군(金城郡)과 그 정황이 완전히 일치한다.[6] 그 속의 무용하는 사람 모습의 머리 위 왼쪽에 꽂힌 비녀와 아래의 표범의 꼬리 장식은 『산해경』 속에서 묘사된 서왕모의 모습과 기본적으로 일치하고 있다. 『산해경』 속에서 묘술한 서왕모의 호랑이 이빨과 표범 꼬리의 형상은 서왕모 계통 씨족인들이 숭배한 토템 동물임을 설명한다. 더욱이 마가요문화에 모두 반지혈식의 주거가 있어 이른바 혈거 생활을 한 것으로 드러났는데 이는 서왕모가 동굴 속에서 살았다는 정황과 들어맞는다.

이런 점으로 볼 때 반인반수 혹은 괴수의 형상을 한 서왕모 신화에서 그려진 사회는 바로 인간과 동물이 미분화된 사회를 반영한다. 이는 인간이 동굴에 살면서 수렵을 하던 역사시대를 반영한다고 할 수 있을 것이다. 따라서 서왕모 신화는 경외와 숭배의 대상이었던 백수의 왕인 호랑이 토템 신앙을 갖는 씨족사회의 신화로 추정된다. 동시에 이 시기 인간의 의식에는 인간이 동물과 분화되지 않았으며, 신에게 강력하게 예속된 채 공포와 숭배의 대상으로서 동물을 형상화한 신에게 강렬하게 의지하는 모습을 갖게 된 것으로 볼 수 있다.

다음으로 형벌과 재앙을 관장하는 서왕모의 임무를 살펴보자. 이는 죽음의 신으로서의 모습과 관련되어 있다. 실제 질병이나 역병 혹은 하늘의 재앙은 인간이 다스릴 수 없다. 그래서 고대인들은 큰 신이 있어 여러 종류의 자연재해를 전면적으로 관리해주면 좋겠다고 생각했을 것이다. 이것이 바로 서왕모라 생각할 수 있다. 서왕모가 형벌과 재앙의 기운을 주관한다는 것은 실제 가을과 겨울이라는 절기 변화와 관련된 신화로 보는데[7] 동시에 고대 중국에서 서쪽이 지니는 상징적인 의미 때문에 이런 일을 주관하였다고 한다. 즉 고대 동양에서는 해가 지는 서쪽을 죽음과 관련된 불길한 기운이 지배하는 곳으로 생각했다. 그래서 서쪽의 여신인 서왕모가 죽음의 여신으로 숭배됐던 것이다.[8] 이런 면에서 서왕모는 모든 재해를 주관하는 영웅신으로서의 면모를 갖추고 있다고 볼 수 있다. 인간은 자신을 서왕모에게 의지하였고 후대에는 서왕모의 보호를 갈망하게 되었던 것이다.[9]

한편 죽음의 신인 서왕모의 이미지는 정반대의 면모를 갖추고 있다. 죽음을 관장하는 여신은 영생도 가능하게 할 수 있으리라는 믿음에서 오히려 불사의 약을 지닌, 불사(不死)의 여신으로 숭배됐던 것이다. 『회남자』「람명훈(覽冥訓)」에서 '예(羿)가 서왕모에게 불사약을 청하였는데 항아(姮娥)가 훔쳐서 달로 달아났다……' 라는 대목은 이를 보여준다. 서왕모를 인류 창조의 여신 여와와 상응하여 죽음과 동시에 불사의 영약을 관장하는, 우주만물의 순환을 지속시키는 힘을 갖추고 이를 지배하는 여신으로 볼 수 있을 것이다.

그런데 이 죽음의 신이자 불사의 신은 실제 모순되는 듯하지만 그렇지 않다. 달로 달아난 항아는 실제 월신(月神)으로 월신은 여신의 대표적 이미지라 할 수 있다. 이 달은 실제 초승달, 반달, 보름달, 그믐달로 자신의 형상을 변화시켜 나타나면서 사라졌다가 다시 부활하는 모습을 보이고 있다. 따라서 서왕모의 불사약은 월신에게 생육신(生育神)의 천직을 이루게 한 것으로 서왕모는 실제로는 부활하는 속성을 가진 월신으로 볼 수 있는 것이다. 따라서 어쩌면 죽음의 신과 생육신의 모순은 통일되어 나타날 수 있었던 것이다.[10]

죽음과 불사를 동시에 주관하는 서왕모에게는 죽음이라는 무서운 이미지 이면에 생명을 창조하는 대모신(大母神)의 이미지가 동시에 자리 잡고 있는 셈이다. 그러므로 죽음과 불사의 신인 서왕모의 면모는 영웅신의 이미지와 대모신의 이미지가 충분히 있다고 할 수 있다.

서왕모의 이 같은 영웅신, 대모신의 면모를 통해, 강력한 신성을 갖춘 여신의 신화는 바로 모계사회 혹은 모권제 사회에서 형성된 신화로 인식할 수 있다.[11] 이처럼 신화는 모권제 시기에 발생한다는 의견[12]은 일견 타당한 점이 있다. 실제 상고시대의 고고 발굴의 결과는 이를 증명한다. 기원전 5천 년 전으로 추정되는 홍산문화(紅山文化) 유지의 우하량(牛河梁) 여신 묘에서는 숭배 대상인 신이 여신의 형상으로 하고 있다는 사실과 석실의 수많은 여신상들의 발굴이 바로 당시의 모계사회를 반영한다고 이해하는 것은 이제 상식에 속한다. 마가요문화의 반지혈식 혈거 생활의 사회는 번영한 모계씨족사회의 단계에 이미 도달하였다는 것을 고고학계에서는 대다수 동의하고 있다. 따라서 『산해경』에서 여신 서왕모의 면모는 모계씨족사회의 신화전설을 반영한다고 볼 수 있다.[13]

이상으로 살펴본 서왕모의 초기 모습은 바로 강력한 신성이 부여된 신적인 존재로, 씨족의 토템 신·영웅신·대모신의 면모를 갖추고 있다고 할 수 있다. 그런데 이런 초기 이미지의 서왕모의 형상은 시대가 흘러감에 따라 변모하기 시작한다.

03 여신 서왕모의 변화 과정

앞에서 살펴본 바와 같이 서왕모의 초기 모습은 죽음과 불사를 주관하는 무서운 힘을 가진 영웅신·토템신·대모신의 성격을 가진 무시무시한 괴수이거나 반인반수의 형상이었다. 그런데 서왕모는 변신하기 시작한다. 『한무제내전(漢武帝內傳)』에서 보이는 서왕모의 이미지 변신부터 살펴보자.

서왕모는 두 시녀의 부축을 받아 궁전에 올랐다. 시녀들은 나이가 열예닐곱쯤 되었는데 푸른 비단 웃옷을 입었다. 그녀들의 반짝이는 눈동자, 맑은 자태는 보는 이로 하여금 정말 미인임을 실감케 하였다.

서왕모는 궁전에 올라 동쪽을 향해 앉았다. 그녀는 황금빛 치마를 입었는데 환하고 품위 있어 보였으며 아름답게 수놓은 허리띠에 보검을 찼다. 그리고 머리에는 화려한 비녀를 꽂고 구슬관을 썼으며 봉황새 무늬가 있는 신발을 신었다. 나이는 한 서른 살쯤 되어 보였는데 균형 잡힌 몸매, 은은히 풍겨나는 기품, 빼어난 미모는 진실로 이 세상 사람이 아니었다……[14]

이제 서왕모는 과거의 무시무시한 괴수의 모습에서 완전히 벗어나 절세 미모를 지닌 여신으로 변모하였다. 두 명의 예쁜 시녀 역시 무시무시한 파랑새가 변신한 것임을 알 수 있다.[15]

이러한 변화가 상징하는 것은 무엇일까? 실제 인간 모습의 서왕모는 여기에서 처음 보이는 것은 아니다. 서주시대 목왕(穆王)과의 만남이 있었다. 『목천자전(穆天子傳)』에는 목왕과 서왕모가 만나는 장면이 기록되어 있다. 주목왕은 여덟 필의 말을 타고 서쪽으로 순행을 떠났다가 곤륜산에서 서왕모를 만나 잔치를 베풀며 노래를 부르는데 여기에서 서왕모는 목왕과의 이별을 아쉬워하는 서방의 아름다운 여인으로 등장한다. 목왕이 서왕모를 만나 선물을 건네자 서왕모는 이렇게 답변한다. '흰구름 하늘에 떠 있고 산 언덕 절로 솟아 있습니다. 길은 아득히 멀어 산과 물이 그 사이에 있습니다. 그대 죽지 말고 다시 돌아오시기를……' 이러자, 목왕 역시 화답하기를 '걱정 마십시오. 내가 동쪽으로 돌아가 나의 나라를 잘 다스리고 백성들이 모두 편안해지면 그때 당신을 보러 다시 돌아오리라'라고 한다. 서왕모는 이에 '천제께서 절더러 황야를 떠나지 말라고 명하셨답니다. 저는 천제의 딸, 그대는 인간 세상의 사람, 이제 그대 떠나라 하는군요. 생황을 부니 마음이 구름 위에 떠 있는 듯

합니다. 인간의 아들이시여, 하늘만 바라보시나요?'라고 하며 헤어짐을 아쉬워하는 서왕모를 위해 목왕은 엄산에 올라 그곳의 돌에 자신의 이름을 새기고 '서왕모의 산'이라고 쓴다. 목왕이 서왕모를 위해 남긴 정표라고 볼 수 있다. 이제 서왕모는 무시무시한 괴수가 아니라 서방의 아리따운 여왕이며 목왕과의 헤어짐에 가슴 아파하는 여인으로 탄생한 것이다.[16)]

삼국시대에 이르면 조조는 「맥상상(陌上桑)」에서 곤륜산에 가서 서왕모를 만나는 환상을 경험하며 「기출창(氣出昌)」에서 자신이 신선으로 변하여 팔극에서 소요하다가 곤륜산의 정상에 올라 서왕모의 곁에 앉는 모습을 그려보기도 한다. 그의 아들 조식은 「선인편(仙人篇)」에서 '바람을 몰아 사해를 노닐다. 동으로 왕모의 집에 들렀노라'고 노래하고 있다.[17)] 또 도연명은 「독산해경(讀山海經)」에서 이렇게 노래하고 있다. '훨훨 나는 세 마리 파랑새, 털빛도 기이하고 고와라. 아침에는 왕모님 시중들고 저녁이면 삼위산에 돌아오지. 나는 이 새들을 통해 왕모님께 드릴 말씀이 있다. 사는 동안 달리 바랄 것은 없고, 그저 술 있고 오래 살았으면······.'[18)]

이러한 서왕모의 이미지는 당나라 시인들에게까지 이어지게 되는데 이때에 서왕모는 주목왕 이하 한무제와 같은 지체 높은 신분들만 어울리는 존재가 아니라 평범한 사람들도 그녀를 통해 소원을 이룰 수 있는, 좀더 광범위한 대중의 지지를 받는 여신으로 변화하게 된다. 당대의 시인인 이상은의 시 「요지(瑤池)」에서는 서왕모가 목왕을 목 빠지게 기다리는 왕의 연인으로 등장하기에 이르게 된 것이다. '곤륜산의 요지에 살고 있는 서왕모, 비단 창을 열었네, 들리느니 땅을 움직이게 하는 슬픈 황죽의 노래뿐, 여덟 필의 준마 하루에 삼만 리를 달릴 수 있다던데 목왕은 무슨 일로 아니 오시는가' 라고 읊고 있다.[19] 이제 서왕모는 시인이 더욱 친밀하게 접근하여 공공연히 연애 감정을 노래하거나 혹은 그녀를 사랑하는 여인과 동일시하여 애정시에 자주 등장하기에 이르렀다.

서왕모는 더 이상 무서운 모습의 괴수도 아니었고 고립무원한 저 높은 곳에 있는 위대한 여신의 모습도 아니었다. 인간, 그것도 대중에게 사랑받는 만인의 연인 즉 동양의 아프로디테로 탄생하게 된 것이다. 서왕모의 변신이 의미하는 것은 무엇일까.

우선 인간화라는 측면에서 살펴보자. 신의 최초 모습은 동물의 형상이었다. 이는 강한 힘을 소유한 동물에 대한 인간의 두려움과 숭배의 심리를 반영한 것이며, 그들이 경외하고 숭배하는 토템 신으로 나타나게 된 것이었다. 이제 서왕모에서 보이는 인간 모습으로의 변모는 이러한 고대인들의 생각이 변화하면서 생겨난 것이라 할 수 있다. 즉 자연과 인간이 미분화된 상태와 인간이 동물을 지배하지 못하였던 시기에서 벗어나 인간이 점차 동물을 지배하게 되면서 상황은 변하게 되었던 것이다. 인간의 관심은 이제 인간세계로 집중되기 시작하였고 동물은 더 이상 고대의 주술적 의미를 지니거나 숭배의 대상이 되는 강한 힘의 상징이 아니었다.[20]

한편 초기의 신은 세상과 단절되거나 인간과는 거리가 멀어 사람과 신 사이의 거리는 매우 멀고 교류의 장애물도 많았다. 따라서 당시의 신은, 신성(神性)이 강하였고, 인간은 신에게 접근하기 매우 어려웠던 것이다. 그러나 인간은 신을 경외하는 동시에 온갖 수단을 통해 가까워지려는 욕망을 갖고 있었다. 신에게 예속되었던 인간이 그로부터 점차 벗어나는 단계를 거치면서, 바로 이런 욕망을 달성하기 위해 신을 세속화시켜서 인간과 신의 거리를 가깝게 하였던 것이다. 초기 신화에서 나타나는 서왕모가 거주하는 곤륜산은 주위에 약수가 빙 둘러 있고 밖으로는 불꽃산(炎火山)이 있어 인간이 서왕모에게 가기는 매우 어려웠다. 서왕모는 사람들과 교류를 하지 않고 깊은 곳에 거주하였고, 세 마리 파랑새가 그녀에게 음식을 조달해주었다.

서왕모는 인간세상을 멀리하는 방식으로 자기의 위엄을 유지하였다. 그러나 예가 곤륜에 가서 서왕모를 만나 교류가 시작되었고, 만남과 헤어짐의 아쉬움을 노래한 주목왕과의 만남, 이제 자신이 직접 찾아간 한무제와의 만남에서 나타난 서왕모의 모습에는 인간세상과의 교류를 이전 단계보다 한 단계씩 수위를 올려가면서 더욱 적극적으로 하게 되고 동시에 인간세상을 그리워하는 모습을 볼 수 있다. 질병과 역병, 형벌 등을 담당한 무시무시한 괴수 모습의 서왕모는 시간이 흐름에 따라 점차 인간의 모습으로 변모하며 동시에 인간세상과의 교류를 자못 바라는 형상으로 변하게 되었다.[21] 물론 이와 같이 서왕모에서 보이는 신의 인간화 및 세속화는 비단 서왕모에 한정되는 것은 아니며 많은 여신들의 경우에서도 강하게 나타나는 현상이다.

이와 같은 인간화, 더 나아가 세속화된 서왕모의 모습에서는 더 이상 우주질서의 주재자인 대모신, 죽음을 관장하고 의탁하는 영웅신, 숭배 대상으로서의 토템신적 이미지는 보이지 않는다. 여기에서 발견되는 서왕모는 아름다운 서방의 여신일 뿐이며 인간적 감정, 사랑과 설렘, 헤어짐에 아쉬움을 나타내는 인간적인, 그리고 우리가 상시적으로 생각하는 여성의 이미지를 갖추고 있는 여성적인 신일 뿐이다. 서왕모의 변신은 사물과 세계에 대한 당시 인간의 인식이 객관화되고 인간 중심적으로 변모하고 있음을 상징한다. 동시에 서왕모는 이제 초기의 어마어마한 신성을 간직하지 못하고 있음을 의미하는 것이기도 하다.

서왕모의 이미지 변신은 여성에 대한 이미지의 변화 측면에서 살펴볼 수 있을 듯하다. 초기 신화의 세계는 모계사회로부터 잉태되었고 그 주된 신은 여신이었다고 볼 수 있다. 그런데 괴수 혹은 반인반수의 모습에서 아름다운 여신으로 변신한 서왕모의 모습은 기존의 여신 지위의 변화를 동반한다고 볼 수 있다.

이 변화의 현상은 세 가지로 나타난다. 첫째, 여선화(女仙化), 둘째, 부부화, 셋째, 미인화이다.

서왕모의 여선화를 살펴보자. 한대 화상석에서는 서왕모의 모습을 도처에서 볼 수 있다. 위세당당한 서왕모의 모습이 그려져 있는 석조 부조와 구리거울 같은 유물이 중국 도처에 산재해 있는 무덤에서 발견되는데 서왕모와 신선의 세계가 그려져 있다. 서왕모와 서왕모 좌우에는 장생 혹은 불사의 약을 준비하는 시종이 등장한다. 시종 중에는 약초를 합성하는 토끼가 있고, 생사 재생의 과정을 상징하는 두꺼비도 있으며, 서왕모 옆에 서 있는 화려한 구미호도 선계의 일원이라고 한다. 세 발 달린 새가 서왕모를 시중들고 있는 장면은 기록에 나오는 서왕모의 모습과 일치한다. 또 어떤 사람이 서왕모를 경배하면서 불사약을 기구하는 장면도 있다. 또한 기원전 3세기에 동부 지방부터 시작하여 장안까지 퍼진 일종의 민간신앙운동이 발생하게 되는데 당시 서왕모가 곧 출현하리라 기대한 광신자들이 부적을 서로 전하면서 서왕모의 강림에 대비하였고 노래를 부르고 춤을 추면서 서왕모에게 제사를 바쳤고 서왕모를 믿는 사람은 죽지 않을 것이라는 보증서도 돌려졌다고 한다.[22] 이러한 불사의 열망은 실제 도교의 신선과 관련된 신앙에서 기인한 것이라 할 수 있을 것이다. 도교의 융성은 여신을 여자 신선의 지위로 변화시키기에 이른다.

도교가 융성하는 시기에는 더욱이 서왕모는 곤륜산을 다스리는 여자 신선의 대모처럼 인식되었고 수많은 여자 신선이 서왕모에게서 나왔다고 생각하였다. 여자 신선의 계보 중 남극왕(南極王) 부인은 서왕모의 넷째 딸이고 운림우영왕(雲林右英王) 부인은 서왕모의 열세 번째 딸, 운화(雲華) 부인은 스물세 번째 딸이고 자미왕(紫微王) 부인은 스무 번째 딸이며 태진(太眞) 부인은 막내딸이라 한다. 이런 계보는 물론 후대에 짜 맞춘 흔적이 역력하지만 여신선의 계보에서 서왕모의 높은 위상을 알 수 있을 것이다. 또 주목왕 이외에도 한무제, 동방삭(東方朔), 동중서(董仲舒), 모영(茅盈), 모고(茅固), 모충(茅衷) 등이 금모(金母)—서왕모—의 거동을 숭배하였다고 하니[23] 그녀에 대한 숭배가 대단하였음을 알 수 있다.

    이러한 여자 신선화의 과정은 수많은 신선을 노래한 시에서도 서왕모가 적잖이 출현하는 것에서도 확인할 수 있다. 육기(陸機)는 「전완성가(前緩聲歌)」를 지었는데 '북으로 요지의 그녀를, 남으로 상강의 상아를 만날까' 라 하였고 곽박(郭璞), 유천(庾闡)도 무한한 신비의 세계로 상상의 나래를 활짝 펴고 날아올라 곤륜산을 굽어보며 곤륜산 성모와 마음껏 노닐고, 또 월궁의 항아의 신묘한 음악을 감상하는 내용에서 보면 이들 「유선시(有仙時)」에서는 서왕모, 항아, 직녀, 상비 등의 여자 신선들이 출현하고 있다. 이처럼 여자 신선의 출현은 바로 도교와 밀접한 관련이 있으며 이러한 여선화 과정은 남북조 시기를 거쳐 당대에 전성기로 접어들게 되었다. 여자 신선 전기 중 여러 고사는 더욱더 문인들의 사랑을 받게 되었고 서왕모도 여자 신선으로 숭배되고 있다. 이처럼 도교에서 여성을 숭배한 것은 저층에 주음(主陰)사상이 결정적 영향을 끼친 것이며 음양의 대립과 통일은 중국 고대 변증법사상의 기본 명제

라고 볼 수 있다.[24]

　음양사상과 결부되어 나타난 또 하나의 현상은 바로 배필과의 만남 즉 부부화이다. 서왕모의 배필은 동왕공(東王公: 東皇公)이란 인물로, 처음부터 동왕공이란 인물이 서왕모의 짝으로 나타난 것은 아니었다. 초기 신화의 서왕모는 곤륜산에 홀로 사는 여신이었다. 한대의 화상석에 서왕모는 토끼, 구미호, 두꺼비, 용, 호랑이와 같이 그 중심에 등장한다. 이 화상석에서도 서왕모는 홀로 등장하지만 점차 짝을 이루는 동왕공이 나타난다. 사람들이 서왕모를 제사 지낼 때, 동왕공을 같이 봉양하였는데 둘은 동교(東郊)와 서교(西郊)로 나누어져 음양을 상징하였다. 『오월춘추(吳越春秋)』「구천음모외전(句踐陰謀外傳)」에 '조왕은 동교를 세워 양(陽)을 제사지내니 동왕공이라고 한다. 서교를 세워 음(陰)을 제사지내니 서왕모라 한다'라고 기록되어 서왕모와 동왕공은 분리되어 음과 양의 화신으로 출현하고 있다. 동왕공과 서왕모는 비록 아직 부부로 출현하지 않았지만 이미 그 가능성이 잠재되어 있었던 것이다.[25]

　다음으로『신이경(神異經)』「중황경(中荒經)」의 '곤륜산에 큰 새가 살았는데 희유라 한다. 남쪽으로 향해 왼쪽 날개로는 서왕모를, 오른쪽 날개로는 동왕공을 펼쳐 덮는다. 등 위의 조그마한 부분에는 깃털이 없다. 서왕모는 동왕공과 일만구천 리나 떨어져 있지만 해마다 희유의 날개를 타고 동왕공을 만나러 간다'라는 기록에서 보면 동왕공은 서왕모와 배필로서의 짝을 이루는 것을 알 수 있다. 물론 동왕공은 고대부터 존재한 신이 아니었다. 시대가 흘러감에 따라 서왕모에 걸맞은 배우자가 필요하였고 이는 음양사상의 영향을 받아 음양이 결합해야 조화를 이룬다고 생각하였던 당시인들의 사고방식에 의해 서왕모의 짝으로 등장한 인물인 셈이다.

■ 아름답게 변한 서왕모와 시녀로 변한 파랑새

■ 원시적인 모습의 서왕모

■ 마가요에서 출토된 서왕모 형상의 무용문

당시 음양학설은 음양이 결합해야 비로소 조화로운 세계를 이루고 인류 자신의 번성을 지속시킬 수 있다고 보았으며 동시에 전통적인 혼인 관념은 이 음양설의 영향을 받아 부부를 음양의 결합으로 보았던 것이다. 이러한 음양사상과 전통 결혼, 가족관이 하나로 결합하게 되자 독신의 여신이나 남신을 더는 홀로 존재하게 둘 수 없었고 드디어 부부화의 경향이 출현, 배우자가 생겨나게 되었던 것이다. 견우, 직녀 역시 이러한 사상과 결부되어 나타난 현상이라 할 수 있다.[26] 이러한 변화에는 사회의 중요한 변화 역시 내재되어 있다. 이는 당시 난혼 혹은 군혼제 형태의 결혼제도가 점차 부계가 확립되는 과정에서 기존 제도는 전환되기에 이르렀으며 부부화는 바로 이런 역사적 변화를 반영하고 있다고 볼 수 있다.

또한 옥황상제의 원래 모습이 동왕공이라 하여 이제 동왕공은 옥황상제로 승격되었고 서왕모는 옥황상제의 부인이거나 혹은 『서유기』에서 보이듯이 옥황상제 밑에서 반도를 관리하는 신하로 격하되기에 이른다. 즉 서왕모는 원래의 토템 신, 영웅신, 대모신의 신격을 잃어버리고 옥황상제 아래에 있는 여자 신선으로 완전히 변하게 되었던 것이다.

이러한 현상은 도교의 영향 및 음양사상의 성립과 결혼제도의 변화라는 관념의 변화뿐 아니라 이런 변화의 조건은 바로 모계사회에서 탈피하여 부계사회로의 진입과 확립을 의미할 것이다. 이제 모계사회에서 부계사회로의 변화는 더 이상 주신(主神)을 여신으로 둘 수 없었던 듯하다. 그래서 주신은 여신에서 남신들로 대체되어 갔을 것이다. 더 이상 여신에게 강력한 신격, 신권을 부여할 필요가 없어졌다. 따라서 강력한 신성을 지닌 초기의 여신은 남신과의 결합을 통해 남신의 종속적인 지위로 격하되었고 초기 여신이 가지고 있던 기존의 위대한 신성은 현격히 축소되었던 것이다.

여성의 존재를 고대 중국에서는 절반을 책임지는, 세상만물을 창조시키고 번식시키는 존재로 인식하였지만 시대가 흘러감에 따라 인간 중심, 남성 중심의 사고방식이 확립되면서 여성은 그저 단순한 생식의 기능만을 담당하는 존재로 전락하였다.[27] 이에 따라 여신이 가지고 있었던 초기 이미지도 변화해야만 하였다. 이제 서왕모에게서는 우주질서의 주재자인 대모신, 죽음을 관장하고 의탁하는 영웅신, 숭배의 대상인 토템신적 이미지는 보이지 않는다. 여신 서왕모는 오직 아름다운 여신으로서의 이미지로만 존재할 뿐이다.

이와 관련하여 짚고 넘어가야 할 부분은 미인으로의 변신이다. 이는 소위 가부장적 부권사회에서 바라는 여성에 대한 이미지와 연관된다. 서왕모의 초기 이미지는 반인반수 혹은 괴수 모습의 재앙과 형벌을 관장하는 죽음의 신, 영생의 신으로 등장한다. 또한 서왕모는 백호라는 백수의 왕의 이미지를 갖춘 두려움과 숭배의 대상으로서 토템신이었다. 이러한 여신의 이미지는 흔히 생각하는 모성애나 아름다움을 상징하는 여신의 이미지와는 거리가 멀고 강력한 신권을 갖춘 우주질서의 주재자로서의 모습을 살펴볼 수 있다.

그러나 서왕모의 이미지 변신, 즉 동왕공과의 만남, 대중이 가까이에서 숭배할 수 있는 여자 신선으로서의 변모 및 인간적 모습으로의 변신에서 그가 초기에 갖추고 있던 신성이 현저히 사라지고 있음을 알 수 있다. 이에 더 나아가 여신으로서의 이미지를 더욱 부각시켜서 가장 아름다운 여신으로 변화되었는데 서왕모가 가장 대중적인 이미지의 여신이었기 때문에 서왕모의 외모 역시 대중(남성)이 가장 바라는 이미지로의 전환이 필요하였을 것으로 생각된다. 특히 가부장적 부계사회에서 가장 바라는 여성상은 결코 우주질서를 주관하는 강력한 힘의 소유자가 아니라, 바로 이런 우주질서를 주관하는 남신의 보조자로서의 기능 혹은 남성들에게 매력을 지닌 여성으로 거듭나야 했던 것이 아닐까? 따라서 세계 질서를 주관하는 남신에게는 그들보다 강한 신성을 지닌 여신은 제거하거나 그 신성을 격하시켜야 할 대상이었으며 그 해결책은 바로 여신의 기존 이미지를 변화시켜서 가능했던 것으로 생각된다. 그리고 이런 과정에서 이제 서왕모는 남성이 여성에게 가장 바라는 미덕 중의 하나인 미모를 부여받은 여신으로 탄생하게 된 셈이다. 여기에는 당연히 모계씨족사회에서 부계씨족사회로의 변화와 동시에 가부장적 부권사회로의 사회 변화와 맞물려 나타난 현상이라 할 수 있을 것이다. 이제 여신은 남성이 바라는 여성상의 이미지를 부여받게 되었고 이런 과정은 바로 초기 이미지에서 나타난 강력한 신성의 축소 과정으로 연결되었던 것이다.

04 맺음말

서왕모의 변신에서 살펴보면 역사 과정에서 나타나는 여신 이미지의 변화 과정을 고스란히 볼 수 있다. 신화의 출현이 모계사회가 융성한 때 나타났다는 점을 반영하는 것이 바로 강력한 여신의 존재라고 할 수 있다. 초기 신화의 주인공을 대부분 여신이 차지하고 있었다는 점은 이를 반증해준다. 서왕모 역시 이런 여신으로 탄생하였다. 초기에는 여성의 모습보다는 강력한 신성을 지닌 반인반수, 괴수의 모습으로 두려움과 숭배의 대상으로 출현하였다. 강력한 신성을 지닌 여신 서왕모는 생과 죽음을 관장하는 영웅신, 우주질서를 관장하는 위대한 대모신이자 경외와 숭배의 대상인 토템 신으로서의 면모를 갖추고 있었다. 여기에서 서왕모는 소위 상상 속에 아름다운 여신으로서의 이미지와는 전혀 관계가 없었다. 오로지 강력한 신성을 부여받은 어마어마한 괴력의 신으로 등장하였던 것이다.

그러나 이러한 모습의 서왕모는 인간으로서의 모습을 띠면서 세속화되었고 이는 동물과 인간세계와의 분리 및 신과 인간세계의 분리로부터 나온 현상이라 할 수 있을 것이다. 따라서 보다 인간 중심적 사고로의 변화 과정을 반영한다고 할 수 있다.

이처럼 동물과 신의 세계로부터의 이탈과 동시에 흥성하던 도교와 결합하여 인간화되고 세속화되는 과정에서 나타나는 여신 서왕모의 여선화·부부화·미인화의 모습은 어쩌면 역사 과정에서 나타나는 모계사회로부터 부계사회, 가부장적 부권사회로의 변화 과정에서 나타나는 필연적이고도 자연스러운 과정일지도 모른다. 그러나 바로 이것이 초기 이미지에서 나타나는 강력한 신성을 갖춘 서왕모가 가장 가부장적인 사회에 걸맞은 여성상으로서의 이미지가 내재된 여신으로 탄생하게 된 과정인 셈이다. 이 과정에서 서왕모가 초기에 갖추고 있던 강력한 신성 역시 사라지거나 현격히 격하되어 남신에게 종속하는 여신으로 남게 되었으며 또한 이런 점은 서왕모에게 남성 중심의 사회에서 가장 바라는 여성상을 갖추게 하여 가장 대중적이며 아리따운 이미지의 여신으로 사리매김하게 되었던 것이다.

■주 석

1) 「酉陽雜俎 廣動植之一」, 『通典』「邊防 · 軒渠」
2) 劉城淮, 『中國上古神話』, 上海文藝出版社, 1988, p.467. 참조.
3) 王珍, 『山海經』「一書中有關母系氏族社會的神話試析」『J2 中國古代近代文學研究』, 1982-13, p.38. (원본은 『中州學刊』, 1982-2期에 실림)
4) 陸思賢, 『神話考古』, 文物出版社, 1995. p.109.
5) 青海省文物管理處考古隊, 「青海大通縣上孫家寨出土的舞踊紋彩陶盆」, 『文物』1978-3期.
6) 王珍, 앞의 글, p.39. 참조.
7) 劉城淮, 앞의 글, p.109.
8) 정재서, 『이야기 동양신화』, 황금부엉이, 2004, p.92. 참조.
9) 劉城淮, 앞의 글, p.468.
10) 陸思賢, 앞의 글, pp.111-112.참조.
11) 陸思賢, 앞의 글, p.110.
12) 袁珂(전인초, 김선자), 『중국신화전설 1』, 민음사, 1992. p.103.
13) 王珍, 앞의 글, pp.39-40.
14) 『漢武帝內傳』 출전, 정재서, 앞의 글, p.99에서 인용.
15) 정재서, 앞의 글, p.100.
16) 김선자, 『중국신화 이야기 2』, 아카넷, 2004. pp.99-101에서 인용.
17) 잔 스츄앙 저, 안동준 · 김영수 역, 『여성과 도교』, 여강출판사 1993. p.141. 참조.
18) 정재서, 앞의 글, p.102. 참조.
19) 김선자, 앞의 글, p.101. 참조.
20) 김선자, 『중국 변형신화의 세계』, 범우사, 2002. p.145. 참조.
21) 李炳海, 「從神壇靈域走向人間世俗-再論中國古代神話演變的基本趨勢」『J2 中國古代近代文學研究』 2003-11기, p.34-35.

22) 마이클 로이 저, 이성규 역,『고대 중국인의 생사관』, 지식산업사, 1997. pp.138-139. 참조.
23) 잔 스츄앙, 앞의 글, pp.81-84.
24) 잔 스츄앙, 앞의 글, pp.144-148 및 p.102. 참조.
25) 李炳海, 앞의 글, p.36. 참조.
26) 李炳海, 앞의 글, p.36. 참조.
27) 김선자,『중국 변형신화의 세계』, pp.148-149.

천하를 지배한 여인들, 후한의 여섯 황후

문_현_실

01 전통 중국의 여성과 정치 참여

중국은 전통적으로 음과 양(陰陽), 하늘과 땅(天地·乾坤)등 이른바 천경지의(天經地義)로 부녀의 처지를 설명하고 있다.[1] 이는 남성 중심(남권과 부계사회의 종법제)의 사회를 유지하기 위해 여자를 남자보다 낮은 위치에 놓은 것이다. 이러한 여성에 대한 대우는 그녀가 황제의 배우자인 후비(后妃)라 하더라도 예외가 될 수 없다. 왜냐하면 후비의 운명은 남편인 황제에 의해 결정되기 때문이다.[2]

후비는 자신의 지위를 지키기 위해 모든 방법을 사용하여, 황제의 관심과 사랑을 얻고자 했다.[3] 즉 일부다첩제의 관습법에 의해 하나의 지아비를 섬겨야 하는 황후들은 자신과 같은 처지의 여자들과 경쟁해야 했다. 그렇기 때문에 그녀들은 매력, 재능과 행운(자식을 낳는 것 등)이 필요했으며, 심지어는 궁중 음모와 모살을 꾀하기도 했다. 후한의 등황후처럼 스스로 자제하여 가족에게 지나친 명예와 권력을 주지 않음으로써 황제의 사랑을 받는 경우도 있었다.[4]

중국은 전통적으로 관작질서(官爵秩序)로부터 여성이 배제되었기 때문에 여성이 정치에 참여하기는 사실상 힘들었다. 다만 특수한 위치에 있었던 후비만 그 신분을 이용하여 정치에 참여하여 재주와 능력을 드러낼 수 있었다.[5]

이 때문에 중국은 남성 중심의 사회로서 여성이 정치에 참여하는 것은 금지하였으나, 진의 미태후(米太后)의 정치 참여를 시작으로 이후 거의 모든 시대에 걸쳐 후비들이 정치에 참여할 수 있었다.*

중국의 전통 역사서 『25사(史)』에 후비의 정치 참여에 관한 기록이 있어, 후비의 정치 참여를 연구하는 데 주요한 자료를 제공한다. 그러나 여성의 정치 참여에 대해 "여화(女禍)"라고 말하는 등의 부정적인 모습을 보이고 있다.

200여 년의 후한 역사에서 광무제(光武帝) · 명제(明帝) · 장제(章帝)(후한 전기) 이후 화제(和帝)부터 헌제(獻帝)에 이르는 기간 동안 끊임없이 황후들의 정치 참여(임조칭제(臨朝稱帝))가 있었는데, 그 기간이 86년으로 후한 역사의 절반에 이른다. 이는 반세기를 통치했던 청의 서태후(西太后)보다 더 긴 기간인 것이다.

전한 여후를 거쳐 후한에 이르러 후비가 정치에 참여하는 것이 제도

---

* 임조칭제 · 수렴청정 · 후비간정 · 태후섭정의 용어는 모두 '후비의 정치 참여'의 의미를 내포하고 있으므로, 본고에서는 이후부터 임조칭제 · 수렴청정 · 후비간정 · 태후섭정을 '후비의 정치 참여'로 통일하여 표현하기로 함.

화되었기 때문에 후비의 정치 참여에 대한 연구에 있어 후한 시대가 가지는 의의 역시 크다. 또한 후한은 장제(章帝) 두태후(竇太后)·화희(和熹) 등태후(鄧太后)·안사(安思) 염태후(閻太后)·순열(順烈) 양태후(梁太后)·환사(桓思) 두태후(竇太后)·영사(靈思) 하태후(何太后)가 정치에 참여함으로써 다른 시대에 비해 황후들의 정치 참여 내용을 분석하는 데 유리한 환경을 제공해준다.

황후들의 정치 참여 과정을 분석함으로써 정치 참여가 이루어질 수 있었던 성립 여건과 특징들을 살펴보고, 이를 통해 후한 후비의 정치 참여가 중국 여성사에 미친 역사적 의의를 알아보고자 한다.

02 황후 정치 참여의 성립 요건

여성의 신분으로서 정치에 참여한다는 것은 특수한 신분에 처한 후비라 해도 쉬운 일이 아니었다. 그렇기 때문에 황후들이 정치에 참여하기 위해서는 상당한 조건들을 구비해야만 했다. 물론 명확한 규정이 되는 성문법은 없지만 대체로 6가지 조건으로 설명할 수 있는데, 이 6가지 조건은 크게 다음의 3가지로 나눌 수 있다.

우선, 황제권의 불안정이고, 두 번째는 이념적 근거로서 효사상〔孝思想, 母以子貴子以母貴(모이자귀자이모귀)〕과 부부는 하나라는 관념〔夫婦同體(부부동체)〕이 이에 해당하였다. 이러한 조건은 후비가 임조칭제하는 데 있어 정당성을 제시할 수 있는 근거가 되어주었다. 세 번째로 개인적인 요건을 들 수 있는데, 황제권의 불안정이라는 상황 속에서 이념적 근거를 제시하더라도, '남존여비'의 사상이 뿌리내리고 있는 중국에서 여자인 후비들이 임조칭제한다는 것은 쉬운 일이 아니었다. 그렇기 때문에 그녀들이 정치에 참여하는 데 있어 이 두 가지 못지않게 중요한 조건이 이 바로 후비 자신의 정치적 재능과 자신들을 뒷받침해줄 수 있는 외척의 역량이었던 것이다.

황제 권력의 불안정

황제에게 자손이 없거나 새 황제가 어린 경우 봉건사회에서 황위 세습은, 우(禹)가 제위를 아들인 계(啓)에게 물려준 부자 상속에서 시작되었다. 이러한 부계전승제도의 철저한 실현은 아버지가 죽으면 아들이 계승하거나 혹은 적장자계승제로서, 황제의 지위를 보증하여 대대로 이어질 수 있었다. 다만, 역사 발전의 과정 중에, 특수한 상황이 출현했다. 예를 들면 황제에게 적자가 없다든지 혹은 자손이 없거나 황위를 계승할 자손이 너무 어린 경우 등이 발생하였던 것이다. 이러한 상황에서 종종 후비가 실권을 장악했다.

후한은 황통(皇統)이 자주 끊겨, 후비에게 권력이 돌아갔고, 밖에서 네 명의 황제(안(安), 질(質), 환(桓), 영(靈))를 세웠는데 그 과정에서 여섯 황후가 정치를 장악했던 것이다. 그들은 모두 실질적으로 정책 결정을 하고, 아버지나 남자 형제에게 일을 맡겼다.

황태후들은, 비교적 장기간 정권을 독점하고자 했기 때문에, 계속해서 "어린아이(孩童(해동))"을 황제로 세우게 되었다. 사람들은 이러한 황태후들을 "어린 아이를 탐하여 정치를 오래도록 장악하였다(貪孩童以久其政(탐해동이구기정))"라고 일컬었다.

〈표 1〉 후한 황제들의 즉위·사망 시 연령

황태후	황제	재위 기간	즉위 연령	사망 연령
장덕두황후(章德竇皇后)	화제(和帝)	88-105	10	27
화희등황후(和熹鄧皇后)	상제(殤帝)	105-106	유幼(100여 일)	2
	안제(安帝)	106-125	13	32
안사염황후(安思閻皇后)	소제(少帝) 의(懿) 북향후(北鄕侯)	125	幼	재위 8개월
	순제(順帝)	125-144	11	30
순열양황후(順烈梁皇后)	충제(沖帝)	144-145	2	3
	질제(質帝)	145-146	8	9
	환제(桓帝)	146-168	15	36
환사두황후(桓思竇皇后)	영제(靈帝)	168-189	12	재위 6개월
영사하황후(靈思何皇后)	소제(少帝) 변(弁, 홍농왕弘農王)	189	12	재위 6개월
	헌제(獻帝)	189-220	9	54

자료 : 『후한서』, 권10, 「황후기」를 토대로 작성

    후한의 황제는 어린 나이에 즉위하게 됨으로써 후한 여섯 황후가 계속해서 정권을 유지할 수 있는 국면이 출현할 수 있었던 것이다. 즉, 이들 어린 황제는 생활 모두를 스스로 알아서 할 수 없었기 때문에, 황태후들에게 조정을 주관해줄 것을 청함으로써, 모후들이 사실상 국가의 최고 통치자가 되어 다스리게 되었다.

    어린 황제들은 모후가 원하는 대로 움직일 수밖에 없었다. 때문에 후비들이 장성한 황제를 세우지 않고, 어린 황제를 세운 것은 황후 자신이 오래도록 국정을 독점하기 위한 것으로, 후한 여섯 황후는 이를 잘 수행했다고 볼 수 있다.

황제가 병약하거나 정사에 무능한 경우

후비의 정치 참여의 중요한 원인은 우선, 황제가 연약하여 병이 많거나, 정사에 태만하여 정사를 돌보지 못하고 황후에게 위임하거나 혹은 황후가 대리하는 것이다.

후한은 황제가 병으로 인해 정사를 돌볼 수 없었다고 서술한 공식 기록은 찾아볼 수 없다. 다만, 기록들을 살펴보면 안제와 소제가 상당 기간 병이 위중하였음을 알 수 있다. 황제가 정사를 돌 볼 수 없을 만큼 병이 중하다면 선제의 처인 동시에 후제의 어머니가 되는 (염)황후가 그들을 대신하여 정사를 돌보는 것은 당연한 일일 것이다. 두 번째로는 황제의 무능함을 들 수 있는데, 후한 대부분의 황제는 어린 나이에 즉위했기 때문에 스스로 정사를 맡아 처리할 만한 능력이 없었다. 그래서 모후가 아들인 어린 황제를 대신하여 정사를 맡아보게 된 것이다.

황제가 갑자기 사망하였을 경우

황제가 갑자기 사망하였을 때 황후는 황태후가 되어 새로운 황제를 옹립하거나, 새로운 황제의 즉위로 황태후가 되는데, 이들은 새로운 황제가 나이가 어려 정사를 돌볼 수 없을 때, 자신들의 특수한 신분을 이용하여 정치에 참여할 수 있었다. 후한의 염황후가 바로 그러한 사례였다.

영제(靈帝)의 경우에서도 알 수 있듯, 후한은 황제가 태자로서 제위에 오를 이를 정확하게 정해놓지 못하고 죽음으로써 황제와 동체인 황후가 새 황제를 즉위시키는 경우가 많았다.

앞에서 살펴본 대로 후비의 정치 참여는 왕권이 미약하여 황제권이 불안정하게 되었을 때 나타나게 된다. 즉, 황제권의 불안정이 후한 여섯 황후가 정치에 참여할 수 있었던 하나의 주요한 성립 요건이 되었던 것이다. 그렇기 때문에 황제권이 강했던 후한 전기(광무제·명제·장제)에는 황후가 정치에 참여하는 모습을 볼 수 없고, 황제권이 불안정해지는 후한 후기(화제 이후부터 헌제까지)에 후비들이 정치에 참여하는 모습을 볼 수 있는 것이다.

이념적 근거

후비의 정치 참여는 중국 봉건사회의 특유한 하나의 정치 형식으로, 봉건중앙집권제와 종법제가 서로 결합한 필연적인 결과라고 볼 수 있다.

하상주(夏·商·周) 3대를 통해서 형성되어 있던 봉건중앙집권제와 종법제가 후대에 와서 공자가 주장한 유교에 계승됨으로써 한대에 더욱 발전 강화되었다.

봉건중앙집권제와 종법제가 여성의 역할을 가정 내부로 위치 지우고, 그 가정 내에서도 시부모와 남편 등에게 굴종해야 하는 미천한 지위로 고정시킨 것[6] 역시 사실이나 아이러니하게도 이처럼 여성의 지위를 낮추는 역할을 했던 봉건중앙집권제와 종법제가 한편으로는 여성의 지위를 올려놓는 역할도 했다는 것이다. 이로 인해 여성으로서 정치에 참여할 수 있었던 사회적 배경을 형성하게 되었다.

우선, 친속(親屬)의 번식과 동족의 단결성을 중시하는 존조계사(尊祖繼嗣)를 바탕으로 하는 중국의 가족제도의 발달은 '효사상'을 낳게 되었고, 가장을 중심으로 하는 중국 가정의 기본 관념이 고착 발전하게 되었던 것이다. 즉, 화하 문명을 연, 하왕조부터 시작해서 왕위의 전승 세계는 완전히 '아버지가 죽으면 아들이 계승하고' '형이 죽으면 동생이 이어받는'의 남계 계승제였던 것이, 우(禹)가 황제가 되어 하대의 개국의 군주가 되었다. 그런데 우가 제위를 다른 현자(賢者)에게 선양하지 않고 아들인 계(啓)에게 물려줌으로써 부자상속(嫡長子相續)이 시작되었는데, 이러한 부계전승제도의 철저한 실현을 확보하기 위하여 그와 상응하는 일부일처다첩제(一夫一妻多妾制) 혼인가정제도가 점차 정착되어나갔다. 또한 가장 및 기타 남성 성원은 가정 권력과 재부가 자기 후대에 전달 계승될 수 있도록 보증하기 위해서는 반드시 처첩이 생육한 자기의 순수 혈통을 확보해야 했다. 그래서 처첩의 신분과 권리는 같을 수 없었다. 이 때문에 "어머니는 자식으로 인해 귀해지고 자식은 어머니로 인해 귀해지는 상황(母以子貴子以母貴(모이자귀자이모귀))"이 이루어졌다.

『사기』「외척세가」를 보면, 다음과 같은 내용이 있다.

> "한이 흥하자, 여아후(呂娥姁, 여후(呂后))가 고조의 정식 황후가 되었고, (그녀의) 아들이 태자가 되었다."

이는 어머니로 인하여 자식이 귀해지는 것을 의미하는 것이지만, 실은 자식으로서 어머니가 귀해지는 경우가 많았다. 이는 종법제도의 적장자 계승제·처첩의 차이와 관련이 있다.

중국은 전통적으로 부모의 신분에 의해 자식의 신분이 결정되어 왔다. 따라서 황제의 부모가 신분이 낮을 경우 황제에 맞게 신분을 높였다. 그렇기 때문에 자식보다 신분이 낮은 부모의 경우는 아들의 신분에 맞추어 추존(推尊)되었던 것이다.

후한 황제들의 어머니의 신분 변화를 통해 어머니가 신분이 낮다고 해도 아들이 황제의 자리에 오르면 그에 따라 어머니의 신분이 상승되는 것을 볼 수 있다.

〈표 2〉 후한의 자식으로 인해 어머니가 신분 상승한 경우

황제 이름	즉위 전	즉위 후	비 고
화제(和帝)	양귀인(梁貴人)	공회황후(恭懷皇后)	
안제(安帝)	좌희(左姬)	효덕황후(孝德皇后)	청하효왕(淸河孝王) 경(慶)이 효덕황(孝德皇)으로 추존됨
순제(順帝)	궁인이씨(宮人李氏)	공민황후(恭愍皇后)	
충제(沖帝)	미인우씨(美人虞氏)	헌릉귀인(憲陵貴人)	
질제(質帝)	진부인(陳夫人)	발해효왕비(渤海孝 王妃)	
환제(桓帝)	려오후(蠡吾侯) 익(翼)의 잉첩언씨(媵氏)	효숭황후(孝崇皇后)	려오후(蠡吾侯) 익(翼)이 효숭황(孝崇皇)으로 추존됨
영제(靈帝)	해독정후(解瀆亭侯) 장(萇)부인 동(董)부인	효인황후(孝仁皇后)	해독정후(解瀆亭侯) 장(萇)이 효인황(孝仁皇)으로 추존됨
헌제(獻帝)	왕미인(王美人)	영회황후(靈懷皇后)	

자료: 『후한서』, 권5, 「효안제기(孝安帝紀)」・『후한서』, 권10, 「황후기」를 토대로 작성

황제 모친의 신분이 그녀들의 아들이 황제로 즉위하기 전・후에 변한 것을 알 수 있다. 이것은 어머니의 신분이 낮아도 자식이 가장 높은 지위(황제)에 오르면 어머니 역시 그 아들에 의해 귀해지는 것을 보여주는 좋은 예라 할 수 있다.

앞에서 말했듯 이러한 신분 변화는 어머니에만 해당하는 것이 아니다. 표 2에 의하면 안제의 아버지 청하효왕 경(淸河孝王 慶)이 아들이 즉위하자 효덕황(孝德皇)으로 추존되었고, 환제의 아버지 여오후 익(蠡吾侯 翼)은 아들이 황제에 즉위하자 추존되어 효숭황(孝崇皇)이 되었으며, 영제의 아버지 해독정후 장(解瀆亭侯 萇)도 역시 아들이 황제로 즉위하자 추존되어 효인황(孝仁皇)이 된 경우를 통해 알 수 있다.

『주역(周易)』에서는 "하늘과 땅이 있어야 그 다음에 만물이 있다"고 말하고 있으며, 『예기(禮記)』「교특생(郊特牲)」에 "하늘과 땅이 합한 이후에, 만물이 흥한다"고 말하였다. 비록 『주역』 이후에도 더욱 하늘을 높이고 땅을 낮추고, 남자를 존중하고 여자를 비하하는 관념이 성행하였지만 그러나 동시에 "하늘과 땅, 음과 양이 모두 중요하다[乾坤幷重, 陰陽幷重]"는 관념도 매우 중시되었다.[7] 이러한 중국의 전통적 관념으로 인해 남녀의 구분 없이 부모로서 자식의 신분에 의해 부모가 추존될 수 있었다. 그러나 효자의 표준은 항상 모친에 대한 효경(孝經)이 주가 되었다.

어머니가 자식으로서 귀해지는 것은 국가와 일체화된 사회구조와 통치자가 제창한 충효도덕과도 관련이 있는 것이다.

『효경』에는 "효로써 임금을 섬기는 것이 충"이라고 하고 있으며 공자는 "군자가 어버이를 섬길 때는 효를 다하고, 따라서 충성을 임금에게 옮겨 받들 수 있다"라고 하였다. 즉, 효가 사회적으로 확산되면 황제에 대한 충성도 동시에 요구할 수 있게 되는 것이다. 이러한 효는 중국의 기본 이념이다. 후한 황후들이 어린 황제를 대신하여 임조칭제를 할 수 있었던 것은 "효"라는 이념적 근거가 있었기 때문이다.

혼인에 의해서 적처(嫡妻)인 여자는 지아비와 동등한 지위와 신분이 보장되었다. 그러나 지아비가 생존할 경우, 종인(從人)으로서 많은 제한이 따를 수밖에 없다. 하지만 지아비가 사망했을 경우, 부부동체(夫婦同體)와 '공승종묘(共承宗廟)' 및 황후의 '모임천하(母臨天下)'로 인해 아내는 지아비의 권한을 가지게 되는 것이다. 그럼으로 황태후들은 황제의 처와 어머니의 자격으로 정치 참여의 권한을 가지게 되었던 것이다.

후비는 지아비의 종묘사직에도 황제와 동등한 자격으로 봉사할 수 있었는데, 종묘사직에 봉사하는 것은 나아가서 국가체제의 유지와 밀접한 관련을 가지고 있는 것이다.

중국의 전통·사상·문화가 공자가 주장한 유교에 계승됨으로써 전한을 거쳐 후한에 이르러 더욱 발전 강화되어 후한 여섯 황후가 정치에 참여할 수 있는 이념적 근거를 확립할 수 있었던 것이다.

개인적 요건

후비의 정치적 재능

후비 본인의 정치 재능은 정치 참여의 성공 여부의 중요한 조건이 된다. 후한 후비들은 본인 스스로 재능과 덕을 가지고 있었고, 이러한 그녀들의 능력이 여성으로서 정치에 참여할 수 있는 개인적 요건이 되었던 것이다. 특히 등황후의 경우, 어려서 여자로서 해야 하는 일〔婦業(부업)〕보다는 스스로 학문을 배우는 것에 열심이었는데, 이러한 황후의 태도에 대해 그녀의 어머니는 좋아하지 않는 모습을 보이고 있다. 여성으로서 가장 우선시해야 할 부업(婦業)에 대해 황후가 소홀한 태도를 보이고 있기 때문이다. 그러나 황후의 이러한 학구열을 보고 그녀의 아버지는 여성은 남성의 일에 관여해서는 안 된다는 관례를 무시하고 황후에게 일의 대소에 상관없이 상의하고 있는데, 이는 황후의 아버지가 황후의 재능을 인정하고 있는 것이라고 볼 수 있다.

등태후는 귀족에게 너무나 많은 권한이 주어지면 오히려 화가 됨을 미리 알고 그들을 교화시켜 자신에게 도전하는 세력을 막고, 충효하게 만들고 있는데, 이는 등태후 자신이 정치를 장악하는 데 있어서 위협적인 존재가 될 수도 있었던 귀족을 제어할 수 있는 힘과 재주와 덕을 가지고 있었기 때문에 가능했던 것이다. 또한 등태후 본인의 정치적 재능을 귀족이 상당히 두려워하고 있었던 점도 확인되고 있다. 다시 말해, 등태후는 후한 여성 황후 중 황후 본인의 정치적 재능이 가장 뛰어난 인물로 이러한 본인 자신의 재능이 후한 여섯 황후 중 가장 오래 정치를 장악할 수 있게 하는 결과를 가져왔던 것이다.

외척의 역량

후비는 깊은 궁 안에 기거하면서 정치 경험은 물론이고, 학식과 재능까지 모두 많은 제약을 받았기 때문에, 그녀들은 정치에 참여할 때 외척의 역량에 의존하여 도움을 받았다.

외척은 황후와 혈연 집단으로서 가장 믿을 수 있는 세력이다. 즉 외척은 주로 후족(后族)의 집이나 후비와 밀접한 혈연 관계로 맺어진 자들이었고, 그들의 권력 지위는 후비의 총애를 받는 정도에 따라서 결정되었다.[8] 또한 황후는 황제가 죽고 어린 황제가 즉위하면 황태후가 되어, 외척의 지위를 상승시켰는데, 이는 자신의 지위와 권력을 공고히 하기 위한 것이었다.

이처럼 황후들은 자신의 지위를 상승시키고, 견고히 하기 위해 자신이 가장 믿을 수 있었던 외척을 임용한 것이다. 물론 등황후와 같은 예외적인 모습도 보이나 그것 역시 황제의 사랑을 얻기 위한 하나의 방법에 불과했다. 즉, 이들의 공동의 목적은 황제의 총애를 오래도록 유지하여 자신의 지위를 견고히 하는 것이고 또한 황태후가 되어 황제를 대신해 임조칭제할 때 자신을 뒷받침해줄 수 있는 세력을 만드는 것이었다.

후비는 궁 안에 기거하면서 정치 경험은 물론이고, 학식과 재능까지 모두 많은 제약을 받았기 때문에, 그녀들이 정치에 참여하기 위해서는 외척의 도움을 받을 수밖에 없었던 것이다. 그러나 순열양황후(順烈梁皇后)의 경우를 통해 황후가 어진 이를 등용하여 쓰고자 해도 결국은 외척이 자신들의 권한 유지를 위해 이를 가로막는 문제가 일어나고 있는 것을 볼 수 있는데, 이는 곧 외척에게 너무나 많은 권한이 주어지면 외척의 중심이 되는 황후 자신을 뛰어넘는 상황이 일어날 수 있음을 보여주는 것이다. 후한 여섯 황후 중 등황후가 종신토록 정치를 장악할 수 있었던 것은 외척에게 황후 자신보다 더한 권한이 가지 않게 억제시킬 수 있는 능력을 가지고 있었기 때문이다.

중국 역대 봉건왕조는 엄격한 궁금제도(宮禁制度)를 제정했기 때문에, 황제와 환관을 제외하고는 건강한 정상 남성은 궁 내에 들어올 수 없었다. 이 때문에 황후들이나 황제들은 자신의 지위를 견고히 하기 위해서 가장 근접한 사람인 환관의 도움을 받을 수밖에 없었고, 이들 또한 황후나 황제들과의 결탁을 통해 자신들의 안위와 재부를 축적할 수 있었다. 그럼으로 봉건왕조에서 이들의 결합은 필연적인 결과라고 볼 수 있다.

황후의 근신(近臣) 집단인 외척과 환관은 상호 협조적 관계이기도 했지만 적대적 관계가 되기도 했다. 황제가 성인으로 성장하여 친정을 하게 되는 경우 어려서 외척의 전횡을 경험했던 대부분의 황제는 환관의 힘을 빌려 외척을 장악해야 했기 때문이다. 또한 자신들의 권한 유지를 위해 서로 견제해야 했기 때문이다. 이는 두 태후 아버지 대장군 무(大將軍 武)가 환관을 주살하고자 하였으나 오히려 환관에게 주살당했던 일을 통해서 분명히 알 수 있다.

황후 정치 참여의 특징

후한은 11대를 거쳐 86년간 여섯 황후가 연이어 정치를 장악했는데 이것이 가능했던 것은 황후의 정치 참여가 가지고 있는 특징 때문이다.

외척 중용

외척은 제왕 후비 계통의 친족이다. 그들은 태후·황후 혹은 황제 총비(寵妃)의 정치 집단으로서 경시할 수 없는 종파 세력이다. 이들은 특수한 관계의 군대관(裙帶官, 처갓집의 연줄로 얻은 관직)이다.

봉건사회의 후비의 정치 참여는, 반드시 황권을 제압하고, 자기의 집단을 건립해야 했다. 자신의 집단 중에, 외척은 후비 중용의 주요 대상이 되었다. 왜냐하면 황후가 아무리 황제와 동체로서 황제 권력의 대행자라는 역할을 부여받았다 하더라도 종실·황제와의 충돌은 불가피했기 때문이다. 즉, 외척을 중용한 목적은 통치 지위를 공고히 할 수 있도록 자신들(황후들)을 우두머리로 하는 집단을 건립하기 위한 것이었다. 다시 말해, 모든 수중의 권력을 이용하여, 자기와 관계가 밀접한 측근 도당〔堂羽親信(당우친신)〕을 양성함으로써 자신의 불안전한 지위를 견고히 하고자 한 것이다.

봉건사회 가(家) 천하의 제도하에서, 통치 집단의 핵심 역량은, 통상 동성 혈연 친속으로 조성될 수밖에 없있다. 왜냐하면 매우 밀접하다고 하더라도, 봉건 최고 통치 집단 내부의 권력투쟁이 매우 격렬한 까닭에, "내 동족이 아니면, 그 마음이 반드시 다르다" 곧, 동성자가 아니면 한마음으로 협력하기가 매우 어렵다고 보았기 때문에 후비가 자신과 혈연관계에 있는 외척을 등용하는 것은 당연한 결과였던 것이다. 더욱이 황후들의 정치 참여는 반드시 황족종실의 불만과 반대에 부딪쳤는데, 이는 황후의 아들(황제)도 예외가 아니었다.

〈표 3〉 후한 황후의 정치 참여 시의 황자 성명 · 외척 · 환관

황후	황자 성명	외 척	환관	비 고
장덕두황후 (章德竇皇后)	화제(和帝)	두씨(竇氏)의 형 헌(憲) · 아우 독(篤) · 경(景)	정중(鄭衆)	
화희등황후 (和熹鄧皇后)	상제(殤帝) 안제(安帝)	등씨(鄧氏)의 형 즐(騭)	강경(江京) · 이규(李閏)	
안사염황후 (安思閻皇后)	소제(少帝), 황자 의(懿) 순제(順帝)	염씨(閻氏)의 형 현(顯) 아우 경(景) · 요(燿) 순제(順帝) 양씨(梁氏) 부(父) 상(商), 형 기(冀)	순제(順帝) 손정(孫程) · 왕강 (王康) 등 19인	헌제(獻帝)는 홍농왕(소제)가 세웠지만 그것은 동탁(董卓)의 강요에 의한 것임.
순열양황후 (順烈梁皇后)	충제(沖帝) 질제(質帝) 환제(桓帝)	양씨(梁氏) 형 기(冀) 환제(桓帝) 두씨(竇氏) 의 부(父) 무(武)	단초(單超) · 서황(徐璜) · 구원(具瑗) 등 5인	
환사두황후 (桓思竇皇后)	영제(靈帝)	두씨(竇氏)의 부(父) 대장군(大將軍) 무(武)	장양(張讓) · 조절(曹節) · 왕보(王甫)	
하황후 (何皇后)	소제(少帝), 황자 변(辯)	하진(何進)		

자료: 『후한서』을 토대로 작성[9]

호족연합정권의 성격을 가지고 있는 후한은 두 가지의 역량이 존재한다고 말할 수 있는데, 곧 하나는 집권한 황권이고, 다른 하나는 세가호족(世家豪族)이다.

화제 이후, 두 집단 사이의 모순이 점차 드러나기 시작하였는데, 그것은 화제 이후 어린 황제가 즉위하기 시작했기 때문이다. 어린 황제의 즉위란 곧 황제권의 불안으로 설명될 수 있다. 나이 어린 황제가 정사를 돌본다는 것은 사실상 불가능하므로 어머니가 되는 황태후가 대신하여 정사를 돌보게 되고, 이때 따라오는 것이 바로 외척의 정치 참여로, 황

후와 외척은 자신의 지위를 유지 발전시키기 위해 더욱 노력하며, 황제와 환관은 잃어버렸던 자신의 지위를 되찾기 위해 노력하여, 외척과 환관의 투쟁으로 겉으로 드러났기 때문이다.

화제부터 헌제 이전까지, 외척·환관 사이의 투쟁은 모두 여섯 차례 발생했는데 그 사이에서 권력이 외척과 환관 사이에서 왔다 갔다 했다.[10]

첫 번째는 화제·환관과 외척 두씨의 투쟁으로 장제가 죽고 10세의 어린 화제가 즉위하자, 장덕두황후(章德竇皇后)가 정치에 참여하게 되었다. 그로 인해 두씨 가문 사람들이 조정 대권을 가졌고, 문중의 형제 조카 모두 대관이 되었는데, 지방 칙사(勅史)·수령(守令)도 그 집안에서 많이 나왔고, 관료 사대부도 두헌(竇憲)에게 붙었다.

두헌 등이 제멋대로 전횡을 휘두르자, 화제가 환관 정중(鄭衆)과 함께 모의하여 두헌을 죽이려고 하자,[11] 두헌이 몰래 모반을 꾀하였는데, 영원(永元) 4년(92년), 발각되어 죽임을 당했다. 이는 곧 정중과 호당(豪黨)의 대립이다.

두 번째는, 안제·환관과 외척 등씨의 투쟁으로, 화제가 죽고, 황후 등씨가 태어난 지 100일 된 황자를 황제로 세웠는데, 일 년 만에 죽었다. 다시 안제를 세워 등황후가 정치에 참여하여 형 등즐(鄧騭)에게 거기장군(車騎將軍)을 맡겨 정사를 보좌하도록 하였는데 후에 등즐(鄧騭)이 대장군이 되었고, 아우 등리(鄧悝)는 성문교위(城門校尉)으로, 호분중랑장(虎賁中郎將)으로 넓혀, 금병(禁兵)을 모두 통솔하였다. 등즐은 또한 겸허하고 절약하여 검소한 생활을 하였으며, 천하의 어진 선비들을 추천하였는데, 당시 명망 있던 하희(何熙)·단풍(段諷)·양침(羊浸)·이합(李郃)·도돈(陶敦) 등을 조정에 진출시켰고, 양진(楊震)·주총(朱寵)·진선(陳禪)을 막부(幕府)에 두었다. 등즐은 대세가호족 외척 신분으로서, 세

가호족 중의 어질고 유능한 인물을 통솔하여 황실을 받들었다. 그러나 여전히 황권과 권신의 모순을 채우는 것은 어려웠다.

등태후가 죽자, 안제가 직접 통치하였는데, 환관 이윤(李潤)·강경(江京)등이 등씨가 일찍이 폐위를 꾀하였다고 무고하여, 등씨 일족이 모두 파면되었고, 등즐은 자살하였다.

세 번째로는, 순제·환관과 외척 염씨의 투쟁으로 안제가 죽자, 염황후와 염씨 형제가 장제의 손자를 세워 황제가 되었다. 염씨가 태후가 되자, 염씨 형제에게 조정의 권력이 지나치게 집중되었는데, 황후가 드디어 대장추 강경(大長秋 江京)·중상시 번풍(中常侍 樊豐) 등과 함께 황태자 보(保)를 속여, 제음왕(濟陰王)으로 폐하였다. 이에 즉위한 지 일 년도 되지 않아 소제가 죽자, 환관 손정(孫程) 등 19인이, 폐태자(廢太子)를 다시 맞아들여, 순제가 되었고, 염씨 형제를 죽였다.

이 이후의 외척·환관 투쟁은, 상당히 복잡하다. 염씨는 세가호족 출신이 아니다. 그녀의 조부 염장(閻章)은 명제 때 상서로, 높은 직책이 아니었다.

환관은 두 패로 나누어졌는데, 하나는 황후를 보좌하는 것으로, 염씨 가족과 합작하였고, 다른 하나는 태자를 보좌하는 것으로, 황후 외척과 적이 되었다. 조정 신하들과 세가호족은 이 투쟁에서 대체로 중립적이었다.

네 번째로는, 환제·환관 단초(單超)와 외척 양기(梁冀)의 투쟁으로, 순제가 즉위하자, 황후 양씨, 황후의 아버지 양상(梁商), 형 양기가 연이어 대장군에 임하여 정치를 보좌하였는데, 대장군 양기가 정권을 잡음으로써 순제부터 환제에 이르는 4대에 걸쳐 전횡을 휘둘렀다.[12] 양태후가 죽자, 환제와 환관 중상시 단초(中常侍 單超) 등이 대단히 분개하여 계책을 세워 협동하여, 양기의 모반을 막았다.[13] 황제가 단초 등 5인을 현후(縣侯)로 봉했고 이훈(尹勳) 등 7인은 정후(亭侯)가 되었다.

임인년(壬寅年)에, 중산시 단초는 거기장군(車騎將軍)이 되었다. 양황후가 죽은 것을 계기로 양씨를 주살한 것이다. 양기와 그 처 손씨(孫氏) 양가 일족이 모두 피살되었다. 그 외에도 연루되어 공경(公卿)·열교(列校)·칙사(勅史)로서 죽은 자가 수십 인에 이르고, 면직된 자가 30여 인으로 조정이 텅 비었다.

다섯 번째로는, 영제 때 환관과 외척 두씨의 투쟁으로, 환제가 죽었는데 자식이 없었다. 황후 두씨가 아버지 두무(竇武)와 천자를 옹립하였는데, 12세의 영제였다. 태후가 임조하여, 아버지 성문교위(城門校尉) 두무가 대장군이 되어 정치를 보좌하였다. 이때 환관은 이미 대중의 비난을 받는 인물이 되어 있었는데, 대장군 두무가 환관을 주살하고자 하면서도 완전히 결정을 내리지 못하고 주저하다가, 중상시 조절(中常侍 曹節)[14] 등의 환관이 곧 궁정정변을 개시하여, 소황제를 협박하여 두무 등을 체포하라는 조서를 내렸다. 이에 두무 등이 무리를 통솔하여 항거하였는데, 실패하여 피살됐다. 영제 건녕(建寧) 2년, 환관이 다시 관료호족에 대해 공격을 개시하여, 이응 등 백여 인을 체포하여 죽였고, 그들의 무리를 좇아, 오속(五屬)을 금하였다.

마지막으로 영제 사후, 환관과 외척 하진(何進)의 투쟁을 들 수 있는데, 하황후는 여섯 황후 중 신분이 가장 낮았으나 황사 변(辯)을 낳음으로써 자신의 지위를 공고히 하였다.

황후의 형 하남이 하진(河南尹 何進)이 대장군이 되어, 집권했는데[15], 하진의 집안은 가난하여 환관 장량의 도움으로, 오래전에 하황후가 궁성에 들어와 귀인이 될 수 있었는데 이는 장량과 하진이 인척 관계였기 때

문이다.[16]

하진이 환관을 주살하고자 하였는데, 하황후가 환관의 이로운 점을 생각하여, 동의하지 않았다. 하진이 황후가 동의하지 않음으로써, 결정하지 못하고 망설였는데, 반대로 해를 당하였다. 그러나 이때는 황건군의 반란 후로, 후한은 이미 곤란한 지경에 빠져 있었으며, 황권도 이미 쇠락하여, 세가호족 권력이 강하였다. 이 때문에 원소(袁紹)가 드디어 하진의 부하와 연합하여 궁내로 공격해 들어와, 일망타진하여 환관 2,000여 인을 전부 죽였다.

지금까지 후한의 외척·환관투쟁을 살펴보았는데, 이러한 투쟁 국면이 조성될 수 있었던 하나의 원인은 후한의 황제 대부분이 나이가 어려서 즉위함으로써 제대로 정사를 돌 볼 수 없었고, 그로 인해 모친인 황후가 황제를 대신하여 정사에 참여했다는 것이다.

즉위한 황제가 나이가 어리면, 모후가 임조하고, 모후는 외척에게 의지했다. 그러나 어렸던 황제가 성장하여 성인이 되면 정치적 실권을 장악하고 있는 외척을 제거해야 했기 때문에 정치와는 무관한 존재지만 자신의 측근인 환관의 힘을 빌리지 않을 수 없었다. 즉, 친정을 원했던 황제는 외척을 제거하기 위하여 환관을 중용하였던 것이다. 그러나 순열양황후의 경우를 통해 알 수 있듯이 본래 환관은 황태후 정치 참여의 과정에서 그 역할이 증대하기 시작했기 때문에 외척 정권의 부산물로 볼 수도 있다. 그러나 그들 역시 외부와 차단된 궁중 내에서 황제가 믿을 수 있는 유일한 근습 집단(近習集團)이었기 때문에 일반 관료나 외척을 대체하여 황제의 이해를 대변할 수 있는 또 하나의 세력을 형성할 수 있었던 것이다.

후한의 외척과 환관의 관계는 표면적으로 외척과 환관의 대립으로 보이지만 좀더 자세히 보면 황후와 환관의 대립·외척과 황제의 대립 또는 황후와 황제의 대립으로 서로의 지위와 권한을 공고히 하여 그것을 오래 유지하기 위한 것으로 볼 수 있다. 그렇기 때문에 후한의 황제는 외척의 전정(專政)에 맞서 자신의 측근인 환관의 힘을 빌리게 되었고, 황후는 자신과 혈연으로 맺어진 친족을 등용할 수밖에 없었던 것이다.[17] 그러나 이것은 오히려 외척과 환관이 교대로 정권을 마음대로 하는 악순환을 만든 것으로, 후한이 멸망하는 하나의 주요한 원인이 되었다.

후비의 권력 유지 수단

여성이 투기하는 것은 집안을 파괴시키는 것으로 금기시하며 오히려 투기하지 않음이 곧 자신에게 복이 되는 일이라고 말하고 있다. 그러나 세상의 모든 것은 '흥하면 곧 쇠한다'는 근본 이치가 존재함으로, 황제에 의해 운명이 결정되는 황후는 설사 황제가 지금 자신을 총애한다고 하더라도 언젠가는 쇠할 것임을 알고 총애를 오래도록 유지하여, 자신의 지위를 지키고, 더욱 공고히 하기 위해서는 투기·음모·모살 등 부덕에서 벗어난 행위라 하더라도 할 수밖에 없는데 이는 일부다처의 남성 본의의 종법사회에서 오로지 한 여성이 사랑을 차지하는 것은 쉽지 않기 때문이다.

후한 여성 황후는 그 누구라도 이러한 자신들의 처지를 잘 알고 있었을 것이다. 그렇기 때문에 투기가 칠출(七出)에 해당되어 남편에게 버림받을 수 있는 위험한 일임에도 불구하고, 그보다 더한 음모·모살 등을 행하였다. 그만큼 그녀들은 자신의 운명을 결정하는 황제의 사랑을 차지하기 위해 치열하게 서로를 의식하며, 경쟁해야 했던 것이다. 다만, 등황후는 후한의 다섯 황후들과 달리 자신과 적이 되는 여성을 죽이거나 하는 잔혹한 모습을 보이고 있지는 않다. 오히려 참고 인내하는 모습을 보이고 있다. 그러나 그녀가 후한의 다른 황후들처럼 장성한 황제가 아닌 어린 황제〔상제(殤帝)·안제(安帝)〕를 세워 정치에 참여한 사실을 떠올린다면, 등황후의 조심스러운 태도나 행동 역시 자신의 지위와 권한을 오래 유지하기 위한 하나의 수단이었음을 짐작할 수 있다. 즉, 그녀도 다른 황후들과 마찬가지로 내면에는 강한 권력욕을 가지고 있었던 것이다.

통치자가 어질고 유능하고 덕이 있어야 함을 전제한 천명(天命)사상의 논리는 황실 내에서 가장 현명하고 재간 있는 유덕한 사람이 황제가 될 수 있다는 주장을 할 수 있게 하였을 뿐 아니라, 왕작(王爵)의 소유자는 천자의 후보가 될 수 있기 때문에 적장자 우선의 원칙의 황태자제도를 통해 이런 황실 내의 분쟁을 미연에 방지했다. 그러나 황태자는 황제의 명으로 폐출될 수 있기 때문에 황태자가 책봉된 이후에도 그 지위를 둘러싼 경쟁은 완전히 종식되지 않았다. 그래서 태자책봉 문제는 황후들에게 매우 민감한 문제였고, 또한 자신의 아들이 황태자로 책봉된 후에도 황후들은 긴장을 풀 수 없었지만, 어쨌든 친자가 태자로 책봉된다는 것은 황후 자신의 지위를 가장 확실하게 안정적으로 유지시켜 줄 수 있는 요인이 될 수 있었다. 하황후를 통해서 알 수 있듯이 낮은 신분의 그녀가 황후가 될 수 있었던 것 역시 그녀가 황자 변(辯)을 낳았기 때문이다.

그렇기 때문에 만약에 자신의 아들이 태자로 책립되는 것을 방해한 자가 있다면 그는 분명히 황후에게 있어 가장 큰 공격의 대상이 되는 것이다. 그럼으로 선황제가 죽고, 아들이 즉위하게 되면 참아왔던 분노를 드러내며 철저히 복수하는 것이다.

또한 후한 영제의 어머니 효인황후가, 두태후의 사망 후 조정에 참여하기 시작한 것을 보더라도 황후 자신의 친자가 아닌 자가 즉위하게 되었을 때 그 모친이 살아 있다면 황후 자신의 지위를 위협하는 존재가 될 수 있는 가능성이 있었다. 특히 양귀인(梁貴人)의 경우처럼 신분이 높고, 아들을 낳았다면 자신의 집안을 배경으로 분란을 일으킬 수 있는 소지를 가지고 있는 것이다. 이 때문에 황후들은 황제의 친어머니를 죽일 수밖에 없었던 것이다.

　후한 여섯 황후는 '어린 아이'를 황제로 세움으로써 자신의 권력욕이 얼마나 강한지를 보여주고 있으며, 또한 자신들의 지위를 지키기 위해, 또는 더욱 견고히 하기 위해 질투·살인·음모 등의 모든 노력을 동원하고 있음을 볼 수 있다.

후비의 권한 존속 기간의 단명성

　　　　　　　　　　　　　　　　　　　후비가 정치에 참여할 수 있었던 것은 황제가 병약 또는 무능했거나 혹은 황제의 나이가 어리기 때문이었다. 이러한 조건이 지속되거나 다시 생기지 않으면, 그녀들은 황제에게 권력을 다시 되돌려줘야 했다. 즉, 어린 황제가 장성하면 그 모후가 황제를 대신하여 정사를 돌보던 것을 그만두고, 정치를 황제에게 이양하고 은거해야 했기 때문이다. 즉 황후가 자립하여 황제가 되어도 황위계승권의 근본적 원칙을 바꿀 수 없었다.

　후한 200여 년의 역사 중에 86년간 11대의 황제가 옹립하는 동안 여섯 명의 황후가 연이어 정치에 참여했다.

　등황후는 20년 동안 상제(殤帝)·안제(安帝) 2인에 걸쳐 정치에 참여하였고, 염황후는 12년 동안 소제(少帝)·순제(順帝) 2인에 걸쳐 정치에 참여하였으며, 양황후 같은 경우는 재위 기간 19년 동안 충제(沖帝)·질제(質帝)·환제(桓帝) 3인에 걸쳐 정치에 참여하였다. 이 때문에, 재위 기간을 1인을 기준으로 보면, 장덕두황후(章德竇皇后) 18년·등황후(鄧皇后) 10년·염황후(閻皇后) 6년·양황후(梁皇后) 대략 6년 3개월·환사두황후(桓思竇皇后) 7년·하황후(何皇后) 10년으로 두 황후가 18년으로 가장 오랜 것이고, 대부분의 황후들은 10년 미만이라고 볼 수 있다.

후한의 육후의 임조칭제는 전한의 여후(呂后)·당의 무측천(武則天)·청의 서태후(西太后)와는 다름을 부인할 수 없다. 왜냐하면 전한의 여후·당의 무측천·청의 서태후가 적극적으로 황제의 권한을 대행했다면 후한 여섯 황후는 황제의 권한을 적극적으로 나서서 대행했다기보다는 황제의 뒤에서 보좌하거나 자신의 아버지나 형제들에게 위임하는 소극적인 모습을 보이고 있기 때문이다. 물론 양·등 두 황후 특히 등황후 같은 경우는 적극적인 모습을 보이고 있기는 하지만 그녀 스스로 자제하는 모습을 보임으로써 후한 전·후의 황후들과 차이를 보이고 있음을 간과해서는 안 되는 것이다.

남자를 중심으로 하는 종법사회에서는, 황위(皇位)는 오직 황제의 아들〔嫡長子(적장자)〕에게 전해주는 것이 바른 것이다. 이러한 현실은 중국의 후비들의 입장을 잘 표현해주는 것이다. 왜냐하면 아무리 황제와 모자 관계를 통해서 정치 참여를 하게 되었다고 하더라도 그녀들의 신분이나 지위에 큰 변화·발전이 있었던 것이 아니라 일시적인 것이라는 것이다. 곧 그녀들은 어린 황제가 성년이 되면 모든 권한을 황제에게 돌려줌으로써 친정할 수 없기 때문에 황후가 오랫동안 최고의 통치자가 되는 것은 사실상 불가능했던 것이다. 그렇기 때문에 그녀들의 권한 존속기간 역시 짧을 수밖에 없었다.

03 맺음말

후한시대는 86년이라는 긴 기간 동안 11명 황제가 교체되는 가운데서 여섯 명의 황후가 연이어 임조칭제를 했는데, 이러한 황후들의 임조칭제는 귀족사회의 여성과 일반 여성들에게도 어느 정도의 영향을 미쳤을 것이라고 추측할 수 있다.* 이를 통해 후한시대 황후들의 임조칭제가 중국의 여성사에 미친 의의를 짐작할 수 있는데, 그것은 매우 불리한 환경 속에서 여성으로서 정치에 참여하고, 또한 그로 인해 귀족 여성과 일반 여성의 지위 향상에도 다소 영향을 주었다는 것이다. 다시 말해, 황후들의 임조칭제는 여자라는 종인(從人)으로서의 지위에서 벗어날 수 있는 하나의 계기를 마련해 주었다고 볼 수 있다는 것이다.

아내와 어머니라는 신분이 여성의 지위를 낮추는 역할을 한 것도 사실이나, 후비의 임조칭제를 통해 특수한 상황에서는 이러한 여성의 신분이 여성의 지위를 높이는 역할을 했음을 알 수 있다. 이는 중국 여성사상에 매우 의미 있는 일이라고 볼 수 있다. 왜냐하면 대부분의 여성의 경우 아내와 어머니로서의 신분은, 여성을 가정 내로 종속시키는 것으로 간주되어 왔기 때문이다.

---

* 당 고종(高宗) 이후 측천무후의 집정을 계기로 궁중에 있어서의 여성의 정치 간여의 활발화는 귀족사회의 여성들을 크게 자극했기 때문이다. 따라서 이로부터 일반 여성의 사회적·가정적 처우가 점차적으로 개선되었다(정병학鄭秉學(1963), pp. 233-234.).

고대 중국의 일가 내의 권력 구조는 가장권을 정점으로 하여 자손에 대한 친권자(생육자)로서의 우월성과 존장(尊長)으로서의 문화적 우월성까지도 지니며 아버지와 어머니가 원칙상으로는 평등한 것이라는 인식은 있으되 실제로는 재산 분할, 가정 노동의 규율, 소비 생활의 극단적 규제, 혼인에 대한 자손의 개인적 자주권의 박탈, 인간의 천부적 권리의 부정 등이 강요되는 상황이었다. 따라서 가장의 비자(卑者)인 자손·처·고용 노복들은 절대적으로 가장에게 예속되었던 것이다. 이 때문에 여성의 지위가 향상되었다고 하더라도, 실제적인 차원이 아니라 다만, 이념적(법적) 차원에 불과했던 것이다. 이를 통해 알 수 있듯이 후한 역시 황후들의 정치 참여가 지위 향상에 다소 영향을 줄 수 있었지만, 임조칭제는 어린 황제가 성인이 되면 정권을 돌려주어야 하는 것이 원칙이었기에 그녀들이 지극히 귀한 권한을 누린다하더라도 언젠가는 종인(從人)의 자리로 되돌아와야 했다. 그렇기 때문에 황후의 정치 참여가 여성에게 미친 영향 또한 어느 정도 한계를 가지고 있다. 하지만 그렇다고 해서 후비의 정치 참여가 중국 여성사에 미친 의의를 과소평가해서는 안 될 것이다.

황태후의 신분 획득은 임조칭제에 있어서 황후들에게 기본이 되는 것이었다. 그런데 황태후라는 신분은 위에서 살펴보았듯이 선황제의 적처(嫡妻)라는 지위와 다음 황제의 모후라는 신분을 동시에 가지는 것이다.

황태후란 황제와의 혼인을 통해 황후의 신분을 얻은 이후에, 후사를 정하지 못하고 황제가 죽었을 때 부부동체(夫婦同體)의 이념에 따라 황제를 대신하여 새로운 황제를 옹립할 수 있는 권한을 가질 수 있고, 새로운 황제가 즉위하게 되면 아버지의 아내로서 대우받아 황후가 황태후가 되는 것이다.

　황후가 황태후가 되면 황제의 모후로서의 권한을 가지게 됨으로써 어린 황제를 대신하여 임조칭제를 할 수 있었다. 즉, 황태후란 선황제의 적처와 다음 황제의 모후라는 지위를 동시에 가지는 것이다. 이때 선제의 적처와 후제의 모후 중 어떤 것이 먼저인지 우선순위를 두어야 한다면 그건 당연히 선제의 적처라는 지위이다. 결과적으로 황태후는 선황제의 적처라는 신분을 바탕으로 다음 황제의 모후라는 신분을 가지게 되기 때문이다. 즉, 후한 여섯 황후는 선황제의 적처로서 황제를 옹립하여 황태후의 신분을 획득하거나, 선황제의 적처의 자격으로 새로운 황제에게 황태후로 봉해져 황태후의 신분을 획득한 후에 새로운 어린 황제를 대신하여 정사를 돌보고 있기 때문이다.

　후한의 하황후를 제외한 다섯 황후의 예를 통해서 알 수 있듯이 선제의 적처라는 신분을 가지고 있다면 새로운 황제가 자신의 친자가 아니라 하더라도 황후는 선제의 적처로서 대우받아 황태후가 되어 모후로서의 지위도 가질 수 있다. 또한 선황제의 적처만이 황제와 동체로서 황제가 죽었을 때 새로운 황제를 옹립할 수 있는 권한을 가질 수 있다.

　후한 여섯 황후는 어린 황제를 대신하여 황제의 특권을 행사했지만, 전한 여후에 비해 소극적인 모습을 보임으로써 여성으로서의 한계를 극복하지 못했음을 여실히 보여주고 있다. 더욱이 후한 여섯 황후 중에서 가장 강력한 권한을 행사했던 등황후의 예를 통해 알 수 있다. 이러한 한계에도 불구하고, 86년 동안 11명의 황제가 바뀌는 가운데서도 6명의 황후가 연이어 여자로서 정치에 참여할 수 있었던 후한은 임조칭제 연구에 있어서 매우 중요한 시대이고, 후한 여섯 황후의 정치 참여가 미친 중국여성사상의 역사적 의의도 매우 높다고 할 수 있다.

■주 석

1) 김염자(1986), 「선진사상에 표현된 부녀관-도가 · 유가사상을 중심으로」, 『한국문화연구원논총』, 제48집, 이화여자대학교 한국문화연구원, p.401 ; 이춘식(1987), 「서주 종법봉건제도(宗法封建制度)의 기원문제」, 『동양사학연구』, 제26집, 동양사학회, pp.1-40. ; ─ (1982), 「유가정치사상의 이념적 제국주의 -한무제의 유가사상 채용을 중심으로-」, 『인문논집(人文論集)』, 제27집, 고려대학교 문과대학, pp.83-104. ; 윤내현(1982), 「상왕국의 국가구조와 사회성격」, 『사학지(史學志)』, 제16집, 단국대학교사학회, pp.443-465.; 岳慶平(1990), 『中國的家與國』, 吉林文史出版社, pp.109-113.

2) 臧健(1994), 「對封建時代后妃參政現象的幾点思考」, 『北京大學婦女問題三屆國際研究會論文集』, (北京大學中外婦女問題研究中心 編, 同研究出版), p.52 ; 정병학(1963), 「당율령에 반영된 중국여성의 사회적 처우」, 『아세아여성연구(亞細亞女性研究)』, 제2호, 숙명여자대학교아세아여성문제연구소(淑明女子大學校亞細亞女性問題研究所), p.243.

3) 朱子彦(1998), 「后宮制度研究」, 上海: 華東師范大學出版社, pp.143-144.

4) 楊聯陞 · 林維紅(1973), 「중국역사상적여주(中國歷史上的女主)」, 『식화(食貨)』, pp.1-11, p.575.

5) 臧健(1994), pp.52-64.; 김병준(1993), 「진한시대 여성과 국가권력 -과징방식의 변천과 예교질서로의 편입-」, 『진단학보(震檀學報)』, 제76호, pp.91-128.

6) 이규순 교주(校註)(1983), 『여사서』, 서울: 문학세계사; 남계중심의 종법사회의 전통이 수립된 주 왕조 사회에서는 유가들의 실천적 생활윤리체계 아래 중남경녀적 부녀관이 고정되게 되었고, 이것은 하나의 사회적 통념으로 이어져 나왔던 것이다. 그리하여 부녀들은 규문 내에만 머물러야만 하는 엄격한 내외법이 정해졌고, 그러한 규율 속에서 사는 것을 생래적으로 익혀 왔던 것이다. 그리하여 부녀의 가장 중요한 사회적 역할은 종법사회의 남계계승자인 남아의 생육자로서 간접적 기능을 부여받는 데 그쳤다(김염자(1986), p.413.).

7) 臧健(1994), p.57; 부처는 명의상 평등적이며 부부는 서로 손님처럼 대한다는 이론과 표현

이 있다.(김염자(1989),「중국의 가족제도와 부녀의 입장」,『아시아문화』, 제5호, (한림대학 교아시아 문화연구소), p.148.) ; 劉明武(1998),「위공자변(爲孔子辯): "유여자여소인위난 양야(唯女子與小人爲難養也)" 중적(中的) "여자(女子)" 비지(非指) "여인(女人)"」,『D423婦 女硏究』, 1998 · 제4기, pp.54-55.)

8) 阿部幸信(2001),「漢代における印綬の追贈」,『東方學』, 제101집, pp.16-30. ; 환제 의헌양 황후(桓帝 懿獻梁皇后)의 경우처럼 외의의 힘이 강하여 황제의 총애를 받는 경우도 있다. (『후한서』권10,「황후기(皇后紀)」, pp.443-444.)

9) 『후한서(後漢書)』권6,「효순효충효질제기(孝順孝沖孝質帝紀)」·『후한서』권7,「효환제기 (孝桓帝紀)」·『후한서』권8,「효영제기(孝靈帝紀)」·『후한서』권10,「황후기」.

10) 외척은 곧 세가호족 출신이고, 환관은 황제의 근신이다. 그렇기 때문에 외척의 이익은 대체로 세가호족과 일치하였고, 환관의 이익은 황제의 지위와 일치하였다(하자전(何茲全), 2001),『中國古代社會』, 北京: 北京師範大學出版社, p.358.)

11) 『후한서』권78,「환자열전(宦者列傳)」, p.2512.

12) 『후한서』권10,「황후기(皇后紀)」, p.417.

13) 『후한서』권7,「효환제기(孝桓帝紀)」, p.305.

14) 장락태부(長樂太傅) 조절(曹節)이 차기장군(車騎將軍)이 되었다(『후한서』권8,「효영제기 (孝靈帝紀)」, p.331.).

15) 『후한서』권69,「두하열전(竇何列傳)」, p.2246.

16) 장양(張讓)의 자부(子婦, 며느리)는, 하태후의 누이동생이다.

17) 황태후나 외척이 처한 위치는 단지 직접적으로 황권에 의지하는 기생적인 존재이기 때문에 황제권과 분리될 수 없는 존재이다. 따라서 황태후의 임조칭제(臨朝稱制)나 외척에 의한 보정(輔政)이나 모두 황제의 존재를 전제로 한 것으로 황제에 의한 정치와 결코 이질적인 것은 아니다(김경호,「한대 황태후권의 성격에 대한 재론」,『부촌신연철교수퇴임기념 사학논총』, 일월서각, 1995, p.62.).

북위의 실질적 통치자, 문명태후와 그 시대

김_성_희

01 머리말

　　　　　　　　　　　　　　탁발 선비족(拓拔 鮮卑族)이 건립한 북위(北魏)는 정통 한족왕조와는 달리 초원 유목적인 습속을 유지하고 있었다. 이를 바탕으로 일련의 한화(漢化)개혁을 추진하는 과정 속에서 발전해갔다. 북위 왕조의 성격 중 유목적인 습속이 두드러지는 분야 중 하나가 바로 모후의 정치 간여이다. 이는 보모나 태후의 임조청정의 형태로 나타난다. 북위에서는 모후의 정치 간여를 금지하기 위해 황태자를 확립한 후 그 모친을 죽이는 자귀모사제도(子貴母死制度)를 시행하였다.[1)]

　　본문에서 고찰할 문명태후(文明太后)[2)]의 시대는 그녀의 임조청정하에서 일련의 한화개혁이 추진된 시대이다. 문명태후는 북연(北燕)의 왕족 출신이나 죄인의 신분으로 위궁에 적몰되었고, 소황후(昭皇后)의 천거로 황후가 되었다. 이어 당시 전권을 행사하던 을혼(乙渾)을 주살하고 1, 2차 임조청정을 통해 태화(太和) 연간의 정국을 주도하였다. 그녀는 태화 연간의 실제적인 통치자였다.

그렇다면 죄인의 신분으로 입궁한 그녀가 임조청정을 통해 정치를 독단하고, 실질적으로 한화개혁을 주도하게 된 배경은 무엇인가. 그것은 그녀와 같은 여후(女后)가 등장할 수 있었던 북위 사회의 특수성에서 찾을 수 있다. 북위의 경우, 건립 이전부터 이미 부락연맹 단계에서 여후의 정치 간여 현상이 나타나고 있다. 모계씨족제의 유풍을 포함한 유목민족 고유의 습속도 작용했다. 또한 당시 을혼의 전권 행사에 대해 종실들의 불만이 팽배해 있었고, 헌문제의 선위(禪位)를 둘러싼 정치 세력 간의 권력 투쟁도 간과할 수 없는 대목이다. 이어 등장하는 효문제의 한화개혁에 대한 의지도 그 원인의 하나로 들 수 있겠다.

특히, 이 시기에는 그녀를 추종하는 정치 세력과 헌문제, 효문제를 추종하는 세력 간의 정치 대립 양상이 나타나고 있다. 이 과정에서 양자의 이익을 대변해줄 수 있는 봉록제(俸祿制), 삼장제(三長制), 균전제(均田制) 등의 개혁이 추진되었다. 문명태후의 시대는 그녀의 정치 세력과 황제를 추종하는 세력 간의 이해득실에 따라 전개된 정치 과정의 하나이다. 이 속에서 헌문제의 선위, 문명태후의 임조청정, 이어 효문제의 친정이라는 정치적 변화와 한화기 동시에 전개되었다. 정치 세력들의 정권 쟁취와 유지를 위한 움직임을 통해 양자 간에 상존했던 대립과 갈등의 양상도 확인할 수 있다.

그리하여 북위 문명태후의 시대를 문명태후-헌문제 및 효문제를 둘러싸고 전개된 정치 세력 간의 갈등구조 속에서 파악하려는 것이 본 글의 목적이다.

02 문명태후의 부상과 북위 정국

문명태후의 출현은 북위 역사상 필연적인 결과였다. 5세기 중반의 북위 사회는 그녀와 같은 여주(女主)의 출현을 가능하게 하는 시대 상황을 갖고 있었다.

문명태후는 태평진군(太平眞君) 3년(442), 장안에서 출생하였다. 그녀는 원래 북연의 왕족 출신이었지만 태평 진군 10년, 북위가 유유를 정벌하는 과정에서 위궁에 적몰되었다. 그녀의 아버지 풍랑은 그의 동생 풍모가 유연에 투항한 일에 연좌되어 전란 중에 주살되었고, 문명태후와 그의 형 풍희 역시 이 일에 연좌되었다. 그녀는 유유에 대한 정벌이 일단락된 태평 진군 10년을 전후해 입궁했을 가능성이 높다. 그녀는 문성제(文成帝) 즉위 후 곧 귀인이 되었고, 태안(太安) 2년(456) 당시 10세의 나이로 황후가 되었다. 이후 그녀는 천안(天安) 원년(466), 제1차 임조청정을 시작하였다.

죄인의 신분으로 입궁한 그녀는 고모 (태무제(太武帝)의) 풍좌소의(馮左昭儀)와 문성제의 보모인 소황후 덕분에 단시간 내에 북위 왕실의 황후가 될 수 있었다. 풍좌소의는 북연의 국왕 풍문통(馮文通)의 딸로 중원의 왕가 출신이라 한족 문화의 전통교육을 받았다. 그녀가 입궁한 시기는 대략 연화(延和) 3년(434), 풍문통이 북위에 청죄(請罪)한 시점일 것이다. 이 시기를 전후해 그녀는 소황후와 함께 태무제의 후궁에 있었기 때문에 서로 친분이 있었다. 문성제를 압박해 정치에 간여하려 했던 소황후의 의도를 간파한 그녀는 자신의 질녀를 천거했던 것이다.

소황후가 문명태후를 선택한 데에는 또 다른 이유가 있다. 소황후는 문성제의 보모로 정평(正平) 원년(451)에 발생한 정평사변(正平事變)* 당시 문성제를 보호한 공으로 태후의 자리에 올랐다. 그녀는 본래 요서 출신이지만, 조부가 일찍이 전진(前秦)의 부풍군수(扶風郡守)였기 때문에 장안 부근에 살아 한족 문화의 영향을 받고 자랐다. 그녀는 태연(太延) 2년(436), 북연 멸망 이후 역시 죄인의 신분으로 입궁하였다. 자신의 이력이 문명태후와 비슷했기 때문에 그녀를 쉽게 선택할 수 있었다. 그녀는 태후가 된 후 자귀모사제도를 이용해 문성제의 이귀인을 죽이고, 문명태후 풍씨를 황후에 봉하려 했다. 그러나 이귀인은 이러한 태후의 압력을 피해 음산 북쪽으로 피난 가서 태자 황(晃)을 순산하였다. 하지만 소황후는 결국 이귀인을 죽였고, 문명태후를 태후에 봉했다.

그런데 여기서 주목할 것은 이러한 일련의 사건들이 거의 동시에 일어났다는 점이다. 소황후는 황자를 낳은 이귀인을 자귀모사제도에 의해 죽이고, 풍씨를 황후에 봉함으로써 자신의 집권 야욕을 이루고자 하였다. 하지만 이귀인의 죽음을 단순히 자귀모사제도에 의한 것으로 보기에는 석연치 않은 부분이 있다. 자귀모사제도에 의해 그녀를 죽인 것이라면 태자 황(헌문제)이 황태자로 책봉된 태안 2년 2월 이전, 즉 정월에 죽었어야 한다. 그런데 태안 2년 정월은, 문명태후가 황후에 봉해진 바로 그 시점이다. 이와 동시에 이씨도 죽었다. 이씨의 죽음은 단순히 자귀모사제도 때문만은 아니다. 문명태후의 황후 즉위를 의도했던 소황후

---

* 정평(正平) 원년(451)에 발생한 궁중정변을 말한다. 태무제의 재위 기간 동안 감국(監國)으로 백규(百揆)를 총괄하던 태자 탁발황의 권세가 막강해지면서 태자의 동궁집단(東宮集團)이 득세하게 되었다. 그 과정에서 황권과의 알력이 생겨 결국 태자 황은 주살되었고, 태무제 역시 엄관 종애(宗愛)에게 살해되었다.

의 의지가 어느 정도 개입된 것이다.

　소황후는 무엇 때문에 10세의 어린 문명태후를 선택한 것인가. 나이 어린 문명태후를 이용해 오랫동안 문성제를 측근에서 압박하면서 자신의 영향력을 강화하려 한 것이다. 문명태후는 그의 형을 제외한 친정이 모두 연좌되어 죽었기 때문에 이후 외척에 의한 정치 간여의 위험이 상대적으로 적었다. 이귀인의 죽음은 자신들의 정치 독단에 걸림돌이 되는 장애 요소의 제거라는 측면에서 이해할 수 있다.

　소황후의 황후 등극과 동시에 그녀 추종 세력들의 동향에 변화가 생겼다. 그의 형 상영(常英)은 상씨(常氏)의 황태후 등극과 동시에 왕이 되었다. 이어 문명태후는 황후가 되었다. 이후에도 이들 집안은 서로 공생관계에 있었다. 문명태후가 정치 일선에서 물러나게 되자 낙주자사(洛州刺史)였던 상백부(常伯夫)를 경사(京師)에서 참했고, 승명(承明) 원년, 문명태후가 2차 임조청정을 하게 되자 상영이 복직된 것이 그 예이다.

　한편 당시 정국과 관련해 을혼의 동향에 주목할 필요가 있다. 문명태후는 을혼을 주살하고 나서 임조청정을 하게 되는데, 사실 을혼은 소황후의 측근이다. 그가 조정을 장악하게 된 것은 문성제 사후이다. 하지만 상씨가 황태후가 된 이후 이미 그는 태원왕(太原王), 거기대장군(車騎大將軍), 동군공(東郡公) 등으로 고속승진하면서 조정 내에서 그의 입지를 넓혀 가고 있었다.

　을혼이 화평(和平) 6년(465) 승상(丞相)이 된 이후 조정을 전단(專斷)하자 이 과정에서 북위 종실의 불만은 가중되었다. 탁발욱(拓拔郁)은 그의 주살을 도모하였다. 을혼은 당시 전중상서(殿中尙書)로써 금군(禁軍)을 장악하고 있던 탁발욱을 비롯한 탁발(拓拔) 종실들이 자신에게 불만을 갖고 있음을 감지하였다. 두려운 나머지 자신의 측근인 임금여(林金

閽)에게 탁발욱과 결탁했다는 누명을 씌웠고, 이 사실이 발각될 것을 염려해 임금여와 그의 형까지 주살하였다. 그러나 결국 천안 원년(466) 2월, 모반 죄로 주살되었다. 사서상(史書上)에서는 구체적으로 그의 죄상을 기록하고 있지 않다. 하지만 그의 전권에 불만을 가졌던 종실들의 획책에 의한 것이라 하겠다.[3] 을혼은 헌문제에게 정권을 돌리는 대신 자신이 직접 왕이 되거나 종실 세력에 대항하는 자기 세력의 확보를 의도했을 가능성이 있다.

그러나 그것은 권력욕이 강한 문명태후에게 정권을 잡을 수 있는 기회를 제공한 셈이 되었다. 당시 하명을 받아 을혼을 주살한 것은 동양왕(東陽王) 비(조)였다. 그는 문명태후의 사주를 받아 을혼의 주살을 주도했을 것이다. 그녀로서는 을혼의 전권 행사를 묵인할 수 없었다. 을혼 주살에는 동양왕 비를 포함한 종실들의 불만을 해소시켜준다는 명분이 포함되어 있었다.

을혼은 소황후 상씨의 측근으로 정치적 입지를 넓힌 인물이며, 문명태후 역시 소황후의 천거로 황후가 되었다. 소황후와의 친밀한 관계에 의해 정치적으로 대두되었고, 탁발씨(拓拔氏)가 아니면서 정치 독단에의 강한 야욕을 갖고 있었다는 점에서 양자는 공통점을 갖는다. 하지만, 강한 정치적 야욕을 갖고 있던 그녀는 자신의 전권 행사를 방해하는 을혼의 존재를 달가와하지 않았다.

그녀는 을혼을 주살함으로써 북위 종실들이 을혼에 대해 갖고 있던 불만을 해소시켰다. 하지만 그녀 역시 탁발씨가 아니다. 이것은 종실과의 또 다른 문제를 야기시켰다. 그녀는 문성제 사후 그의 어복기물(御服器物)을 태울 때, 슬픔을 참지 못해 불속에 뛰어들었다. 궁중 내에서 확고한 지위를 마련하기 위해 의도한 행위일 가능성도 있다. 그녀는 종실들을 자기 편으로 회유하기 위해 이러한 행위를 감행한 것이다.

　문명태후가 북위 정치사에 등장한 것은 당시 정치 세력 간의 이해 관계와 연관성을 갖는다. 하지만 그녀가 정권을 장악하는 데 있어 그녀 개인의 능력과 개성에 주목하지 않을 수 없다. 그녀의 잔폭*과 향락을 좋아하는 성격, 한족 사인, 탁발 귀족들을 등용해 활용하는 정치적 수완은 그녀의 정치 독단 가능성을 한층 더 높여주었다.

　5세기 중반, 문명태후의 등장은 탁발 선비족의 중원 왕조체제로의 정비라는 시대 상황 속에서 나타난 필연적인 결과였다. 과거 유목국가 시절부터 계속되어 온 여주의 정치 참여와 이에 대한 제재 수단이었던 자귀모사제도의 시행, 그리고 당시 정치에 영향력을 행사하던 소황후의 정치 야욕, 을혼의 전권 행사에 거부감을 갖고 있던 탁발씨들의 불만을 능란하게 이용한 그녀의 능력, 즉 지략과 정치적 권모술수를 겸비한 그녀 개인의 역량이 결합된 것이다.

03 문명태후의 임조청정과 헌문제 세력의 동향

　　　　　　　　　　　　　　　을혼을 주살한 이후 문명태후는 1차 임조청정을 하게 되었다. 하지만 청정을 시작한 지 얼마 되지 않아 효문제의 양육을 이유로 돌연 퇴위하였다. 권력욕이 강한 그녀가 단순히 손자의 양육을 위해 어렵게 잡은 권력을 내놓았다는 것

---

* 이흔(李訢), 이혜(李惠) 등처럼 시혐(猜嫌)하여 복멸(覆滅)시킨 자가 10여 가(家)나 되었고, (이와 관련해) 죽은 자가 수백 인이라 천하가 이를 원통하게 생각했다.

은 쉽게 납득하기 어렵다.[4] 그녀의 퇴위는 당시의 정국과 관련이 있을 것이다.

그녀의 퇴위가 헌문제와 주변 대신들의 압박 때문이라는 입장이 있다. 헌문제는 황흥 3년, 황태자 책봉 이전인 황흥(皇興) 2년(468) 4월, 효문제의 생모인 사황후(思皇后)의 부 이혜(李惠)를 왕에 봉했다. 이어 황흥 3년(469), 사황후가 죽은 후 문명태후에게 퇴위 압력을 가했을 것이다. 사료상에서는 그녀가 불청정사(不聽政事)한 시점을 구체적으로 제시하고 있지 않다. 하지만 효문제가 황태자로 책봉되는 황흥 3년(469) 8월을 전후한 시점일 것이다. 헌문제는 황흥 4년(470) 10월, 문명태후의 정인(情人)인 이혁(李奕)을 살해했다. 사황후의 죽음에 대한 보복과 그녀의 세력 확대를 막기 위한 의도였을 가능성이 크다.

헌문제의 총신(寵臣)이었던 이흔의 경우, 이부(李敷), 이혁 형제의 은죄(隱罪) 20여 조를 헌문제에게 열거하였다. 이에 대노(大怒)한 그는 결국 이들 형제를 주살하였다. 이후 이흔은 현조의 총애를 입어 군국대의(軍國大義)를 참결(參決)하고 선거(選擧)를 담당하는 등 권세가 막강해졌다.[5] 당시 헌문제를 중심으로 한 정치 세력이 문명태후 세력에게 압박을 가했을 가능성은 충분하다.

문명태후는 이러한 정국을 피해 후궁에서 태자를 돌보는 것이 최선이라 생각했던 것이다. 그녀는 황태자를 양육함으로써 그에 대한 영향력을 강화해나가는 편이 훨씬 효과적이라고 생각했다.

황흥 5년(471)이 되자 조정에서는 헌문제의 선위에 관한 논의가 진행되었다. 헌문제는 자신의 숙부 경조왕 자추(京兆王 子推)에게 양위하려 했으나, 대신들의 반대로 효문제에게 양위하였다. 그러나 그의 선위를 포함한 퇴위는 문명태후와 헌문제 간의 알력에서 비롯된 것이다. 헌문제의 선위는 그의 자의가 아니라는 의미이다.[6] 당시 문명태후는 정치일선에서 물러난 상태였지만, 1차 임조청정 이후 태화 14년(490) 사망할 때까지 북위 조정에 실제적인 영향력을 행사했다. 헌문제의 선위를 포함한 퇴위를 그녀가 사주했을 가능성은 충분하다.

헌문제는 효문제를 일찍 즉위시켜 자신의 상황(上皇)으로서의 권위를 보다 공고히 하려고 선위했을지 모른다. 부득이한 차선책이라고 볼 수 있다.[7] 하지만 그의 선양 당시 효문제는 5세에 불과했으므로 그의 통치권을 공고히 하는 것은 불가능했다. 이것은 문명태후에게 다시 한 번 전권 행사의 기회를 자진해서 주는 셈이 되므로 타당성이 없다.

그의 선위를 순수한 자신의 선택이라고 보는 입장이 있다. 그의 선위는 문명태후의 압박 때문만은 아니다. 선양은 헌문제 개인의 문제였다. 그는 독실한 불교도로서 현실 정치와의 인연을 끊고 정신 수양에 집중하기 위해 선위한 것이다.[8] 실제로 그렇다면 자추에게 선위하는 것은 철저하게 황권의 상실을 의미한다.

퇴위하기 이전인 황흥 5년 6-8월, 그는 북벌 후 환궁했는데, 이때 이미 건강이 좋지 않았다. 그의 퇴위가 그 자신의 부득이한 선택이었을 가능성도 있다. 계속되는 북벌 후 심신이 피로해진 상태에서 현실 정치에 염증을 느낀 그가 자의로 퇴위를 결정했다는 것이다.[9]

그렇다면, 그는 왕위를 숙부 자추에게 넘기려 한 것인가. 자신의 혈육인 효문제가 있고, 대신들이 반대하는 상황에서 숙부를 (황위 계승) 대상으로 지목했던 이유는 무엇인가. 당시 문명태후 세력에 대항해 황권을 수호할 수 있는 대상으로 황실의 최연장자였던 경조왕 자추가 적격이라고 생각한 것이다. 당시 18세였던 그가 정치술수에 능한 문명태후에 대항한다는 것은 역부족이었다. 이런 상황에서 풍씨 세력이 정권을 독단하지 못하도록 탁발 황족 중에서 실질적인 영향력을 발휘할 수 있는 인물을 택한 것이다. 이것은 궁극적으로는 탁발씨의 황권을 유지하는 방법이었다.

그는 상황으로 물러난 뒤에 오히려 이전보다 더 활발하게 정벌, 순행(巡幸) 활동을 했다. 이를 통해 효문제의 황권 강화를 간접 지원하는 한편, 문명태후의 독단을 견제할 기회를 엿보았다. 그가 효문제에게 선위하려 할 때, 군공(群公)들은 "지금 황제가 유충(幼沖)하니 만기대정(萬機大政)을 헌문제가 총괄해야 하므로 그를 태상황제(太上皇帝)로 높여야 한다"고 했다. 실제로 그는 선위 후에도 나라의 대사(大事)를 모두 들어 알고 있었다. 효문제 및 탁발씨의 황권 수호를 위해 선위를 의도했다는 의미이다.

헌문제는 숙부 경조왕에게 종실 간의 분쟁을 중재해줄 것을 요구했을 것이다. 그는 임성왕 징(任城王 澄)을 비롯한 군공에게 효문제의 왕위 보전을 부탁하면서 반목하지 말고 효문제를 보호해줄 것을 명했다. 문명태후와 대립하는 상황에서 자신의 지지자들을 확보하는 동시에 탁발씨에 의한 왕위 계승의 정당성을 확인하기 위한 의도였다.

헌문제의 퇴위 논의에서 대신들이 극력 반대했던 것은 경조왕 자추의 선위였다. 특히 동양왕 비는, 고조가 유충하다는 이유를 들어 헌문제의 친정이 낫다고 주장했다. 그는 나이 어린 효문제를 대신해 경조왕 자추가 황위를 계승하는 것에 반대했다. 황실의 어른인 경조왕보다는 헌문제의 친정이 자신들에게 좀더 유리하다고 생각한 것이다. 하지만 헌문제의 숙부인 임성왕 운(雲)은 부자상속이 이미 오래되었음을 지적하면서 효문제가 적통임을 강조하였다. 조흑(趙黑)은 헌문제의 퇴위를 반대하면서도 퇴위가 불가피하다면 태자에게 선위할 것, 절대로 타인에게 선위해서는 안 된다는 점을 지적하고 있다.

이러한 대신들의 논의를 문명태후가 배후에서 조종했을 가능성이 있다. 이들은 황권을 중심으로 한 종실 간의 이해 관계가 맞물려 자추와 효문제의 계위에 대해 각기 다른 의견을 낸 것이다. 조신들은 건국 초기, 종실 간에 일어난 황위계승 분쟁의 전철을 밟지 않기를 희망했다. 그리하여 경조왕 자추의 선위를 반대한 것이다. 이러한 상황은 문명태후의 임조청정과 헌문제의 퇴위를 전후한 시기의 조정 내의 인사와 인물들의 동향을 보면 훨씬 더 명확해진다.

18세에 선위한 헌문제는 5년여의 상황 시기를 거쳐 승명(承明) 원년(476) 6월에 죽었다. 그의 죽음과 관련해 『북사(北史)』와 『위서(魏書)』는 문명태후에 의한 폭붕(暴崩)으로 규정하고 있다. 이에 반해 『남제서(南齊書)』에서는 태시(泰始) 6년조에서 그의 사망 사실만을 기록하고 있다. 하지만 그의 죽음에 관한 대체적인 견해는 문명태후-헌문제 간의 궁중정변의 결과라는 것이다.

그의 사인(死因)을 황흥(皇興) 4년(470) 헌문제가 문명태후의 정인인 이혁을 주살한 데 대한 보복의 차원에서 논한 견해도 있다. 이 입장은 헌문제가 짐독(鴆毒) 때문에 폭붕했다는 기록까지도 부정하는 것이다. 그러나 헌문제의 죽음이 이혁 주살에 대한 보복 차원에서 일어난 것이라면 두 사건이 발생한 시간상의 거리가 너무 멀다. 이혁 주살 사건은 을혼의 주살 이후 계속된 문명태후-헌문제 간의 주도권 싸움의 연장선 상에서 이해해야 한다.

문명태후-헌문제 간의 대립 속에서 양자의 정치 세력들은 확연히 구분되는 양상을 보인다. 헌문제의 측근이라고 할 수 있는 이혜, 이혼, 그리고 경조왕 자추 등은 헌문제의 즉위 당시에는 권력을 장악하고 있었지만, 헌문제 사후 사사되거나 변경으로 강제 출임(出任)하였다. 또한 그의 측근들은 그가 상황의 지위에 있을 때 급속한 지위 향상을 보였다.[10] 이것은 그의 사후 초래될지 모르는 정국 혼란에 대비하기 위한 것이었다. 동시에 효문제의 안위를 보전할 기반을 마련하기 위한 노력이었다.

헌문제의 장인인 이혜의 경우, 황흥 2년 왕에 봉해졌고, 옹주(雍州), 청주자사(靑州刺史), 정남대장군(征南大將軍)에 임명되었으나 태화 2년(478) 주살되었다. 남반(南叛)을 일으키려 했다는 것이 그의 죄명이다. 남반의 내용은 구체적으로 알 수 없지만, 그는 문명태후의 미움을 사 주살되었을 것이다.[11] 그는 효문제에 대한 외척 세력의 정치 간여를 배제하기 위해 주살된 것이다.

경조왕 자추는 승명 원년 11월, 청주자사로 부임하는 길에 죽었다. 그가 죽고 나서 그의 아들도 독화(黷貨)했다는 이유로 관작을 박탈당했다. 헌문제가 그를 황위 계승자로 지목했었고, 오랫동안 황실의 어른으로 문명태후를 암암리에 견제했었던 점을 감안할 때 보복 조치일 것이다.

이혁 주살의 장본인인 이흔의 경우, 태화초, 문명태후가 그를 싫어하여 서주자사(徐州刺史)로 출임하였고, 외반 죄를 저질러 주살되었다. 서주가 남조(南朝)와 가깝다는 이유로 그가 외반을 저지른 것으로 무고하여 죽인 것이다. 이혁에 대한 추모의 정이 그를 주살한 원인의 하나였을 것이다.

문명태후의 측근이라 할 수 있는 인물은 동양왕 비, 원하(源賀) 등이다. 이들이 문명태후의 측근일 것이라고 추정하는 이유는, 이들이 헌문제 생존 시에 상당한 압력을 받았고, 경조왕의 계위를 극력 반대했다는 점 때문이다. 종실인 동양왕 비는, 태무제와 동배(同輩)로 문명태후의 사주로 을혼을 주살했다. 그는 헌문제의 사망 당시 옹주자사였다가 고속 승진하여 왕이 되었고, 이어 입조(入朝)하였다. 그가 현달(顯達)한 데에는 그의 종실 내에서의 위치가 비교적 소원(疏遠)하여 황위를 위협할 위험 소지가 적다는 점이 주되게 작용했다. 그는 황위 계승 분쟁에서 큰 비중을 차지하지 못했기 때문에 자신의 안위 보전을 위해 문명태후와 손을 잡은 것이다.

원하는 헌문제의 선위에 관한 논의 당시 변경에서 유연을 방어하고 있었는데, 당시 자추의 계위를 극력 반대했다. 제왕(諸王)에게 선위하게 되면 반드시 그에 상응하는 화(禍)가 돌아오게 된다는 것이 이유였다. 이에 대해 헌문제는 그를 직신(直臣)이라 하여 고조에게 옥새를 전하는 역할을 맡겼다. 그가 제왕(諸王)의 선위를 반대한 것은 문명태후의 사주를 받았기 때문일 수도 있다.

한편, 당시 풍씨 진영의 정치 세력 중 소인집단(小人集團)의 역할에 주목할 필요가 있다. 이는 그녀의 신분적 특성과 어느 정도 관련이 있다. 그녀는 죄인의 신분으로 입궁했기 때문에 그녀 주변에는 엄관이나 후궁의 여관(女官)들이 상당수 포진해 있었다. 북위 전 시기를 통해 환관 출신의 고위직 취임 비율은 미미했다. 하지만 문명태후의 소인집단이라 할 수 있는 조흑, 포의(抱疑), 부승조(符承祖) 등은 이 시기 시중(侍中)을 포함한 고관직을 역임하는 등 영향력을 행사했다. 소인집단의 역할에 관한 논의가 어느 정도 설득력을 갖는다고 봐도 무방할 것이다.

이들 소인집단 역시 문명태후 - 헌문제 간의 대립 상황 속에서 부침할 수밖에 없었다. 엄관 조흑은 헌문제의 총신 이흔과 함께 선부(選部)의 일을 주관했다. 하지만 이흔이 사적으로 인사를 처리하자 조정에서 양자 간에 정쟁(政爭)이 일어났고 결국 그는 이흔의 전횡을 알려 그를 서주자사로 출입하게 했다. 이 시기는 문명태후의 임조청정 당시 이흔이 출입하는 바로 그 시점이다. 그는 이에 앞서 시어(侍御)였을 때 창고를 감독하는 일을 맡았는데, 각몰(截沒)한 바가 많아 이흔에 의해 문사(門士)로 축출되는 정치적 불행을 겪었다. 이를 계기로 문명태후 측으로 선회한 것 같다. 이후 다른 환관들에게도 영향을 미쳐 문명태후 측의 세력 규합에 나선 것이다. 이흔의 정치 독단에 대한 불만과 정치적 불행이 곧 헌문제에 대한 불만으로 전화(轉化)되었고, 문명태후는 이 틈을 타 헌문제의 사사(賜死)를 도모했다.

태화 3년 이후 현달하게 되는 왕예(王叡)는, 집안이 가난했으나 점복(占卜)에 능해 문명태후의 총애를 받았다. 이후 동양왕 비 등과 함께 팔의(八議)에 들어가 정사에 참여했다. 그의 점복이 헌문제의 죽음을 암시하는 참위적(讖緯的)인 성격을 가졌기 때문일 것이다. 문명태후의 경우 2차 임조청정을 시작하면서 이러한 소인집단을 그녀의 핵심 세력으로 삼아 정치를 담당하게 했지만, 실제 이들은 별다른 능력을 갖지 못했다. 단순히 헌문제의 죽음과 그녀가 정권을 잡게 되는 그 시점에서의 공로를 인정받아 득세한 것이다. 그녀는 이들에게 전택을 하사하거나 재물진보(財物珍寶)를 사여하는 등의 방법으로 이들을 계속 자신의 세력화했다.

당시는 북위 초 이래 계속된 한인 사족들의 중용이 극성에 달했던 시기이다. 한인 세족 출신인 고윤(高允), 고여(高閭), 이충(李沖) 등이 그녀의 전권 행사를 보좌했다. 이들은 유교적 소양을 바탕으로 그녀의 정책 결정 과정에서 자문 역할을 했다. 아직 직접적으로 정치를 전단(專斷)하지는 못했던 것 같다. 여기서 주목할 것은 한인(漢人) 세족(勢族)들이 자신들의 입지 강화를 위해 문명태후를 등에 업고 그녀를 역이용했을 가능성이다. 아무리 정치적 수완이 뛰어났다고는 해도 26세의 여성의 몸으로 정치를 전단할 정도의 영향력을 행사할 수 있었는지 의문이다. 그리하여 그녀의 청정을 곧 정치적 실권을 모두 장악한 것으로 파악하는 것도 다소 무리가 있다. 한인 세족들의 영향력을 그녀의 정치적 수완에 의해 이용된 측면으로 과소평가해서는 안 될 것이다.

문명태후는 2차 임조청정을 시작하면서 자신의 통치권 안정을 위해 정적(政敵)을 제거했다. 먼저, 종실인 탁발장락(拓拔長樂)과 탁발목진(拓拔目眞)은 헌문제 사후 수일 내에 삼공직(三公職)에 제수되었고, 곧이어 태후는 임조청정을 하게 되었다. 이들이 수개월 후에 지방으로 출임하거나 피살되기는 했지만, 정변 직후 삼공직에 제수된 것을 어떻게 이해해야 할 것인가. 탁발장락은 헌문제의 동생이자 중신 중 1명으로 풍씨의 전권 행사에 불만을 품어 돌출 행동을 했었다. 그는 효문제의 황위를 가장 위협하는 존재였기 때문에 문명태후로서도 껄끄러운 존재였다. 탁발목진은 그의 형 탁발욱과 함께 을혼의 주살을 건의했던 인물이다. 을혼의 주살을 지지했다는 점에서는 문명태후와 일치하지만, 종실의 일원인 그로서는 또다시 비종실(非宗室)인 문명태후가 전권을 행사하는 것을 묵인할 수 없었다. 문명태후는 그가 재리(財利)를 좋아한다는 이유를 들어 주살하였다.

그들이 문명태후를 지지했기 때문에 논공행상(論功行賞) 차원에서 삼공직을 제수했을 가능성도 배제할 수는 없다. 또한 헌문제의 측근을 끌어안음으로써 그녀의 향후 통치를 순조롭게 하려 했을 수도 있다. 하지만 그들이 결국 수개월 내에 피살된 것으로 보아 임조청정의 기반이 마련될 때까지 반대 세력을 포섭하기 위해 단행된 잠정적인 조치일 것이다.

문명태후는 헌문제의 측근을 제거하는 과정에서 종실 및 헌문제의 모가(母家)까지도 주살했다. 그녀는 태화 4년 7월, 헌문제의 외가인 둔구왕(頓丘王) 이종규(李鍾睽)의 죄를 물어 사사하였다. 외척을 포함한 종실들이 효문제의 황위를 위협하는 것을 견제하려는 의도였다.

문명태후와 헌문제 간의 대립 상황에서 대신들은 경조왕 자추의 계위를 반대했고, 헌문제는 임성왕 운에게 효문제의 권위를 확보해줄 것을 부탁했다. 당시 북위 조정 내의 종실 간에도 권력 암투가 상존하고 있었기 때문일 것이다. 문명태후가 자추의 계위 반대를 배후에서 조종했다는 논리도 결국은 종실의 정치 개입을 배제하기 위한 의도를 포함하고 있다. 헌문제 시기 종친의 시중직 취관 비율은 43%로 다른 제왕(帝王)의 경우보다 높은 편이다.[12] 이는 헌문제가 다수의 황숙(皇叔)들을 왕으로 봉했던 사실에서 알 수 있다. 문명태후 세력을 견제하려는 의도가 포함되어 있다. 한편 헌문제가 종실의 정치 개입을 허용했다는 의미로도 볼 수 있다. 그렇다면 이것은 종실들의 권력투쟁과 정치 개입을 불허하던 문명태후의 입장과는 상반되는 것이다.

당시 정국은 탁발씨에 의한 황권 세습을 열망하는 종실들과 자신들의 문재(文才)에 비해 상대적으로 차등 대우를 받았던 일부 한인 사족들의 불만이 문명태후 – 헌문제 간의 대립 상황을 통해 표출된 것이다. 양자 간의 대립은 그들을 전면에 내세운 종실, 한인들, 그리고 탁발 귀족 간의 이해 관계에 의한 이합집산(離合集散)의 형태로 진행되었다.

한편 헌문제의 선위와 죽음, 그리고 문명태후의 1차 임조청정과 같은 사건들을 겪은 북위 조정은 문명태후의 2차 임조청정과 효문제의 즉위라는 상황 변화 속에서 또 다른 갈등을 배태(胚胎)하고 있었다. 효문제가 친정을 시작하면서 그의 한화를 지지하는 세력들이 정치 일선에 나서게 되었고, 문명태후 세력에 대한 견제와 함께 종전과는 다른 갈등 양상을 보여주었다.

04 효문제의 친정과 문명태후의 음영

문명태후가 효문제의 양육을 위해 잠정 퇴위했던 사건과 관련해 권력욕이 강한 그녀가 손자 양육을 위해 퇴위했겠느냐는 문제에 주목해보자. 이 문제에 관해서는 문명태후 – 효문제 모자설(母子說)을 중심으로 한 논의가 학계에서 활발하게 진행된 바 있다.

이들의 관계에 대해 효문제는 헌문제의 소생이 아니라는 입장이 있다. 효문제가 출생한 황흥 원년(467) 당시 헌문제는 13세였으므로 출생 자체가 불가하다.[13] 권력욕이 강한 문명태후가 단순히 손자를 돌보기 위해 퇴위하지는 않았을 것이다. 문명태후 – 효문제 모자설의 근거는 양춘(楊椿)이라는 전직관료가 자손들에게 남긴 고계(考啓)의 내용 중에, 자신이 조정에 있을 때, "모자간심란(母子間甚難) 했었다"는 표현 때문이다. 그가 여기서 모자간이라고 한 대상이 바로 문명태후 – 효문제라는 것이다.

이와 관련해 효문제의 부는 헌문제이고, 생모는 문명태후라는 주장이 있다. 효문제는 사황후의 친정, 즉 이혜의 가문과 소원한 관계였고, 특히 이혜의 종제(從弟)를 주살했다. 사황후가 생모가 아니기 때문이다.[14] 헌문제의 선위 당시, 조정 관료들이 경조왕 자추의 선위를 반대하고 효문제의 선위를 주장한 사실은 효문제의 부가 이혁이 아니라는 반증이다. 실제 이혁이 문명태후의 내총(內寵)이 된 것은 효문제의 출생 이후이다. 효문제의 한화개혁 추진은 자신의 부 헌문제를 문명태후가 죽인, 근친상간(近親相姦)에 대한 분노에서 기인한 측면도 있다.[15]

이와 관련해 효문제는 헌문제의 장자이며, 그의 생모는 이귀인(李貴人)이라는 주장이 있다. 이 입장이 반박의 논거로 든 것은, "황후가 죽을 때까지 고조는 소생을 몰랐다"는 『위서(魏書)』 「풍씨전(馮氏傳)」의 기사 내용이다. 이 기사는 효문제가 이귀인의 소생도, 문명태후의 사생자도 아니라는 가능성을 갖는다. 더욱이 모자설을 부정하는 입장에서는 문명태후가 효문제를 폐위하고 함양왕 희(咸陽王 禧)를 옹립하려 했던 일을 들어 이들이 모자간이 아니라고 본다.

문명태후 사후, 효문제의 총명함이 풍씨들에게 해가 될까 두려워 그를 유폐하고자 한 일이 있다. 만약 이들이 모자간이라면 풍씨 일가는 효문제에게 외가가 된다. 과연 그럴 필요가 있었을까. 또한 효문제가 문명태후의 사생자라면 그녀는 자신의 분만과 동시에 이씨를 죽였어야 한다. 그러나 효문제가 출생한 지 1년후에야 그녀를 죽였다. 어떻게 그녀의 임신 사실을 알고 있었을 증인을 1년여 동안 살려두었을까. 또한 조정 내에서 그녀의 임신을 몰랐을 리 없고, 헌문제가 이를 알았다면 그녀를 가만두지 않았을 것이다. 당시 조정 내에서는 자귀모사제도로 인해 유모가 황태자를 양육하는 형태가 보편적이었다. 그런데도 굳이 자신이 직접 효문제를 양육하고자 한 것인가.

양춘의 고계 중 '모자간'이라는 말을 한 곳은 왕이 대신들과 정사를 논하던 청휘당(淸徽堂)이다. 만약 그가 문명태후의 사생자라면, 이런 곳에서 그런 얘기를 한다는 것은 황실의 혈통을 부인하는 것이다. 자추에게 양위하려 했던 일을 효문제가 헌문제의 아들이 아니라는 쪽으로 확대 해석할 수도 있다. 하지만 일단 왕위를 숙부에게 넘기더라도 황후를 비롯한 외척 세력의 정치 개입은 배제할 수 있었기 때문에 이러한 행동을 한 것으로 보는 편이 훨씬 타당하다.

문명태후 – 효문제 모자설에 일부 동의하는 혹자(或者)는 풍씨 세력의 안전을 위해 효문제를 폐위하려 했던 일을 무측천(武則天)의 경우와 비교하고 있다. 무씨(武氏)의 천하를 만들고자 했던 무측천의 의도와 풍씨 천하를 만들고자 했던 문명태후의 경우가 어느 정도 일치한다는 것이다.[16] 그녀는 정권을 탁발씨 황실에 돌려주어야 한다는 점을 우려해 효문제를 폐위하고, 대신 함양왕 희를 계승자로 지목했던 것이다.

그녀가 함양왕 희를 선택한 이유는 과연 무엇이었을까. 당시 조정에서는 임성왕 징의 권한이 가장 강했는데, 이것은 당시 임성왕 징이 효문제와 긴밀한 관계였기 때문이다. 종실 간의 갈등 속에서 함양왕 희를 자신의 세력화하여 다른 종실들에 대항하려 한 것이다.

함양왕 희는 효문제와는 이복 형제간으로 봉소의(封昭儀)의 아들이며 효문제와 함께 문명태후가 세운 황종학에서 교육받았다. 하지만 임성왕의 예호(隸戶)를 취해 효문제의 질책을 받기도 했고, 효문제 사후 보정을 맡으면서까지 수뢰(收賂)에 열중했던 인물이다. 그에 대한 효문제의 애정이 돈독하기는 했지만, 그의 탐오(貪汚)를 경계했었다. 문명태후는 효문제와 정치 노선이 다르며, 효문제에게 황태자의 지위를 빼앗긴 그를 일종의 보상심리를 이용해 자신의 진영으로 끌어들이려 한 것인가. 문명태후는 효문제의 양육을 위해 퇴위했다가 헌문제 사후 다시 임조청정하게 된다. 이후 태화개혁으로 지칭되는 개혁들을 주도했고, 태화 14년 사망할 때까지 정치에 간여했다.

그렇다면 당시 개혁에서 효문제의 영향력은 완전히 배제된 것인가.

그는 언제부터 친정을 하게 된 것인가. 그의 친정 시기를 문명태후 사후인 태화(太和) 15년(491) 춘정월로 보는 것이 일반적이다. 그는 문명태후의 삼년지상(三年之喪)을 마치고 태화 15년 춘정월 정묘, 비로소 황신당(皇信堂)에서 청정을 시작했다. 그렇다면 태화 10년 이전의 개혁은 모두 문명태후가 주도한 것인가.

태화 10년(486) 정월조에는, "궁총대정 시복곤면(躬總大政, 始服袞冕)"이라는 기사가 있다. 이 시점에서 그의 친정이 시작된 것으로 본다면, 태화 15년 춘정월에 "시청정(始聽政)했다"는 기사는 또 어떻게 설명할 것인가. 태화 10년에 친정을 시작했다면 굳이 "시청정"이라고 할 필요는 없다.

그의 친정이 "태화 5년(481) 4월에 이미 시작되었다"는 주장이 있다. 이 입장은 태화 5년 4월 기해조(己亥條), "명태황태후종제우금책(銘太皇太后終制于金冊)"이라는 기사에 주목한 것이다. 당시 문명태후 – 효문제 간의 우호적인 관계 속에서 자연스럽게 효문제의 친정이 이루어졌고, 문명태후의 종제(終制)에 관해서도 언급했다.

이 주장이 타당하다면 봉록제, 균전제 등은 모두 효문제가 주도한 것이다. 아울러 태화 초년의 양자 관계는 상당히 우호적이었으며, 당시의 정국은 평화로왔다.

양자 간의 관계가 우호적이었다면 낙양(洛陽) 천도의 원인은 어떻게 이해해야 할 것인가. 풍씨 사후 그녀의 총신들이 출임하게 되는 상황은 또 어떻게 설명할 수 있을까. 일례로 문명태후의 총신이었던 왕예의 아들 왕습(王襲)은 나이도 연소(年少)하고 별다른 능력이 없었지만, 왕작을 세습하고 문명태후의 총애를 입었다. 하지만 그녀 사후 효문제의 예우가 점차 약해져 다시는 시사(時事)에 관여할 수 없게 되었고, 곧 진주(秦

州), 옹주자사로 출입하였다. 정치적 능력과는 무관하게 등용되었던 그녀의 총신들에 대한 효문제의 견제책인 것이다.

효문제는 문명태후의 영향력이 잔존해 있는 평성(平城)에서 벗어나 그의 친정체제(親政體制)를 구축하기 위해 낙양 천도를 감행했다. 그런데 양자의 관계가 천도를 고려해야 할 정도로 나쁘지 않았다면 그의 천도 원인은 문치(文治) 중심의 한화를 추진하기 위한 것으로 봐야 할 것이다. 총신들의 출임도 풍씨 생전의 원한에 대한 보복성 조치보다는 의례적인 인사라고 봐야 한다.

문명태후는 그녀의 능묘에 효문제의 능을 배릉하게 하여, 사후에도 평성의 정치에 간여하겠다는 의지를 표명하였다. 그녀 생전에 이러한 압박을 받았던 효문제는 낙양 천도를 결심하게 되었고, 낙양에 또 다른 능묘를 건축했다. 그녀의 측근으로 정치에 간여했던 엄관 세력에 대해서도 견제가 필요했다. 그들을 중앙 정치 일선에서 배제하기 위해 출임하게 했던 것이다.[17]

문명태후의 2차 임조청정 이후 그녀가 사망한 태화 14년까지는 사실상 그녀의 친정이 이루어졌을 가능성이 높다. 효문제는 이 과정에서 제한적인 영향력만을 행사했을 것이다. 그녀 사후에야 비로소 자신의 신흥 세력들을 중심으로 신도(新都) 낙양에서 한화를 추진할 수 있었다. 효문제가 예제개혁을 추진할 당시 문명태후 생전에는 별다른 개혁의 실효를 거두지 못했다. 효문제가 그 당시까지는 완전한 친정체제를 구축하지 못했으므로 적극적인 개혁 추진은 어려웠을 것이다.

양자의 정치적 입장이 반드시 일치하는 것은 아니며, 이들 사이에는 상당한 견해 차가 있었다. 효문제는 이런 상황을 타개하기 위해 자신의 정치 세력들을 중심으로 새로운 도약을 모색하였다. 하지만 그의 이러한 노력에도 불구하고 그녀의 의도적인 정치교육은 이후 효문제의 한화개혁에 영향을 미쳤다. 효문제는 문명태후의 그늘에서 벗어나기 위해 낙양 천도를 단행했다. 하지만 태화 연간의 개혁이 평성 – 낙양, 문명태후 – 효문제에게로 이어지는 일련의 과정 속에서 계속되었다는 점만은 분명하다.

그녀의 개혁이 효문제의 한화개혁에 하나의 전제가 되었다는 점에 주목해야 한다. 문명태후는 효문제와 종실들의 교육을 위해 직접 정치서를 편찬하는 한편, 황종학(皇宗學)을 설립해 효문제의 개혁에 상당한 영향을 미쳤다.

그렇다면 효문제의 정치교육에 그녀는 어느 정도 영향을 미쳤나. 원래 한족 명가 출신인 그녀는 궁중에서도 고모에게 교육 받아 한문적 소양이 상당했다. 하지만 그녀가 한화 교육에 미친 영향력이 실제로는 미미했다는 견해도 있다. 그녀는 적몰하여 궁궐에 들어오기 이전, 형 풍희와 함께 저강(氐羌)의 집거지에 피난해 있었기 때문에 저강의 문화적 색채가 농후하다. 실제로 그렇다면 그녀가 직접 효문제에게 한문화를 교육할 수는 없었을 것이다. 이를 대행한 것은 바로 그녀가 등용한 고윤, 고여 등의 한인 사족들이었다. 고윤의 경우, 효문제의 사부로서 그를 훈도시키는 한편, 효문제의 한화정책, 즉 예교국가 창출에 일조했다.

그녀가 황종학을 설립해 한화개혁을 추진할 인재를 양성하려 했던 것은 지속적인 한화개혁을 원했기 때문이다. 태화 초반 문명태후에 의해 추진된 개혁들은 효문제의 의도와는 별개로 태화 후반기에도 계속적으로 진행되었다.

그렇다면 효문제는 어떤 정치 세력을 기반으로 자신의 개혁 이념을 실현하고자 한 것인가.

당시 효문제를 도와 개혁을 주도했던 세력으로는 임성왕 징, 팽성왕 협(彭城王 勰) 등의 탁발 종실과 한인 사족 출신인 이충(李沖)과 이표(李彪) 등을 들 수 있다. 이들 중 종실은 효문제와 함께 황종학에서 교육받으면서 한문적 소양을 익혔다. 한인 사족들은 효문제의 개혁 요구에 부합되는 자들로 개혁의 실무를 담당했다.

효문제의 친정체제와 이를 기반으로 한 한화개혁은 문명태후를 포함한 북족 상층부의 기득권을 제한하고, 한문화에 대한 깊은 이해를 통해 정통 한족 군주로서의 위상을 갖고자 한 것이다. 그는 이를 위해 자신의 개혁 의지에 부합하는 세력들을 규합하였다. 태후 측에 가담했던 인사들을 처단하고[18] 이후 한화개혁을 추진하였다. 부 헌문제의 궁중암투에 의한 죽음이 이후 그의 정신세계에 영향을 미친 것이다.

기존의 문명태후 세력과의 절연, 그리고 이를 통한 북족 사회 전반의 변화를 그의 한문화에 대한 동경과 탁발씨로서의 정체성 상실이라는 측면에서 이해할 수 있다. 그는 유교적 이념을 수용하여 보다 강력한 왕권 확립을 도모했다. 자신의 통치권을 공고히 하기 위해 기존 정치 세력들을 견제했다. 자신의 통치 이념에 부합되는 인사들로 세력 재편을 꾀했다. 북족(北族)의 중국화(中國化)를 지향한 것이다.[19]

그의 친정체제 구축과 한화개혁은 그의 통치권 확보를 위한 하나의 선결 과제였다. 이러한 그의 이상을 실현시키기 위해 일부 종실을 포함한 한인 사족들이 그의 개혁에 협조하였다. 이는 곧 한인사족을 포함한 그의 정치 세력들의 이해득실과도 관련이 있다.

임성왕 징 같은 경우는, 낙양 천도에 관해 조정 대신들의 반대에 부딪히자 다음과 같이 말했다. "이제 폐하가 사해(四海)를 가(家)로 하여 문덕(文德)을 펴 천하를 품고자 하나, 강외(江外)가 아직 가로막고 있고 아직 거서(車書)가 하나로 되지 않았습니다. 계세지민(季世之民)을 다스리는 데는 위복(威服)이 쉬우나 예치(禮治)는 어렵습니다." 예치로의 전환을 치정(治政)의 목표로 하는 효문제를 지지한 것이다.

한인 한문(寒門) 출신으로 어사중위(御史中尉)였던 이표는 불법을 일삼는 관리들을 탄핵했는데, 종실도 예외가 아니었다. 일례로 조군왕 간(趙郡王 幹)이 사주목(司州牧)이 되어 전법(典法)을 지키지 않자 그를 탄핵했다. (그런데도) 뉘우치는 기색이 없자 고조가 친히 장형(杖刑)을 내리고 그를 면직시켰다. 개혁을 반대하는 세력을 척결하겠다는 효문제의 의지가 반영된 것이다. 보수적인 종실들의 세력 확대를 막겠다는 의도도 포함되어 있다.

효문제의 개혁 세력들은 유교적 소양을 갖추고, 효문제가 의도하는 예치국가 실현에 앞장섰다. 이들은 유교적 소양을 갖춘 종실들과 중서학(中書學)을 통해 등용된 한인이 대부분이었기 때문에 사서(士庶)의 구별은 이들에게 별다른 의미를 갖지 못했다.

효문제는 자신의 개혁을 지지하는 세력은 호한(胡漢)을 불문하여 등용하였고, 그의 개혁에 반발하는 경우에는 가차 없이 처벌하였다. 그는 항대(恒代)에서 반란을 일으킨 동양왕 비를 서인(庶人)으로 강등하였다. 반면 탁발제(拓拔提)의 경우, 탐오하여 관작을 박탈당하고 북진(北鎭)으로 유배되어 병사가 됐지만, 효문제를 따라 남벌에 참여하고 낙양 천도 결정에 참정(參政)하자 죽은 후에 장향현후(長鄕縣侯)를 추증하였다. 그는 자신의 개혁에 동조한 자들을 무조건 우대하는 등 다소 편향적인 면모를 보여주었다.

문명태후 - 효문제 간의 개혁은 한화를 지향한다는 점에서 일관성을 갖는다. 하지만 효문제의 친정 이후 추진된 개혁이 다분히 타협적인 데에는 문명태후의 영향력을 배제할 수 없는 당시의 정치 상황이 있었다. 효문제의 통치권을 공고히 하기 위해서는 보수적인 귀족 세력들의 협조가 필요했던 것이다.

효문제의 정치 기반은 예교 국가 건설이라는 면에서 효문제와 이해관계를 같이 하며, 자신들의 유교적 소양을 발휘할 수 있는 사회적 여건의 성숙을 열망하는 부류였다. 새로운 기득권층으로의 성장을 도모하던 세력들이다. 효문제는 이들을 자신의 친정체제 및 한화를 위해 정치적으로 등용하였다.

05 맺음말

정치 세력 간의 대립 양상을 중심으로 문명태후 시기를 고찰했다. 북위사상 1, 2차에 걸친 임조청정을 통해 태화개혁의 기틀을 마련했던 그녀의 업적을 단순히 후궁의 간정(干政)이라는 측면만으로 평가하는 것은 무리이다. 문명태후의 등장은 유목민족인 탁발씨의 모계씨족제적인 유풍(遺風)과 북위의 국가 재편이라는 시대적 과업과 그녀 개인의 정치적 역량에 의해 이루어진 것이기 때문이다. 당시 전권을 행사하던 을혼에 대한 탁발 종실들의 불만이 팽배했던 상황도 지적해야 한다. 그녀의 부상(浮上)을 포함한 정치 간섭은 이에 대항하는 황권과 이를 비호하는 종실 세력 간의 알력, 그녀의 정치 세력—예컨대, 한인사족, 일부 종실, 그리고 엄관을 비롯한 소인집단—간의 이해 관계가 맞물려 일어난 복잡한 시대 상황이었다.

반면 그녀의 친정체제에 반기를 들었던 헌문제, 효문제를 중심으로

한 일련의 개혁 조치는 탁발 선비족의 황위 계승 고수라는 대전제하에 진행되었다. 예치국가 건설이라는 시대적 사명을 달성하기 위해 그들과 이해 관계를 같이하는 종실, 문재를 갖춘 한인 사족들의 보좌가 필요하였다. 이들 간의 정치적 갈등 구조는 단순히 호한 간의 대립 양상이 아니다. 당시 기득권층이었던 탁발종실 및 대성집단(代姓集團), 그리고 상대적으로 소외당했던 종실들의 정치, 경제적 손실을 보상해주기 위한 저항의 일면도 내포하고 있다. 효문제와 예치국가 건설이라는 목표를 같이했던 유교적 지식인층 역시 이러한 사회적 기반의 조성이야말로 자신들의 능력을 발휘할 수 있는 기초가 된다고 생각하였다. 효문제의 개혁 추진을 긍정한 것이다. 하지만 효문제의 시대에는 개혁정책의 추진에 있어 기득권층과의 이해 관계가 상충되었기 때문에 유보적이고 타협적인 일면을 보였다.

본문에서는 그녀의 시대를 평가하는 데 있어 당시 여러 세력 간의 정치 대립이라는 측면에 초점을 맞추었기 때문에 당시 정국을 문명태후 – 비문명태후계열 인사들로 양분하여 중도파 인사들의 역할을 과소평가한 감이 적지 않다. 이 과정에서 정치집단들의 성격을 명확하게 도출해내지 못한 결함을 갖고 있다. 이 부분에 관해서는 재론의 여지가 있다.

■주 석

1) 李凭, 『北魏平城時代』, 北京: 社會科學文獻出版社, 2000, pp.159-175.; 謝寶富, 『北朝婚喪禮俗研究』, 北京: 首都師範大學出版社, 1998, pp.73-79.
2) 그녀의 출생 및 이력에 관해서는, 『魏書』(이하 중국 역대 정사는 북경 중화서국 표점교감본을 사용함) 권13, 文明太后 馮氏傳, pp.328-330. 참조.
3) 이와 관련해 을혼의 처는 공주(公主)의 호(號)를 희망했지만, 비종실이고, 서족(庶族)이라는 이유로 이조(吏曹)의 일을 담당하던 가수(賈秀)에게 거절당했다.
4) 呂思勉, 『兩晉南北朝史』, 北京: 中華書局, 1983, pp.509-510. 참조.
5) 이혼이 정치적으로 대두된 시점은 명확하지 않다. 하지만, 고종대 상주자사였던 그가 학교 설립에 관한 상소를 올려 현조(顯祖)가 이를 받아들이고, 이후 상서가 되어 선거를 담당하게 되는 천안 원년(466) 9월을 전후한 시기부터 중앙 정치 무대에 진출했을 것이다.
6) 周一良, 「王玄威與妻提哀悼獻文帝」, 『周一良集』第貳卷, 魏晉南北朝史札記, 遼寧教育出版社, 1998, pp.598-99.
7) 王夫之, 『讀通鑑論』北京, 1975, 全二冊, 권15, 明帝, pp.521-522.
8) 『資治通鑑』권133, 宋紀十五, 太宗 明帝 太始7년(471) 8월 戊戌條, p.4164.
9) 『魏書』권111, 刑罰志, p.2876. "帝勤於治功, 百僚內外, 莫不震肅"이라는 기사를 보면, 결코 그가 정사에 무관심했다거나 정무 수행 능력을 갖추지 못했던 것이 아니다.
10) 효문제에게 선양하자마자 경조왕을 시중(侍中), 본장군(本將軍), 개부의동삼사(開府儀同三司)로 봉한 것이 그 예이다.
11) 그가 정치에 있어 미적(美績)이 있었으나 평소 문명태후가 싫어했다는 기록이 그의 실제적인 주살 이유일 것이다.
12) 김성희, 「북위의 문하시중 -그 성격과 역할 변화를 중심으로」, 『중국학보』42, 2000, pp.225-227.
13) 이와 관련해서 趙翼, 王樹民(校證), 『二十二史箚記校證』上冊, 北京:中華書局, 1984, 권15,

魏齊諸帝皆早生子條 참조.

14) 이혜의 종제 이봉을 주살한 것은, 그가 안락왕 장락의 주부로 함께 모반을 도모했다는 점 복에 의거한 때문이다. 단순히 외가에 대한 홀대는 아닌 것 같다.

15) 川本芳昭, 『魏晉南北朝時代の民族問題』, 東京: 汲古書院, 1998. p.317. 參照.

16) 박한제, 『중국중세호한체제연구(中國中世胡漢體制硏究)』, 서울: 일조각, 1988. p.135.

17) 이외에 부승조, 왕우 등도 출임하거나 수뢰 혐의로 관작을 박탈당했다. 특히 왕우의 경우, 고조가 그를 출폐(黜廢)시켜 관작을 박탈할 때, 그를 구인(舊人)이라 지칭했다. 그가 문명태후 세력이었음을 의식했던 것이다.

18) 문명태후 사후 공인지당(供人之黨)을 징벌(懲戒)했다는 기록이 그것이다.

19) 川本芳昭, 『魏晉南北朝時代の民族問題』, pp.318-322. 參照. 그는 효문제의 문명태후에 대한 삼년상과 효경(孝經)을 선비어로 번역해 국인(國人)을 가르치도록 했던 일(『隋書』권32, 經籍志, p.935.) 등을 그의 한문화 동경이나 북족 의식이 희박해진 이유로 설명하고 있다.

2장 역사 속 여성의 초상

중국 고대의 계모상 _ 이성규

한대 여성의 삶과 법적 지위 _ 이명화

송대 딸들의 재산 상속 권한 _ 육정임

여성의 능력을 배제한 명대의 여성관 _ 권현주

개혁·개방 이후 달라진 현대 중국 여성의 삶 _ 이승은

중국 고대의 계모상

- 효자를 빛내는 악녀와 공의를 실천하는 의녀

이_성_규

01 아버지의 재혼

'계모의 학대에 고통받는 착한 소녀'는 동서양을 막론하고 어린 독자의 심금을 울리는 동화 주인공의 한 유형이다. 이 주제에는 전처 자녀와 계모 쌍방 간에 본능적인 모성애와 친애의 감정이 결여되거나 약할 수밖에 없다는 관념이 깔려 있으며, 실제 이 관념을 형성시킨 실례도 광범위하게 존재했다. 계모는 아버지의 재혼으로 등장한다. 중국 역사상 과부의 수절은 강하게 권장되고 강요된 전통이었다. 반면 상처한 남자의 재혼은 오히려 권장되었고, 특히 성년 자녀들이 아버지의 재혼을 주선하는 것은 큰 효도로 인식되기도 하였다. 그러므로 후한(後漢) 말, 성도(盛道)가 처가 죽은 후 재혼하지 않은 것은 대단히 이례적이었다(물론 재혼이 가능한 경우). 그가 종신 동안 재혼하지 않은 것은 처의 의(義)를 잊지 못했기 때문이었다고 한다. 그는 반란에 실패하여 처자와 함께 체포되었는데, 그의 처 원강(媛姜)은 5세의 어린 아들과 남편이 무사히 탈출할 때까지 옥리를 속여 성도의 행세를 하였고, 결국 남편 대신 처형되었던 것이다. 원강은 바로 이 '의행(義行)' 때문에 『후한서』「열녀전」(권84)에 입전(立傳)되었다. 「원강전(媛姜傳)」의 말미에 "성도는 그 의에 감동하여 종신 (다시) 결혼하지 않았다"는 것이 특기된 것은 그가 종신 동안 재혼하지 않은 일이 얼마나 이례적인 것인가, 남편이 종신 부재혼을 실천할 만큼 원강의 의행이 얼마나 대단하였는가를 강조하기 위한 필법일 것이다. 원강이 달아나 "문호(門戶)를 건립할 것"을 당부하고 "성도에게 (어린 자식을) 끼고 달려가게 하였다"는 구절은 원강의 '의행'이 자식의 안전과 장래를 크게 의식한 것을 말해준다. 그러나 그녀가 자식과 관련 남편의 재혼 문제를 언급한 구절도 없고, 성도가 자식을 위해 종신 독신을 고집한 단서는 보이지 않는다.

이에 비해 윤만(尹灣) 한간(漢簡)의 일부로 출토된 「신오부(神烏賦)」는 남편의 재혼과 자식을 걱정하는 모정이 직접 언급된 작품이다. 「신오부」는 둥지를 빼앗은 도둑 새와 싸우다 상처를 입고 죽는 암새의 이야기를 부(賦) 형식으로 표현한 것이다. 전체적으로 효양(孝養)·근분(勤奮)·견정(堅貞)·수례(守禮)·절렬(節烈)·불투(不妒)·명찰(明察) 등 여자에게 요구된 유가윤리를 선전한 성격이 강하여, 함께 출토된 윤민 한간에서 그 목록만 확인된 「열녀부(列女賦)」와 짝을 이룬 것으로 평가되는데[1], 여기서는 함께 죽자는 수새의 제안을 거절하는 암새의 다음과 같은 답변만 인용해보자.

죽고 사는 것은 기한이 있으며 각기 그 시간이 다릅니다. 지금 비록 나를 따라 (죽는다고 해도) 무슨 이익이 있겠습니까? 위란에 닥쳐 목숨을 던지는 것은 (평소) 첩이 가진 뜻이었습니다. 죽은 자를 위해 산 자를 해치는 것은 성인이 금한 것입니다. 빨리 가십시오, (그리고) 다시 현부를 찾으십시오. (그러나) 후모(後母)의 말만 듣고 외로운 아이들을 슬프고 고통스럽게 하지 마십시오. 『시경』에도 "앵앵거리며 날던 청승이 나무 가지에 머물렀다. 화락한 군자여, 참언을 믿지 말라"는 말이 있습니다(死生有期 各不同時 今雖隨我 將何益哉 見危授命 妾之所志 以死傷生 聖人禁之 疾行□去矣 更索賢婦 毋聽後母 愁苦孤子 詩云 云云靑蠅 止于杆□ 幾自□君子 毋信讒言")[2], [3].

후모(後母, 계모)가 남기고 간 자기 자식을 구박할 것이 두려운 모정, 그러나 남편에게 재혼하지 말 것을 부탁하면 투기로 비난될 우려가 크다는 것을 잘 알고 있는 여인이 취할 수 있는 선택은 결국 남편을 현혹시켜 전처 자식을 구박하게 하는 악덕을 범하지 않을 현부와 재혼할 것을 당부하는 길뿐이었을 것이다. 함께 죽자는 말까지 한 수새가 둥지를 지키기 위해 싸우다 죽는 암새의 이 처절한 마음을 이해하였다면, 성도처럼 종신 재혼하지 않았을지도 모른다. 그러나 「신오부」의 수새는 암새가 죽자 크게 애통하여 그 주변을 배회하며 눈물을 펑펑 흘리고 길게 탄식하였고, 도둑 새는 무사한 반면 자기 처만 죽어 호소할 데 없는 억울함을 이기지 못해 울부짖었으나 결국 옛 터를 버리고 높이 날아가버렸다. 이 부분은 결국 수새의 재혼을 암시한 것 같다.[4]

그러나 더욱 흥미 있는 것은 다음과 같은 「신오부」의 마지막 구절이다. 즉 "증자(曾子)가 '새가 죽으려고 할 때는 그 소리가 슬프다'고 말하였는데, 바로 이런 것을 말하는 것이다〔曾子日 鳥之將死 其鳴哀 此之謂也〕."
『논어(論語)』「태백편(泰伯篇)」에 나오는 "새가 죽으려고 할 때는 그 소리가 슬프다〔鳥之將死 其鳴也哀〕"는 바로 그 뒤의 "사람이 죽으려고 할 때는 그 말이 선하다〔人之將死 其言也善〕"와 대구이므로 여기서 '애(哀)'는 '선(善)'과 동일한 의미인데, 의인화된 새의 '울음〔鳴〕'은 '말〔言〕'이므로 이 마지막 구절은 「신오부」의 작자가 암새가 죽기 전에 남긴 상기 인용문을 대단히 긍정적으로 평가한 것을 의미한다. 상기 인용문은 결국 첫째, 같이 죽으려는 수새를 만류한 것, 둘째, 현부를 얻어 자식을 구박하지 말라는 것으로 요약될 수 있다. 첫째는 누구나 긍정적으로 평가할 수 있는 문제이지만, 작자는 과연 둘째 역시 긍정한 것인가? 그렇다면 죽는 순간 남편에게 재혼을 권한 것을 '부덕(婦德)'으로 칭송한 것인가? 여기서 필자는 증자의 재혼 문제에 관한 다음과 같은 전승을 상기하지 않을 수 없다.

① 증참(曾參)은 무성인(武城人)이다. 그 뜻이 (항상) 효도에 있었으나 후모(後母)는 그를 대함에 은(恩)이 없었다. 그의 처가 명아주를 끓이는 데 잘 익히지 못하자 쫓아내었다. 어떤 사람이 '그것은 처를 내쫓는 7가지 조건에 해당하지 않는다'고 말하자, 증참은 '명아주를 끓이는 것은 작은 일인데도 내 명을 따르지 않았는데, 하물며 큰일은 어떻겠습니까' 라며 끝내 내보내고 종신 재혼을 하지 않았다. 그 아들이 재혼을 청하자 그는 이렇게 말하였다. 고종(高宗)은 후부(後婦) 때문에 효기(孝己)를 내쫓았고[出] 윤길보(尹吉甫)는 후처 때문에 (아들) 백기(伯奇)를 미워하였다. 어찌 (나 역시) 그런 잘못을 면할 수 있을지 알겠느냐.'[5]

효기(孝己)는 은(殷) 고종의 태자로서 중국의 대표적 효자 증참(曾參)·민자건(閔子騫)과 병칭될 정도로 지효(至孝)의 상징적 인물로 알려졌던 것 같다.[6] 윤길보는 주(周) 선왕(宣王)의 명신인데, 후처의 참언으로(백기가 자신에게 사욕을 품었다고) 전처의 아들 백기를 추방하였으나 후에 잘못을 깨닫고 후처를 사살한 것으로 알려지기도 하였다(『태평어람(太平御覽)』권511 종친부(宗親部) 1, 후모(繼母)). 가부장의 권위를 세우려 사소한 일로 처를 내쫓았으나 계모에게 당한 자신의 쓰라린 경험, 그리고 은(殷) 중흥의 명군으로 알려진 고종(武丁)과 주(周) 선왕의 중흥을 보필한 명신 윤길보조차 후처의 참언에 미혹되는 남자의 '어리석음'을 절감하였기 때문에 효자의 상징 증참은 재혼을 포기할 수밖에 없었던 것이다. 그는 자신의 선택을 인간적 어리석음에서 필연적으로 야기될 수 있는 비극으로부터 자식을 보호할 수 있는 유일한 길이었다고 확신한 것이 분명하다. 바로 이런 전승을 가진 증참의 명구로 「신오부」의 작자가 암새의 유언을 칭송한 것은 자식도 보호하고 자신도 재혼할 수 있는 해결책, 즉 현부와의 재혼을 생각하지 못한 증참의 '어리석음'을 교묘하게 풍자한 것으로 해석된다. 여기서 다시 묘주(墓主)의 문방도구와 묘주가 중시한 것으로 추측되는 문서 및 서명이 열거된 목독(木牘)[13호 목독 정면, 군형증방제중물소(君兄繒方堤中物疏)]에 「신오부」와 「열녀부」가 함께 기록된 사실을 상기하면, 암새가 추천한 현부는 곧 열녀일 가능성이 농후하다. 실제 전한(前漢) 말 유향(劉向)이 편찬한『열녀전(列女傳)』에도 전처의 자식을 자기 자식보다 우선하는 의로운 계모들이 입전(立傳)되어 있다.[7]

남자의 재혼이 권장되는 사회에서 성도와 증참 같은 예를 모범 삼아 많은 남자가 재혼을 포기하리라고 기대할 수는 없을 것이다. 그러나 모든 계모에게 현부나 열녀상을 기대하는 것도 비현실적이지만, 모든 계모가 전처의 자식을 유별나게 학대하는 악녀도 아닐 것이다. 그렇다면 『순자(荀子)』가 병칭한 중국 최고의 효자 3인이(주 6 참조) 모두 악한 계모에게 양육된 인물이었던 반면, 열녀전의 주요 구성 요소로 의로운 계모가 포함된 사실은 이 양극의 후모상(繼母像)이 효자와 열녀의 이상형을 부각시키기 위한 배역으로 설정되었을 가능성을 강하게 시사한다. 즉 이 두 상반된 계모상은 유교윤리가 요구하는 효자와 열녀를 현창하기 위해 조작되었다는 것이다. 본고는 바로 이 가능성을 탐색하는 것이 목적이다. 이 문제를 위해 먼저 효자와 계모의 관계를 주목해보자.

02 '효자 신화' 악역(惡役)

효를 떠나서 중국의 전통문화를 논할 수 없다고 해도 결코 지나친 말이 아니지만, 특히 한 왕조는 '효로써 천하를 다스리는(以孝治天下)' 정책의 일환으로 무학(無學)의 향리 아동에게도 『효경』을 강설(講說)하고 하급 관원에게도 그 암송을 요구할 정도로 『효경』을 대대적으로 보급시켰다.[8] 그러나 『한서(漢書)』「예문지(藝文志)」에는 효자를 현창하여 백성들에게 '모방 모델'을 제시하기 위한 독립된 효자 전기(傳記)류 서명은 보이지 않으며, 남조 송의 범엽(范曄)이 편찬한 『후한서』에도 「열녀전」은 있지만 「효자전」은 따로 없다. 그러나 당 초(7세기 초)에 편찬된 『수서(隋書)』「경적지(經籍志)」 사부(史部) 잡전(雜傳)에는 『증참전(曾參傳)』과, 양(梁) 원제(元帝)가 편찬한 『효덕전(孝德傳)』(13권), 송(宋) 원외랑(員外郎) 정집지(鄭緝之)가 편찬한 『효자전(孝子傳)』(10권), 사각수(師覺授)가 편찬한 『효자전』, 진(晉) 보국장군(輔國將軍) 소광제(蕭光濟)가 편찬한 『효자전』(15권), 송(宋) 오흥태수(吳興太守) 왕소지(王韶之)⁹⁾가 편찬한 『효자전』(3권) 등을 포함한 9종의 『효자전』이 수록되었다. 또 남제(南齊) 심약(沈約)이 편찬한 『송서(宋書)』는 『효의전(孝義傳)』을 독립 열전으로 설정하였다(그러나 열녀전은 없다). 이 사실들은 진(晉) 이후 남조(南朝)에서 『효자전』의 편찬이 크게 성행한 것을 잘 말해준다.

그러나 147년에서 189년 사이에 건조된 것으로 추정되는 산동성(山東省) 가상현(嘉祥縣) 무씨묘군석각(武氏墓群石刻) 화상석(畵像石)에 삼황오제, 자객 및 범수(范雎)·인상여(藺相如) 고사 등과 함께 열녀·효자 고사가 다수 등장한다. 이것은 늦어도 2세기 중반 무렵에는 『효자전』의 편찬이 시작되었을 가능성을 시사한다. 무씨 화상석에 등장하는 총 43인의 인물 중¹⁰⁾ 10인의 제왕을(삼황오제·하의 시조 우(禹)와 그 말군(末君) 걸(桀)) 제외한 33인의 인물들은 모두 당시 요구된 덕목, 즉 부덕(婦德)·효제(孝悌)·신(信)과 충(忠)의 모범이었다. 그 중 효자는 증자(曾子)·민자건(閔子騫)·노래자(老萊子)·정란(丁蘭)·백유(伯兪)·동영(董永)·형거(荊渠)·장장훈(蔣章訓), 원경(元卿)·위탕(魏湯)·김일제(金日磾)·안오(顏烏)·조순(趙洵)·원곡(原穀) 13인인데, 계모와의 관계가 명시된 인물은 민자건뿐이다.

『사기(史記)』「중니제자열전(仲尼弟子列傳)」은 민자건에 대한 공자의 다음과 같은 평을 전한다. 즉 "효성스럽구나, 민자건은! 다른 사람이 그 부모·형제를 이간하는 말을 할 수도 없으니〔孝哉閔子騫 人不閒於其父母昆弟之言〕." 즉 그는 부모와 형제 사이를 이간하는 어떤 말에도 흔들리지 않는 효심의 소유자였다는 것이다. 민자건의 고사를 묘사한 무씨 화성석은 마차의 고삐를 잡고 있는 작은 인물과 마차 안에서 수레 뒤를 바라보며 마차 아래 무릎을 꿇고 앉아 있는 인물의 어깨를 잡고 무언가 말하는 장면으로 구성되어 있는데, 우측에는 마차 안의 두 인물을 소개한 "자건후모제(子騫後母弟) 자건부(子騫父)"란 명문과 그림 좌측에는 다음과 같은 명문이 새겨 있다.

> 민자건은 가모(假母)와 함께 살았는데, (그녀)는 (자기 자식)만 편애하였다. 자건은 옷을 (너무) 춥게 입어 수레를 몰다 채찍을 떨어트렸다〔閔子騫與假母居 愛有偏移 子騫衣寒 御車失棰〕.

이 그림과 명문의 의미는 남조 송까지 소급되는 사각수(師覺授)『효자전』의 다음과 같은 구절을 보면 분명히 드러난다.

> 민손(閔損)의 자(字)는 자건, 노인(魯人)으로 공자의 제자로서 덕행이 (높은) 것으로 칭송되었다. 어려서 어머니를 여의었는데 후모가 매우 가혹하게 대하였지만 민손은 더욱 잘 섬겼다. 민손의 옷은 모두 거친 마로 누볐는데 후모 아들의 옷은 고운 솜으로 누빈 두터운 옷이었다. 아버지는 민손에게 수레를 몰게 하였는데 추운 겨울이라 민손은 고삐를 놓치고 말았다. 후모의 아들에게 몰게 하니 잘하였다. 아버지는 노하여 힐문하였지만 민손은 입을 다물 뿐이었다. (아버지가) 후에 두 아들의 옷을 보고 비로소 그 까닭을 알고 처를 내보내려고 하자 민손이 간하였다. '대인께서는 한 아들이 추운 것으로도 마음이 상하셨는데 만약 어머니를 내보내면 추운 아들이 둘이 됩니다.' 아버지는 그 말에 감동하여 (처를 내보내려는 생각을) 그만두었다.

- 『태평어람』권413 「인사부(人事部)」54, 효(孝)

무씨 화성석의 민자건 고사는 후처의 악의를 알고 축출하려는 아버지를 민자건이 간하는 장면이었던 것이다.[11] 이 고사의 아버지는 후처를 편애하거나 그녀에 현혹되어 이성을 상실한 어리석은 인물은 결코 아니며, 후모 역시 노골적으로 전처의 자를 모함한 것은 아니었다. 그러나 그녀는 차별을 통한 무능의 부각이란 교묘한 간지를 발휘함으로써 남편이 전처 자식을 미워하도록 유도한 것이다. 만약 민자건의 아버지가 후처를 내쫓은 것으로 끝났다면 민자건은 평범한 효자가 되었을 것이다. 민자건의 효는 후처를 내쫓으려는 아버지를 만류한 것으로 더욱 빛나고 있다. 물론 그는 후모보다는 후모와 함께 쫓겨날 이복동생에 대한 아버지의 사랑을 고려한 것이었지만, 이것은 결과적으로 '가혹한 후모에 대한 변함없는 효'를 완성시킨 것이었다.

이에 비해 『사기』에 전하는 효자 순(舜)의 아버지 고수(瞽叟)는 후처와 그 자식을 편애하여 전처의 아들 순을 살해하려고 하였고, 이복동생 상(象) 역시 아버지와 행동을 같이 하였다. 순이 천하에 효성으로 명성을 날려 요(堯)에 천거된 것도, 그 후 여러 가지 시험 단계를 거쳐 결국 요의 후계자가 된 것도 모두 자신을 죽이려는 아버지 고수와 이복동생 상을 더욱 잘 섬겼기 때문이라면[12], 고수와 상의 악행은 순이 천자로 발탁된 가장 중요한 덕행 즉 지효(至孝)를 극대화하는 데 크게 기여한 것이 분명하다. 효의 대상이 무도(無道)하면 할수록 그 효는 더욱 빛나기 때문이다. 이 고사에서 후모의 '악역'은 전혀 언급되지 않았다. 그러나 "고수는 후처의 자를 사랑하여 항상 순을 살해하려고 하였다"는 구절에서 순에 대한 후모의 강한 증오를 읽지 못할 사람이 없다면, 결국 순의 효행 고사도 '악한 계모를 더욱 잘 섬긴 효자' 설화의 유형이며, '악한 계모'는 바로 '천하의 효자'를 만들기 위한 악역으로 설정된 것도 분명하다. 그러나 무씨 사당(祠堂) 순(舜)의 화상석은 면류관을 쓰고 두 손을 앞으로 내밀며 서 있는 인물 그림 좌측에 "제순(帝舜)의 이름은 중화(重華), 역산(歷山)에서 경작하고 밖에서 3년간 (백성을) 길렀다〔帝舜名重華 山於歷山 外養三年〕"는 명문만 보인다. 이 명문은 순의 덕화(德化)에 백성들이 귀의하였다는 『사기』의 다음과 같은 구절을 압축한 것이 분명하다.

> 순이 역산에서 경작하니 역산의 사람들이 모두 (밭의 경계를) 양보하였으며, 뇌택(雷澤)에서 고기를 잡으니 뇌택의 사람들이 모두 거처를 양보하였고, 하빈(河濱)에서 도기를 구웠는데 모양이 잘못된 것이 하나도 없었다. 1년 만에 그가 사는 곳이 취락을 이루고 2년이 되니 읍(邑)을 이루었으며, 3년이 되니 도(都)를 이루었다.
>
> – 『사기』 「오제본기(五帝本紀)」

여기서 우리는 '후처 때문에 자기를 살해하려는 아버지와 계모 및 이복동생을 더욱 극진히 섬긴 효자' 순의 모습은 볼 수 없다. 그러나 무씨 사당 좌석실(左石室) 제9폭 제1층 화상석이, 순이 사다리에 올라 곡식 창고를 수리하는 장면이라면[13] 무씨 화상석 역시 순을 '악한 계모에게도 효를 다한 효자'로 부각시킨 것이 분명하다. 이 그림은 고수가 순을 창고 위로 올라가게 한 후 아래에서 불을 질러 그를 죽이려는 장면이고[14], 특히 오른편에 왼편을 향하여 활을 들고 서 있는 부인은 바로 순의 계모로 추정되기[15] 때문이다. 더욱이 이 화상석에 명문이 부기(附記)되지 않은 것은 이 그림만으로도 그 의미를 충분히 전달할 수 있었기 때문이라면[16], 이것은 당시 고수의 악행과 그에 대한 순의 변함없는 지극한 효를 대표하는 고사로 널리 알려졌기 때문일 것이다. 이 고사는 유향(劉向)이 편찬한 「열녀전」에도 전하는데, 유향은 순을 창고로 올라가게 한 주체를 '부모'로, 순을 죽이려는 상의 음모를 '부모와 함께' 꾸민 것으로 표현함으로써[17] 후모의 악역을 더욱 분명히 부각시켰다.

한편 후모의 학대를 경험했기 때문에 끝내 재혼을 거부한 증참은(상기 증자 고사 ① 참조) 공자가 특히 효도에 능통하다고 평가하여 그것을 집중 가르쳤고, 그것을 계기로『효경』도 저술한 것으로 알려진 인물이다.[18] 그가 중국 역사상 대표적인 효자의 1인이라는 것은 주지의 사실인데, 그의 고사를 전하는 무씨 화상석 오른쪽에는 베틀에 앉아 왼쪽에 무릎을 꿇고 앉아 있는 증자를 바라보는 여인이 그려져 있고, 오른쪽 하단에는 "참언이 세 번 이르니 자모(慈母)가 베틀의 북을 던졌다〔讒言三至 慈母投杼〕"는 명문이 있고, 왼쪽 상단에는 다음과 같은 명문이 새겨 있다.

> 증자는 천성이 효성스러워 그 (효성이) 신명에 통하였고 신들을 감동시켰다. 그의 명성은 오래 지속되었고 그의 모범은 후세의 법식이 되었다〔曾子質孝 以通神明 貫感神祇 著號來方 後世凱式〕.
>
> -『무강(撫綱)』

이 화상석은 일견 이해하기 어려운 것 같다. 신명도 감동시킨 증참의 효와 3번 반복된 참언을 들은 자모가 베틀의 북을 내던진 것이 얼른 연결되지 않기 때문이다. "증자의 효는 신명에 통한다〔曾子質孝 以通神明〕"는『효경』감응장(感應章)의 "효제(孝悌)의 지(至)는 신명에 통한다"와 이를 확대한 『효경원신계(孝經援神契)』의 "효제의 지(至)는 신명에 통하여 (부모가) 병이 나면 근심으로 얼굴이 초췌해지고 의사(醫者)를 구하여 (그 부모를) 온전히 치료하려고 한다〔病則致憂 顯頓消形 求醫翼全〕"는 구절과 관련된 것인데, 후한 왕충(王充) 『논형(論衡)』 「감허편(感虛篇)」은 다음과 같은 속설을 전한다.

> ② 증자의 효는 어머니와 기(氣)를 통하게 하였다. 증자가 들에 나가 나무를 할 때 손님이 찾아왔는데, (그가) 없어 떠나려고 하였다. 그 어머니는 '기다리시기 바랍니다. 증참이 곧 올 것입니다' 고 말하고 곧 오른손으로 왼팔을 꼬집었다. 증자는 곧 왼팔이 아파서 즉시 달려와 어머니에게 '팔이 왜 아프시냐' 라고 물었다. 어머니는 '지금 손님이 오셨다 가시려고 하여 내가 팔을 꼬집어 너를 부른 것뿐' 이라고 말하였다. 대저 지효(至孝)란 부모와 기(氣)를 같이 함으로써 몸에 질병이 있으면, 정신이 곧 감응하는 것이다.

왕충은 이것을 『효경』의 구절을 잘못 이해한 속인들이 만들어낸 헛된 속설이라고 일축하였지만[19], 증자와 어머니의 신체적 감응은 『수신기(搜神記)』의 다음과 같은 고사에도 등장한다.

> 증자는 중니(仲尼)를 따라가 초(楚)에 있었는데, 마음이 동하여 (공자와) 작별하고 돌아와 물으니 어머니는 '네가 생각나서 손가락을 깨물었다' 고 말하였다. 공자가 이것을 듣고 말하였다. '증자의 효는 그 정이 만 리 밖에서도 감응하는구나.'

『수신기』는 이 설화 바로 뒤에 어머니가 멀리 떨어진 아들을 부르고 싶은 때면 손을 깨물어 불렀다는 효자 주창(周暢)의 설화를[20] 수록하고, 이어서 효성에 감동한 천지신명의 도움으로 부모가 원하는 것을 구하여 효를 다했다는 효자들의 설화를 전하고 있다. 모자간의 신체적 감응은 이른바 '효감(孝感) 설화'의 일부로 조작된 것이 분명한데, 『태평어람』 효감(孝感) 조(條)의(권411 인사부52) 총 47례(例) 중 이 부류에 속하는 효자·효손이 단 3례만[21] 소개되었다. 이것을 보면 '신체 감응'이 효자 설화에서 별로 애용된 주제는 아니었던 것 같다. 어쨌든 무씨 화상석이 상기 증자 고사 ①의 내용을 형상화한 것은 모자간의 신체 감응이 '효자 증참 신화'의 가장 극적인 요소로 판단하였기 때문으로 해석되는데, 그렇다면 이 고사가 왜 "참언삼지(讒言三至) 자모투저(慈母投杼)"와 병렬된 것인가? 이 자리에는 오히려 어떤 참언에도 동요되지 않는 어머니 상이 삽입되어야 할 것이 아닌가? 이 문제를 위하여 『사기』 「감무전(甘茂傳)」의 다음과 같은 구절을 주목해보자.

③ 예전에 증참이 비(費)에 있을 때 노인(魯人) 중 증참과 동일한 성명을 가진 사람이 살인을 하였다. 어떤 사람이 그 어머니에게 '증참이 살인을 하였다'라고 고하였으나 그 어머니는 아무 일도 없는 듯이 옷감을 (계속) 짰다. 조금 후 다른 사람이 또 '증참이 살인을 하였다'라고 고하였지만, 그래도 그 어머니는 태연자약하였다. 조금 후 또 어떤 사람이 '증참이 살인하였다'라고 고하자 그 어머니는 베틀의 북을 던지고 직기에서 내려와 담을 넘어 달아났다.

이것은 감무가 외국에 출정 중인 자신에 대한 참언을 진왕(秦王)이 믿을 것을 예상하고 결코 참언을 믿지 말 것을 설득한 내용 중, 남다른 현자(賢子)에 대한 어머니의 특별한 믿음도 결국 집요한 참언에는 무력하다는 예로써 인용된 것이다.[22] 그렇다면 무씨 화상석의 증참 고사는 일견 상호 모순되는 ②와 ③의 고사를 병렬한 것으로 일단 이해하지 않을 수 없는 것 같다. 집요한 참언에 설득된 어머니와 효를 매개로 형성된 모자간의 '신체 감응' 경지는 어울리지 않기 때문이다.

그러나 여기서 화성석의 명문이 증참의 어머니를 '자모(慈母)'로 표현한 것을 주목하면 문제는 달라진다. 상기 고사 ③과 동일한 내용을 전하는 『전국책(戰國策)』 진책(秦策)도 증자의 어머니를 '자모'로 표현하고 있다.[23] '자모'는 물론 '자애로운 어머니'를 의미하기도 하며, 『대한화사전(大漢和辭典)』(제교철차(諸橋轍次) 저)과 『한어대사전(漢語大詞典)』(라죽풍(羅竹風) 주편)은 모두 이 증자의 '자모'를 '자애로운 어머니'의 예로 소개하고 있다. 그러나 예제(禮制)상 '자모'는 '어머니를 여읜 첩 자식의 양육을 위임받은 자식 없는 아버지의 첩' 또는 '자신을 친자식처럼 길러준 서모'를 의미하며, '자모'에게는 친모와 똑같은 3년 상을 입는 것이 원칙이었다.[24] 증참이 첩의 자식이었다거나 그 어머니를 서모로 표현한 예는 확인되지 않는다. 그러나 『열녀전』의 위망(魏芒) 자모(慈母)가 망묘(芒卯)의 후처이고 스스로 전처 아들의 부가 "첩으로 하여금 그 계모가 되도록 하였다"고 말한 것을 보면 서모가 아닌 아버지의 후처, 즉 일반 계모도 '자모'로 부른 예도 있고[25] 상기 고사 ①이 증참의 '후모'를 명기하였다면, 증참 고사 ②의 '자모'는 '자애로운 모친'이 아니라 증참을 양육한 서모 또는 계모로 이해하는 것이 타당하다.

그렇다면 고사 ③과 이것을 형상화한 무씨 화상석은 자식에 대한 본능적인 애정과 무한한 신뢰를 기대하기 어려운 후모의 모습을 전한 것인데, 유향(劉向)이 편찬한 『설원(說苑)』의 다음과 같은 일화는 고사 ①이 전하는 '후모(後母) 무은(無恩)'이 구체적으로 표출된 예로 보아도 대과는 없는 것 같다.

④ 증자가 오이 밭 김을 매다 잘못하여 그 뿌리를 자르니 (그 아버지) 증석(曾晳)은 노하여 큰 지팡이로 그를 내려쳤다. 증자는 고꾸라졌다 한참 후에야 깨어나 절뚝거리며 일어나 나아가 말하였다. '일전에 제가 죄를 지었을 때 아버님께서 지팡이로 힘세게 때리셨는데 (이번에는 힘이 약하시니) 아프신 데라도 있으십니까?' (그리고) 보이지 않는 곳으로 물러나 거문고를 타고 노래를 불렀다. 증석이 그 노래 소리를 듣고 자기가 평안함을 알게 하려는 것이었다. 공자가 이것을 듣고 문인에게 고하였다. '증참이 오면 들이지 말라.' 증자는 스스로 죄가 없다고 생각하여 사람을 보내 공자에게 해명하니, 공자는 말하였다. '너는 고수의 아들 순을 듣지 못하였는가? 순은 고수를 섬김에 고수가 찾으면 옆에 없는 적이 없었지만, 찾아서 죽이려고 하면 잡을 수 있는 적이 없었고, 작은 회초리면 (도망가지 않고) 기다렸지만, 큰 회초리면 달아났다. 지금 너는 몸을 던져 폭노(暴怒)를 기다리고 몸을 세우고 떠나지 않았으니 몸을 죽여 아버지를 불의에 빠트리는 것이다. 이보다 더 큰 불효가 또 있겠는가? 너는 천자의 백성이 아닌가? 천자의 백성을 죽이면 그 죄는 어떤 것인가?

- 『설원』권3 건본(建本)

물론 여기에 증자의 후모는 모습을 드러내지 않고 있다. 그러나 증석의 가혹함을 후처에 미혹되어 자식까지 살해하려는 고수에 비교한 것은 결국 친자에 대한 양인의 학대가 모두 후처에서 비롯되었음을 시사한다. 따라서 비록 상기 ④에 증자의 후모가 전혀 언급되지 않았을지라도 ④는 아버지를 통하여 표출된 후모의 미움을 전한 것으로 이해해도 대과는 없을 것이다. 그렇다면 증자 '지효의 신화'는 무은한 후모(고사 ①), 그 후모에 현혹된 아버지(고사 ④), 그럼에도 변함없는 그의 효성, 증자의 현(賢)을 인정하였지만 끝까지 신뢰하지 못한 후모의 한계(고사 ③), 그럼에도 불구하고 그 후모와 신체 감응까지 형성시킨 증자의 지효(고사 ②)로 구성된 것으로 정리될 수 있는데, 무씨 화상석이 상기 고사 ③과 ②를 나란히 형상화한 것은 ③이 ①과 ④까지 내포하면서 ②의 지효(至孝)를 극대화할 수 있다고 판단하였기 때문일 것이다. 즉 당시 ③은 단순한 '자애로운 어머니'의 한계가 아니라 '무은(無恩)한 후모'의 한계로 인식되었다는 것이다.

이와 같이 무씨 화성석에 등장하는 계모가 모두 효자를 빛내는 악역을 수행하고 있다면, 효자 설화에서 전후 상황을 생략한 채 '계모를 잘 섬겼다'는 것이 무엇을 의미하는 것인지는 더 이상 설명할 필요도 없을 것이다. 인구에 회자되는 효자 왕상(王祥)의 다음과 같은 설화는 이 논지를 더욱 보강해주는 것 같다.

> 왕상은 효성이 지극하였는데 어려서 어머니를 여위었다. 계모 주씨(朱氏)는 인자하지 못하여 자주 참언을 히였기 때문에 아버지의 사랑을 잃었다. (부모는 그에게) 매번 소똥을 치우게 하였지만 더욱 공손하고 근실히 (섬겼다). 부모가 병이 나면 옷의 허리띠를 풀지 않았으며 탕약은 반드시 직접 맛을 보았다. 계모가 항상 생어(生魚)를 먹고 싶어 하였는데 겨울이라 강물이 얼어 왕상은 옷을 벗고 얼음을 깨고

찾으려는데, 갑자기 얼음이 스스로 풀어지고 잉어 두 마리가 뛰어 올라 그것을 갖고 돌아왔다. 어머니가 또 노란 참새구이를 생각하여 (왕상이 그것을 잡으려고 하니) 노란 참새 수십 마리가 또 그의 장막으로 날아 들어와 어머니에게 바쳤다. 향리 사람들이 경탄하며 그의 효가 감응하여 (새를) 오게 한 것이라고 생각하였다. 붉은 사과나무에 열매가 열리자 어머니는 왕상에게 그것을 지키게 하니 비바람이 불 때마다 왕상은 곧 나무를 끼어 안고 눈물을 흘렸다.

- 『진서(晋書)』권33 「왕상전」

이 설화는 자애롭지 못한 계모의 참언, 아버지의 총애 상실과 구박, 계모의 가혹한 요구, 변함없는 효성에 감응한 하늘의 도움 등으로 구성되어 계모의 악역을 직접 부각시키고 있는데, 계모의 뉘우침이 언급되지 않은 점은 민자건·순·증자의 고사와 동일하다. 왕상이 이 3인과 함께 원대(元代) 성립된 24효에 포함된 것은 바로 왕상 설화가 "악한 계모에도 효성을 다하는 효자상"의 결정판이었기 때문이었을 것이다.

03 '열녀 신화'의 의녀(義女)

전장에서 검토한 '효자 신화'들은 악역에 배정된 계모들이 전처 자식의 변함없는 효성에 감동되어 뉘우쳤다는 원만한 결말은 포함되지 않았지만, 다음과 같은 왕연(王延)의 설화는 효자가 '악한 계모'를 '열녀'로 순화시킨 유형이다.

(왕연은) 9세에 어머니를 여위니 3년간 피를 흘리며 울어 거의 목숨을 잃을 뻔 하였으며, 어머니의 기일이 되면 매번 열흘이 되도록 슬프게 울었다. 계모 복씨(卜氏)는 그를 무도하게 대하여, 항상 부들 줄기나 다 헤진 짧은 마를 왕연에 주어 옷을 누벼 입게 하였다. 고모가 이것을 듣고 (그 까닭을) 물었지만 왕연은 알고도 말하지 않고, 계모를 더욱 근실하게 섬겼다. 복씨는 한 겨울에 생어(生魚)가 (먹고 싶은) 생각이 나서 왕연에게 구해올 것을 명하였지만 구하지 못하자 피가 흐르도록 종아리를 때렸다. 왕연이 분수(汾水)로 가서 얼음을 두드리며 울자 갑자기 길이 5척의 물고기가 물위로 솟아올랐다. 왕연은 그것을 취하여 어머니에게 바쳤다. 복씨는 그것을 먹었는데 며칠을 먹어도 다 먹지 못하였다. 이에 마음에 깨달은 바가 있어 왕연을 자기가 낳은 자식처럼 어루만졌다. 왕연은 부모를 섬기는 데 있어서 그 얼굴 표정을 보고 원하는 바를 알아 정성을 다했다[事親色養(사친색양)]. 여름이면 부모가 누운 자리에서 부채를 부쳤으며 겨울이면 몸으로 이불을 따뜻하게 하였다. 한겨울 극심한 추위에도 (자신은) 몸에 걸친 것이 전혀 없었지만 부모는 맛있는 음식을 다 먹었다. (……) 부모가 돌아가신 후 묘 옆에 움막을 짓고 살았다.

― 『진서(晉書)』권 88 「효우전(孝友傳)」「왕연전」

이 설화에는 계모에 미혹된 어리석은 아버지는 등장하지 않는다. 대신 '무도한 계모'가 표면에 부상하여, 왕연의 효를 더욱 빛내주는 역할을 하고 있는데, 왕연의 효성이 천에 감응한 것을 깨달은 그 계모가 결국 왕연을 '자기가 낳은 자식처럼 어루만지는' 의인이 되었다는 것이다. 뉘우치지 않는 계모에 대한 변함없는 효성과 계모를 뉘우치게 만든 효성의 우열은 관점에 따라 평가가 다를 수 있지만, 왕연의 효는 계모로 하여금 계모의 근원적 한계를 돌파하게 만든 것은 분명하다. 계모를 둘러싼 모든 비극은 결국 낳은 자식이 아니기 때문에 친자식처럼 사랑하기 어려운 인간적인 한계에서 비롯된 것이기 때문이다.

일반적인 인간의 한계를 초월하는 것이 바로 비범이며, 모든 도덕적 이상의 모델은 바로 이 비범성을 요구한다. 열녀는 바로 이 비범성을 실천한 여인들이며, 유향의 『열녀전』은 이런 여인들을 모의(母儀)·현명(賢明)·인지(仁智)·정순(貞順)·절의(節義)·변통(辯通) 6개 덕목으로 분류하여 소개하고 있다. 그러나 그것을 어떤 덕목으로 구분하건 계모에게 요구된 비범성은 바로 전처의 자를 자기 자식처럼 사랑하거나 친자식보다 우선하는 덕목일 것이다. 『열녀전』 중 이 덕목을 실천한 계모는 위(魏) 망자모(芒慈母)(권1 모의)·제(齊) 의계모(義繼母)(권5 절의)·제(齊) 영중자(靈仲子)(권3 인지)·주애령(珠崖令) 후처(권5 주애이의) 4인 정도이다. 그러나 전란 시 적군에 쫓기면서 자기 자식을 버리고 오빠의 자식을 안고 달아난 노(魯) 의고자(義姑姉)(권5 절의), 불이 났을 때 형의 자식을 먼저 구하려고 하였으나 자기 자식만 구하고 형의 자를 구하지 못하자 불의의 오명을 쓰고 살 수 없다며 불에 투신자살한 양(梁) 절고자(節姑姉)도 자기 자식보다 남의 자식을 우선한 점에서는 동일한 범주에 속한다.

제(齊) 영공(靈公)의 부인 영중자(靈仲子)는 영공의 전 부인 노(魯) 성희(聲姬)의 사후 부인이 된 것으로 추정되는데, 그녀의 제(娣, 영공에게 함께 시집온 동생) 융자(戎子)가 영공의 총애를 이용하여 성희의 아들 태자를 폐하고 중자(仲子)의 아들을 태자로 삼으려고 하자 장래의 화란을 염려하여 거절하였다.[26)] 전처 아들과 계모 간 갈등의 주요 원인이 자신의 자를 부의 후계자를 삼으려는 것이었다면(이 때문에 전처의 자를 남편에 참소한 것이 아닌가), 그리고 자매가 함께 한 남자에게 시집오는 춘추시대의 혼인제도에서 후부인(後婦人)이 함께 데리고 온 동생(娣)도 전 부인 자식의 계모가 될 수 있다면, 성희의 자를 몰아내고 끝내 언니의 아들을 태자로 세운 융자는 '사악한 계모'의 전형에 속한다고 해도 과언은 아니다. 이에 비해 목숨을 걸고 태자 교체를 끝까지 반대한 중자는 비록 융자에 현혹된 영공을 설득하는 데는 실패하였지만, 자기 자식 때문에 전 부인의 자식이 희생되는 것을 원하지 않은 비범성을 보인 의인이었다. 여기서 융자가 담당한 '악한 계모상'은 중자에게 배당된 '의로운 계모상'을 빛내고 있다. 이에 비해 위망자모(魏芒慈母)의 '의로운 계모상'을 빛낸 것은 전처의 아들들이었다.

위망자모는 위(魏) 맹양씨(孟陽氏)의 딸, 망묘(芒卯)의 후처였다. 자기 아들은 3인인데 전처의 아들이 5인 있었다. (전처의 아들들은) 모두 자모를 사랑하지 않았으나, 자모는 그들을 대단히 남다르게 잘 대하였다. 그래도 그들은 자모를 사랑하지 않았기 때문에 자모는 자기 아들 3인에게는 전처의 아들과 동등한 옷을 입거나 음식을 먹지 못하게 하였으며, 기거와 진퇴에 있어서도 전처의 아들보다 훨씬 못하게 하였다. 그래도 그들은 자모를 사랑하지 않았는데, 전처의 아들이 한 명이 위왕(魏王)의 명령을 어겨 사형을 당하게 되었다. 자모는 근심과 비애에 잠겨 허리가 수척이나 줄었으며, 조석으로 그 죄를 구하려고 애썼다. 어떤 사람이 자모에게 말하였다. '어머니를 그렇게도 사랑하지 않은 자식인데, 무엇 때문에 이처럼 애쓰고 걱정하는가?' 자모는 대답하였다. '만약 내 친자라면 비록 나를 사랑하지 않아도 그 화

(福)를 구하고 해(害)를 제거해줄 터인데 유독 가자(假子)라고 그 일을 하지 않으면 보통 어머니와 무엇이 다른가? 그들의 아버지가 그 고아들을 위하여 나를 그들의 계모가 되게 하였는데, 계모는 어머니와 같은 것이다. 어머니가 되어 그 자식을 사랑하지 않으면 자애롭다고 할 수 있겠는가? 친자만 친히 여기고 가자(假子)를 차별한다면 의롭다고 할 수 있는가? 자애롭지 못하고 의롭지도 못하면 무엇으로 세상에 설 수 있겠는가? 그들이 비록 나를 사랑하지 않더라도 어찌 의를 잊을 수 있겠는가?' 자모는 마침내 아들을 위해 송사를 벌였다. 위(魏) 안리왕(安釐王)이 이것을 듣고 그 의(義)를 높이 여기며 말하였다. '자모가 이런데 그 아들을 구하지 않을 수 있겠는가?' 이에 그 아들의 죄를 사하고 그 가(家)의 세금을 면제하였다. 이 이후 다섯 아들은 자모에게 친부(親附)하여 모두 하나처럼 되어 화목하였다.

- 『열녀전』권1

계모의 특별한 사랑과 배려에도 불구하고 계모를 사랑하지 않는 것이 계모에 대한 본능적인 적대감을 가질 수밖에 없는 평범한 인간의 한계라면, 친자에 대한 사랑과 헌신을 가자(假子)에게 동일하게 확대할 수 없는 것도 평범한 계모일 것이다. 위망자모는 바로 그 평범을 돌파하였고, 그것을 의(義)의 실천으로 자각하였다. 그녀의 비범은 가자 5인의 끈질긴 적대감으로 더욱 어렵게 달성되었고, 결국 그 적대감이 해소됨으로써 그 비범한 '의'는 더욱 빛난 것이다. 친모가 아니라고 계모를 항상 증오하고 헐뜯던 전처 자식 4인을 더욱 자애와 온인으로 대하고 자기 자식보다 의식을 두 배나 잘 해주어 마침내 전처 자식들이 죄를 뉘우치고 현에 나가 처벌을 자청하였다는 정문구(程文矩) 처의 일화는(『후한서(後漢書)』「열녀전」) 바로 이와 동일한 유형이다.

그러나 친자와 가자의 생명을 택일하지 않을 수 없는 상황에서 친자의 생명을 포기한 제(齊) 의계모(義繼母)의 '의(義)'는 더욱 감동적이다.

> 제 의계모는 제 두 아들의 어머니였다. 선왕(宣王) 때 길에서 싸우다 죽은 사람이 있었다. 관리(吏)가 죽은 자를 조사하니 상처가 하나 있었고, 계모의 두 아들 형제가 그 옆에 있었다. 관리가 그들을 심문하니 형이 '내가 죽였다'고 말하자 동생도 '형이 아니다. 내가 죽였다'고 말하였다. 1년이 되어도 관리가 판결을 내리지 못하고 상(相)에게 보고하였지만 상도 판결을 내리지 못하고 왕에게 보고하였다. 왕은 말하였다. '지금 모두 용서하면 죄인을 놓아주는 것이고, 모두 죽이면 죄 없는 사람을 죽이는 것이다. 과인이 생각하기에 그 어머니는 자식의 선악을 능히 알 것 같은데 시험 삼아 그 어머니에게 물어 죽이고 살리고 싶은 자를 알아보라' 상이 그 어머니를 불러 물었다. (……) 어머니는 흐느끼며 말하였다. '어린 자를 죽이십시오.' 상이 그 말을 받고 물었다. '대저 사람들은 어린 아들을 사랑하는데, 지금 그를 죽이고자 하니 무엇 때문인가?' 그 어머니는 대답하였다. '어린 자는 내 자식이고 큰 아이는 전처의 아들입니다. 그 아비가 병이 들어 죽을 때 나에게 잘 길러 달라고 부탁하기에 저는 허락하였습니다. 다른 사람의 부탁을 허락하였는데 어찌 그 부탁을 잊고 그 허락한 바에 신의를 지키지 않을 수 있겠습니까? 또 형을 죽이고 동생을 살리는 것은 사사로운 사랑(私愛)으로 공의(公義)를 폐하는 것이며 약속을 어기고 신의를 잊는 것은 죽은 사람을 속이는 것입니다. 대저 말한 것에 구속되지 않고 허락한 것에 신의를 지키지 않으면 무엇으로 세

상을 살겠습니까? 자식은 비록 고통스럽겠지만 의를 행하는 것이 될 것입니다.' (……) 상이 들어가 왕에게 보고하니 왕은 그 의를 아름답게 여기고 그 행동을 높이 여겨 모두 용서하여 죽이지 않고 그 어머니를 높여 의모(義母)로 칭하였다.

- 『열녀전』 권 5

이복형제가 서로 죄를 청할 정도로 우애가 돈독한 것이 평소 어머니가 그들을 차별 없이 사랑했기 때문이라면, 이 의모는 평소에도 이미 비범한 '의'를 실천한 것이다. 그러나 친자에 대한 사랑은 '사사로운 사랑'이었지만, 가자(假子)에 대한 사랑은 신(信)과 공의(公義)의 실천이었다. 한 번 허락한 약속은 저버릴 수 없다는 것은 바로 임협(任俠)의 기본 정신이었지만, 친자에 대한 사랑이 '사사로운 사랑'인 반면 가자에 대한 사랑이 '공의'라면, 양자의 선택이 강요되었을 때, '공의'를 따르는 것이 윤리적 당위일 것이다. 적군에 쫓기면서 사사로운 사랑의 대상인 친자를 버리고 공의의 대상인 형의 자식을 안고 달아난 노(魯) 의고자(義故姊)[27], 불 속에 있는 형의 자식을 구하려다 자기 자식만 구하게 되자 불의의 오명을 안고 살 수 없다며 불 속에 뛰어들어 죽은 양(梁) 절고자(節姑姊)[28], 자기 자식을 포기한 제(齊) 의모(義母)는 모두 윤리적 당위인 '공의'를 선택한 것이다. 그러나 이것은 그들에게 한 층 더 높은 비범을 요구한 것이었고, 친자에 대한 가장 인간적인 사랑 또는 자기 생명의 포기를 의미하였다. 여기에 아무 악역도 수반되지 않은 것은 그 고통스럽고 외로운 '공의'의 선택과 처절한 자기희생은 그 자체로 너무나 고상하여 더 이상 효과장치가 불필요한 것으로 판단되었기 때문인지도 모른다.

무씨 화상석이 소개한 7인의 열녀 중 제 의계모와 함께 양 절고자·

노 의고자가 포함된 것은 무씨 화성석이 요구한 이상적 계모상이 무엇인가를 짐작케 하는데, 나머지 4인의 다음과 같은 설화는 이 추측을 더욱 뒷받침해주는 것 같다. 즉 아버지와 남편 중 한 사람의 목숨을 택일하지 않을 수 없는 상황에서 두 사람을 모두 구하기 위하여 자신의 목숨을 희생한 경사절녀(京師節女), '아버지에 대한 불효와 남편에 대한 불의를 짓고는 세상을 살 수 없다' 는 것이 그녀의 명분이었다.[29] 대(臺) 위에서 기다리라는 왕의 명령을 철저히 지키기 위하여 홍수가 밀려와도 대를 떠나지 않다가 목숨을 잃은 초(楚) 소왕(昭王)의 부인 정강(貞姜), '정녀(貞女)의 의(義)는 약속을 어기지 않고 용자(勇者)는 죽음을 두려워하지 않으며 한 번 한 약속은 반드시 지킬 뿐이므로 약속을 버리고 의(義)를 위반하며 살기를 구하느니 차라리 죽겠다는 것이 그녀의 변이었다.[30] 자기 처인지도 모르고 자신을 희롱한 남편을 깨우치기 위하여 목숨을 끊은 추호자(秋胡子)의 처, 그녀도 불효·불의한 남편과는 함께 살 수 없다는 것을 목숨을 던져 선언하였다.[31] 누구나 탐할 정도로 아름다운 양(梁)의 과부, 그녀는 왕의 청혼을 거부하기 위하여 자신의 코를 베어 버리면서 다음과 같이 그 이유를 밝혔다. 즉 "내가 듣기로는 부인의 의(義)는 한번 시집가면 다시 개가하지 않음으로써 정신(貞信)의 절(節)을 온전히 하는 것이라고 한다. 지금 죽음을 잊고 사는 것으로 달려가는 것은 신(信)을 지키지 않는 것이다. 귀한 것을 보고 천한 것을 잊는 것은 부정(不貞)한 것이다 의(義)를 버리고 이(利)를 쫓으면 사람이 될 수 없다. (……) 나는 이제 신체가 훼손되었다. 내가 죽지 않는 것은 차마 어린아이에게 어미마저 잃게 할 수 없기 때문이다"(『열녀전』 권 4 「양과고행(梁寡高行)」)

이 7인의 열녀들은 모두 한 번 한 약속을 끝까지 지키기 위하여 목숨을 던지는 임협을 연상케 하는데[32], 무씨 화상석에 예양(豫讓)·형가(荊軻)·전제(專諸)·조말(曹沫)·섭정(聶政)·요리(要離) 등의 자객이 대거 등장하는 것을 상기하면, 무씨 화상석의 열녀들을 이 자객들과 짝을 이루는 여임협(女任俠)으로 이해해도 대과는 없는 것 같다. 일찍이 증연용부(增淵龍夫)는 중국 고대의 임협적 습속을 씨족질서가 해체된 이후 석출된 개인 간의 심정적 인적 결합의 양식으로서 민간질서를 규제한 사회적 양태로 지적한 바 있지만[33], 무씨 화상석이 '임협적 열녀'를 부덕(婦德)의 이상형으로 제시한 것은 대단히 흥미로운 사실이다. 남편과의 신(信)과 의(義)를 지키기 위한 철저한 자기희생이 이처럼 비(非)씨족 간의 이상적인 심정적 결합으로 설명된 것은 집 밖에서 들어온 처에게 요구된 윤리가 곧 임협의 처절한 자기희생이었음을 의미하는 것이다. 이와 같은 열녀상에 포함된 계모에게 전처 자식을 위한 자기희생이 요구된 것은 당연하였지만, 친자에 대한 사랑을 '사사로운 사랑(私愛)'으로, 전처 자식을 위한 임협적 자기희생을 '공의'로 각각 구분한 것은 '사적인 임협적 약속'을 '공적 의무'로 승화시켜 그 실천의 당위성을 강조한 것이다. 이것은 곧 비(非)씨족 간의 자기희생적 신(信)과 의(義)가 계모를 통하여 가내(家內)의 유교적 실천 윤리로 정착된 것을 의미한다.

그러나 『열녀전』에는 또 하나의 감동적인 계모상이 제시되어 있다.

이의(二義)는 주애령(珠崖令)의 후처와 전처의 딸이다. 딸의 이름은 초(初), 13살이었다. 주애에는 진주가 많아 계모는 큰 진주를 꿰어 팔에 매어주었다. 주애령이 죽어 고향으로 송장(送葬)하게 되었는데, 법에 의하면 진주를 관내로 들여오는 자는 사형이었다. 계모는 팔에 맨 진주를 버렸는데, 그 9세의 아들이 (그것이) 좋아 주워서 어머니의 거울 함 속에 넣어두었다. 아무도 그것을 모르고 상을 받들고 돌아가는 길에 해관(海關)에 이르렀는데, 관후(關候)의 사리(士吏)가 수색하여 진주 10매를 계모의 거울 함 속에서 찾아냈다. 관리는 말하였다. '아아, 이것은 법에 저촉되니 어찌 할 수가 없다. 누가 죄를 받겠는가?' 초(初)가 그 좌우에 있다가 마음속으로 어머니가 진주를 떼어서 거울 함 속에 넣은 것이 아닌가 생각하고 말하였다. '제가 죄를 받겠습니다.' 관리가 '사정이 어찌 된 것인가'라고 묻자 그녀는 대답하였다. '아버지가 돌아가시자 어머니가 팔에 맨 진주를 풀어서 내버렸는데, 제가 아까운 생각이 들어 주워서 어머니 거울 함 속에 넣어 둔 것입니다. 어머니는 모르십니다.' 계모가 그것을 듣고 급히 달려와 초에게 물으니 초는 대답하였다. '어머니가 버리신 진주를 제가 다시 주워서 어머니 함 속에 넣어 두었습니다. 제가 마땅히 죄를 받아야 합니다.' 계모도 초가 말한 것이 사실일 것이라고 생각하였지만 그녀가 가여워서 관리에게 말하였다. '기다리시기 바랍니다. 아이를 처벌하지 마십시오. 이 아이는 정말 모르는 일입니다. 이 진주는 제가 팔에 매었던 것입니다. 남편이 세상을 떠났을 때 제가 풀어서 함 속에 넣어 두었는데, 상을 받드는 데 틈이 없었고 먼 길을 어린아이들과 떠나느라고 홀연히 잊고 말았습니다. 제가 죄를 받는 것이 마땅합니다.' 이에 초는 굳게 말하였다. '사실 제가 주운 것입니다.' 계모는 또 말하였다. '아이가 책임을 떠맡으려는 것뿐입니다. 사실은 제가 주은 것입니다.' (계모는) 흐느끼며 눈물을 그치지 못하였다. 딸 역시 말하였다. '어머니가 고아인 저를 불쌍히 여겨 억지로 살리시려는 것뿐입니다. 어머니는 사실 모르시는 일입니다.' 곡을 하며 눈물을 흘리니 눈물이 목까지 흘렀다. 송장(送葬)하는 사람들이 모두 곡을 하며 슬퍼하니 주변의 사람들도 감동하여 코를 시큰거리며 눈물을 닦지 않는 사람이 없었다. 관리는 붓을 들고 죄상을 쓰려고 하였으나 한 글자도 쓰지 못하였고, 관후(關候)도 눈물을 흘리며 종일토록 차마 판결을 내리지 못하고 말하였다. '어머니와 자식 간의 의(義)가 이와 같으니 내가 차라리 죄를 받을망정 차마 법을 가하지 못하겠다. 더욱이 서로 죄를 주장하니 누가 옳은지 어떻게 알겠는가?' 마침내 진주를 버리고 그들을 보냈다. 한참 간 이후에야 비로소 남자아이가 혼자 주은 것을 알았다.

- 『열녀전』권5

'효자 신화'가 계모의 악역으로 효자를 빛내고, 착하지 않은 전처의 자식들이 '열녀 계모 신화'에 악역으로 배정된 것과는 달리 이 설화의 핵심은 전처 자식을 계모를 위하여 자기희생도 불사할 정도의 효녀로 만든 계모의 진정한 사랑이다. 이 사랑은 전처 딸이 죽을 죄를 지은 것으로 생각하고 대신 자신을 희생하려는 모정으로 더욱 심화되고 있다. 그러나 이 마지막 자기희생도 '공의'를 실천하려는 임협적 결단이라기보다는 어린 전처 딸에 대한 순수한 연민과 사랑이었고, 여기서 두 사람 사이는 친모냐 아니냐는 구분 의식도 완전히 초월한 것 같다. 이것은 결국 평소 계모가 전처의 딸로 하여금 그 구분조차 느끼게 하지 못할 정도로 '공의'를 '사사로운 사랑'으로 승화시켰기 때문일 것이다. 친딸에 대한 자기희생도 물론 가화(佳話)이고, 전처 딸에 대한 희생은 더욱 비범한 가화이다. 그러나 여기서 전처 딸의 자기희생이 결국 '공의'를 '사사로운 사랑'으로 승화시킨 계모의 비범성에서 비롯된 것이라면, 딸의 자기희생이 계모의 마지막 희생 결단을 더욱 빛내고 있는 것이 분명하다.

즉 이 열녀 신화는 악역이 아니라 그 사랑에 의해서 자연스럽게 교화된 효녀 전처 딸의 선역을 통하여 그 비범성을 더욱 높인 수법을 동원한 것인데, 이것은 곧 가장 이상적인 계모상을 '공의를 사사로운 사랑으로 승화시킨 열녀'로 제시한 것이라 하겠다.

04 계모의 법적·예적 지위

필자가 주애령(珠崖令)의 후처를 가장 이상적인 계모상으로 평가한 것은 계모는 생모가 아니고, 따라서 생모만이 가질 수 있는 특수한 정감을 전처 자식에게 가질 수 없다는 것을 엄연한 사실로 인정하였기 때문이다. 계모를 '가모(假母)', 전처의 자식을 '가자(假子)'로 칭한 것은 바로 이 차이를 직서(直書)한 것이었다. 이것은 결국 소생을 통하여 자연히 발생한 것이 아니라 아버지를 매개로 형성된 비혈연적 의제적 모자 관계를 말한 것인데, 아버지의 처가 모두 가모가 되는 것은 아니었다. 예컨대 장가산한묘 죽간 「이년율령(二年律令)」에는 아버지의 편처(偏妻, 한 집에 동거하지 않는 첩의 일종)와 소처(小妻, 본처가 아닌 첩의 일종)가 등장한다.

> ① 아버지 편처(偏妻)의 부모, 남자 동산(同産)*의 처, 조부모의 동산 및 남편 부모의 동산, 남편의 동산, 또는 처의 부모를 구타하면 모두 속내(贖耐)에 처한다.

* 어머니가 같은 형제 자매를 말함, 동복(同腹)과 같으나 고대 법률 용어라 그대로 사용한 것.

② 적자가 없으면 하처(下妻, 첩의 일종) 편처(偏妻)의 자로 (후계를) 삼는다〔其毋嫡子 以下妻子 偏妻子〕.

③ 남편이 없거나 어떤 사람의 편처(偏妻)가 되어 호를 이루거나 (그 남자와) 호적을 달리 하는 자 (……)〔毋夫 及爲人偏妻 爲戶若別居不同 數者 (……)〕[36]

20세기 초 복건성(福建省) 건양현(建陽縣)의 관행 조사에 의하면 편처는 '처음부터 동거하지 않은 첩'을 의미하는데[35] ②와 ③은 여기서의 편처도 비슷한 존재로 추측케 한다. 율령에 의하면 남의 처가 된 사람은 호(戶)를 이루지 못한다.[36] 따라서 독자로 호를 이루고 부(夫)와 별거하는 '인편처(人偏妻)'*와 호를 이룰 수 없는 '인처(人妻)'가 법률상 엄격히 구분되었을 터인데, ②는 편처가 하처보다 지위가 열등한 인상을 준다. 죽간정리소조(竹簡整理小組)는 ②의 '하처'를 『한서(漢書)』「왕망전(王莽傳)」에 등장하는 '하처'에 대한 안사고(顔師古)의 주(注)〔下妻猶言小妻(하처유언소처)〕로 해석하고 있는데, ②는 하처와 편처가 모두 비(非) 적처, 즉 첩의 범주에 속하는 것을 잘 말해준다. 이들의 자식이 적처의 자식에 비해 상속권의 순위가 밀린다는 것은 이들의 법률상의 지위가 적처에 비해 열등하기 때문일 것이다. ①은 바로 첩의 일종인 편처가 적처와 차별된 일례이다. 즉 아버지 처의 부모는 곧 조부모인데, 아버지 편처의 부모가 조부모로 대접받지 못하고 동복형제의 처, 조부의 형제 등과 법령상 동일한 조건으로 병렬된 것은 곧 편처가 아버지의 처라는 이유로 가모로서 대접받을 수 없는 존재임을 의미한다. 이 점은 하처 역시

---

* 법률 용어라 그냥 사용한 것인데, '어떤 사람의 편처'란 의미임.

마찬가지였을 것이다. 이에 비해 「이년율령」의 다음과 같은 법령은 친모와 계모를 동등한 지위로 인정한 것이다.

> ④ 자식이 부모를 살해하기 전에 붙잡히거나 조부모와 부모, 가대모(假大母)[37], 주모(主母), 후모(後母)를 구타하고 욕설하는 것 및 부모가 불효로 고발한 자식은 모두 기시(棄市)에 처한다〔子牧殺父母 毆詈泰父母 父母 假大母 主母 後母 及父母告子不孝 皆棄市〕.
>
> ⑤ 아내가 남편의 조모·부모·주모(主母)·후모(後母)를 적상(賊傷)하거나 구타하고 욕설하면 모두 기시에 처한다〔婦賊傷 毆詈夫之泰父母 父母 主母 後母 皆棄市〕.[38]

「이년율령」은 친족 간의 친소와 존비 관계에 따라 동일한 범죄를 차등 처벌하는 것이 특징이다. 따라서 이와 같이 조부모와 가조모(假祖母), 부모와 주모·후모가 각각 동등한 법적 위상에서 병렬된 것은 친모와 계모의 법률상 지위가 동등한 것을 의미한다. 죽간정치소조는 '주모'를 '본래 노비가 여주인을 부르는 칭호였으나, 여기서는 명의상 모자 관계에 있는 여주인'으로 해석하고 있다. 그러나 여기에 '노비의 여주인'이 등장할 성질이 아니라면, '주모'도 가모의 일종으로 해석하는 것이 자연스럽다. 그러므로 필자는 이 '주모'를 아버지가 첩의 자식에게 모자 관계를 맺어준 아버지의 첩, 즉 '자모(慈母)'로 이해할 것을 주장하는데, 「이년율령」의 다음과 같은 규정은 이 주장을 뒷받침해주는 것 같다.

> ⑥ 어떤 사람의(?) 계승자가 되어 부모, 자, 동산(同産), 주모(主母), 가모(假母)에게 (재산을) 나누어주려고 하거나 주모, 가모가 얼자(孽子),

가자(假子)에게 전(田)을 나누어주어 호(戶)를 이루게 하려고 하는 것은 모두 허락한다[諸□後欲分父母 子 同産 主母 假母 及主母 假母欲分擘子 假子 田以爲戶者 皆許之].[39]

전반부에서 부모와 주모·가모가 병렬된 것도 주목되지만, 특히 후반부에서 가모와 가자, 주모와 얼자가 각각 대(對)를 이룬 것이 분명하다면, 얼자와 모자 관계를 갖는 주모는 자기를 길러준 아버지 첩 '자모'로 보는 것이 타당하기 때문이다. 『의례(儀禮)』 상복(喪服)이 "계모는 어머니와 같다[繼母如母]", "자모는 어머니와 같다[慈母如母]"고 명시하면서 아버지 사후 친모·계모·자모의 복상을 모두 제쇠(齊衰) 3년으로 규정한 것은 결국 해당 개인에게 이 3자는 각기 예제상(禮制上) 동일한 관계임을 선언한 것이다. 『의례』 「상복편(喪服篇)」은 '자모'의 복상이 친모와 동일한 이유를 '아버지의 명을 귀하게 여기는 것'으로(주 24 참조) 설명하는 한편 계모를 친모와 동일하게 섬겨야 하는 이유를 다음과 같이 밝혔다.

계모는 어머니와 같다. 전(傳)에 이르기를 계모는 왜 어머니와 같은가? 계모는 아버지의 배필이기 때문에 어머니와 같다. 그러므로 효자는 감히 (친모와) 구분하지 못한다[繼母如母 傳曰 繼母何以如母 繼母之配父與 因母同 故孝子不敢殊也].

여기서 아버지의 '배여(配與)'는 물론 단순한 배우자가 아닌 법률상의 처를 의미한다. 부부는 일체이고 처는 지아비와 몸을 나란히 한다면[40], 그리고 어머니의 법적, 예적 지위는 아버지의 정식 처란 지위에서 부여된 것이라면, 아버지의 정식 후처는 당연히 어머니가 될 수밖에 없다는 것이다. 그러나 다음과 같은 진율(秦律)은 가모(假母)와 가자(假子)의 법적 관계가 친모자(親母子)의 그것과 다를 수 있다는 단서를 제공한다.

> 아버지가 자식의 (재물을) 훔치면 도둑질이 되지 않는다. ●지금 가부(假父)가 가자(假子)의 (재물을)을 훔치면 무엇으로 논하는가? 마땅히 절도죄로 논한다〔父盜子 不爲盜 ●今假父盜假子 何論 當爲盜〕[41]

이 규정을 원용하면 '어머니가 자식의 재물을 훔치는 것은 절도죄가 성립하지 않지만 가모(假母)가 가자(假子)의 재물을 훔치면 절도죄가 성립한다'는 법령을 예상할 수 있기 때문이다.

한편 진율은 노비가 주인의 부모의 재물을 훔친 경우 그 주인과 부모가 동거한 경우는 주인의 재물을 훔친 죄로 처벌하지만, 동거하지 않으면 주인의 재물을 훔친 것으로는 처벌하지 않는다.[42] 이것은 부모와 자식이 동거한 경우 자식의 재산을 곧 부모의 재산으로 간주할 수도 있다는 것을 의미한다. 아버지가 자식의 재물을 훔쳐도 절도죄가 되지 않는 것은 바로 이 때문이었을 것이다. 그러나 가부(假父)는 ① 과부 집에 들어가 전부(前夫) 자식의 의부(義父)가 되거나 ② 처의 전부(前夫) 자식을 의자(義子)로 받아 기르는 후부(後夫)이다. 운몽진간(雲夢秦簡)과 함께 출토한 위(魏) 호율(戶律)은 ①을 췌서(贅壻, 중국에서 신부의 친정에 재화(財貨)를 주고 노역(勞役)하던 데릴사위)와 함께 불법적인 존재로 규정하고 삼대에 걸쳐 신분적인 차별을 적용하고 있다.[43]

「이년율령」도 남편의 사후 남편의 자식과 부모가 없어 호(戶)를 계승한 과부가 남편의 동산(同産)과 그 자식으로서 동거한 자가 있으면, 상

속한 전택(田宅)을 마음대로 팔지 못하게 하거나 췌서를 들이지 못하게
하였으며, 개가한 경우 그 재산의 계승권은 후부(後夫)와 낳은 자식이
우선이며, 자식이 없는 경우에야 비로소 후부에게 계승권을 인정하였
다.[44] 이것은 결국 ①과 같은 가부의 존재를 원천적으로 봉쇄하는 것과
다름없는 것이다. 이와 같은 금지에도 불구하고 사적으로 성립한 가부
가 전부(前夫) 자식의 재물을 훔쳤다면, 절도죄가 성립하는 것도 당연하
였을 것이다.

한편 『의례(儀禮)』 「상복편(喪服篇)」은 가부(假父) ②에 대한 복상을 동
거하면 제쇠(齊衰) 기년(期年), 동거하다 이거(異居)한 경우는 제쇠(齊衰)
3월로 규정함으로써, 친모의 개가를 통하여 맺어진 계부(繼父)의 예(禮)
적 지위를 일단 인정하고 있다.[45] 그러나 후술할 바와 같이 부부가 이혼
할 경우 처가 시집올 때 가져온 재산은 모두 돌려주었고, 아버지의 재산
과 권리가 아들―부모―처 또는 아들―딸―부모―동산(同産)―처의 순
서로 계승된다면, 남편의 재산은 개가할 때 데리고 온 자식이 상속하였
을 것이며, 이 재산은 그 계부가 마음대로 처분할 수 없는 가자의 재산
이었을 것이다. 이 경우 계부가 가자의 재산을 훔치면 역시 절도죄가 성
립하였을 것이다.

현재 구체적인 명문은 없지만 친모자간에도 친부자간과 마찬가지로
절도죄가 성립하지 않았을 것이다(특히 동거의 경우). 그러나 남편도 후
처의 재산을 마음대로 처분할 수 없는 상황에서 전처의 자식이 가모의
재산을 마음대로 처분하거나 가모가 별적이재(別籍異財)한 전처 아들의
재산을 마음대로 처분할 수 있다는 것도 비상식적이라면, 가모와 가자
가 상대의 허락 없이 상대의 재산을 처분하면 절도죄가 성립하는 것으
로 보는 것이 자연스러운 것 같다. 그렇다면, 이것은 가모와 친모가 형

법상 차별된 구체적인 일례인데, 왕완(汪琬)은 예제(禮制)상 계모와 친모의 차이를 다음과 같이 분명히 전하고 있다.

> 혹자가 물었다. '계모와 친모는 예제상 다른 점이 있는가?' 있다. 친모가 (집을) 나가면 계모의 당(黨)을 위해 상복을 입지만, 어머니가 죽고 (계모가 들어오면) 그 친모의 당을 위해 상복을 입는다. 그 친모의 당을 위해 상복을 입으면, 계모의 당을 위해 상복을 입지 않는다. 이것이 다른 것이다. 친모가 (집을) 나간 경우 친모를 위해 기년(期年) 복상(服喪)하지만, 계모가 (집을) 나간 경우에는 상복을 입지 않는다. 아버지가 죽고 친모가 재가하면 역시 기년복(期年服)을 입지만, 계모가 재가한 경우 따라가지 않으면 상복을 입지 않는다. 이것이 또 다른 점이다.
>
> ―『의례정의(儀禮正義)』권 21

이것은 계모와 친모의 예제상의 차이를 3가지 면에서 지적한 것이다. 즉 첫째, 계모가 들어온 후 계모를 어머니와 동일한 예로 섬길 경우 외가는 둘이 되지만, 두 외가를 모두 복상하지는 않는다. 즉 친모가 아버지와 절연한 경우 친모의 친정은 복상하지 않고 계모의 친정만 복상(服喪)한다. 그러나 아버지와의 인연이 유지된 상태에서 친모가 사망하면 친모의 친정만 복상하고 계모의 친정은 복상하지 않는다. 둘째, 아버지에게 버림받은 친모를 위해서는 기년복(期年服)을 입지만[46] 버림받은 계모를 위해서는 복상(服喪)하지 않는다. 셋째, 아버지의 사후 개가한 계모를 위해서는 복상하지 않는 것이 원칙이나, 계모를 따라가 양육 받은 은혜가 이어지면 기년복(期年服)을 입는다.[47] 하내종사(河內從史) 미유(糜

遺)는 그 이유를 다음과 같이 명쾌히 설명하였다.

> 계모는 타족(他族) 출신으로 나와는 본래 관계가 없다〔與己無名〕. 단지 아버지의 배필로서 어머니의 존위(尊位)를 얻은 것뿐이다. 그러나 직접 나를 어루만지고 길렀기 때문에 친모와 같은 상복을 입는 것이다. 그러나 (개가하여) 나가면 양육(養育)의 은(恩)을 마치지도 않았고 또 어머니의 명의(名儀)를 버린 것이니, 만약 따라가서 양육 받지 않았다면, 복상하지 않는 것이 당연하다[48]

한편 아버지 사후 개가한 친모의 복상 문제는 경전에 언급되지 않았기 때문에 의견이 엇갈렸고 '개가한 친모를 위해서는 상복을 입지 않는다'는 주장을 제기한 사람들도 적지 않았다. 이 주장을 따르면 개가한 친모와 개가한 계모는 복상 면에서는 차별이 없어진다. 그러나 정현(鄭玄)은 개가한 친모의 기년복(期年服)을 주장하였고, 상기 왕완(汪琬)의 주장은 이것을 지지한 한 것이다.[49] 이것을 따를 경우 이 역시 친모와 계모의 차이를 첨가하는 예법이다.

이상과 같은 법령과 상복례에 반영된 친모와 계모의 차이는 결국 소생 여부에 따라 상이할 수밖에 없는 '모자' 관계의 현실을 일정한 범위에서 인정한 것이었다.

그렇다면 전처 자식과 후처 자식 간의 법적, 예적 차이는 없었는가? 예제상 적서(嫡庶)의 구별은 당연히 존재하였다. 그러나 전처와 후처가 모두 적법한 배우자였다면, 그 자식들의 차별은 원칙상 존재하지 않았으며, 오히려 장유(長幼)의 순서는 전처 자식의 우선을 보장하였다. 그러나 「이년율령」의 다음과 같은 규정들은 이복형제 간의 차이와 이혼한 전처 자식에 대한 차별을 규정하고 있다.

⑦ 동복형제 간에 서로 (아버지의) 계승자를 결정할 때, (우선 부와) 동거한 자를 택하고 동거한 자가 없으면 동거하지 않은 자를 택하는데, 모두 나이 많은 순서로 한다. 혹 이복형제가 있어도 동복을 우선 한다[同產相爲後 以同居 毋同居乃以不同居 皆先以長者 其或異母 雖長 先以同母者].(184)

⑧ 죽은 자에게 호를 계승할 아들이 없으면 부모로, 부모가 없으면 과처(寡妻)에게, 과처가 없으면 딸에게, 딸이 없으면 손자에게 손자가 없으면 증손에게, 증손이 없으면 대부모에게, 대부모가 없으면 동산(同產)의 자식에게 호를 계승케 한다. 동산(同產)의 자식이 호를 계승할 경우 반드시 동거로 해야 하며 기처(棄妻)의 아들은 후처의 아들과 후계를 다툴 수 없다[死毋子男代戶 令父若母 母父母令寡 母寡令女 母女令孫 母孫令耳孫 母耳孫令大父母 母大父母 令同產子代戶 同產子代戶 必同居數 棄妻子 不得與後妻子爭後].

⑨ 후계를 삼을 후처의 아들이 없으면, 비로소 기처(棄妻)의 아들로 후계를 삼는다[後妻母子男爲後 乃以棄妻子男].[50]

⑧에 의하면 상속 문제가 동산(同產), 즉 동복형제·자매 간에 발생할 확률은 극히 적다. 그러니 국가를 위하여 순사한 사람에게 사여된 작(爵)의 계승권은 아들—딸—부모—동산(남녀)—처의 순서처럼[51] 동산이 처보다 앞서는 경우도 있다.[52] 어쨌든 이 경우 ⑦과 같이 동거와 장유(長幼)는 고려되지만 이복이 철저히 배제된 것은 역시 전처 자식과 후처 자식 간의 갈등을 일정 정도 인정한 것으로 해석된다.

한편 ⑧과 ⑨는 버림받은 전처의 자식에게는 후처 자식이 없는 경우에만 계승권을 인정한 것이다. 이것은 부자 관계도 생모와 아버지의 관계에 따라 상이한 가부장 질서를 반영한 것인데, 아버지에게 법적으로 버림받음으로써 적처의 지위를 상실한 전처의 아들은 적자의 지위를 상실하였기 때문에 새로 적처가 된 후처의 자식에게 우선적인 상속권이 부여된 것이다. 처를 버리고 관부에 보고하지 않는 자를 처벌하는 규정도[53] 이와 같은 기처(棄妻)와 그 자식의 법적 지위가 상속과 밀접한 관계가 있었기 때문으로 해석되지만, 남편의 죄를 고발한 처는 부의 범죄에 연좌되어 적몰되지 않고 시집올 때 가져온 재산도 적몰되지 않는 것은[54] 남편의 고발과 함께 부부의 인연도 소멸된 것으로 간주하였기 때문일 것이다. 더욱이 기처는 이혼과 함께 결혼 시 지참한 재산을 돌려받고[55], 그 재산의 제일 상속권자는 바로 기처의 자식이라면, 기처 자식의 상속 순위가 후처 자식 다음으로 밀리는 것은 어느 의미에서 당연할 것이다. 그러나 범법으로 처자와 재산이 모두 적몰될 경우 결혼한 딸, 일단 결혼하였으나 기처가 되었거나 과부가 된 딸은 적몰되지 않는 것은[56] 기처는 역시 친정보다는 시집 식구에 속한다는 관념을 시사한다. 계모의 3년 상을 입는 반면 친모에게 기년상(期年喪)을 입는 기처의 자식이 후처의 자식 다음이나마 상속권자가 될 수 있는 것은 바로 아버지의 친자라는 사실과 함께 이와 같은 기처관이 반영된 것으로 해석된다.

한편 ⑨는 적처의 자식 다음의 상속권을 하처의 자식과 편처의 자식으로 규정한 상기 ② 법령과 충돌될 소지가 있다. 이것은 결국 기처의 자식과 첩자(妾子)의 서열과 직결된 문제인데, 이와 관련하여 다음과 같은 법령을 주목해보자.

지아비가 죄가 있을 때 처가 고발하면 그 처를 적몰과 연좌에서 제외하며, 처가 죄가 있을 때 지아비가 고발하면 역시 그 지아비의 죄를 면제한다. 남편이 없거나 남의 편처가 되어 호를 이루거나 그 남자와 별거하여 호적을 달리하는 자는 완용(完舂), 백찬(白粲) 이상의 죄를 범할 경우 적몰하지만 그 자식은 적몰하지 않으며, 그 내손(內孫)은 그 남편 때문에 적몰되지 않는다〔夫有罪 妻告之 除于收及論 妻有罪 夫告之 亦除其夫罪 毋夫 及爲人偏妻 爲戶若別居不同數者 有罪完舂 白粲以上 收之 毋收其子 內孫毋爲夫收〕.[57]

여기서 편처의 자식이 편처의 호에 속하는지 또 편처와 동거한 경우인지의 여부는 분명치 않다. 그러나 편처가 범죄로 적몰될 경우 그 자식이 적몰되지 않는 것은 역시 자식은 남편에 귀속되는 원칙을[58] 재확인시켜준다. 또 편처의 손자가 편처 부(夫)의 범죄로 적몰되지 않는다는 것은 편처의 자는 아버지의 범죄로 적몰되는 것을 암시하는 것으로 보아도 대과는 없는 것 같다. 편처의 자식이 마지막 순서로나마 아버지 후계가 될 수 있는 것은 바로 이 때문일 것이다. 아버지와 동거하는 첩, 즉 하처의 자식이 편처의 자식에 우선하는 것은 당연하였을 것이다. 이에 비해 기처의 자식은 친모가 적처의 지위를 쫓겨나면서 적자의 지위는 상실하였지만, 아버지의 친자로서의 지위는 유지되었고 본래 첩의 자식도 아니었던 만큼 계승권은 추치의 지식보다는 후순(後順)이지만 첩자(妾子)보다는 우선하였을 것이다.

이상과 같이 자식의 법적 예적 권리와 의무가 친모와 아버지의 관계에 따라 상이하고 특히 이해가 크게 걸린 계승권의 우선순위도 다른 것은 가부장 질서와 당사자 간의 현실적인 혈연과 감정의 친소를 고려한 것이었다. 그러나 친모의 지위도 아버지의 의지로 변경될 수 있지만, 자식의 권리도 아버지의 일방적인 여탈(與奪)에 의해서 크게 좌우될 수 있었다면, 지아비의 총애를 둘러싼 처첩의 치열한 경쟁이 그 소생의 권익과 직결되었던 것도 자연스러운 일이었다. 처를 기처로 만들고 스스로 후처가 되면서 그 소생을 적자로 만들고 적처의 자를 기처의 자식으로 만들려는 첩의 노력은 절대적인 가부장의 권력과 처첩제도의 자연스러운 산물이었다. 자식이 없는 첩은 지아비의 사후 어떤 대접도 받지 못하였고, 자식을 낳은 첩도 자기 자식에게만 어머니로서의 대접을 받았을 뿐, 적자들은 자식을 낳은 아버지의 첩을 서모(庶母)로 칭하며 시마(緦麻) 3월의 상복을 입는 정도로만 예우하였다. 이것은 유모에 대한 복상과 동일하였다.[59]

장유(長幼)의 순서상 상속권이 앞선 전처의 자를 아버지에게 모함하여 그 우선권을 자기 자식에게 돌아가게 하려는 후처의 공작 배후에는 후처에 미혹되기 쉬운 가부장의 어리석음도 깔려 있었지만, 아버지 사후의 상속권이 아들—딸—부모—동산(同産)—처 또는 아들—부모—처의 순서였다면, 자신과 어린 자식의 생존권을 확보하지 않을 수 없는 후처가 자기 아들을 제일 상속자로 만들기 위하여 모든 수단을 강구한 것은 어느 의미에서 당연한 일이었다. 전처의 자식을 모함하고 학대하는 계모의 상은 바로 이러한 가족제도와 상속법의 산물이었다고 해도 과언은 아니다.

그러나 이 계모상이 보다 과장, 증폭된 것은 효자를 현창하기 위하여 요구된 악역을 계모에 할당한 결과였다. 효는 자애로운 부모보다는 자식을 학대하고 자기만족을 위하여 과도한 요구를 그치지 않는 부모 아래에서 더욱 빛나기 때문이다. 중국 최고의 효자들이 모두 악한 계모와 그에 현혹된 아버지의 미움에도 불구하고 효성을 다한 인물로 묘사된 것은 바로 이 때문이었다. 그러나 전처 자식에 대한 계모의 차별이 어느 정도 자연스러운 친소의 감정이었다면, 그리고 일상적이고 인간적인 평범을 돌파한 비범한 모델이 국가가 요구하는 도덕의 현창에 필요하였다면, 그 비범한 여인의 모델로서 효자 신화의 악역에 대치된 선역이 열녀의 일원으로 선정된 것도 극히 자연스러운 결과였다.

'사사로운 사랑'을 버리고 '공의'를 실천한다는 자각으로 전처의 자식을 위하여 자신과 자기 자식의 희생도 불사하는 임협적 계모, 그리고 공(公)·사(私)나 친(親)·가(假)의 구분 의식도 초월한 사랑을 실천한 계모가 『열녀전』에 삽입된 것은 이 때문이었다. 그 결과 일정한 범위 내에서 친자를 좀더 배려하기 마련인 현실의 '인간적인 계모'는 '효자 신화'와 '열녀 신화'에 의해서 선악의 양극으로 왜곡 과장되었으며, 이 양극의 극적인 계모상이 이후의 계모관에 크게 영향을 미쳤던 것이다.

■주 석

1) 졸고「尹灣汗簡にあらわれる地域性—漢帝國統治の地域的偏差の一端」(早稻田大學 アジア地域文化エハンンシンッグ硏究センター報告集 III, 2005, 3), pp.31-33.
2) 이 구절은『詩經』小雅 靑蠅 "營營靑蠅 止于樊 豈弟君子 無信讒言"에 해당한다. 이 시는 周 幽王이 褒姒의 말을 믿고 申后를 폐한 것을 諷諫한 것이라고 한다.
3) 連雲港市博物館 中國社會科學院簡帛硏究中心 東海縣博物館 中國文物硏究所『尹灣漢墓簡牘』, (中華書局, 1997), p.130.
4) "遂縛兩翼 投于汙則(廁□) 肢躬折傷 卒以死亡 其雄鳥大哀 儲□躅徘徊 徜徉其旁 涕泣縱橫 長炊□太息 憂潢嚎呼 毋所告訴 盜反得免 亡鳥被患 遂棄故處 高翔而去."특히 '遂棄故處'는 재혼을 암시한 것 같다.
5)『太平御覽』권511, 宗親部 1, 繼母, 동 권412 인사부 53 孝 上에도 거의 동일한 내용이 전하는데, 효기의 부분은 "고종이 후처 때문에 효기를 죽였다(殺)"로 전한다.
6)『荀子』性惡篇 "天下非私曾騫孝己而外衆人也 然而曾騫孝己 獨厚於孝之實 而全於孝之名者 何也 以蘩於禮義故也." 楊倞 注 "曾 騫은 曾參, 閔子騫이며, 孝己는 은 고종의 태자인데, 모두 至孝의 행실이 있었다." 孝己의 구체적 행적은 확인되지 않는다. 혹 그의 이름 '효기' 때문에 '至孝 신화'에 포함되었는지도 모른다.
7)「神鳥賦」마지막 구절에 대한 이상의 분석은「신오부」와「열녀부」가 내용상 짝을 이루었을 것이라는 추정을 더욱 강화해준다.
8) 졸고「漢代『孝經』의 普及과 그 理念」(『韓國思想史學』10, 1998.6), pp.185-191. 참조.
9)『南史』권24 王韶之傳 참조.
10) 이 인물들의 구체적인 고사와 그 이념적 상징성은 Wu Hong, *The Wu liang Shrine: The Ideology of Early Chinese Pictorial Art*(1989, Stanford University Press), pp.156-186. pp.245-326에 상세하다.
11) 蔣英炬 吳文祺 {漢代武氏墓群石刻硏究}(山東美術出版社, 1996), p.54은 이 장면을 父

가 민자건을 질책하는 것으로 해석하고 있다. 그러나 이 해석은 '계모의 학대'는 드러나도 민자건의 至孝가 부각되지 않는다.

12) 『史記』권1 五帝本紀 "舜父瞽叟盲 而舜母死 瞽叟更娶妻而生象 象傲 瞽叟愛後妻子 尙欲殺舜 舜避逃 及有過則受罪 順事父及後母與弟 日以篤謹 匪有解 舜年二十以孝聞 三十而帝堯聞可用者 四嶽咸薦虞舜 曰可 於是堯乃二女妻舜而觀其內……瞽叟尙復欲殺之……舜復事瞽叟愛弟彌謹 於是堯乃試舜五典百官 皆治."

13) 蔣英炬・吳文祺『漢代武氏墓群石刻硏究』, p.77.

14) 『史記』「五帝本紀」"瞽叟尙復欲殺之 使舜上塗廩 瞽叟從下縱火焚廩 舜乃以兩笠自杆而下 去 不得死."

15) 蔣英炬 吳文祺『漢代武氏墓群石刻硏究』, p. 92. 주 [96].

16) 左石室 제8폭 제1층 화성석은 管仲과 鮑叔의 고사, 제9층 2층은 2개의 복숭아로 3인의 포악한 무사를 죽게 한 晏嬰의 고사가 확실한데, 모두 명문이 없다. 蔣英炬・吳文祺『漢代武氏墓群石刻硏究』, pp.78-79. 참조.

17) 劉向『列女傳』권1 母儀 有虞二妃 "瞽叟與象謀殺舜 使塗廩 舜歸告二女曰 父母使我塗廩 我其往 二女曰 往哉 舜旣治廩 乃捐階 瞽叟焚廩 舜往飛出 象復與父母謀使浚井……父母欲殺舜 舜猶不怨 怒之不已 舜往于田 號泣曰 呼昊天 呼父母 惟害若玆 思慕不已 不怨其弟 篤厚不怠."

18) 『史記』권67 仲尼弟子列傳 "曾子 南城人 字 子輿 少孔子四十六歲 孔子以爲能通孝道 故授之業 作孝經 死於魯."

19) 『論衡』感虛篇 "此虛也 夫孝悌之至 通于神明 乃謂德化至天地 俗人緣此而說 言孝悌之至 精氣相動 如曾母齧臂 曾子臂亦輒痛 曾子病 曾子亦病乎 曾子死 曾子輒死乎 考事曾母先死 曾子不死矣 此精氣能小相動 不能大相感也."

20) 『搜神記』 "周暢性仁慈 少至孝 獨與母居 每出入 母欲呼之 常自齧其手 暢卽覺手痛而至."

21) "齊春秋曰 宗元卿 字 希符 早孤爲祖母所養 祖病 元卿在遠輒心痛 大病則大痛 小病則小痛 如此常也", "臧盾有孝性 隨父宿直廷尉 母劉氏在宅暴亡 盾左手中指痛 不得寢 及曉 宅信果報凶問 其感通如此", "世說曰 鄭子産善事母 奉命聘晉 道中心痛 遣人還家 起居問母 母曰 吾忽心體不調 憶想汝耳 更無他也."

22) 『史記』권71 甘茂列傳 "夫以曾參之賢與其母信之也 三人疑之 其母懼焉 今臣之賢不若曾參千之信臣不如曾參之母信曾參也 疑臣者非特三人 臣恐大王之投杼也"

23) 『戰國策』권4 秦策 2 "夫以曾參之賢與母之信也 而三人疑之 則慈母不能信也."

24) 『儀禮』喪服 "慈母如母 傳曰 慈母者何也 傳曰 妾之無子者 妾子之無母者 父命妾曰 女以爲子 命子曰 女以爲母 若是 則生養之 終其身如母 死則喪之三年如母 貴父之命也", 『禮記』內則 "必求其寬裕慈惠者 溫良恭敬 愼而寡言者 使爲子師 其次爲慈母 其次爲保母 皆居子室."

25) 劉向『列女傳』권1 母儀 魏芒慈母 "魏芒慈母者 魏孟陽氏之女 芒卯之後妻也 有三子 前妻之者有五人 皆不愛慈母……其父爲其孤也 而使妾爲其繼母."

26) 『列女傳』권3 齊 靈仲子 "齊靈仲子者 宋侯之女 齊靈公之夫人也 初靈公娶於魯聲姬 生子光以爲太子 夫人仲子與其娣戎子皆嬖於公 仲子生子牙 戎子請以牙爲太子代光 公許之 仲子曰 不可 夫廢常不祥 聞諸侯之難失謀 大光之立也 列於諸侯矣 今無故而廢之 是專紲諸侯 而以難犯不祥也 君心悔之 在我而已 仲子曰 妾非讓也 誠禍之萌也 以死爭之 公終不聽 遂逐太子光 而立牙爲太子."

27) 『列女傳』권5 節義 魯義姑姊 "齊將問所抱者誰也 所棄者誰也 對曰 所抱者妾兄之子也 所棄者 妾之子也 見軍之至 力不能兩護 故棄妾之子 齊將曰 子之於母 其親愛也 痛甚於心 今釋之 而反抱兄之子 何也 婦人曰 己之子 私愛也 兄之子 公義也 夫背公義而嚮私愛 亡兄子而存妾子 幸而得幸 則魯君不吾畜 大夫不吾養 庶民國人不吾與也 夫如是 則脅肩無所容 累足無所履也 子雖痛乎 獨爲何 故忍棄子而行義 不能無義而視魯國"

28) 『列女傳』권5 梁節姑姊 "因失火 兄子與其子在內中 欲取兄子 輒得其子 獨不得兄子 火盛不得復入 婦人將自趣火 其友止之曰 子本欲取兄之子 惶恐卒誤得爾子 中心謂何 何至自赴火 婦人曰 梁國豈可戶告人曉也 被不義之名 何面目而見兄弟國人哉 吾欲復投吾子 爲失母之恩 吾勢不可以生 遂赴火而死"

29) 『列女傳』권5 節義 京師節女 "其夫有仇人 欲報其夫而無道 徑聞其妻之仁孝有義 乃劫其妻父 使要其女爲中讒 父呼其女告之 女計念 不聽之則殺父 不孝 聽之則殺夫 不義 不孝不義 雖生不可以行於世 欲以身當之 乃且許諾曰 旦日在樓上新沐 東首臥則是矣 妾聽開戶牖 待之 還其家 乃告其夫 使臥他所 因自沐居樓上東首 開戶而臥 夜半仇家果至 斷頭持去 明而視之 乃妻之頭也 仇人哀痛之 以爲有義 遂釋不殺其夫."

30) 『列女傳』권4 貞順 楚昭貞姜 "王出 留夫人漸臺之上而去 王聞江水大至 使使者迎夫人忘持符 使者至請夫人出 夫人曰 王與宮人約 令召宮人必以符 今使者不持符 妾不敢從使者行 使者曰 今水方大至 還而取符則恐後矣 夫人曰 妾聞之 貞女之義 不犯約 勇者不畏死 守一節而已 從使者必生 留必死 然棄約越義而求生 不若留而死耳 於是使者反取符還 則大水大至 臺崩 夫人留而死."

31) 『列女傳』권5 節義 魯秋潔婦 "潔婦者 魯秋胡子妻也 旣納之 五日去而宦於陳 五年乃歸

未至家 見路傍婦人採桑 秋胡子悅之 下車謂曰 若曝採桑 吾行道遠 願託桑蔭下 飡下齎休焉 婦人採桑不輟……秋胡子遂去 至家 奉金遺母 使人喚婦 至 乃嚮採桑者也 秋胡子遂 婦曰 子束髮脩身 辭親往仕五年乃還 當所悅馳驟 揚塵疾至 今也乃悅路傍婦人 下子之裝 以金予之 是忘母也 忘母不孝 好色淫泆 是汚行也 汚行不義 夫事親不孝 則事君不忠 處家不義 則治官不理 孝義幷亡 必不遂矣 妾不忍見 子改娶矣 妾亦不嫁 遂去而東走 投河而死."

32) 『史記』권124 游俠列傳 "今游俠 其行雖不軌于正義 然其言必信 其行必果 已諾必誠 不愛其軀 赴士之厄困 旣已存亡死生矣."

33) 增淵龍夫「漢代における民間秩序の構造と任俠的習俗」(新版『中國古代の社會と國家』, 東京, 1997, 초판은 1960) 참조.

34) 張家山二四七號漢墓竹簡整理小組『張家山漢墓竹簡〔二四七號墓〕』(文物出版社, 2001), p.140, p.183, p.157.

35) 滋賀秀三 {中國家族法の原理}(東京, 創文社, 1967), p.554.

36) 『張家山漢墓竹簡』, p.179. "爲人妻者不得爲戶."

37) 원문은 '泰父母, 父母假大母, 主母, 後母'로 석독되어 있으나, 전체 문맥상 '조부모와 부모, 그리고 假祖母와 假母에 대한 규정으로 보는 것이 타당한 것으로 판단하여 개독하였다.

38) 張家山二四七號漢墓竹簡整理小組『張家山漢墓竹簡〔二四七號墓〕』(文物出版社, 2001), pp.139, pp.140.

39) 『張家山漢墓竹簡』, pp.179.

40) 『白虎通』권10 嫁娶 "婦人學事舅姑 不學事夫者 示婦與夫一體", "妻者 齊也 與夫齊體."

41) 睡虎地秦墓竹簡整理小組『睡虎地秦墓竹簡』(文物出版社, 1978), pp.159.

42) 『睡虎地秦墓竹簡』, pp.159. "人奴妾盜其主之父母 爲盜主 且不爲? 同居者爲盜主 不同居不爲盜主."

43) 『睡虎地秦墓竹簡』, pp.292-293. "廿五年閏再十二月丙午朔辛亥 告相邦 民或棄邑居野 入人孤寡 徹以婦女 非邦之故也 自今以來 假門逆旅 贅壻後父 勿令爲戶 勿予田宇 三世之後 欲仕之 仍書其籍曰 故某慮贅壻某叟之仍孫."

44) 『張家山漢墓竹簡』, p.185. "寡爲戶後 予田宅 比子爲後者爵 其不當爲戶後 而欲爲戶以受殺田宅 許以庶人予田宅 母子 其夫 夫母子 其夫而代爲戶 夫同産及子有與同居數者 令毌貿買田宅及入贅 其出爲人妻若死 令以此代戶."

45) 『儀禮』喪服 "繼父同居者 傳曰 何以期也 傳曰 夫死 妻稺子幼子 無大功之親 與之適人

而所適者亦無大功之親 所適者 以其貨財爲之築宮廟 歲時使之祀焉 妻不敢與焉 若是則繼父之道也 同居則服齊衰期 異居則服齊衰三月 必嘗同居然後爲異居 未嘗同居則不爲異居."

46) 그러나 父의 후계자는 出母을 위해 服喪하지 않는다. 『儀禮』 喪服 "傳曰 出妻之子爲母期……出妻之子爲父後者 則爲出母無服 傳曰與尊者爲一體 不敢服其私親也."

47) 『儀禮』 喪服 "父卒 繼母嫁 從 爲之服 報 傳曰 何以期也 貴終也."

48) 『通典』 권94 禮54 「爲出母繼母不服議」

49) 이 문제는 藤川正數 『魏晉時代における喪服禮の硏究』(東京, 1960), pp.144-158 참조.

50) 『張家山漢墓竹簡』, p.183, p.184.

51) 『張家山漢墓竹簡』, p.183. "□□□□爲縣官有爲也 以其故死若傷二旬中死 皆爲死事者 母爵者 其後爲公士 母子男以女 母女以父 母父以母 母母以男同産 男男同産 以女同産 母女同産以妻 諸死事當置後 母父母妻子同産者 以大父 母大父 以大母與同居數者."

52) 그러나 張家山漢墓 죽간 奏讞書에 인용된 다음과 같은 律은 계승권의 우선 순위를 아들-부모-처-딸로 규정하고 있다. 즉 "故律曰 死夫 以男爲後 母男以父母 母父母以妻 母妻以子女爲後"(『장가산한묘죽간』, p.227.). 혹 계승의 내용에 따라 순서가 상이한 것인지도 모른다.

53) 睡虎地秦墓竹簡整理小組 『睡虎地秦墓竹簡』(文物出版社, 1978), "棄妻不書 貲二甲 其棄妻亦當論不當 貲二甲".

54) 『睡虎地秦墓竹簡』, p.224, "夫有罪 妻先告 不收 妻媵臣妾衣器當收不當□ 不當收."

55) 『張家山漢墓竹簡』, p.184, "女子爲父母後而出嫁者 令夫以妻田宅盈其宅 宅不比 不得其棄妻及夫死 妻得復取以爲戶 棄妻 畀之其財."

56) 『張家山漢墓竹簡』, p.156. "罪人完城旦舂 鬼薪以上 及坐奸腐者 皆收其妻子 財 田宅 其子有妻 夫 若爲戶 有爵 及年十七以上 若爲人妻而棄 寡者 皆勿收."

57) 『張家山漢墓竹簡』, p.157.

58) 『張家山漢墓竹簡』, p.158. "서인 여자가 노예의 처가 되어 자식을 낳으면 자식은 노예의 주인에게 준다(民爲奴妻而有子 子畀奴主)." 반면 노예가 서인 (여자와) 간통하여 자식을 낳으면 그 아들은 서인이 되는데(奴與庶人奸 有子 子爲庶人), 양자의 차이는 전자는 법률상의 결혼 관계인 반면, 후자는 사적인 간통이기 때문인 것 같다.

59) 『儀禮』 喪服 "緦麻三月者……士爲庶母 傳曰 何以緦也 以名服也 大夫以上爲庶母無服……乳母 傳曰 何以緦也 以名服也."

한대 여성의 삶과 법적 지위

이_명_화

01 「신오부」, 한대 여성의 삶

전한(前漢) 사요(師饒) 묘의 윤만한간(尹灣漢簡)에 포함된 「신오부(神烏賦)」는 관아 나무에 둥지를 틀고 집 지을 재목을 구하러 나갔던 암까마귀가 도둑 새에게 상처를 입어 죽게 되어 수까마귀와 결별하는 이야기이다.[1] 자신들의 재목을 훔친 도둑을 맞닥뜨린 암까마귀는 상대하기에는 역부족인 도둑 새를 피해 돌아왔다가는 분연히 다시 쫓아가 그와 대결하는데, '발끈하여 크게 화를 내며 눈을 부릅떠 눈썹을 쳐들고 노려보며 날개를 세차게 떨어 목을 쭉 빼며 높이 올라 크게' 한번 대들어 보지만 결국 상처만 입는다. 하지만 암까마귀는 상처를 입고 추락하는가 하였더니 다시 솟구쳐 올라 도둑 새의 귀를 공격하고는 혼미에 빠진다. 이러한 암까마귀의 모습은 일상의 생활을 힘겹게 꾸리며 가정을 위협하는 불의를 피하지 않고 생명을 내어주면서까지 끝까지 맞서 가족을 지키던 당시 한대(漢代) 여인들의 모습이 아닐까.

암까마귀는 그를 묶은 끈을 끊고 가까스로 거처로 돌아오는데, 결국 남은 끈 자락이 (살쾡이와 족제비에게 잡아먹힐까 두려워 자신들이 나무 주위에 둘렀던) 나뭇가지의 다발에 걸려 묶여서는, 빠져나오려 퍼덕일수록 더 단단히 묶이는 모습은 마치 당시 한대 여인들을 묶고 있던 운명의 사슬과도 같다. 암까마귀를 따라 죽으려 하는 숫까마귀을 말리며 현부(賢婦)를 찾도록 권고하면서도 한편으로는 남은 자식들이 계모로 인해 어려운 처지에 놓이지 않을까 근심한다. 「신오부」의 저자는 말하기를, 까마귀는 그 성품이 인(仁)을 좋아하고, 의(義)를 행하여 자못 사람의 도리를 갖추었다고 한다. 다른 이들이 애써 만든 집을 수고하지 않고 차지하려하는 도둑 새는 당시의 소위 '사인(士人)'을 상징하며, 작자가 '인(仁)'을 좋아하여 늙은 어미 새에게 먹이를 먹이고, 의(義)를 행하여 마음씨가 곱고 덕행이 뛰어나다고 칭하는 까마귀 성품의 체현자는 곧 도둑 새와 맞서다 목숨을 잃은 암까마귀이다. 공자가 군자와 소인, 여자를 가르면서, 군자는 남성의 전유물이 되었으며 여인은 어쩔 수 없이 소인의 무리에 묶였다. 그러나 한대에 이름 모를 하급 사인(士人)으로, 당시 서민들의 생활을 깊숙이 함께 호흡했었을 작자는 한(漢)의 여인을 소위 군자(君子), 즉 사인(士人)의 강탈에 의(義)로 맞서 분투하는 인자(仁者)로 칭송하였다.

한대에는 여성에 관한 전론인 유향(劉向)의 『열녀전(列女傳)』을 비롯해, 반소(班昭)의 「여계(女誡)」가 지어졌으며, 「여계」를 지지한 채옹(蔡邕)은 자신도 「여훈(女訓)」을 지었으며, 이외에 제갈량(諸葛亮)의 「여계

(女誡)」, 순상(荀爽)의 「여계(女誡)」, 정효(程曉)의 「여전편(女典篇)」 등 예교주의 여성론이 이어져, 한대 사회는 여성을 가부장적 가족질서에 이념적으로 한층 더 종속시키려 하였다는 인식을 갖게 한다. 그러나 당시 한대에는 정절 관념은 중시되지 않았으며 이혼과 재혼이 빈번히 행해졌을 뿐 아니라, 후세와 같은 수절(守節)·순사(殉死) 등의 엄한 유교적인 여성 윤리는 그다지 침투되어 있지는 못했던 듯하다.[2] 「여계」를 통해 여성의 삶을 가정 생활에 한정시켰다는 비난을 듣는 반소는 『한서(漢書)』 8 표(表)와 「천문지(天文志)」를 완성했으며, 채옹의 딸 문희(文姬)는 부친의 산실된 저술 400여 편을 정리할 정도로 학문이 깊었을 뿐 아니라, 대유학자 순상은 시집간 딸이 과부가 되자 친정으로 불러들여 개가시켰다. 이들 여성론을 지은 당사자들 모두 자신이나 딸을 가정에 한정시킨 삶을 염두에 두고 교육하지 않았거나 과부의 수절에 관심이 없었던 듯하다. 이러한 예교적 여성 윤리, 규범을 정리한 당사자들에게도 이들 윤리는 현실적으로 받아들여지지 않았음이 분명하지만, 더욱이 이들 상층 지식층의 예교질서 이념이 서민들에게 현실적인 규제력을 가졌다고도 결코 볼 수 없음은 물론이다. 그렇다면 후한 사회는 왜 급격히 증가하는 여성론과 같은 여성의 예교적 윤리, 규범을 필요로 하였는가? 또 이러한 예교적 규범들은 이를 만들어낸 유가 지식인들에게서도 현실적인 규제력을 갖지 못한다면, 한대 사회를 현실적으로 지배하는 규율, 즉 관습은 어디에 기초하는가? 진한(秦漢)의 율령과 법률적 판례 가운데 특히 『장가산한묘죽간(張家山漢墓竹簡)』 「이년율령(二年律令)」의 가족에 관련한 율령은, 고대로 소급되는 가부장적 가족 관계, 부부 관계를 어떻게 구체적으로 규제하는가를 보여준다.

02 여성의 호주 계승과 과부의 법적 지위

　　　　　　　　　　　　최근 우리나라에서 부계 혈통 중심의 호주제(戶主制)에 "가족 구성원이 모두 인격을 가진 개인으로서 성별에 관계없이 평등하게 존중받는 민주적 가족 관계와 호주제는 서로 잘 맞지 않는다"는 비판과 함께, 헌법재판소에 의해 헌법불합치 판결이 내려졌다. 오늘날 호주는 명목적인 일가의 장(長)의 의미만 있으며, 호주가 가족 구성원에 대해 갖는 법적 구속력이나 우월성이 없음에도 불구하고, 호주제는 여전히 이념적으로 가족의 범위, 구성원들 간의 관계, 가족 윤리를 구속한다는 것이다. 그러나 고대 사회에서 호주는 이러한 이념적인 측면 외에 좀더 구체적으로 법률적으로 가부장권(家父長權)을 인정받았으며, 호주의 계승은 이러한 호주의 권리 및 호주가 대표하는 가족 재산의 상속을 의미하였다.

　고대 법령이 완비된 당율(唐律)에서는, 호주의 계승에 관하여 적장자(嫡長子) 계승의 원칙만을 세워 놓고 있으나, 한(漢) 율령은 호주 계승에 관하여 당율(唐律)에 비해 훨씬 그 범위를 넓게 또 구체적으로 계승 순차를 명시하고 있다.『장가산한간』「이년율령」호율(戶律), 치후율(置後律)에 의하면 다음과 같다.

① (호주가) 죽었는데 호주를 이을 아들이 없으면, 아버지나 어머니가 잇게 하고, 부모가 없으면 부인이 잇게 하며, 부인이 없으면 딸이 잇게 하며, 딸이 없으면 손자가 잇게 하며, 손자가 없으면 이손(耳孫)이 잇게 하며, 이손이 없으면 조부모(祖父母)가 잇게 하며, 조부모

가 없으면 형제의 아들이 호주를 잇게 한다. 형제 아들이 호주를 이으려면 반드시 같은 명적(名籍)에 있어야 한다. 버린 처의 자식은 후처의 자식과 후자(後子)를 다툴 수 없다.

② 손자가 죽으면 그 어머니가 이어 호주가 된다. 감히 남편의 부모를 쫓아내거나 췌서(贅壻)를 들이거나 도리에 어긋나게 그 아들의 재산을 취해서는 안 된다.

③ 후처에게 후자(後子)가 될 아들이 없으면 전처의 아들로 한다.

④ 죽었는데 후자가 없고 노비(奴婢)만이 있는 자는 노비를 면하여 서인으로 하고, (……)에 따라 주인의 전택과 남은 재산을 준다. 노비가 많을 경우 호주를 잇는 자는 한 사람을 넘을 수 없으며 일한 지 오래 되거나, 주인이 관리에게 말한 자로 한다.

위와 같이 아들 - 부모 - 처 - 딸 - 손자 - 증손자 - 조부모 - 형제의 아들로 이어지는 호주 계승의 순차를 구체적으로 규정하고 있다. 「이년율령」에 의하면 호주를 이을 아들, 부모가 없을 경우는 부인, 딸이 호주의 계승자가 될 뿐 아니라, 그마저도 없을 경우에는 조부모의 형제의 자식까지도 인정하며①, 아무런 후사가 없을 경우 노비에게까지 호주의 계승권을 주어④, 국가는 호주의 계승에 적극적으로 개입하였을 뿐 아니라, 호절(戶絶) 사태를 최대한 막으려 하였음을 알 수 있다. 한 왕조는 호주의 계승권을 여성 친족에게 주었을 뿐 아니라, 결코 제사의 계승자가 될 수 없는 세대를 거스른 부모나 조부모, 그리고 노예까지도 호주 계승 서열에 들어 있어, 한대 호주의 계승은 이후 당(唐)·송(宋)시대의 호주의 계승이 제사의 계승과 동일시되는 것과 같은 가계(家系)의 계승 관계를 의미하지 않음은 물론이다. 그렇다면 한대 호주 계승의 내용과 의미는 무엇인가?

「이년율령」 치후율에는 딸이 부모의 후계자가 된 경우에 관한 율령이 있으며⑥, 또 과부가 호주를 잇게 되면 전택(田宅)을 주고, 자식이 후계자가 되는 경우 작(爵)을 주는 것과 같게 한다고⑨ 하여 여성도 호를 계승하여 독립된 여호(女戶)를 이룰 수 있음을 분명히 하고 있다. 그러나 「이년율령」은 또한 여호의 유지와 호의 계승에 따른 전택(田宅)의 소유에 관해 제약을 하고 있다.

⑤ 다른 사람의 처가 된 자는 호주가 될 수 없다.

⑥ 여자가 부모의 후자(後子)가 되었는데 출가하는 경우, 남편이 처의 전택으로 자신의 전택 분을 채운다. 집이 자신이 가질 수 있는 규정을 넘으면 가질 수 없다. 만약 이혼을 하거나 남편이 죽으면 처는 (전택을) 다시 취하여 호주가 될 수 있다. 처를 버리면 처의 재산을 (다시) 준다.

⑦ 여자는 남편의 작(爵)에 따른다.

즉, 부모나 남편으로부터 호를 계승한 여성이 결혼을 하면, 자신의 독립적인 호는 소멸하여 남편의 호에 편입된다고 하여 결혼한 여성은 호주가 될 수 없음을 규정한다. 그런데 문제는 부모나 남편으로부터 호와 함께 계승받은 전택의 귀속에 있다. 송대의 경우, 세금을 납부하는 토지를 소유한 여호의 존재가 확인되며, 호를 이을 남자가 없을 경우 여자도 호를 이룰 수 있다고 규정하고 있으며, 이 여자가 죽으면 절호(絶戶)가 된다. 딸이 부모의 재산을 상속받아 호를 이룬 경우, 이 여성이 결혼을 하면 부모로부터 물려받은 재산은 화장 비용[粧奩]으로 가져간다.[3]

반면 「이년율령」은 부모나 남편으로부터 호를 이어받은 여성의 재산에 관해 좀더 구체적으로 제한하고 있다. 부모의 호를 이어 재산을 물려받은 여성이 결혼을 할 경우, 부인이 결혼 전에 물려받은 토지와 전택으로 남편이 소유할 수 있는 전택 분(分)을 채우며, 남편이 소유할 수 있는 전택의 분을 넘어 소유할 수 없다고 한 규정이다⑥. 이는 다름 아닌 제민(齊民)에게 일정 분의 토지를 균등하게 지급한 진한(秦漢)의 수전체제(授田體制)와 관련된 규정이다. 전택의 상속이 재산상의 문제였다면 결혼하면서 부인의 전택을 남편에게 귀속시키는 것으로 충분하지만, 남편이 가질 수 있는 집의 규모를 넘을 경우는 가질 수 없게 하였는데, 이는 제1급(級) 공사(公士)에게 1경(頃)을, 그리고 등급에 따라 1경씩 누진하여 수전(授田)한 작제(爵制)에 대응한 수전체제와 관련이 있다. 그렇다고 하더라도 부인이 부모로부터 물려받아 시집올 때 가져온 재산이 왜 남편의 작(爵)에 한정되어야만 했는가?

「이년율령」 치후율에는 현(縣) 관리가 일을 하다 사고로 죽거나 다쳐 순직할 경우, 작(爵)의 계승에 아들 - 딸 - 아버지 - 어머니 - 남자 형제 - 여자형제 - 처의 순차를 명시하여, 딸, 여자형제, 처와 같은 여자가 작(爵)을 계승할 수 있는 길을 열어 놓았다. 그러나 진한은 여성에게는 작을 내리지 않아 여후(呂后)시대에 공신 부인들에게 내린 예외적인 경우를 제외하고는 여작(女爵)은 없었다.[4] 그러나 여성이 완전히 작제(爵制)에 기초한 지배체제에서 배제된 것은 아니었으며, 민작(民爵) 사여의 경우 여자에게는 술과 고기를 내려 여자는 술과 고기를 갖고 음주의례(飮酒儀禮)에 참석하였으며, 여자는 남자의 작에 따르게 함으로써 작제질서(爵制秩序) 가운데 포섭하였다.[5] 따라서 부모로부터 작과 전택을 상속받은 여호주가 시집을 갈 경우, 남편의 호에 속하게 되는 동시에 남편의 작에 준하게 되므로, 시집올 때 가져온 부모로부터 상속받은 재산은 남편 작 등급에 따른 전택 소유의 제한 규정을 받아 이를 넘어 소유할 수 없었다. 이로써 진한 제민지배체제는 여성에게 직접 작을 내리지 않고 남편의 작에 따르게 함으로써, 여성 개개인을 지배의 대상으로 하지 않았으며 남성 가장을 호주로 하는 호를 지배의 기초 단위로 하였다.[6]

한 왕조가 후대 율령이 완비된 당대에 비해 오히려 더 세밀한 호주 승계의 순차와 범위를 명확하게 규정하고 호주의 계승권을 딸이나 부인과 같은 여성(나아가 노비)에게까지 확대한 이유는, 바로 작제에 따른 진한의 수전체제(授田體制)가 호를 대상으로 하였기 때문이다. 즉 국가의 조세기반인 수전체제의 안정적 지속을 위해 국가는 호의 계승에 개입, 규제하였을 뿐 아니라, 호절(戶絶)을 피하기 위해 딸과 부인, 노예까지도 호를 계승할 수 있는 길을 열어 놓았다. 따라서 이렇게 하여 얻어진 부인이나 딸의 호주 계승권은 곧 여성의 권리의 기반으로 이어질 수 없었으며, 오히려 한 왕조는 노비에게까지 호주 계승권을 확대하면서도 유독 여성에 의한 호주 계승과 이에 따른 전택의 귀속을 제약하였다. 진한은 지배체제의 근간인 수전(授田)과 작제(爵制)를 개개인을 대상으로 하는 것이 아니라 호를 단위로 운영하였으며, 따라서 여성의 작위뿐 아니라 친정 부모로부터 상속받은 재산권까지도 호주인 남성의 작위 내에 한정시켰다.

그렇다고 하더라도 이와 더불어 전한 말 이후 등장하는 예교적 유교 윤리 이념이 한대 여성의 삶과 행동을 규율하였다고 보기는 힘들다. 반소는 「여계」에서 "『예기(禮記)』에 남자는 재취(再娶)를 허용하는 글이 있지만 여자에게는 재가(再嫁)의 글이 없다"고 하였으나, 이는 당시 한대의 주변 여성들의 삶과는 거리가 있었다. 실제로 반소의 시누이인 조풍생(曹豊生) 역시 뛰어난 재원(才媛)이었는데, 「여계」에 관해서 비평적이었다. 한대에 여성의 이혼과 재혼은 극히 흔한 일이었으며[7] 진시황 비문에는 아이가 있는 과부의 재혼을 금하고 있지만 한대에는 과부의 재혼에 관한 어떤 규제도 알려지지 않는다. 환제(桓帝)의 비(妃) 등후(鄧后)의 어머니 선(宣)은 처음에 등향(鄧香)에게 시집가서 등후를 낳고는 양기(梁紀)에게 개가하였기 때문에, 등후는 양씨(梁氏)로 자랐다가 후에 등씨(鄧氏)로 복원하였다. 황실에서도 재가는 꺼려지지 않았지만 진평(陳平)이란 자는 이미 5번 결혼한 적이 있는 장부(張負)의 손녀와 결혼하였는데, 오히려 신부의 아버지가 진평이 가난하다고 딸을 주기를 꺼렸으나 장부는 진평의 장래 유망함을 보고 혼인을 원했으며, 진평은 빚을 내 빙재(騁財)를 마련하였다. 후한의 대학자 순상(荀爽)은 딸 채(采)가 17살에 음씨(陰氏)에게 시집가서 2년 후 딸을 하나 낳았는데 남편이 죽자, 친정으로 불러들여 같은 군(郡)에 상처한 곽혁(郭奕)에게 개가시켰으나, 채(采)는 이를 거부하여 자살하였다. 채옹의 딸 문희는 16세에 시집을 갔으나 남편이 일찍 죽어 친정에 돌아왔다가 남흉노에게 포로가 되어 흉노(匈奴) 좌현왕(坐賢王)과 12년을 함께 살며 두 아이를 낳은 후, 조조(曹操)에 의해 귀국하여 부친 채옹의 산실된 저술 400여 편을 정리한 후 고향에 돌아와 같은 군(郡)의 둔전도위(屯田都尉) 동사(董祀)에게 다시 시집을 갔다. 여성의 재가에 관한 유가(儒家)의 교리는, 황실은 물론 한대 유학자들에게서 소자 설내적이 아니었으며 오히려 일반의 재가 습속이 우세하였음을 볼 수 있다. 『화양국지(華陽國志)』에는 친정 부모의 재가 압력에 맞서 자신의 귀를 자르거나, 굶어죽거나, 손가락을 자르거나, 자살을 택한 여인들을 기록하고 있는데 이들 예가 비록 중국 서남방의 지역에 한정된 사례이기는 하나, 본인의 의사에 반할 경우에도 특히 자식이 없는 과부의 재가가 친정 부모나 가족에 의해 적극 추진되는 것을 볼 수 있다. 한대 여성의 재가가 한대 유학의 이념적 권고와는 관계없이 사회 보편적 습속으로 행해졌음은 이미 잘 알려진 사실이며, 또 어느 시대나 일반 서민들에게 예교적 이념보다는 오히려 현실적인 삶을 영위하는 존립의 문제가 더 절박하였음은 물론이다. 그렇다면 과부 재가가 흔히 선택되고 또 강요되기까지 했던 한대 사회에서 과부가 처한 현실적인 생존 기반의 문제라는 관점에서 과부의 재가를 이해할 필요가 있다.

남편을 잃은 과부가 남편의 '호'를 계승할 수 있는 상속권은 아들이나 부모 다음이었다. ①따라서 아들이 없는 과부의 경우, 자신보다 우선 시부모가 남편의 재산을 상속받을 권리가 앞서므로 시부모 생전에는 아무런 경제적 권한이 없었을 뿐 아니라 이미 분가한 경우에도 남편이 죽은 후에는 호를 계승한 시부모의 호에 귀호(歸戶)해야 했을 것이다. 더욱이 「이년율령」 고율(告律)에 의하면, 다음과 같다.

> ⑧ 자식이 부모를 고발하고, 며느리가 시부모를 고발하고 노비가 주인, 주인 부모, 주인 처자를 고발하면 들어주지 말며 고발한 자를 기시(棄市)에 처한다.

이처럼 며느리가 시부모를 고발할 경우 들어주지 말고 기시(棄市)에 처하도록 하여, 아들·며느리는 부모·시부모와의 관계에서 주인과 노비와 같은 법률적인 지위에 있었다. 따라서 한 율령에 한하여 보았을 때, 과부 며느리는 시부모가 계시는 한 아무런 재산권을 행사할 수 없어 경제적으로 시부모에게 종속되었을 뿐 아니라, 주인에 대해 아무런 항변권이 없는 노비와 동일한 법적 지위에 있었다.

설령 과부가 호를 상속하였다 하더라도, 과부가 호주를 계승하는 데는 일정한 제한이 있었다. 과부의 호주 계승에 관해 「이년율령」 치후율은,

⑨ 과부가 호를 잇게 되면 전택(田宅)을 주고, 자식이 후자(後子)가 되는 경우 작을 주는 것과 같게 한다. 만약 호를 잇기에 부당한데 호가 되고자 하면 전택을 감해서 받으며, 서인(庶人)으로서 전택을 주는 정도만을 허락한다. (호를 이루어) 자식은 없고 남편이 있는 경우; 남편에게 자식이 없으면, 그 남편이 이어 호가 된다. 남편의 형제 및 자식에게 같은 명적(名籍)에 있는 동거자가 있으면 전택을 팔거나 췌서(贅胥)를 들여서도 안 된다. 출가해서 다른 사람의 처가 되거나 죽으면 차례로 대를 잇게 한다.

라고 하여 아들, 딸이 호주를 잇는 것과 같은 권리를 누리도록 하였으나, 과부가 재가를 하거나 죽으면, (시집에서) 순서대로 호주를 잇도록 하여, 과부가 재가할 때 남편으로부터 상속받은 재산은 원칙적으로 가져갈 수 없었으나, 전택을 서인(庶人)의 몫만큼 감해서나마 남편에게서 상속받은 전택의 일부를 가져갈 수 있었던 것 같다. 이러한 경우, 재가하는 과부가 가져갈 수 있는 남편 전택의 일부(서인의 몫)를 제외한 나머지는 그 후순위의 남편 형제 등 일가기 치례로 상속하게 된다. 이러한 율령 규정하에서는, 호주 계승의 후순위에 있는 남편의 형제 등 일가(一家)는 호를 상속한 과부가 재가함으로써 자신들에게 돌아올 상속분을 차지하기 위해 오히려 과부의 재가를 원할 수 있으며, 실제로 이러한 과부 재산에 대한 주변 형제들의 위협과 재가 압력이 존재했던 것 같다.[8]

그렇다면 아들, 시부모 다음으로 주어진 과부의 호주 계승권은 결코 과부의 안정된 생활을 영위할 수 있는 보호 장치가 될 수 없었으리라 짐작할 수 있다. 반면 친정으로 돌아간 과부의 경우에도, 친정에서도 과부 본인의 의사와 반할 경우에도 적극적으로 재가가 추진되는데, 이는 5번 결혼한 여자에게 장가가는데도 가난한 살림에 빚을 내 빙재(聘財)를 마련했던 진평(陳平)의 예에서도 알 수 있듯이 당시 결혼 절차상 필수적이었던 신랑이 처가에 내야하는 빙재가[9], 친정부모가 딸에게 재가를 종용하는 중요한 요인으로 작용하였으리라 짐작한다.

한편 과부는 재가보다는 자신의 재산권을 유지하면서 남편을 들일 수 있는 췌서(贅婿)를 선택할 수 있었으며, 한대에 췌서는 관습적인 결혼 방식 가운데 하나로서 성행했던 듯하다. 강소(江蘇) 의징(儀徵) 서한묘(西漢墓)에서 발굴된 「선령권서(先令券書)」는 한대 췌서를 들였던 것으로 짐작되는 과부와 그 재산 상속에 관해 실태를 전한다.

원시(元始) 5년 9월 임진삭(壬辰朔) 신축[해](辛丑[亥]), 고도리(高都里)의 주릉(朱淩)[려](廬)은 신안리(新安里)에 살았다. 죽기 직전에 현(縣), 향삼로(鄕三老), 도향유질(都鄕有秩), 좌(左), 이사(里師), 전담(田譚) 등에게 청하여 선령권서(先令券書, 유서)를 작성하였다.

릉이 스스로 말한다. 아버지는 셋이고 자식이 모두 6명이 있는데, 아버지는 모두 같지 않다. 자식들에게 각각 그 아버지에 따른 가족 내에서의 순서를 알게 하는데 자녀는 이군(以君), 자진(子眞), 자방(子方), 선군(仙君)인데 아버지는 주손(朱孫)이다. 제(弟) 공문(公文)은 아버지가 오(吳) 사람 쇠근군(衰近君)이다. 여동생 약군(弱君)은 아버지가 곡아(曲阿) 사람 병장빈(病長賓)이다.

어머니가 말씀하시기를, 공문은 15살에 집을 나가 스스로 (호적에서 떨어져 나가) 성(姓)을 이루고 밖에 거주하면서 일찍이 한 푼이라도 가지고 온 적이 없다. 어머니께서는 자진, 자방에게 (재산을) 주어 스스로 생업을 이루게 하셨다. 딸 선군, 약군 등은 가난하여 아무런 생업이 없었다. 5년 4월 10일 어머니께서는 도전(稻田) 한 곳, 상전(桑田) 2곳을 약군에게 나누어주시고, 피전(陂田) 한 곳은 선군에게 나누어주신 것이 12월에 이르러서이다. 공문은 사람을 해쳐 형도(刑徒)가 되었으며, 가난하여 아무런 생업이 없다. 12월11일에 이르러, 선군, 약군이 각각 전(田)을 어머니에게 돌려주어 공문에게 주도록 하였다. 어머니는 곧 전을 받으시고 전을 공문에게 나누어주셨다. 도전 2곳, 상전 2곳이다. 전의 경계를 예전같이 바꾸고 공문은 전을 다른 사람에게 팔 수 없도록 하였다. 이때에 증인은 이사(里師), 오인담(伍人譚) 등 및 친속 공취(孔聚), 전문(田文), 만진(滿眞)이다. 유서는 명백하며 수행할 수 있다.[10]

주릉(朱凌)의 어머니 구(嫗)는 세 번 결혼을 하였는데, 공적인 재산의 승계자인 성인 아들을 제치고 자신이 독점적으로 재산을 처리했을 정도의 실질적인 가장의 역할을 하였다. 첫 번째 결혼은 확실하지 않으나 두 번째 결혼은 오(吳) 사람 쇠근군(衰近君)과, 세 번째 결혼은 곡아(曲阿) 사람 병장빈(病長賓)을 췌서(贅壻)로 불러들였던 듯하다. 구(嫗)는 성년의 아들이 있음에도 불구하고 재산을 그녀 마음대로 자식들에게 나누어주었으며, 장자 주릉은 죽을 때가 임박하여 구가 행사한 재산 분할을 이사(里師), 오인(伍人) 및 친속을 증인으로 불러 유언으로 남겼다. 아들 주릉이 호주로서 재산 분할을 법적으로 처리할 수 있는 권한을 가진 것으로 보아 그의 아버지 주손(朱孫)으로부터 호주를 계승하였음을 알 수 있다.

그런데 한 여인이 일생 동안 3명의 남편을 맞아들여 이들이 모두 조사(早死)했다고 보기에는 자연스럽지 않다. 구가 재산 분배를 한 시점이 쇠근군과 병장빈이 모두 죽은 후라고 단정할 수는 없다. 오히려 "공문(公文)은 15살에 집을 나가 스스로 (호적에서 떨어져 나가) 성(姓)을 이루고 밖에 거주하면서 일찍이 한 푼이라도 가지고 온 적이 없다"는 배경에는 아버지 쇠근군과 함께 호를 이룬 것이 아닌가 추측할 수 있다. 『수호지진간(睡虎地秦簡)』 「위호율(魏戶律)」에 의하면, 가문(假門)·역려(逆呂)·췌서(贅婿)·후부(后夫)는 호주가 될 수 없으며, 전(田)과 집을 주지 말라고 규정하고 있어, 쇠근군이 췌서였다면 스스로 독자적인 호를 이룰 수 없었다. 그런데 한의 호적은 나이를 기준으로 15세 이상을 대남(大男)·대녀(大女)로 구분하였으므로 공문이 15세에 집을 나간 것은 스스로 호를 이룰 수 있는 나이가 되었기 때문이며, 이때 스스로 호를 이룰 수 없었던 아버지와 함께 호를 이루었을 가능성이 있다. 또 구가 재산을 분배할 때, 후부(後夫)에게서 낳은 시집간 딸 약군에게도 도전(稻田) 한 곳, 상전(桑田) 2곳을 나누어 주면서, 공문이 스스로 호를 이룬 후 한 푼도 가져온 적이 없음을 이유로 하여 재산을 나누어주지 않았으며, 이후 선군·약군에게 분배된 몫을 공문이 상속할 때에도 매매하지 못하는 조건이 있었던 것으로 보아 완전한 상속이라고는 할 수 없다. 송대의 경우 후부(後夫, 접각부)는 전부의 재산을 관리 운영할 수는 있지만 자신의 소유로 할 수는 없으며, 후부에게서 낳은 자식은 전부(前夫)의 재산을 승계할 수 없었던 것을 참고한다면, 구가 행사한 재산은 그녀가 친정부모로부터 상속받은 재산이 아닌 전부(前夫)의 재산이었을 가능성이 있으며, 한대에도 역시 송대와 마찬가지로 후부에게서 낳은 자식은 전부 재산에 대한 상속권이 없었을 가능성을 추론할 수 있다.

『수호지진간』「위분명율(魏奔命律)」에는 췌서는 가문(假門)·역려(逆旅)·후부(后夫)와 함께 죽여도 될 뿐 아니라, 종군(從軍)시켜서 식사에는 고기를 주지 말고 공성(攻城)에 사용하라고 할 정도로, 신분적 차별과 굴욕을 받았다. 한대에도 가의(賈誼)에 의하면, "진인(秦人)은 집안이 부유하면 장성해서는 분가를 하고, 가난하면 자식이 장성하여 췌서로 간다"라고 하여 췌서는 사회적으로 천시되었으며, 「칠과(七科)의 적(謫)」 가운데 하나로 꼽히며 일반인과 구별, 천시되었다. 『수호지진간』 위호율(魏戶律)에 의하면, 췌서 자신은 물론 삼세(三世)가 지나야 관리가 될 수 있으며 호적에 (이러한 사실을) 기록하여 원래 모췌서(某贅壻)의 손(孫)이라고 기록하도록 하여, 그 자손에까지 법률적으로 억압하여 국가가 사회적으로 췌서의 존재를 얼마나 적극적으로 억제하고자 했는가를 알 수 있다.

국가가 췌서를 금지하는 데는 우선 독립된 호를 이룰 수 있는 성년 남자가 여호에 편입되는 것을 제한하기 위한 것임을 생각할 수 있다. 성인 남성이 췌서로 여호에 들어가는 것은 국가로 볼 때 과징의 대상인 호를 잃는 것이다. 췌서의 존재는 국가의 남성 성인을 호주로 하는 호적제의 문란의 문제뿐 아니라, 사회적으로 전대(前代) 모계사회의 잔재였다. 춘추시대에만 하더라도 난혼(亂婚)의 시대로 원시사회의 군혼(群婚)의 성격이 남아 자매가 힌 남편에게 시집을 가는 제잉(娣媵) 혹은 잉첩(媵妾)이라든지, 서모(庶母)와 혼인을 하는 증보(烝報)와 같은 원시적 혼인 형태가 사회적으로 인정되었으며[11], 부인이 제사를 주관하는 풍속이라든가, 여성이 스스로 상대를 택하였다든가하는 모계사회의 유습이라 할 수 있는 혼인 형태가 존재하였다.[12] 「이년율령」 가운데 "버린 처의 자식은 후처의 자식과 후자(後子)를 다툴 수 없다"거나, "후처에게 후자(後子)가 될 아들이 없으면 전처의 아들로 한다"는 규정은 적장(嫡長)의 개념이 부계(父系)를 중심으로 한 장자(長子)에게 고정되어 계승되는 것이 아니라, 모계(母系)에 따라 후처의 자식이 전처 자식보다 계승에 우선하는 것으로 이 역시 모계사회의 잔재라고 볼 수 있다. 특히 췌서는 기존의 다양한 족제(族制)가 포함하고 있는 혼인, 계승 방식 가운데 여계(女系)에 의한 가(家)의 상속, 계승의 형태를 안정시키는 것이었다. 상앙변법은 부계종족제(父系宗族制)를 지지한다는 이념의 문제만은 아니라고 하더라도 결과적으로는 종래의 다양한 족제를 부계종족제로 일원화하였다. 나아가 수전체제(授田體制)가 실제로는 개별 인신지배가 아닌 호를 대상으로, 호를 단위로 운영됨으로써, 제민지배체제의 근간인 호를 안정시키기 위해 호주 즉 가부장권의 옹호로 이어졌다.

03 가부장권과 부부

진한국가는 율령을 통해 가족 내의 부부, 부자간의 관계를 직접 규제하려 하였으며, 이러한 가족에 관련한 진한의 율령은 역사상 가부장적 가족 질서 내에서 여성의 지위와 권한을 구체적으로 형성, 고착화시키는 역할을 하였다. 진율(秦律)은 주인이 노예를 천살(擅殺), 즉 마음대로 죽이는 것을 불문에 붙인 것과 마찬가지로 부모가 자식을 천살(擅殺)·사형하는 것에 국가가 간섭하지 않는 '비공실고(非公室告)'로 규정하여[13], 진율령(秦律令)은 효(孝)를 기초로 한 직계존속친(直系尊屬親)의 우월한 지위와 그들의 비속친(卑屬親)에 대한 처벌권을 허용함으로써 가부장권을 보호하였음은 잘 알려진 사실이다.

　진한(秦漢)의 율령은 부자간의 존비속친의 관계뿐 아니라, 부부간의 관계까지 가족 내의 규율에 포괄적으로 구속하여 처에 대한 부권(夫權)을 보장하고 있다. 진율은 남편이 처를 구타하여 상처를 입혔을 경우 일반적인 상해죄와 같은 내(耐)에 처하였으며 한율(漢律)에서는 다음과 같다.

　⑩ 처가 사나워서 남편이 때렸는데 무기나 칼을 갖고 하지 않았으면, 상처를 입혔더라도, 무죄이다.
　⑪ 처가 남편을 때리면 내위예첩(耐爲隸妾)에 처한다.

　이렇게 남편이 처를 때리면 상처를 입혔더라도 무기를 갖고 때리지 않았다면 무죄인 반면, 처가 남편을 때리면 아무런 상해를 입히지 않아도 내위예첩(耐爲隸妾)에 처하여, 일반적으로 아무런 무기를 갖지 않고 싸우다 상해를 입혔을 경우에 처하는 '내(耐)'보다 더 무겁게 처벌하였으며, 형제나 부모의 형제를 구타하는 것과 같은 처벌을 하여, 부부간의 다툼의 문제에 있어서 한율은 진율이나 당율보다 부권(夫權)을 한층 엄격히 보장하였음을 알 수 있다.[14]

　『상가산한간』「주언시(奏讞書)」에는 가정 내에서 부부간의 지위를 단적으로 전하는 판례가 있다. 두로(杜瀘)의 여자 갑(甲)은 남편인 공사정(公士丁)이 병으로 죽어 장례지내는 중 관 뒤에서 남자 병(丙)과 사통(私通)을 하여 시어머니 소(素)가 며느리 갑을 관에 고발하였는데, 관리가 갑을 체포하여 조사한 후 정위(廷尉), 정사(廷史) 등은 '차불효(次不孝)',

'오한(忤悍)' 죄에 해당한다고 하여, 최종적으로 '오한'으로 결론지어 완위용(完爲舂)의 처분을 내렸다. 이 판결의 근거는 "남편은 처보다 특별히 존귀하며, 처는 남편을 섬기고 그 상례를 지내는데 비용은 율에서 정한 대로 부모에 버금가게 해야 한다"는 것이다. 이 결정은 후에 죽은 남편에 대한 섬김은 산 사람과 다르다는 논거에 의해 번복되었으나, 부인과 남편과의 관계가 부모에 버금가는 관계라는 사실에는 변함이 없었다.

이러한 남편의 상례(喪禮)를 어긴 부인에 대한 '불효(不孝)' 논고는 마치 후한의 예교주의와 함께 등장하는, 여성을 가부장적 가족제에 종속시키려는 예교주의 이념들과 짝을 이루는 듯하다. 『백호통(白虎通)』은 부인의 남편과의 관계를, 형과 동생 또 친구 사이도 되지만, 군주와 신하, 아버지와 자식 사이로도 규정한다. 「여계(女誡)」는 "남편은 하늘이다. 하늘을 근본적으로 어길 수 없듯이, 남편을 절대로 떠날 수 없다"고 하여 남편에 대한 절대적인 종속을 강조하였을 뿐 아니라, "시어머니가 아니라고 하는 것을 너는 옳다고 여겨도 응당 시어머니의 영을 따라야 하며, 시비를 따지거나 곡직을 분별하지 말고 따르라"고 가르쳐 시가에 대한 절대적 복종을 가르친다.

그런데 후한 예교질서의 이념을 완성한 백호관(白虎觀) 회의에서 지향하는 국가는 왕자(王者)의 덕(德)에 의한 봉건지배체제에 기초하고 있으며, 황제는 예교(禮敎)적 천자(天子)이다. 백호통 국가는 천자로부터 서인에 이르기까지 '효(孝)는 모든 행위의 본(本)'으로 삼았으며 왕자 자신도 삼로오갱(三老五更)을 존경하여 효도와 공경의 덕을 펼쳐 천하에 보이고자 하였다. 후한 왕조는 '효자순손(孝子順孫)'과 함께 '정녀의부(貞女義婦)'를 표창하여 실제로 효제(孝悌)의 평판을 얻어 출세하기 위해 사당, 분묘, 비를 건립하는 등 호화로운 장례를 치름으로써 효를 과시하려는 경향이 유행하였다.[15] 무량사(武梁寺) 화상석(畫像石) 역사고사에 충신(忠信)과 함께 효자, 열녀가 등장하는 것도 국가에서 '효자순손(孝子順孫)' '정녀의부(貞女義婦)'를 표창하여 예교질서에 의한 통치의 안정을 꾀하려 했던 것과 무관하지 않으며, 한제국은 효제(孝悌)에 대한 복종의 윤리를 국가가 직접 독려함으로써 충성으로 이어지도록 하였다.[16]

그러나 「주언서」의 두로의 여자 갑(甲)에 관한 '불효' 판례는, 국가가 '효자순손' '정녀의부'를 표창함으로써 예교질서에 의한 공순한 복종의 윤리의 연장에서 충(忠)을 요구하려 했다는 후한의 예교질서의 이념적 포장과는 좀 다른 직접적인 목적이 있었던 듯하다. 「주언서」의 두로의 여자 갑에 관한 판례는, 출장에서 돌아온 정사(廷史)의 반론에 의해 판결이 번복되었는데, 여자 갑의 차불효(次不孝) 논죄가 부당함을 추론하는 논거는 매우 흥미로울 뿐 아니라, 당시 '불효'의 죄목을 통해 국가가 요구하는 것이 무엇이었는가를 엿볼 수 있다.

> 정사갑(廷史甲) "율(律)에 이르기를, 불효(不孝)는 기시(棄市)에 처한다. 살아 있는 아버지를 3일 동안 식사 봉양하지 않으면, 리(吏)는 어떻게 자식을 처벌해야 하는가?"
> 정위(廷尉) 각(欬) 등(等) "기시에 해당한다."
> "죽은 아버지에게 삼일 동안 제사하지 않는다면 자식은 어떻게 처벌해야 하는가?"
> 정위 등 "처벌할 수 없다."
> "자식이 살아 있는 아버지의 가르침을 듣지 않는 것과 죽은 아버지의 가르침을 듣지 않는 것이 어떤 죄가 더 무거운가?"
> 정위 등 "죽은 아버지의 가르침을 듣지 않는 것은 무죄이다."

"남편이 살아 있는데 다른 남자와 결혼하는 경우의 죄는 남편이 죽은 후 결혼하는 것과 어느 죄가 더 무거운가?"

정위 등 "남편이 살아 있는데 다른 남자에게 시집을 가거나, 그런 여자를 아내로 삼은 경우, 경위성단용(黥爲城旦舂)에 해당한다. 남편이 죽은 후 처가 시집을 가거나 그런 여자를 아내로 삼은 경우는 무죄이다."

"살아 있는 남편을 속인 경우와 죽은 남편을 속인 경우, 누구 죄가 더 무거운가?"

정위 등 "죽은 남편을 속이는 것은 처벌하지 않는다."

"남편이 관부에 종사하고 있을 때, 처가 집에 있으면서 매일 다른 남자와 간통을 해도 관리가 체포하려 하였으나 붙잡지 못하면 어떻게 처벌하는가?"

정위 등 "처벌할 수 없다."

여자 갑의 판례에서 정사(廷史)와 정위(廷尉)가 이미 내렸던 판결을 번복하는데 합치하는 논거는, 부모와 남편을 섬기는 데 생전과 사후가 다르며, 법률적으로 '불효(不孝)', '기망(欺罔)', '불청(不聽)'이 적용되는 범위는 오직 살아 있는 부모, 남편에 한하였다. 여자 갑의 판결 결과에 서로 다른 의견을 갖고 있었던 정사와 정위는, "자식이 살아 있는 아버지의 가르침을 듣지 않는 것과 죽은 아버지의 가르침을 듣지 않는 것이 어떤 죄가 더 무거운가?"라는 물음에, "죽은 아버지의 가르침을 듣지 않는 것은 무죄"라는데 모두 동의한다.「주언서」에서 국가가 필요로 하는 효는 사자(死者)에 대한 산 자의 인간적인 슬픔과 애정이 아니라 통치의 안정에 기여할 수 있는 살아 있는 자 간의 현실적인 공순(恭順) 관계일 뿐이라는 것을 단적으로 말해주는 것이다.[17] 이는 한대에 유교 최고의 경전으로 격상된 『효경』에서 말하는 "효자가 어버이를 섬김에는 죽은 부모 섬기기를 살아 계신 부모 섬기듯이 하고, 이미 장사지내 계시지 않는 부모 섬기기를 장사지내기 전 시신이 계실 때 섬기듯이 한다"는 '효'의 의미와 사회적 기반이 분명 다르다.

「주언서」두로의 판례에서 '불효'가 갖는 사회적 기반은 예교적 질서에 있지 않았다. 「주언서」두로의 판례에 의하면, '남편이 처보다 특별히 존귀한' 이유는 호주를 계승하는 순서에서 남편이 우선하며, 그 다음이 부모 그리고 처이기 때문이다. 즉 남편이 처보다 특별히 존귀한 이유, 즉 남편에게 '차부모(次父母)'와 같이 복상(服喪)해야 하는 이유는 남편이 호주 계승에 있어서 가장 앞서는 지위, 즉 호주의 지위에 있기 때문이다. 따라서 「주언서」두로의 판례는, 법률적으로 남편이 '차부모(次父母)'의 지위에 있는 경우란, 여자 갑의 남편과 같이 호주의 지위에 있는 가부장에 한(限)한다고 이해할 수 있다. 더욱이 두녕의 판례를 뒤집는 근거로서, 남편이 관부에 종사하고 있을 때, 처가 집에 있으면서 매일 다른 남자와 간통을 해도 관리가 체포하려 하였으나 붙잡지 못할 경우, 처벌할 수 없다는 법질서는 분명 이후 유교적 예교질서에서 현창하는 '정녀의부(貞女義婦)'와는 그 윤리 관념이 현저히 다르다.

후한대에 쓰여진 『설문해자(說文解字)』와 『백호통(白虎通)』은 '처(妻)'의 어원에 관해, '남편과 나란히 하는 자'라고도 하였으나, 한편으로 '부(夫)'는 지탱하다는 뜻이며, '부(婦)'는 복종한다는 뜻이며 또한 여자가 빗자루를 들고 청소를 하는 것을 말한다고도 하여 여성을 종속적으로 표현하기도 한다. 『백호통』에서는 부인은 왜 작위의 대상에서 제외되는가 하는 물음에, (남성의 양(陽)에 비해) 음(陰)은 지위가 낮아서 대외적인 활동이 없다고도 하며, 이 때문에 세 가지 복종의 의무, 즉 삼종지도(三從之道)가 있다고 한다. 그러나 여자를 출생에서 사망에 이르기까지 남성에게 종속된 삶으로 규정한 삼종지도라든가 부인을 일컬어 물뿌리고 비로 쓰는 일 정도 할 수 있다고 하는 표현은 이미 『의례(儀禮)』, 『예기(禮記)』에 나오는 것으로 미루어 선진 시기에 이미 형성되었다.

『예기』는 남자의 일을 양사(陽事)로, 여자의 일을 음사(陰事)로 규정하고 이러한 남녀 관계의 구별이 바른 부부 관계의 기초라고도 하여, 부부, 남녀의 역할을 규정하고 여성을 종속적 이념은 이미 전국시대에 형성되었다. 전국시대에 남녀의 지위, 역할의 구분을 규정하는 이론의 등장은 새로운 가족 형태와 구성의 변동에 따라 새로운 가족 윤리, 질서에 대한 요구가 있었음을 반영한다. 즉 전국(戰國) 각국의 변법에 의해 생겨난 부부 중심의 소가족 내에서는 아내, 어머니의 역할이 이전보다 상대적으로 커졌으리라 짐작한다.[18] 그러나 호를 지배의 기초로 하는 대상으로 하는 법가(法家)들의 제민지배체제는 호주, 가부장의 절대적인 지위를 법률적으로 옹호하였으며 이에 따라 처는 남편에게 법적으로 확고히 종속되었으며, 전국(戰國) 유가(儒家)들은 전국시대가 요구하는 사회, 가족 질서 가운데 남녀의 역할과 지위를 이념적으로 뒷받침하였던 것으로 이해할 수 있다. 『주역(周易)』, 『예기』, 『의례』 등 선진(先秦), 진한(秦漢)의 유가 사상과 예교 의식 가운데는 부부의 관계를 나란한 위치에 놓으면서도 음양의 차에 의해 여성을 유약하고 종속적이며 가사 중심적으로 규정하기도 하나, 『백호통』, 『설문해자』, 「여계」 등 후한의 예교질서하에서도 전대에 비해 여성의 가부장적 가족 관계에 대한 종속을 더욱 강화하는 새로운 이념적 규정은 보이지 않는다. 그러나 전한 말, 후한을 통해 유자(儒者)들의 논의의 대상으로 떠오른 여성론(女性論)들은 이 시대에 가족 내에서 여성의 존재를 다시 규정하고 규제해야 할 또 다른 사회적 요구가 있었음을 짐작할 수 있다.

후한의 예교질서는 주(周)의 봉건적 질서와 윤리, 제도를 복원시키려 하였으나 이후 여성을 속박하는 예교적 윤리 이념으로 특히 중시되었던 '정순(貞順)'은 후한의 여성에 관한 예교적 이념으로 확산, 보편화되지 않았던 듯하다. 후한대에는 안제(安帝) 원초(元初) 6년(119년)에 정부(貞婦)로서 절의(節義)가 있는 자에게 곡식 10곡(斛)을 주어 향리에 그 행적을 밝힌다는, 정부(貞婦)를 국가적으로 장려하는 조칙이 처음 내려졌음에도 불구하고, 『후한서』「열녀전」에 등재된 인물 가운데 정의(貞義)의 덕목에 해당하는 자는 결코 절대 다수를 점하지 못하였다.[19] 전한 말 후한 초의 여성론이 여성을 구속하는 실질적인 예교적 사회질서로 기능하기 시작한 것은 명청시대에 사회 전반에 걸쳐 '정순(貞順)'의 이념 등을 확산시켜 과도하게 속박하는 이론적 근거로 활용되면서부터였다. 명(明) 신종(神宗)은 「여계」가 서민의 가정에서도 딸을 가르치는 내교(內敎)의 자료로 삼을 수 있도록 서울과 지방에 널리 배포하였을 뿐만 아니라, 직접 서문을 썼으며, 명 말 청 초 왕상(王相)이 「여계」를 『여사서(女四書)』에 포함시켜 본격적인 주석 작업을 함으로써, 청대에 여러 차례 간행되어 대중에게 보급될 수 있었다.[20]

반면, 한대 가부장적 가족 질서는 일반적으로 같은 세대 내에서는 여성에 대한 남성의 특권을 강조하지만, 이러한 사고도 다른 사회적 지위의 상대적 중요성의 문제에 닥쳐서는 성별보다는 세대를 중요시한다. 어머니는 윗 세대이므로 자식들은 복종해야 하는 것이다. 특히 아버지가 죽은 경우 『예기』에 의하면, 아버지가 죽고 어머니가 살아 있는 경우 장자는 어머니가 음식을 드는 동안 옆에서 기다려야 한다. 중국 역사상

한대는 이러한 모권(母權)이 정점에 있었으며, 모권은 세대 간의 효제(孝悌)를 강조하는 가부장권에 의해 옹호되었다.[21] 무량사 화상석에 조각된 정란(丁蘭)이 나무로 조각한 돌아가신 어머니상에 무릎 꿇은 그림은 오늘날은 이해할 수 없는 당시 효 관념을 극적으로 표현한다. 한대인(漢代人)이 사당이나 분묘 건설 등 장례의식에 쏟은 효에 대한 표현은 곧 사회적 명성과 출세로 통하는 길이었으며, 화려한 장례문화는 중산층 이하에까지 확대되었다.[22] 심지어 부모가 살아 있을 때는 공경하지 못하면서, 죽은 다음에야 장례를 호화롭게 함으로써 이름과 명예를 세상에 드러내고자 하는 왜곡된 풍조까지 이르렀다. 이는 개개인에게 있어서 당시 효제(孝悌)의 실천은 현실적인 반대급부를 강하게 의식한 것이기도 했지만 효를 장려하고 보장하는 국가의 목적 역시, 통치의 안정을 보증하는 공순한 인간의 창출을 위한 것이었다.[23]

후한의 예교질서 이념은 효제(孝悌)와 같은 윗 세대와 아랫 세대의 공순(恭順)의 윤리는 사회적으로 급격히 확산시켰으나, 후대에 강조된 여성의 정순(貞順)의 윤리에는 그다지 주목하지 않았던 듯하다. 진한의 율령과 후한의 예제질서는 존비속(尊卑屬) 간의 공순(恭順)을 강제하고, 부부간에 부권(夫權)을 지지하는 반면 여성의 정순(貞順)의 문제를 부권(夫權)의 기반으로 삼지 않았다는 등은 동일한 이념과 질서의 연속상에 있는 듯하다. 그러나 후한 예교질서하의 효제는 군주에 대한 충으로 이어지는 봉건적 이념을 기초로 하는 데 비해, 진한(秦漢)의 율령(律令)상의 '불효'의 조항은 제민지배체제를 기반으로 가족 내의 가부장권의 옹호를 목적으로 하며, 가부장과 다른 모든 가족 성원의 관계, 부자뿐 아니라 부부 관계도 가부장의 절대적 지위하에 종속시킨다. 진한 율령상의 '호주', 가부장이란 사실상 전국 중기에서 시작되어 한초(漢初)에 완성된 소농가족의 윤리이며, 그 가부장권 강화의 근저에는 실질적으로 개개인의 인신 지배가 아닌, 호를 대상으로 한 진한의 제민지배체제가 호주의 가정에 대한 장악권을 보호, 제민통치의 기반을 안정화하기 위해 가부장권을 용인, 보호하는 진한(秦漢)의 율령(律令)이 있다. 따라서 부부간에 처의 남편에의 종속은 전국시대 법가들에 의해, 가부장권에 기초한 제민지배체제 법률 가운데 가부장권을 강화한 구체적인 규정을 통해 확고히 고착화되었으며, 이러한 당시 가족질서의 사회적 요청은 전국(戰國) 진한(秦漢) 유가들에 의해 남녀의 분(分)으로 이론화되었다.

따라서 진한(秦漢) 율령상의 가부장권이나 효는 후한 예교질서하의 가부장권, 효와 그 의미와 사회적 기반을 달리하며, 한 율령상의 '불효'의 적용은 후한 예제적 질서, 유가 이념하의 '효' 적용의 범주와 사회적 기반을 달리한다. 즉 살아 있는 자에 한해 적용되는 현실적 사회 지배와 규제를 목적으로 하는 진한의 율령은 부부간의 관계까지 규율하며, 처의 남편에 대한 종속성을 구체화하였다. 전국시대에 형성되기 시작한 소가족제하에서 남편은 곧 호주일 수 있었으나, 전한의 소농가족제가 붕괴하고, 후한의 예교적 질서가 지지하는 대가족하에서는 호주, 즉 가부장권의 보호는 결코 곧바로 부권의 지지를 의미하지 못했을 것이다. 따라서 후한대에 백호관 회의 이후 이어지는 여성론은 대가족 내에서 가장의 위치를 독점하지 못하는 남편의 지위에 대한 규정과 안정화를 위한 이념적 대응이었다고 볼 수 있다. 그러니 후한의 예교질서에 기초한 여성론들은 결코 전대에 비해 여성의 종속성을 이념적으로나 현실적으로 강화했다는 증거는 보이지 않으며, 진한율령이 고착화시킨 가부장을 중심으로 한 기타 가족원의 종속, 특히 처의 남편에 대한 종속을 이념적으로 재정립, 분식했을 뿐이다. 후한 예교질서 가운데 여성의 정순

(貞順)의 덕목이 크게 부각되지 못한 것 역시「이년율령」주헌서의 정절 관념과 이어진다. 즉 후한의 예교질서에 의한 여성론은 진한 율령이 고착화시킨 여성의 가족 내 지위와 윤리의 범주에 한해 현실적으로 받아들여졌을 뿐이다.

■주 석

1) 「神鳥賦」, 連運港市博物館 等編, 『尹灣漢墓簡牘』, 中華書局, 1997, pp.148-150
2) 김염자,「고대중국여성윤리관 -『후한서 · 열녀전』을 중심으로 -」,『이대사원』6, 1966, p.75
3) 柳田節子,「宋代庶民の女たち」, 汲古選書, 2003, pp.84-94
4) 부인에 대한 봉작(封爵)의 예는 고조(高祖)의 형백(兄伯)의 처가 음안후(陰安侯)로, 소하(蕭何) 사후에 그 부인이 찬후(酇侯)로, 번쾌(樊噲)의 처 여수(呂嬃)가 임광후(臨光候)가 되었으나 이 모두는 여후칭제(呂后稱制)시대로 예외적인 사례에 속한다.
5) 西嶋定生,「中國古代帝國の形成と構造, - 二十等爵制の硏究」, 東京大學出版會, 1961, pp.455-459.
6) 守屋美都雄, 『中國古代の家族と國家』, 京都大學文學部 東洋史硏究會, 1968, pp.410-411.
7) 董家遵,「從漢到宋寡婦再嫁習俗考」, 李又寧, 張玉法編, 『中國婦女史論文集』 제2집, 1988, pp.41-45.
8) 王符, 『潛夫論』권5 斷訟
9) Jack L. Dull, *Marriage and Divorce in Han China: A Glimpse at "Pre-Confucian" Society, In Chinese Family Law and Social Change in Historical and Comparative Perspective*, edited by David C. Buxbaum, Seattle: University of Washington Press, 1978, pp.45-48.
10) 陳平, 王勤金, 儀徵胥浦101號西漢『先令卷書』初考,『文物』1987 - 1, pp.20-25; 韓獻博,「漢代遺囑所見女性 親戚關係和財産」,『簡帛硏究 2001』, 廣西師範大學出版社, 2001.
11) 이숙인, 『동아시아 고대의 여성사상』, 여이연, 2005, p.213; 楊筠如,「春秋時代之男女風紀」, 李又寧, 張玉法편, 『中國婦女史論文集』第二輯, 臺灣商務印書館, 1988
12) 牟潤孫,「春秋時代母系遺俗公羊證義」, 鮑家麟編, 『中國婦女史論集』, pp.14-23
13) 『신산(秦簡)』에는 부모가 친자를 擅殺한 경우, '경위성단용(黥爲城旦舂)'으로 처벌한 경우도 보인다(『睡虎地秦墓竹簡』, 文物出版社, 1978, p.181).

14) 같은 경우 당률에서는 처가 남편을 때린 경우 도형 1년이나, 상처가 심한 경우 일반인끼리의 구타에 의한 상해죄에 3등을 더한 반면, 남편이 처를 구타하여 상처를 입힌 경우, 일반인을 범한 죄에서 2등을 감하여 처벌한다. 따라서 남편이 처를 때려 상처를 입혔을 경우, 진률은 일반적인 상해죄를 적용하고 당률은 상해죄에서 2등을 감하는 반면, 한률은 남편이 무기를 갖고 하지 않았으면 부인에게 상처를 입혔더라도 무죄이다.

15) Martin Power, *Art and Political Expression in Early China*, Yale University Press, 1991, pp.52-53.

16) 李成珪,「漢代『孝敬』의 普及과 그 理念」,『韓國思想史學』제10집, 1998, p.195.

17) 앞글, p.201.

18) Bret Hinsch, Woman in Early Imperial China, Rowman & Littlefield, 2002, p.48.

19) 『後漢書』권84「列女傳」

20) 이숙인 역주,『여사서』, 여이연, 2003, p.349-350.

21) Bret Hinsch, pp.53-57.

22) Martin J. Power, Art and Political Expression in Early China, Yale University, 1991, pp.136-137.

23) 이성규,「한대『효경』의 보급과 그 윤리」, pp.194-195.

송대 딸들의 재산 상속 권한

육_정_임

01 머리말

여성의 종속적 지위는 열등한 재산권의 결과라고 엥겔스가 주장한 이후, 여성의 재산권 문제는 여성의 지위와 관련하여 주요 관심 대상이 되었다. 상속은 자율적인 경제 활동이 제한되었던 전근대 사회에서 여성 재산권을 설명하는 가장 중요한 부분이었다. 사실 상속제도에 의해 결정되는 가족의 상속지분이나 기대는 각 개인의 지위와 가족 친척 간의 인간 관계에 영향을 주었다는 점에서도 여성의 상속권은 여성의 사회적 지위를 가늠하는 잣대가 될 수 있다.

중국에서는 일찍부터 부계 중심의 가족제도와 그를 뒷받침하는 유교 이념이 강고하게 지속되었지만, 다른 한편 딸이 부모로부터 재산상의 지원을 받는 것 역시 지속적인 관행이었다. 근대 이전 중국의 딸들에게 부모의 재산이 전승되는 경로는 가장 일반적으로 혼인을 위한 지참금을 통해서였고, 남자 형제 상속자가 없는 경우 소위 호절(戶絶, 부모가 사망하고 남자 후계자가 없어 가호가 단절된 것)재산 상속을 통해서였다. 성리학이 부흥했던 송대 역시 예외가 아니며, 오히려 지참금과 호절재산의 권리와 분량이 증대된 특징을 보이고 더 나아가 딸이 남자 형제와 가산을 분할해 절반을 받는다는, 어느 시대에서도 볼 수 없었던 법령까지 발효된 바 있다. 적어도 예속된 신분이 아닌 여성은 다양한 경로로 부모의 가산을 취득하고 그 취득분도 비교적 많았다. 더욱이 그러한 권리가 관습으로만 행해지는 것이 아니라 국가법의 공인을 받았다.

그런데 여성의 재산 문제와 관련된 관념적인 유교 원칙은 사회 속의 실제 관행과 큰 괴리를 보여 중국 여성의 재산 상속이나 재산권을 이해하는 데 어려움을 준다. 송시대에도 이념적 원칙과 현실적 관행 또는 필요성 사이에는 분명한 차이가 있어, 당시 사대부 관료들조차도 현실적인 필요를 인정하기도 하고 또는 유교 원칙에 어긋남을 비판하기도 했다. 그러나 어떤 경우에도 여성에게 주어지는 재산의 의미를 축소하거나 경시하는 경향은 있었다. 딸에게 전승되는 재산은 어떤 방식을 통한 것이라 할지라도 지참금을 나타내는 어휘로 표현될 뿐이었다.

근대 학계에서도 전근대 유교적 원칙과 그것을 중시한 저술들의 영향을 받아, 여성의 상속 문제도 남성의 상속과는 다른 차원일 것으로 차별화하고 송대 여성의 상속재산에도 별다른 의미를 두지 않는 학자들이 있다. 그러나 전근대 지배층 남성들이 유교적 이상(理想)을 드러내려고 했던 언어와, 그에 가려져 있던 역사적 실상을 그것과 혼동해서는 안 될 것이다. 유교 예법의 당위론적인 관념에서가 아니라, 송대 딸에게 재산이 전달되던 실상을 파악하고 그것을 근거로 딸의 상속권에 대한 평가와 그 사회적 의미에 대해서 고찰할 필요가 있다. 이것은 당시 사회 메커니즘과 가족 구조, 법과 현실의 변화와 상호 관계 등과 함께 이해하려고 할 때 가능할 것으로 생각한다. 이러한 점들을 염두에 두면서, 송대 딸이 재산을 상속하는 경로로서 지참금, 남녀 분할, 호절재산 등의 실상을 살펴보고자 한다.

02 지참금 지불 관행

중국에서는 일찍부터 혼인 과정에 재물 거래가 수반되었다. 선진시대 귀족층의 혼인 의식이었던 육례(六禮)에는 납징(納徵) 또는 납폐(納幣)라고 하여 혼인에 앞서 남자 집에서 여자 집으로 빙재(聘財)를 혼인 예물로 증여하는 절차가 있었다. 시대에 따라 육례에도 변화가 있고 일반민들에게는 그들대로의 이른바 속례(俗禮)가 있었으나 어느 경우도 납폐는 빠지지 않는 중요 절차였다. 빙재의 수수(授受)는 관습적으로 혼약의 성립을 의미했고 진대(晉代)부터는 혼약의 법적 기준이 되었으며, 당대 이후 법률은 혼서(婚書)를 작성치 않아도 빙재를 받았다면, 혼서를 작성하고 사약(私約)을 한 것과 마찬가지로 신부 집에서 약혼을 파약될 때 법적인 치벌을 받을 수 있었다.[1] 한 편 신부 측에서는 신랑 집에 선물을 할 의무는 없었지만 시집가는 딸에게 옷이나 화장품 패물 등을 마련해주는 것이 뿌리 깊은 관습이었다.

송조(宋朝)는 건국 직후 기본법인 율(律)을 제정할 때 당조(唐朝)의 것을 거의 그대로 답습하면서 상속법 역시 거의 그대로 채택했다. 미혼의 딸에게 가산의 일부를 혼인 비용으로 주도록 하는 내용이 포함되어 있었다.

> 가산을 분할할 때 전택 및 재물을 형제가 균분한다. (……) 처의 지참 재산은 분할 대상에서 제외한다. 아직 처를 맞지 않은 자에게는 장래 빙재에 충당하기 위한 재산을 특별히 주라. 고모나 자매가 미혼인 경우 미혼 아들에게 빙재용으로 주는 액수의 반(半)을 준다. (……)²⁾

가산의 제자 균분 상속(諸子均分相續)을 규정하는 중요한 법령 안에 자녀의 혼인 비용에 관한 조문을 둔 것은 혼사 중의 재물 거래가 차지하는 가계상의 비중이 컸음을 시사한다. 가산은 원칙적으로 남자 후손들에게 상속되지만, 여성 가족들도 혼인 비용만큼은 가산에서 받는 것을 법적 권리로 인정한 것이다.

지참금이 성혼(成婚)의 요건은 아니었을지라도 결혼하는 여성의 지위를 결정하는 요소가 되었다. 여성의 정식 혼례는 첩이 아닌 처로서 출가함을 드러내는 결정적인 요소였고, 사회에서 지참금 액수가 며느리를 선택하는 데 중요한 요소로 작용하기도 했다. 지참금이 없는 고아 소녀들은 심지어 이전에 관호(官戶)의 딸이었던 경우조차 적당한 가정에 시집갈 수 없고 첩으로 팔리는 등 비참한 운명을 맞을 수 있었다.

여자가 결혼할 때 가지고 가는 재물, 즉 지참금의 의미로 전통시대 중국어는 장(粧), 염(奩), 장(裝), 가장(嫁妝), 혹은 낭탁(囊橐) 등이 합성어로 사용되거나 각 문자 단독으로 사용되었다. 이들의 문자적 의미는 여자의 몸단장을 위한 도구나 그것을 담은 상자로, 주로 혼인한 여성의 개인적인 사용품 정도의 소박한 의미를 갖고 있다. 본래 고례(古禮)의 의식 규범과 국가법에서는 빙재를 혼약의 법적 요건으로 간주하되 재물의 가치와 크기는 문제되지 않았다. 또한 국가법이나 예제(禮制)에서 빙재나 지참금에 대해 그 종류, 액수, 또는 가산에 대한 비율에 대해서는 언급하지 않았다. 그런데 사회 현실상 혼인 비용의 규모는 점차 커지는 추세였고, 빙재나 지참금은 점차 의식의 차원을 넘어 실질적인 재산 양여의 성격을 가지게 되었다. 각 가정에서 지출하는 혼인 비용의 절대 액수는 그 가정의 능력에 따라, 또 부모가 여러 가지 상황을 고려해서 정했고, 단순한 여성용 물품뿐 아니라 상당한 경제적 가치를 갖는 재산을 주기도 했다.

실제 송대의 지참금은 장렴(粧奩) 즉 '화장품 상자' 라는 문자적 의미를 넘는 그 이상이었다. 송대 개봉(開封)이나 항주(杭州)와 같은 도시에서의 혼례 의식을 전하는 문헌들을 보면, 그 당시 혼인이 이루어질 때 정식 약혼을 위한 절차의 각 단계마다 신랑과 신부 측에서의 첩자(帖子)의 교환이 있었다. 여자 집에서 보내는 단자에는 그녀가 혼수로 가지고 갈 물품들의 목록을 적었는데, 그 안에 보석, 금, 은, 진주 등의 패물과 침구 의류 등의 생활용품, 심지어 전토(田土), 옥업(屋業), 산원(山園) 등의 부동산까지 포함되기도 했다.

이미 위진남북소(魏晉南北朝) 초기에도 일부 상류층에서는 혼수 비용의 고액화 현상이 나타났고, 이것이 점차 서민을 포함한 대부분의 계층으로까지 확대되어 갔다. 북제(北齊)때 안지추(顏之推)는 그의 가훈서(家訓書)에서,

요즈음 결혼을 보면 딸을 재물을 받고 팔거나 또는 비단을 지불하여 처(妻)를 사기도 한다. 선조를 서로 비교하여 아주 적은 액수까지 계산하고, 요구는 많이 하고 지불하는 것은 적게 하는 등 시장에서의 흥정과 다르지 않다[3]

고 하여 혼인을 합의하는 과정에서 빙재의 금액에 대한 합의가 중요하게 간주되었던 상황을 전해준다. 신분적 차등이 뚜렷했던 위진남북조(魏晉南北朝) 수당(隋唐) 시대까지는 신분적 내혼제(內婚制)가 지배적이었다. 안지추는 딸을 사회적 지위가 낮은 가문으로 시집보내는 경우, 여자의 집에서 더욱 많은 액수의 빙재를 기대했던 상황을 전해주지만, 그 반대의 경우 즉 딸을 상대적으로 높은 문벌 집안으로 시집보내는 경우에는 딸의 집에서 남자 집에 상호 문방(門望)의 격차를 배상하기 위한 이른바 "배문재(陪門財)"를 주는 관행도 있었다.

송대에는 혈통 대신 남자의 능력, 즉 과거를 통한 출사(出仕) 여부가 가정의 위세를 결정하게 됨에 따라, 딸을 관인의 집으로 시집보내려고 경쟁하거나, 또 사대부의 지위를 이유로 신부 집에 고액의 지참금을 요구하는 가정들이 지참금의 고액화 경향을 주도했다. 아울러 경제와 상업의 발전 속에 부(富)는 사회적 출세를 위해 더욱 중요해지면서 사회 전 계층에까지 혼인 비용의 상승 추세가 나타났다. 이러한 사태를 비판한 많은 송대 지식인들 중, 사마광(司馬光)의 말을 통해서 상황을 확인할 수 있다.

요즈음 탐욕스럽고 야비한 사람들은 며느리를 들일 때 지참금의 크기를 먼저 묻고, 딸을 시집보낼 때는 빙재의 양을 먼저 묻는다. 어떤

자들은 계약서에 "어떤 물건은 얼마큼, 또 어떤 물건은 얼마큼"이라고 쓰니 이는 딸이 팔려가기를 구하는 꼴이다.[4)]

그런데 본고의 주제와 관련하여 더욱 관심을 끄는 사실은 타산적인 결혼과 혼인 비용의 상승 자체보다 남녀 결혼 비용의 균형이 변화했다는 점이다. 거래의 조건처럼 되어버린 혼인 비용을 비난했다는 점은 같으나 안지추는 빙재의 문제를, 사마광은 지참금의 문제를 더 심각하게 느끼고 있었다. 북송대 범중엄(范仲淹)이 의장(義莊)을 설립하고 그 경비 지출에 대한 규칙을 마련할 때, 혼인 비용으로 여자는 30관(貫), 남자는 20관(貫)을 할당했다. 재혼인 경우에 여자에게는 20관을 주지만 남자에게는 주지 않도록 했다. 또 12세기 여조겸(呂祖謙)은 동거공재(同居共財) 관계를 지속하는 의거(義居) 가정을 위한 규칙을 정하면서 딸의 결혼에는 100관을, 아들의 결혼에는 50관을 쓰도록 정했다. 당대(唐代)까지는 빙재 즉 남자 측에서의 결혼 재정 부담이 크다는 불만이 많았다면, 송대는 여자 측에서의 비용 즉 지참금 부담이 더 커졌던 경향을 분명하게 보여준다.

과거제도에 의한 개인 능력의 중시와 화폐 상업경제의 발전 속에 지참금이 사회적 출세와 경제적 수익을 줄 수 있는 사회로의 변화 속에서 나타난 현상이었다. 점차 상류층에 국한하지 않고 평민들에게까지 지참금의 액수가 증대하고 토지가 지참금에 포함되는 것도 특별한 일이 아니었다. 고비용의 지참금은 당시 극소수의 상류층을 제외하고는 딸을 시집보내는 가정에 상당한 부담이었을 것이다. 그렇다고 부모로서 충분한 지참금을 주지 않을 수도 없는 상황에서, 남송대(南宋代) 관리를 지냈던 원채(袁采)의 경우는 자손에게 주는 가훈서에 그러한 어려움과 대비책에 관하여 충고했다.

> 중간 정도 재산이 있는 집이라면 범사에 일찍부터 걱정을 하지 않으면 안 된다. (……) 딸을 양육함에도 역시 일찍부터 딸의 혼수 의복과 물품들을 저축해두어야 시집을 보낼 때 힘들지 않게 된다. 만약 이런 일들을 치워놓고 생각지 않다가 때에 당하여 급박해진다면 무슨 방도가 있겠는가? 닥쳐서 땅이나 가옥을 팔든지 아니면 딸이 남들 앞에서 수모를 당해도 무정하게 있게 될 뿐이다.[5]

원채는 아들에 대해서는 그 생계를 위해 미리부터 생업을 가르칠 것을 충고한 반면, 딸에 대해서는 혼수 비용을 가장 염려했다. 딸의 지참금 마련은 전토나 집을 팔아야 할 만큼의 큰 부담이었기 때문이다.

지참금은 그 비중이 매우 커지고 여성의 혼인에 필수적 요소가 되었을 뿐 아니라 국가법의 보호를 받는 여성의 권리이기도 했다. 이 권리가 침해당하는 경우에 법에 호소할 수도 있었으므로 원채는 부모 사망 후에 출가하는 여성의 지참 재산을 법대로 주어야 한다는 충고도 잊지 않았다.

> 고녀(孤女)에게 가산의 지분이 있을 때[有分] 반드시 능력에 맞춰 후(厚)한 가자(嫁資)를 주어 시집보내야 한다. 전산(田産)을 주어야 할 때는 반드시 법조(法條)에 따라 주어야 한다. 만약 당장만 생각하여 인색하게 한다면 시집간 후에 반드시 고소를 할 것이다.[6]

이제 송대 여성의 지참금은 신부의 개인 소지품 또는 단순한 혼수의 의미가 아니라 가산의 지분의 성격을 가진 것이었다고 할 수 있다. 가장

(嫁粧) 가자(嫁資) 등의 지참금 명목으로 주어졌다 하더라도 그 성격과 가치에 있어서 아들의 혼인 비용인 빙재보다는 오히려 아들의 분할 상속분에 오히려 가까웠다. '고녀유분(孤女有分)' '합득전산(合得田産)' '필의조분급(必依條分給)' 등의 표현은 확고한 상속권을 가진 아들에 대해 똑같이 사용된 용어였다.

03 '남녀분법(男女分法)' 중 딸의 지분

앞서 말한 바와 같이 남송대에는 다른 어느 시대의 자료에서도 발견된 바 없는 특별한 내용의 딸의 상속 관련 법령이 있었다. 이 법령에 의하면 아들과 딸이 함께 재산을 분할하고, 딸은 아들 몫의 반을 받는다는 것이다. 남송 후기 양절(兩浙), 강서(江西), 복건(福建)을 비롯한 동남 지역 일부 지방관의 판례를 수록한 「명공서판청명집(名公書判淸明集)」에서 확인할 수 있는 이른바 "남녀분법(男女分法)"의 법조문과 그 적용 사례는 다음과 같다.

이 법령이 직접 인용된 자료는 남송대 강남동로(江南東路) 제점형옥(提點刑獄)으로 재직한 바 있는 유극장(劉克莊)의 서판(書判)이다. 사건은 췌서혼(贅壻婚)을 한 딸과 유복자(遺腹子)가 남아 있는 가정에서의 분산(分産) 문제였다. 췌서(贅壻, 데릴사위)는 문서를 내세워 처부모가 자신에게 했다는 약속을 내세우면서 법정의 분량보다 많은 재산을 차지하려고 했다. 유극장은 그 문서가 사위에 의해 위조한 것으로 밝혀내고, 아들이 3분의 2, 딸이 3분의 1을 받도록 판결하면서 다음과 같이 그 법적인 근거를 밝혔다.

법(法)에 의하면 부모가 사망한 뒤 아들과 딸이 분산(分産)할 때 딸은 아들의 반(半)을 받는다[在法, 父母已亡 兒女分産 女合得男之半]. 유복남(遺腹男)도 역시 아들이다. 주병(周丙)이 죽은 후 재산(財産)을 마땅히 3분하여 유복자가 2분을 갖고 세을랑(細乙娘)이 1분을 가지는 방식으로 분석했어야 법의(法意)에 합당하다[方合法意]. 사위 이응룡(李應龍)은 처가에 고자(孤子)가 있는데, 더욱이 법조(法條)도 살피지 않고[更不顧條法] 어린 고아를 긍휼히 여기지도 않고 멋대로 (……) 처부(妻父)와 처모(妻母)의 증여[標撥]이라고 꾸몄다. (……)[7]

유극장은 또 다른 판어에서도 법령의 조문을 직접 인용하진 않았지만 판결에 적용하였다. 이 사안은 복잡한 가족 관계와 갈등이 얽혀 있고, 수차례의 재판과 항소로 인해 판결 내용도 이해하기 쉽지 않으며 더구나 학자들의 해석도 분분하여 면밀한 내용 파악이 필요하다. 여러 차례 반복된 재판 후에야 제대로 밝혀진 가족 관계는 다음과 같았다.

전현승(田縣丞)에게는 포양자(抱養子)인 세광(世光)과, 첩 유씨(劉氏)에게서 난 친생자 진진(珍珍)과 두 딸이 있었다. 양자 세광은 아들은 없고 추국(秋菊)이라는 비(婢)에게서 두 딸만 두었다. 전현승과 세광이 차례로 사망했다. 전현승의 동생 통사(通仕)는 항렬이 맞지 않음에도 불구하고 자신의 아들 세덕(世德)을 세광의 후사로 입사(立嗣)하고자 했다. 판결을 맡은 유극장은 통사가 재산에만 욕심을 갖는 것과 입사에 항렬을 어긴 것을 비난하면서도 달리 사람이 없으므로 세덕을 세광의 사자(嗣子)로 인정하되 단 사후의 양자(養子)로 규정했다. 그리하여 이 가정의 분쟁에는 재산 분배와 관련한 두 가지 문제가 있었다. 첫째, 세광, 진진, 그리고 유 씨의 두 딸 사이에 분할하는 방법의 문제로, 결국 전현승의 재산을 그의 두 아들과 두 딸이 나누는 문제였다. 둘째는 첫 번째 결판으로 세광에게 분배될 몫을 그의 자녀, 즉 계절자(繼絶子)인 세덕과 추국의 두 딸이 어떻게 나눌까 하는 문제였다. 후자는 뒤에 다룰 호절재산의 문제였고,[8] 본 장의 관심은 아들과 딸의 재산 분배 문제인 첫째 사안인데 판결은 다음과 같이 이루어졌다.

> 유 씨의 두 딸은 현승(縣丞)의 친녀(親女)이므로, 설사 등사(登仕. 世光)가 살아 있다 하더라도 마땅히 진진(珍珍)과 균분하고 두 딸은 각각 남자의 반(半)을 받아야 합당하다[二女各合得男之半]. 지금 등사가 이미 죽었고, 나는 단지 제자균분지법(諸子均分之法)에 의거할 수밖에 없다. 현승의 두 딸은 진진과 함께 부분(父分)을 공승(共承)하여, 십분(十分) 중에 진진이 오분(五分)을 얻고 오분(五分)은 두 딸[二女]에게 균급(均給)한다. (……) 이처럼 처분하니 비로소 법의(法意)에 맞는다.[9]

내용에서 만약 전현승의 자녀들끼리 정상적인 가산 분할을 했다면 딸들은 분명히 아들 몫의 반을 받는다고 했다. 유극장(劉克莊)은 아들이 있는 가정임에도 불구하고 딸들에게 분할상속이 이루어져야 함을 다시 한 번 확인해주고 있다. 그런데 어떠한 법적 근거에 의한 것인지 분명치 않지만, 세광이 사망했다는 이유를 들어 그 법을 따르진 않았다. 결국 선현승 전체 재산에 대해서는 아니고, 이번에는 첩 유 씨(劉氏)의 자녀들 즉 아들과 두 딸 사이에 남녀분법(男女分法)을 적용하였다. 판관은 자신 있게 이것이 법의 뜻에 맞는다고 했다. 남녀분법은 유 씨가 소송을 제기할 수 있는 법적 근거였으며 재판관에게는 준수해야 할 부담을 주는 법령이었음에 틀림없다.

유극장의 판례보다 앞선 13세기 초반에 인접한 지방에서 재판을 맡았던 범응령(范應鈴)도 남녀분법의 존재를 시사하고 있다. 이 판안(判案)은 상당한 규모의 가산을 남긴 부친이 유언으로 두 친녀(親女)에게 재산을 상속했으나 양자(養子)가 이에 따르지 않아 발생한 것이었다. 그는 유촉(遺囑)으로 딸들이 받는 재산이 가업의 크기를 고려할 때 너무나 적어서 유촉의 시비를 판단할 필요도 없다고 했다. 왜냐하면 혹 유촉이 없었다 하더라도 두 딸들은 부모 재산을 받을 권리가 있었다는 것이다.

설사 부모가 유촉(遺囑)을 남기지 않았다 하더라도 (딸들은) 역시 스스로 마땅히 받으며, 만약 타군(他郡)의 균분지례(均分之例)로써 처리한다면 두 딸과 양자는 각각 마땅히 재산의 반을 받는다 [假使父母無遺囑 亦自當得 若以他郡均分之例處之 二女與養子各合受其半].[10]

범응령은 판결을 내리기 전에 두 딸이 아버지의 친딸로서 재산권을 가지고 있음을 강조하고 양자를 크게 비난했다. 그의 최종 판결은 유언을 번복하지는 않고 그 내용대로 따르도록 했지만 양자 효선(孝先)에게는 장일백(杖一百)과 정고(釘錮)의 벌을 내렸다.

남송대 재판기록문 중에서 딸의 가산 상속분에 대해 그것도 "아들의 반"이라는 내용을 분명하게 확인할 수 있는 것은 위의 세 가지 사례들이므로, 이 법령의 보편성이나 심지어 법령의 존재 자체를 부정하는 주장도 끊이지 않는다. 그런데 남송대 자료에는 딸과 아들이 동등하게 가산을 분할한 것으로 보이는, 판어에 인용된 "남지반(男之半)"의 규정 이상으로 파격적인 딸의 상속에 관한 기술이 눈에 띈다. 남송대 관료를 지낸 고항(高閌)은 자손을 훈계하는 글에서 이재(異財)하는 당시 관행을 못마

땅해 하고 더욱이 자녀들이 균등하게 가산을 분할하는 점에 대해 비판하였다.

> 오늘날 사람들은 옛사람들이 별거(別居)하는 원리를 이해하지 못한다. 그래서 석거(析居)하면서 재산까지 분할하니 이것이 잘못 알고 있는 것이 아닌가. 더욱이 석거법(析居法)은 단지 균평(均平)함으로써 쟁단(爭端)을 막는 것만 중시하여 적서(嫡庶)의 판별조차 없으니 이는 율(律) 만든 사람들의 실수이다. 사람이 죽었을 때 그는 집에 가묘(家廟)도 없을 것에 대해 고려하지도 않은 것이다. 만약에 형제가 제비뽑기 방법으로 석거(析居)한다면, 가묘에 정해진 주인이 없게 된다. 게다가 율(律)에는 또 '부인이 남편의 몫을 승계하고 딸은 아버지 몫을 승계한다' 〔婦承夫分 女承父分〕는 조(條)가 있으니, 만일 부인(婦人)이 제비를 뽑아 가묘(家廟)를 취하게 된다면 가묘는 마침내 제사할 주인도 없게 될 것이니, 이것이 될 일인가!¹¹⁾

대개 가산을 분할할 때는 철저히 분배되는 재산 가치를 균평하게 할 수 있도록, 전 재산의 종류별로 각각 공동상속자의 수대로 나누고, 상속자들은 제비를 뽑아 자신의 몫을 정했다. 이에 고항(高閌)이 가장 염려한 것은 가묘를 포함하고 있는 부분이 제비뽑기에 의해 딸에게 갈 수도 있다는 것이었다. 또 그는 딸이 분산에 동참하는 것만을 지적하여 불평한 것은 아니었고, 형제가 균분하는 것에 대해서도 반대했다. 그가 인용한 문제의 조문(條文)은 분명하게 딸이 아버지의 몫을 상속한다고 했다. 더욱이 그가 목격하고 우려한 것은 아들과 딸이 동량의 가산을 나누어 받았던 것으로 보인다.

이제 딸이 가산 분할에 참여하여 자신의 상속 지분을 차지하는 것이 법령으로 인정되었음을 부정할 수는 없겠다. 이 법을 인용하거나 시사(示唆)한 자료를 검토할 때, 시기적으로는 12, 13세기 즉 남송대를 통해, 그리고 지역적인 범위는 최소한 호남(湖南), 강서(江西), 복건(福建) 지역을 포함한 회하(淮河) 이남 양자강(揚子江) 지대에서 이 법이 시행되었던 것으로 볼 수 있다.

그러나 남녀분법 또는 여승부분법(女承父分法)이 사법(司法)의 장에서 적용된 사례는 현존 자료에서 더 이상 찾기 어렵고 오히려 어떤 판관은 유언과 같은 다른 요인도 없는데도, 아들의 반이라는 배분 비율을 전혀 고려하지 않았던 사례도 볼 수 있다. 딸을 위한 분법은 사회의 관행이고 국가법으로 제정되기는 했지만 당시 모든 사람들이 이 법에 동의하고 따랐던 것은 아니었다고 생각된다. 남송대에 새롭게 제정된 것으로 보이는 이 법은 일부 사람들에게는 생소했을 수도 있고 또 거부되기도 한 만큼, 당시 국가법체계상 그 강제성의 정도가 아주 강하지 않은 하급법이었던 것으로 추측된다.[12]

그렇다면 지참금과 분(分), 즉 상속지분은 어떤 관계일까? 송 초 상속법에는 모든 아들은 공동상속자로서 분(分)을 승계하고, 미혼 아들은 빙재를 따로 더 받았다. 남송대 여성의 반분 규정 및 여러 자료에서 확인할 수 있는 여성의 분(分)도 남성의 경우처럼 결혼 비용과는 구분되는 것이었을까? 그렇지는 않았다고 생각한다. 앞에서 본 바와 같이, 지참금이 가산의 일부가 될 만큼 고액화되는 사회 관습으로 인하여 가산에서 차지하는 비중이 커지게 된 딸의 지참금을 남자 형제들의 상속분 할당과 함께 하게 된 것으로 보아야 할 것이다. 지참금은 이제 그 일반적인 액수가 미미할 때보다 훨씬 적극적인 의미로 분(分)을 소유하고 또

가산을 나누어 받는 것으로 인식되었을 것이다.

송대 딸의 상속법은 빙재의 반을 주도록 한 구법(舊法)이 현실에 부합하지 않게 된 만큼 개정을 요구하게 되었을 것이다. 지참금이 늘어나고 그에 따라 딸의 상속권 요구가 커지는 데다 소송이 대중화하는 사회의 변화 안에서, 딸의 지분 비율에 대한 법적 지침이 필요했던 것이다. 법정 분할 비율이 없다면 딸의 재산 요구로 인한 법적 소송이 증가하고 또 그 판결도 쉽지 않았을 것이다. 남송대 딸의 "득남지반(得男之半)" 분법(分法)은 이 같은 사회적 필요와 사법(司法)적 판결을 위한 목적에서 제정된 것이라고 할 수 있다.

04 호절재산에 대한 권리

부모가 모두 사망했고 남자 후계자가 없다면, 그 가계 또는 가호는 단절된 것으로 인식되었다. 이러한 소위 "호절(戶絶)" 상황은 그 가정에 조상제사가 끊어지는 불행한 사태였다. 전통적으로 호절의 경우 딸이 우선적인 상속자가 되었으므로, 그 처분 관행은 딸의 재산 상속문제 이해에 중요한 부분이 된다.

호절은 그 가호(家戶)의 주변 친지들이나 국가에도 관심사였다. 남은 가족이나 수변인들은 제사와 재산을 포괄직으로 승계할 아들이 없는 상황에서 그 가산(家産) 처분에 비상한 관심을 가졌고, 정부는 그 재산의 과세 대상에서 사라지거나 불법적으로 횡령되지 않도록 해야 했다. 특히 송조는 어떤 시대보다도 호절 관련 입법을 중시하여 수차례의 제정과 개정을 통해 매우 상밀(詳密)한 법을 마련하고, 호절재산의 수혜자가 매우 다양하고 그 배분 방식도 유례없이 복잡했다. 전통 중국사회에 있어서 가계가 끊어질 가능성 즉, 부부가 가임 기간 중 아들을 얻지 못할 확률은 20-30%로 추정되고 있으며, 송대에도 전란 등으로 인해 호절 발생 가능성이 그에 못지않았을 것으로 생각된다. 단, 송 이전부터도 친자손을 대신하는 의제적(擬制的) 친자 즉 양자가 있어 조상 제사와 함께 가산을 승계할 수 있는 소위 "계절(繼絶)"의 경우는 가절(家絶)로 간주하지 않았다. 유교의 예제(禮制)에서 동종(同宗)이며 항배(行輩)가 맞는 양자는 친자를 대신한 계승자로 인정했고, 법에서는 그것을 받아들여 "동종소목상당(同宗昭穆相當)"의 양자뿐 아니라, 이성(異姓) 양자도 나이의 요건을 만족하면 양자로 인정했다. 부모가 어릴 때부터 키운 포양자(抱養子), 더 나가 가장(家長)이 사망한 후 그 처가 재가해 가지 않고 남편의 사자(嗣子)을 입계한 경우도 호절로 간주하지 않았다. 결국 호절이 되는 조건은 한 가호(家戶)에 친자도 양자도 없고, 사자(嗣子)를 결정할 자격을 가진 부처(夫妻)가 모두 사망한 상황이었다고 정의를 확대할 수 있겠다. 송대 호절법이 그 적용 범위를 확대한 것은 유교 이념의 이상과는 다른 현실적인 가족 양태가 어느 정도 반영된 것이라고 생각할 수 있지만, 한편 딸 입장에서 본다면, 호절재산 상속 가능성이 그만큼 축소된 것이었다.

당대(唐代)의 호절재산 처리에서의 기본 원칙은 다음과 같았다.

> 사람이 사망하여 호절이 되면 모든 부곡(部曲)·객녀(客女)·노비(奴婢)·점택(店宅)·자재(資材)를 전부 근친(近親. 친등(親等)은 본복(本服)으로써 논하고 출가(出家), 출계(出繼)로 강복(降服)한 것을 고려에 넣지 않음)이 환가처분하게 하고, 그로써 장사와 공덕을 비는 데에 쓰고 나머지는

모두 딸에게 준다. (……) 딸이 없으면 촌수를 논하여 최근친(最近親) 부터 균등히 돌아가게 한다. 친척도 없으면 관에서 검교(檢校)한다. 만약 사망자가 생존하는 동안 스스로 유촉(遺囑)하여 처분하고 그 증거가 분명하다면 본조의 규정에 따르지 않는다.[13]

호절재산의 최우선 상속자가 딸임을 알 수 있다. 송조(宋朝)는 상기(上記)한 당대 법령을 기본으로 하되 새로운 법을 부가하여 딸들의 결혼 상태에 따라 호절자산(戶絶資産)의 계승권한이 분명히 다르다는 것을 나타냈다. 즉,

이제부터 호절일 때 (……) 출가녀(出嫁女)가 있으면 삼분의 일을 주고 나머지는 모두 관에 넣는다. (……) 만일 출가녀로서 이혼당하거나 남편이 죽고 아들이 없는데 부가(夫家)의 재산을 분할해 자신의 몫을 얻은 바가 없고 부모 집에 돌아와 있다가[귀종녀(歸宗女), 이혼하여 돌아온 딸)] 호절이 된 경우는 모두 재실녀(在室女, 미혼인 딸)와 동례로 한다. (……)[14]

는 것이었다. 송조는 기본적으로 당대 호절법을 따르면서도, 당대와 달리 딸들의 혼인 상태를 중요하게 보아 그들의 재산권에 차등을 두도록 개정했다. 미혼인 재실녀(在室女) 또는 이혼하여 친정으로 돌아온 귀종녀(歸宗女)는 달라지지 않았으나, 출가녀는 재실녀나 귀종녀가 없는 경우라 하더라도 재산의 3분의 1만 받도록 제한한 것이다. 이미 지참금을 받은 바 있는 출가녀에게 적은 분량을 주어 공평성을 높인 것일 수도 있고, 귀종녀 경우는 재실녀와 같게 대접한 것은 사망한 부모와 동거하

고 있었던 점과 장래 재혼에 필요한 지참금에 대한 배려였는지도 모르겠다.

그런데 위 법문에는 마지막에 있지만, 호절법에 우선하는 중요한 문제가 있다. 호절된 가호의 재산 처분에 최고의 효력을 가진 것은 사망자의 유언이었다. 어디까지나 피상속자의 유언이 없는 경우에만 딸의 호절재산 권한이 성립되는 것이었다. 딸들의 입장에서 본다면 유촉법(遺囑法)은 호절재산에 대한 당연한 권리를 제한받는 결과가 될 수도 있지만, 사실 호절재산의 최우선 상속자인 딸 대신 다른 사람을 유언상속자로 한 경우는 많지 않았을 것이다. 실제 상황을 보여주는 현존 자료들을 볼 때, 법정 상속자인 아들이 없는 경우 유언상속자의 대부분은 딸이고, 혹 첩이나 하녀, 사위 등이 대상이 되었다. 특히 양자를 들여 가계를 잇도록 한 경우는 법제상 호절이 아니므로 유촉을 할 수 없음에도 불구하고 딸을 위해 유언을 남기는 경우가 많다.

송 초 호절법의 또 다른 특징은, 호절재산이 발생했을 때 근친(近親)이 이것을 계승할 수 있는 가능성이 적어진 반면 국가에 몰수되는 비율은 컸다는 것이다. 출가녀만 있는 경우도 입관 비율이 이전에 비해 늘었고 딸이 없는 경우의 호절재산은 일단 관(官)의 소유가 되었다. 당대는 호절 가정에 딸이 없으면 근친(近親) 즉 부계친족들이 친등(親等)에 따라 받았고 그도 없을 때에 입관(入官)했던 것과는 달라졌다. 또 명대(明代) 이후에는 유교의 종족의식과 제사 관념이 강화되어 호절된 가정에게 되도록 친족 중에서 계절자(繼絶子)를 들이도록 법으로 명했다. 따라서 절호(絶戶)의 상황이 될 확률도 낮아졌고, 혹 절호가 되더라도 우선 친족 중에서 계승자를 찾고, 그래도 없으면 재산을 딸, 입관의 순서로 처리했다.

북송 중기에 호절에 관련된 법령의 개정이 수차례에 걸쳐 이루어지는 가운데, 다음과 같은 변화가 발생했다. 우선 근친이 호절재산에 대한 우혜권(優惠權)을 거의 상실되었다는 점이다. 송 초기에는 몰관(沒官)된 호절(戶絶) 장전(莊田)을 근친이 우선적으로 승전(承佃)할 수 있었으나 이제 그 우선권도 없어지게 되었다. 국가 재정 확충과 다른 한편으로 부호의 토지겸병 억제라는 정치적 사회적 의도가 호절전(戶絶田) 처분 방침의 근저에 작용했다. 어쨌든 근친들이 권리를 거의 상실한 대신, 비친족(非親族) 동거인(同居人)들이 개정된 호절법의 새로운 수혜자로 부상했다. 절호(絶戶) 가정에서 동거하면서 장기간 가업을 경영하고 납세의 의무를 했거나 재산 형성에 기여한 동거자들, 예컨대 데릴사위, 수양아들, 처가 데려온 전부(前夫)의 자식, 또는 과부의 집으로 결혼해 들어온 접각부(接脚夫) 등의 재산 계승권이 공식적으로 인정된 것이다.[15]

이러한 변화 가운데 딸을 비롯한 출가한 여성 혈친들의 호절재산 권리에 변화가 생겼다. 출가녀가 없는 경우 그 몫을 출가한 친고모 자매 조카딸에게 줄 수 있게 되었고, 친딸들의 결혼 상황에 따라 호절재산 상속 비율을 보다 명확하게 규정한 법이 철종(哲宗) 원부(元符) 원년(元年, 1098)에 호부(戶部)의 건의에 의해 이루어졌다.

① 호절재산(戶絶財産)은 재실녀(在室女)와 귀종녀(歸宗女)에게 균급(均給)한다. 1천관 이상이면 그 중 10분의 1을 출가제녀(出嫁諸女)에게 준다. ② 귀종제녀(歸宗諸女)와 출가녀(出嫁女)만 있다면, 귀종녀에게 3분의 2를 주고 나머지의 반을 출가녀들에게 주는데 100관을 넘을 수는 없다. ③ 출가제녀(出嫁諸女)만 있는 경우: (재산이) 100관 이하면 모두 주고, 재산이 300관까지는 100관을 주고, 재산이 300관 이상이면 3분의 1을 주되 2000관에 그친다. 만약 자산이 2만관 이상이

면 주청(奏請)하게 한다.[16]

딸들 사이의 상대적인 재산 배분율에 있어서 나타난 변화는 출가녀의 호절가산 취득 가능성이 송 초에 비해 커졌다는 점이다. 다만 부유한 집안의 경우 출가녀의 취득분에 상한액을 설정하여 제한을 두었다. 재실녀나 귀종녀의 입장에서 보면 이전에는 호절재산 전체를 받을 수 있다가 이제는 출가한 자매에게 일부를 나누어주게 된 것이다. 재산이 1천관 이상인 경우는 친가에 재실녀가 있다면 그 중 10분의 1을, 귀종녀만 있다면 6분의 1을 출가녀에게 주되, 상한액을 두어 그 액수를 제한했다. 어쩌면 이러한 변화는 앞서 확인한 대로 송대 딸은 지참금의 명목이든 아니든, 그 상속 지분이 증대된 것과 관련이 있는 것 같다. 가령 여러 딸이 있는 가정을 상정해볼 때, 아직 호절이 아닌 상황에서 딸이 출가할 때는, 남은 가족의 경제 기반이 있어야 하고, 또 언제라도 양자가 들어올 수 있으므로 그의 몫을 고려하여 지참금액이 정해졌을 것이다. 결국 호절이 된 상황에서는 재실녀만 전 재산을 받는다면 출가한 자매의 상속분보다 월등히 많아질 수 있으므로 이러한 조정이 나온 것일 수 있다.

호절법 개정에는 정부의 경제정책상의 의도가 영향을 주었지만, 한편 일반인들의 가족 양태의 변화나 재산상속 관행을 반영하지 않을 수 없었을 것이다. 여성 혈족의 재산권과 동거자의 재산권이 중시되었다는 사실은 그들과의 가족 유대가 그만큼 중요했음을 보여준다. 본래 호절재산의 일차적 계승자인 친딸들뿐 아니라 절호(絶戶)의 구(舊) 가장과 친척 관계에 있었던 여성들 그것도 이미 출가한 고모, 자매, 질녀에게 재산이 부여될 수 있는 가능성이 생긴 것은 친족의 재산권이 확연히 줄어든 점과 대비되는 사실이다. 앞서 본 바와 같이, 지참금의 명목이나 호절재산의 취득에서 그치지 않고, 아들과 함께 재산 분할권을 가지기도 했던 송대 여성들이 결혼을 한 후에도 친정의 가족들과 많이 교류했던 사실과 연관이 있다고 생각한다. 실제로 처가 또는 외가로부터 양자를 입양하거나, 자연히 여성이 주도하에 이루어지는 이종, 외종, 고종사촌 간의 혼인이 송대에 드물지 않았다.

그런데 북송 말 또는 남송 초에 이르러 호절재산 처리 법규에 중요한 변수가 생겼는데, 그것은 사후양자(死後養子)에게도 권리를 준 것이었다. 호절이 된 경우라 하더라도, 망자(亡者)의 사후를 염려해 제사를 위한 양자를 근친존장의 주도 하에 정할 수 있었는데, 이러한 양자를 명계자(命繼子) 또는 계절자(繼絶子)라고 했다.[17] 이들은 일단 호절이 되고 난 다음에 친족이 명계(命繼)한 것이므로, 그 가(家)의 재산은 여전히 호절법의 적용을 받아야 했다. 근친존장의 명계를 법으로 인정한 것은 철종(哲宗) 때였지만, 명계의 허용과 함께 명계자의 호절재산 계승이 인정된 것 같지는 않다. 남송대에는 호절재산 중 명계자의 지분이 분명하게 정해지게 된다. 소흥(紹興) 2년(1132년),

> 만약 절가(絶家)에 법에 맞게 입계(立繼)된 사람이 있으면, 그 재산을 '호절출가녀(戶絶出嫁女)의 법'에 따라, 3천관을 상한으로 해서 3분의 1을 주고, 나머지는 현행 조법에 따르게 한다.[18]

는 조치가 있었다. 호절 후 명계된 양자는 이제 호절법의 출가녀에 준하여 재산을 받았다. 그러나 이 기록으로는 명계자에게 재산이 주어진 사실만 확인되고, 명계자의 재산 취득이 기존의 호절재산 계승자에게는 어떤 영향을 주었는지 알 수 없다. 다행히 남송 대 두 편의 판어에서 명계자의 재산 지분을 딸들의 결혼 상황에 따라 상세하게 규정한 법령이 인용되어 있다. 그 내용을 요약하면 이미 호절이 된 집에서 계절자손(繼絶子孫)을 세운 경우 절가(絶家)의 재산은 다음과 같이 배분되었다.[19]

① 재실녀(在室女)만 있다면 전재산의 1/4을 그〔계절자손(繼絶子孫)〕에게 준다. ② 재실녀가 있고 귀종녀(歸宗女)가 더 있다면 1/5을 그에게 주고, 재실녀·귀종녀는 4/5를 '호절법(戶絶法)'[20]에 의해 분배한다. ③ 귀종녀만 있다면 '호절법'에 의해서 귀종녀에게 주고, 나머지의 반을 계절자손에게, 반은 몰관(沒官)한다.[21] ④ 출가녀(出嫁女)만 있다면 전재산을 3분하여 2분은 출가녀와 계절자손에게 균분하고, 1분을 몰관한다. ⑤ 재실녀·귀종녀·출가녀도 없다면 전 재산의 3분의 1을 계절자손에게 주고 (남는 것은 몰관)한다. ⑥ 모두 3천관을 상한으로 하되, 가산총액이 2만관에 이르면 2천관을 증급(增給)한다.

이 법령을 딸들의 입장에서 보자면 계절자손이 재산권을 갖게 됨에 따라 특히 재실녀의 권한이 크게 손상되었음을 알 수 있다. 재실녀가 있는 경우 귀종녀나 출가녀 역시 영향을 받았다. 또 국고에 귀속되는 몰관(沒官) 부분은 계절자손의 재산권 인정으로 줄게 되었다.

남송대 계절자손을 세우고 그에게 재산권을 부여한 것에 대해, 당시 신유학의 발전이라는 배경을 생각지 않을 수 없다. 고대 종법적 가족제도의 부활을 향한 급진적 개혁을 주도한 신유학자들을 위시한 유교의 학문적 소양을 갖춘 관료들에게 당시 사회의 가족제도는 그들의 윤리관에 어긋나고 개선되어야 할 것으로 보였다. 지참금과 빙재가 중시되는 결혼 풍토, 여성의 자유로운 개가(改嫁), 여성의 재산권, 동종양자 원칙의 해이, 친족 간 유대의 약화, 유교적 제사의 경시 등이 모두 개탄할 문제 상황이었다. 호절법에 대해서도 친족의 재산권이 고려되지 않은 것은 큰 불만이었다. 친족에 앞서 딸이나 비친족 동거남들에게 재산이 돌아가는 것은 그만큼 종법적 유대를 더욱 약화시킬 것이기 때문이다. 신유학의 보수적인 가족관 여성관은 이러한 상황에 대한 반동적인 개혁론이었다고 볼 수 있다. 사실 재산 관련 집안 소송을 맡은 관리들 중에는 친자가 없는 집에 동종양자(同宗養子)로 제사를 이어가야 함을 훈계하고, 명계자를 들일 것을 명하는 등 종법적 가족제도 교육에 노력했다.

절호(絶戶)의 주변 친족들에게도 동종(同宗)에 의한 제사 연속 원칙이 그들의 재산권 요구를 합리화하는 길이기도 했다. 송 초부터 친족들의 호절재산에 대한 권리가 없어짐에 따라 친족으로서 호절재산을 계승할 수 있는 길은 호절되기 전에 동종 내의 양자를 택해 입양을 시켜야 했겠으나, 그러지 못한 경우 호절 후에라도 제사 계승자로서 재산권을 가지고자 했을 것이다. 그들은 친족이 아닌 이성양자(異姓養子)나 췌서(贅婿) 등의 재산계승자 자격을 문제삼아 소송을 일으키는 일이 많았다. 이런 재산 분규를 줄이고 공평하게 분배하기 위해 호절재산법의 수시 개정으로 세밀한 규정이 나왔으며, 결국 근친존장에 의한 명계자의 재산권이 법으로 정해지게 되었을 것이다. 송대 관습적인 가족 관계는 유교적인 종족 의식보다 생활에서의 공동체적 유대를 중시했지만, 남송대 점차 유학의 이념이 강조되는 상황에서 사대부 관료들의 주도로 종법적 유대를 중시하는 유교적 가족관의 강화라는 변화가 나타났던 것이다.

그러나 중요한 것은 어떤 경우의 딸과 비교하더라도 계절자손이 딸보다 많은 재산을 계승할 수는 없었다는 것이다. 그는 전통관념에서 가계(家系)의 절대 요소인 가조(家祧)를 잇는 후계자임에도 불구하고 제사 계승 자격이 없는 딸보다 적거나 동등한 재산권을 가질 뿐이었다.

05 맺음말

송대 재산 상속제도하에서 딸은 지참금을 받든가 또는 가산 분할에 직접 참여할 수 있었고, 혹 남자 형제가 없을 때는 호절법의 규정에 의해 부모 재산의 일정 분량을 상속받을 수 있었다. 법적 권리로 승인된 딸의 지참금은 북송대(北宋代)부터 점차 많은 액수가 요구되면서 가산을 분할하는 것과 다를 바 없이 되었다. 이러한 추세는 늦어도 남송 초에 이르기까지 딸도 아들과 함께 가산 분할에 의해 재산을 상속받는 관행이, 아들 재산의 반이라는 비율을 명시한 법령의 출현으로까지 발전했다. 일반적으로 딸의 재산은 출가 시기에 양도되기도 하지만, 딸에게 전해지는 재산의 의미를 가볍게 하려는 의도에서도 딸이 받는 재산은 여전히 지참금 정도로 일컬어졌다. 한편 송대에 유난히 법령의 개정이 많이 이루어진 호절의 경우에도, 딸들은 유리한 권한을 가지고 있었다.

지참금액의 규모가 크다고 반드시 딸의 재산권과 여성의 지위가 강고했던 것으로 단순하게 해석할 수는 없다. 시가(媤家)로부터의 지참금액 요구가 강해지는 분위기에서라면 지참금액이 증가하는 것은 오히려 그 반대의 결과로 생각할 수 있다. 또 지참금 즉 처의 재산은 부가(夫家)의 전체 가산에서는 제외되는 사재(私財)로 인식되었으나, 남편과의 관계에서는 공동 소유로 하는 법령이 있어서 전적으로 여성 개인 소유가 되기는 어려웠다.

그러나 이러한 제한에도 불구하고 송대 여성은 중국 어느 시대보다 유리한 관습적, 법률적 재산권을 가지고 있었다고 볼 수 있다. 남송대 분할법으로 남자의 반으로 그 비율이 고정되기까지는 지참금액의 한도가 정해지지 않았으므로 오히려 그 이상의 지분도 가능했을지도 모르겠다. 또 과부가 되어 귀종(歸宗) 또는 개가할 경우에도 자신의 지참금에 대한 권한을 가졌다는 점에서는, 적어도 사회의 지참금 요구를 만족하여 결혼을 한 정도의 계층이라면, 여성의 재산권과 지위가 높았다고 할 수 있다. 지참금이나 상속을 통해 딸에게도 재산을 전승했던 사회는 대개 일부일처제를 견지하고, 딸의 혼인을 가족이 주도하며, 인척간 유대와 여성의 재산권이 비교적 강하고, 혼수의 차이에 따라 여성의 가정 내 지위의 차등이 발생되는 경향을 보인다는 인류학적 연구성과를 고려해도, 송대 딸의 재산 상속은 여성 지위와 관련하여 의미가 있다고 볼 수 있다.[22]

송대 두드러진 여성 재산권과 그에 따른 지위가 이후 명청대에 이르러 급격히 열등해진 이유에 대해서는 차후의 연구를 기다려야 하지만, 가장 중요한 변수는 유교의 영향력 확대로 생각할 수 있다. 유교적인 이념이 강화되면서 종족 의식과 재산 상속을 제사 상속의 불가분성이 강조되어 친자와 동종(同宗)양자의 중요성이 커졌다. 개별 가정에 대한 종족의 간섭과 영향이 커지고 호절의 가능성도 그만큼 줄어들고 여성의 재산 상속 명분은 약해졌다. 한편 여성의 정절을 중시하고 제혼에 대한 부정적인 인식이 확대된 것도 송 이후의 추세였다. 송대 지참금을 상승시킨 중요한 요인 중에는 딸을 통해 맺어지는 인척의 선택, 인척과의 유대, 그리고 딸의 재혼 가능성을 고려하여 딸의 개인 재산을 마련해주고자 한 것을 생각할 수 있다. 종족을 중심으로 하는 유교적 가족제도와 여성의 부가(夫家)에 대한 종속성이 강화되어 간 사회 환경은 송대에 비해 딸에게의 재산 상속을 저하시키는 쪽으로 변해갔다.

■주 석

1) 『진서(晉書)』권30 형법지(刑法志); 『당율소의(唐律疏議)』권13 호혼(戶婚); 『송형통(宋刑統)』권13.
2) 『송형통』권12에 수록된 당령(唐令). 소위 "응분조(應分條)"
3) 안지추(顏之推) 『안씨가훈(顏氏家訓)』권5 치가(治家)
4) 『사마씨서의(司馬氏書儀)』권3 혼의상(婚儀上)
5) 『원씨세범(袁氏世範)』卷中 「사귀예모후칙시실(事貴預謀後則時失)」
6) 『원씨세범』卷上 「고녀재산수가분급(孤女財産隨嫁分給)」
7) 『명공서관청명집(名公書判淸明集)』권8 분석(分析)「여서불응중분처가재산(女婿不應中分妻家財産)」 (이하 『청명집(淸明集)』으로 약칭)
8) 미혼의 딸들이 있을 때 사후양자가 재산의 1/4를 받을 수 있다는, 남송 후기 호절재산법을 적용하여 (世德)이 1/4, (推鞠)의 두 딸에게 3/4이 돌아가게 되었다.
9) 『청명집』권8 입계 「계절자손지득재산사분지일(繼絶子孫止得財産四分之一)」
10) 『청명집』권8 유촉(遺囑)「여합승분(女合承分)」
11) 류청지(劉淸之) 『계자통록(戒子通錄)』권6 고사업송종례삼십이권(高司業送終禮三十二卷) 계자편(戒子篇)
12) 그런데 반분법이 송대 법체계에서 어느 등급의 법이었는지는 확인할 수가 없다. 앞서 인용한 판어나 글의 필자들은 각각 율(律)이라고 하고, 법(法) 또는 조법(條法), 예(例), 또는 단순히 조(條)라고 칭하기노 했다. 인성선승(仁井田陞)은 이러한 규성이 소흥팅(紹興令)에 있었을 것으로 추측한다.
13) 『송형통(宋刑統)』권12 「호절자산(戶絶資産)」
14) 『송형통』권12 「호절자산」
15) 『손히요집고(宋會要輯稿)』151책 식하(食貨)61-57h-58a.
16) 『속자치통감장편(續資治通鑑長編)』권501 철종(哲宗) 원부원년(元符元年) 8월 정해(丁亥)

17) 『청명집』권7 「쟁립자불가립(爭立者不可立)」, 권7 「창사의필(創社擬筆)」
18) 『송회요집고』151책 식화61-64 민산잡록(民産雜錄)
19) 『청명집』권8 여승분(女承分) 「처분고유전산(處分孤遺田産)」
20) 남송대에는 "제호절재산진급재당제녀(諸戶絶財産盡給在堂諸女) 귀종자감반(歸宗者減半)"의 법이 있다. 북송대 귀종녀(歸宗女)가 재실녀(在室女)와 동등한 권한을 가졌던 것과는 달리 재실녀 취득분의 半만 받게 되었음을 확인할 수 있다.(『청명집』권7 호혼문(戶婚門) 입계(立繼) 「입계유거불위호절(立繼有據不爲戶絶)」
21) 귀종녀(歸宗女)만 있는 이 경우의 배분비는 정확히 알 수 없으나, 이 시기 재실녀의 반이라고 했으므로 귀종녀를 전체 재산의 1/2, 계절자손에게 1/4, 나머지 1/4은 몰관으로 추정할 수 있겠다.
22) Goody, Jack. The Oriental, *the Ancient and the Primitive: Systems of marriage and the Family in the Pre-Industrial Societies of Eurasia*, Cambridge: Cambridge University Press, 1990.

여성의 능력을 배제한 명대의 여성관

권_현_주

01 머리말

역사적으로 명대(明代)는 송대(宋代) 전제왕권 강화의 통치 시스템이 원대(元代)를 거쳐 거의 전면적으로 계승된 시대적 특징을 지니고 있다. 여성사적인 시각에서 보면 가족제도상 종래의 부권제(父權制)로부터 변형된 '부권-부권가장제(父權-夫權家長制)' 내지 '부계(夫系)가족제도'가 유지되어 남편에 대한 아내의 의존도를 심화시킨 반면[1] 과거를 통한 사대부 가문으로의 신분상승이라는 사회계층 구조 변화에 맞추어 '상부교자(相夫敎子)' 특히 자녀교육 담당자로서 어머니의 역할 증대가 기대되었으며,[2] 이념상 '송명이학(宋明理學)'이라는 용어에서 짐작되듯 주자학의 '자성수신(自省修身)'·'제가치국(齋家治國)'·'존천리거인욕(存天理去人欲)' 등 경세(經世)

이론이 지배 이데올로기로 정립되면서 여성에 대한 통제, 특히 정절에 대한 요구가 점차 강화되는 양상을 띠는 시기라고 할 수 있다. 그 가운데 주자학의 정절 관념이 여성의 지배 이데올로기화되는 과정에 대해 사상·철학적 접근을 시도한 연구자들에 의하면, 송대 이후는 통상 정절의 '극단기' 내지 '극력표창(極力表彰)시대'로 표현되며,[3] 특히 여성교육사의 입장에서는 명대 이후부터 전통적인 여성윤리의 덕목상 정절이 수위를 차지하는 이른바 '정절지상주의교육'으로 변질된다는 점에 착안하여 '전통부덕(傳統婦德)'의 변조기로 분류된다.[4]

한편 명대의 여성관을 대표할 수 있는 또 하나의 표현이 바로 '여자는 재능이 없는 것이 덕이다〔女子無才是德(여자무재시덕), 이하 '무재시덕(無才是德)'으로 약칭〕'라는 명 말의 유행어일 것이다. 이에 대해서는 중국 최초의 통사체(通史體) 여성사 전저(專著)인 『중국부녀생활사』를 저술한 진동원(陳東原)이 그 말의 기원으로 볼 수 있는 문구를 명 말의 순국지사 온황(溫璜)에 의해 대필된 『온씨모훈(溫氏母訓)』에서 문헌 고증하여 밝혀낸 1920년대 후반까지 아무도 이 유행어의 출처가 어딘지에 관심을 두지 않을 만큼 사회적 통념의 성격이 강하였다고 평가된다.

그러나 위의 유행어가 사회통념화된 당시부터 일부 양명학 계열 남성 지식인과 여성 저술가들이 여성의 '무재〔無才, 나아가 '무식(無識)'〕'에 대한 부당함을 지적하였으며,[5] 본격적으로 청 말에 이르면 여성해방사상가들이─변법파나 혁명파를 막론하고─'여학부재(女學不在)'의 현상을 초래한 원인으로 제기, 이른바 '봉건적 여성 관념의 결정판'이라는 비판을 가한 사실에 주목할 때 이것을 단지 한 시대를 풍미한 유행이나 사회 통념의 성격으로만 한정지어서는 안 될 것이다.

이에 본고에서는 '무재시덕(無才是德)'이 '정절지상주의'와 더불어 여성의 능력 개발을 저해하는 논리적 근거로 형성된 원인을 규명해보고자 하는데, 이를 위해서는 양자의 상관 관계를 밝히는 작업이 선행되어야 하겠고, 다음으로 각기 여성 억압 기제로 활용되기까지의 제도적 기반에 관한 분석이 필요할 것이다. 결국 이러한 연구는 명대 정절 이데올로기가 정착되는 과정에서 여성교육의 성격이 어떻게 변질되어갔는가를 파악하는 데 일조할 것으로 본다.

02 명 말 여성 '덕재관(德才觀)'의 변모 세태

진동원이 '무재시덕'의 어원으로 제시한 『온씨모훈』의 문구를 보면, "부녀는 오직 시(柴)·미(米)·어(魚)·육(肉)에 관한 것과 100자(字) 내외의 조야한 지식만 있으면 될 뿐, 너무 많은 글자를 아는 것은 무익하며 유해하기도 하다"[6]라고 하여 사실상 여성의 무재(無才)를 직접적으로 언급했다라기보다는 '무식'을 주장한 것처럼 보인다. 그럼에도 그가 글자 그대로의 의미에 한정하지 않고 '무재시덕'이라는 유행어를 낳은 근거로 확대 해석한 이유는 명 말의 사회분위기에서 연관성을 구할 수 있다. 즉 사회적으로 당시(唐詩)·송사(宋詞)·원곡(元曲) 등 여류문학의 기조가 활발히 전개되었으니 그들의 신분이 주로 청기였던 닷에 오히려 양가의 규수는 시사(詩詞)를 배우지 않는 세태를 낳았으며 이후로는 여성의 문맹이 보다 당연시된 결과를 두고 거꾸로 그 논리적 근거로 보이는 문구를 찾아냈을 가능성이 높다.

다음으로 그가 제시한 '무재시덕(無才是德)'의 사회 심리가 반영된 구체적인 사례들을 보면, 첫 번째로 명대에는 원곡 중 가장 유명한 작품의 하나인 『서상기(西廂記)』를 본 뜬 많은 속편이 제작되어 크게 유행하였는데, 그 주인공인 최앵앵(崔鶯鶯)의 부정(不貞)함이 문인들 사이에 자주 한담의 소재로 떠오른 사실을 지목했다. 이를테면 그녀가 "서상(西廂) 아래에서 달이 뜨기를 기다리네"라고 시를 읊은 대목에서 알 수 있듯이 밤마다 남자들과 어울리다 결국 정조를 잃게 되는데, 사람들은 그 이유가 그녀에게 시작(詩作)의 능력이 있었기 때문이라고 본 것이다. 두 번째 근거도 이와 유사한데, 요대(遼代) 도종(道宗)의 처 의덕황후(懿德皇后)가 가시(歌詩)의 재능을 빌어 총애를 얻고 황자(皇子)를 낳은 것에 대하여 투기한 세력의 음모로 인해 발생한 '대원안(大寃案)'을 다룬 왕정(王鼎)의 『분초록(焚椒錄)』이 사람들의 심리에 깊은 영향을 주어 여자가 예능을 갖추면 팔자가 사납다고 인식하였다는 것이다. 세 번째 근거로는 신동이라고 불릴 만큼 학습 능력이 뛰어났던 엽소란(曄小鸞)이란 소녀가 17세에 요절하자 그 아버지가 초혼식(招魂式)을 거행하여 지나치게 뛰어난 재능을 뽐낸 데 대해서 단죄한 일이 있었는데, 세인은 이를 두고 여자가 재능이 많으면 하늘이 용인하지 않아 단명한다고 여기게 되었다는 것이다.[7]

결국 이들 사례를 통하여 당시 '여재(女才)'의 두 의미, 즉 시사(詩詞)나 서화(書畵) 등 문예 방면의 능력〔文藝之才(문예지재)〕과 총명한 학습능력〔總明才智(총명재지)·學識謀略(학식모략)〕 모두 여성에게 손해를 입힌다는 이유로 부정된 사실이 밝혀졌는데, 특히 주목해야 것은 여성의 '문예지재(文藝之才)'를 '실절(失節)'과 연계시킨 첫 번째 경우라고 하겠다. 진동원은 『서상기』류의 문학 작품이 명대에 광범위하게 유전된 사실이 그러한 사회 심리를 반영해준다고 보았으나, 거기에 등장하는 주인공이 여성들에게 일종의 경계의 대상이 되었을 가능성은 충분히 인정한다 해도, 그것은 어디까지나 허구의 세계이다. 또 창기의 문예 능력에 대해 부정적인 태도를 취했던 것은 비단 명 말에만 해당되는 사항이 아니므로 그 논리 전개 방식에 대한 보다 근원적인 분석이 아쉽다.

이에 본고에서는 여성교육의 성격을 '덕(德)'=도덕교육과 '재(才)'=지식교육에 근거하여 특징짓는 여성 '덕재관'의 변천사에 있어서 '무재시덕'이라는 말이 차지하는 위치부터 다시 검토해보기로 하겠다. 우선 후한대 반소(班昭)가 『여계(女誡)』에서 여성교육이 지향해야 할 목표와 내용을 '삼종사덕(三從四德)'으로 체계화하는 가운데 '부덕(婦德)'과 '부언(婦言)'에 관하여 각각 "반드시 재주와 총명함이 뛰어나야 할 필요는 없으며", "달변일 필요는 없다"고 재정의한 부분이 주목된다. 이것은 전한대(前漢代) 유향(劉向)이 『고(古)열녀전(列女傳)』에서 모범적인 여성상으로 언변에 능통하고 현명하며 지혜로운 여성의 예도 함께 수록했던 점과 비교하면 여성의 덕재(德才)에 대한 관점이 '덕재일원론(德才一元論)'적이었던 것에서 '중덕경재(重德輕才)' 또는 덕육위본(德育爲本)로 변화된 사실을 입증하기 때문이다. 이때부터 덕성함양에 중점을 둔 교육이 곧 중국 여성교육의 전통으로 확립되어 이른바 '전통부덕(傳統婦德)'의 효시를 이룬 것이다.

그런데 이러한 전통이 명 말에 이르면 마치 『여계』의 정의를 "반드시 재주가 없어야 한다"라는 식으로 잘못 해석한 것 같은 '무재시덕'이라는 유행어가 유포되면서 '덕재대립(德才對立)'의 교육관으로 변모된다. 여기에는 동전의 양면과도 같은 두 개의 등식이 성립되어 있다고 볼 수 있다. 하나는 그 말이 의미하는 바 대로 '무재(無才)=부덕(婦德)'이고, 다른 하나는 진동원이 제시한 사례를 통해 밝혀졌듯이 '여재(女才)=실절(失節)'이다. 이를 토대로 의미를 확장시켜 나가면 '정절(貞節)=부덕(婦德)', 즉 정절을 지키는 것만이 유일한 부덕이기에 여성에게는 지식교육이 필요가 없다는 결론에 도달한다. 그런 의미에서 '무재시덕(無才是德)'은 '여재무용론(女才無用論)'의 원론적 표현으로 볼 수 있다. 따라서 이 단계의 여성교육은 자연히 유일한 부덕인 정절의 덕목을 수양하고 이를 체현한 '절부열녀(節婦烈女)'를 배출하는 데 궁극적인 목표를 둔 이른바 '정절지상주의 교육'으로 성격이 전환되기에 이른다.

과연 이러한 '여재무용론'의 전개 논리가 여실히 반영된 사회 분위기는 명 말 가장 독실한 유학자 중 한 사람인 여곤(呂坤)의 『규범(閨範)』 저술 동기에서 발견할 수 있는데, "오늘날 사람들이 여식을 양육함에 있어서 대부분 독서와 식자법(識字法)을 가르치지 않는 것은 (사회의) 작은 폐단이나마 막아보고자 하는 의도였다. 그러나 여자에게 정음(貞淫)을 깨닫게 하려면 그러한 방법으로는 안 될 것이다. 결국 정도(正道)를 가르침으로써 도리를 깨닫게 하려면, 『효경(孝經)』·『열녀전(列女傳)』·『여훈(女訓)』·『여계(女誡)』와 같은 책은 반드시 숙독하여 그 뜻을 명확히 강구하도록 하지 않으면 안 된다"[8]라고 하여 당시 여자에게 기초적인 지식교육조차 실시하지 않은 현상과 폐단에 대해 비판을 가한 논조에서마저 그 궁극적인 방향은 '정절지상주의교육'으로 귀결되었음을 알 수 있다.

이제 본고의 본론에 해당하는 다음 두 장에서는 '여재무용론'의 양면인 '여재(女才)=실절(失節)'과 '정절(貞節)=부덕(婦德)'의 논리가 형성될 수 있었던 작용 기제들을 분석함으로써 여성에게 지식교육은 배제한 채 정절 관념만을 고취한 명조의 국가 사회적인 의도를 규명해보도록 하겠다.

03 '여재(女才)=실절(失節)'

― 공적(公的) 영역에서 여성의 능력 배제

부처(夫妻) 지위체계의 정비

명 태조(太祖)가 국가적 차원의 여성윤리체계 정비와 관련해서 취한 조치를 보면, 『명사(明史)·태조기(太祖紀)』에 홍무(洪武) 원년(元年, 1368년) 3월 유신(儒臣)에게 『여계』 편찬의 명을 내렸다고 하는 간략한 기사가 있을 뿐이지만, 그와 관련된 보다 자세한 기사가 『명사·후비전(后妃傳)』과 『명서(明書)』에서 발견된다. 이에 의거하여 하나의 스토리로 연결하면 다음과 같다.

> 홍무 원년 유신(儒臣)에게 『여계』 편찬을 명함과 아울러 한림학사 주승(朱升)에게 다음과 같이 일렀다. "천하를 다스리는 것은 가정을 바로잡는 것이 우선이요, 이 정가지도(正家之道)는 부부가 삼가는 것에서 시작된다. (······) 경(卿)들은 『여계』 및 모범이 될 만한 옛 현비(賢妃)의 사적을 찬술하여 후세 자손으로 하여금 지키고 보호하는 바가 되도록 하라."[9]

이에 태조의 후비(后妃) 효자고황후(孝慈高皇后) 마씨(馬氏)가 여사(女史)를 소집한 뒤 "당송 이래로 어느 태후가 가장 현명하며, 가법(家法)은 어느 시대가 가장 바른가?" 하고 물었다. 그들이 회답하길 "생각건대 조송(趙宋)의 제후(諸后) 중에 현명한 분이 많으며 가법도 가장 바른 것 같습니다"라고 하자 마태후는 즉시 그 가법현행(家法賢行)을 기록하여 자신에게 들려주도록 명하였다. 다 듣고 난 뒤에 그녀는 "오늘날의 모범이 될 뿐 아니라 자손만세 후비의 모범으로 삼을 만하다" 하다는 평가를 내렸다고 한다.[10]

이를 근거로 명대 여성윤리정비책의 특징을 발견할 수 있다. 우선 『여계』가 모범적인 궁정(宮廷) 여교서(女敎書)로 추천된 이유를 보면 위의 기사 중 통치자가 부부의 도(道)를 중시한 대목에서 짐작되듯 그에 부합하는 여성윤리강령을 내포하고 있었기 때문인데, 바로 「부부(夫婦)」와 「전심(專心)」을 비롯한 각 편마다 부처(夫妻) 관계를 중점적으로 논술하여 남편은 아내를 잘 조종해서 통치해야 하며 아내는 남편을 섬김에 있어 존경하고 순종하며 자신의 뜻을 굽혀 완전을 기하는 한편 '일부종사(從一而終)' 해야 한다고 주장한 부분일 것이다.

이처럼 반소가 지배와 피지배 성격을 띤 부처(夫妻) 관계 속에서 '비약(卑弱)'·'곡종(曲從, 편명 중 하나)'적인 아내의 지위를 상정하고, 그 덕목을 교육 이념으로 체계화한 사상적 연원은 물론 후한대(後漢代) 동중서(董仲舒)가 봉건전제주의와 상응하는 '삼강(三綱)' 이론〔군위신강(君爲臣綱), 부위자강(父爲子綱), 부위처강(夫爲妻綱)〕을 제창하면서 '군권(君權)의 무한화'를 목표로 군신(君臣)을 인륜의 수위(首位)에, 부자(父子)는 그 밑에, 부부(夫婦)는 3대 인륜 관계 중 최하위에 놓고 부부 관계 또한 '정치화' 시킨 것과 이를 확대 강화하여 '삼강육기(三綱六紀)'라는 인륜 체계로 만든 반고의 영향에 있을 것이다.[11]

그러나 반소가 보다 체계적인 여성 윤리 교재를 저술할 수 있었던 현실적인 여건은 주지하듯 그녀의 오빠인 반고(班固)의 『한서(漢書)』 편찬 도중 사망으로 당시 화제(和帝)에게 후속 편찬자로 임명 받은 뒤 이를 위해 궁정 출입이 일상화된 기회에 다시금 화회등태후 및 비빈(妃嬪)의 교육 담당자(保傅姆)로 임명된 데서 마련되었다고 볼 수 있다. 그러므로 『여계』에는 사가(史家)와 교사(敎師)라는 양대 중임(重任)을 수행하면서 습득한 전제주의적 윤리의 요강이 자연스레 스며들 수밖에 없었을 것이고, 만일 통치자가 전제왕권 강화에 필요한 윤리체계 정비 과정에서 그 요강을 여성에게 전파하고자 하는 의도를 가질 경우 선전 도구로서 이용될 가능성이 어떤 여교서(女敎書)보다 컸던 것이다.

과연 이 같은 명태조의 부처 지위체계 강화에 대한 의지가 내포된 여교서 출판 정책은 다음 통치자에게로 이어져 후비의 여교서 편찬 성황으로 나타난다.[12] 그 중에서도 영향력이 크게 평가되는 성조(成祖, 영락제永樂帝)의 후비(后妃) 인효문황후(仁孝文皇后)가 지은 『내훈(內訓)』의 경우 반포의 명분이 황후가 이후 모후(母后)로서 정치에 간여하지 않은 모범을 보인 까닭이라는데,[13] 여기에서 위의 기사 중 '가법(家法)'의 모범으로 북송조(北宋朝)를 선택한 것과 같은 맥락으로 해석되는 두 번째 특징이 발견된다. 즉 남권(男權)계승체계를 위협한 것으로 인식된 전대(前代)의 '여화(女禍)'를 거울삼아 후비의 정치 간여를 금지하고 이를 궁정 여교서에 등재시켜 의식화하는 정책을 취한 것이다.

이와 관련하여 『내훈』은 「대외척장(待外戚章)」을 특별 편성하였고 「신언장(愼言章)」에서는 "말이 절차에 맞으면 뉘우침을 면할 수 있으나 말이 이치에 합당하지 않으면 반드시 재화(災禍)가 뒤따를 것이다. (……) 말이 많으면 실수가 많을 뿐이니 말이 적은 것만 같지 못하다. 그러므로 『서(書)』(『서경(書經)』「목서(牧書)」)에서 암탉이 새벽에 우는 것을 물리친 것이다"라고 하였는데,[14] 이는 황실의 평온을 유지하기 위해서는 말 한 마디라도 조심하여 한대의 '외척의 화'와 같은 상황이 재연되지 않도록 경계하기 위한 의도로 해석된다.

그런 의미에서 근래 중국의 여성교육사 관련 연구자 중 한 사람인 염광분(閻廣芬)이 '무재시덕(無才是德)'과 연관해서 역대 통치자의 후비 정치 간여 금지 의도를 파악한 견해는 주목할 만하다고 하겠다.[15] 즉 역사상 최초로 여성의 재능을 터부시하기 시작한 것은 서주(西周)의 귀족으로, 그들은 주왕(紂王)에 대한 주(周) 무왕(武王)의 토벌을 정당화하기 위한 명분으로 "여자의 말을 들었기 때문이다[惟婦言是用(유부언시용)]"라는 것을 내세워 여성의 정치적 발언권을 차단하였다. 그럼에도 서주 말년 유왕(幽王)이 망국(亡國)하자 그 원인을 다시 황후 포사(褒姒)의 정사 간여에 따른 화로 돌렸는데, 이것이 『시경(詩經)』의 그 유명한 구절인 "총명한 남자는 성(城)을 쌓지만, 총명한 여자는 성을 무너뜨린다"와 "여자에겐 공사(公事)가 없으니, 잠직(蠶織)에 만족할 지어다"라는 말로 전해져 '무재시덕(無才是德)'이라는 유행어의 논리적 근거를 제공하였다는 설명이다.

결국 이렇게 보면 명대 여성교육의 특징 중 발전적 요소로 평가되는 여교서의 출판 성황 역시 남권지배체제의 강화를 위해 여성을 정치 무대 일선에서 물러나게 하고 자신의 본분인 가정의 울타리 안에 머물도록 하는 데 필요한 이론적 근거, 즉 '부위처강(夫爲妻綱)'이나 '여화론(女禍論)'을 전파하기 위해 고안된 여성우민화(愚民化) 정책의 하나였던 것이다. 한편 '여재무용론'의 시각으로 보면 이 단계는 '여재(女才)=여화(女禍)'의 논리로서 여성의 활동 범위를 제한하기 위하여 도덕교육을 더욱 강화한 반면 그 밖의 지식교육은 자연히 남성에게만 해당된다는 사회 통념이 만들어진 것으로 이해할 수 있다.

정음(貞淫) 관련 가규(家規) 제정

앞에서 살펴본 대로 명 초부터 궁정 여교를 중시한 까닭에 궁중 내 장서각에는 각종 여교경전(女敎經典)이 소장되기에 이르며, 궁녀들은 『백가성(百家姓)』, 『천자문』, 『효경』, 『예기·내칙』, 『논어』 등 유가경전을 습득하여 비교적 높은 학문 수준을 지니고 있었던 것으로 보인다. 그리하여 가정(嘉靖) 9년(1530년)에는 예부(禮部)의 주청으로 보부모(保傅姆)가 『내훈』과 『여훈(女訓)』을 강의하자 매월 여섯 차례씩 황후의 인솔하에 비빈은 물론 고위 관료의 부인들까지 청강하였다고 하며, 마침내 세종(世宗)이 이를 정식으로 허가함과 아울러 『여계』와 『내훈』을 반포하여 서민 가정에서도 규범을 준행하도록 명하게 되었다고 한다.[16]

여기에서 주목되는 점은 궁정 여교의 대상이 후비나 귀족 여성에서 고위 관료층의 여성들로 확대되었을 뿐 아니라 국가가 서민 가정의 여성교육에도 관심을 갖게 된 사실이다. 이에 따라 각 종족이 정한 가규(家規)의 내용을 보면 여성들은 도시의 상층 관료 집단으로부터 향촌의 일반 서민 가정에 이르기까지 어린시절부터 보다 직접적이고도 구체적인 강제성을 띤 종법 교육을 받았던 것으로 나타난다.[17]

예컨대 여아교육과 관련하여 『방씨가훈(龐氏家訓)』에서는 "여자가 6세에 이르면 『여계』를 암송하고 규문 밖 출입을 불허한다"라고 하였고, 또 요순목(姚舜牧)의 『약언(葯言)』에서는 "몽양(蒙養)은 남자에게만 해당되지 않으며, 여자 역시 반드시 어릴 적부터 교육하여 바로잡도록 한다. 여인에게 있어 최고의 오욕(汚辱)은 실신(失身)이며 최악은 다언(多言)이다"라고 한 것이다. 한편 출가한 여성의 경우에 대해서는 허상경(許相卿)

의 『허운촌태모(許云邨胎母)』에서 "그 직임(職任)은 부업일에 있으며 (……) 방직을 꾸준히 익혀 늙을 때까지 규문을 나서지 말며 하녀들에게도 똑같이 일러 단속하는 것이다"라고 하였다. 이어서 "만약 방종하여 예를 넘어서까지 마을 제사에 나가 향을 피우는 등 자신을 과시하는 경우는 결코 사족가법(士族家法)이라 할 수 없으니 그 자손은 필히 부형(父兄)에게 읍간(泣諫)하고 그 남편은 필히 통렬히 꾸짖어야 할 것이다"라고 한 뒤, 만일 그렇게 하지 않으면 사당(祠堂)에 구속하고 조종(祖宗)에 고하여 엄중히 책임을 다스려야 한다고 하여 일단 여성이 가규(家規)를 위반할 시에는 곧 엄중한 문책이 가해진 사실을 엿볼 수 있다. 또한 일반적으로 각 종족(宗族)은 매월 10일과 25일마다 회의를 소집하여 각자가 들은 바를 고하고 선악을 감정(鑑定)하거나 근면과 나태를 권면하였다고 하는데, 거기에는 여성의 예법에 대한 설교도 포함되기 마련이었다. 그 중 명 초 하남(河南)지방의 『조단가규(曹端家規)』는 좀 심한 편인데 "여자가 비행을 저지르고 음탕한 짓을 저지른 경우에는 은장도를 주어 소나 말 우리에 가두고 자결하도록 한다"라는 것을 명문으로 규정하였다.

그런데 이처럼 민간 가정에서 여성에 대한 윤리 규범을 강화한 원인을 규명함에 있어 또 하나 주목되는 최근 중국여성학계의 연구 방법은 서양의 여성학 이론으로부터 '사회성별(Gender)'이라는 개념을 도입하여 중국고대의 사회성별제도 및 '전통 부덕(婦德)'의 성격 변화를 역사적으로 분석하는 경향이라고 할 수 있다.[18] 그 중에서도 특히 『예기·내칙』의 분석을 통하여 주대부터 '남녀유별'을 공고히 하기 위하여 남녀를 격리시키는 일련의 구체적인 제도 내지 조치로서 '규각봉폐(閨閣封閉)제도'―궁실을 내외로 나누고 "여자는 규문 밖을 나오지 못 한다"라고 하여 여성을 가정 내부에서조차 격리하는 규정을 둔 것—와 '성별 회피제도'—"밖의 말이 문지방으로 들어가서는 안 되며, 안의 말의 문지방을 나와서도 안 된다", 그리고 "남자는 안에서 말하지 말며, 여자는 밖에서 말하지 않는다"라고 하여 남녀 간에 어떤 교류도 진행될 수 없도록 규정한 것—를 제정해왔다는 사실을 밝히고, 그것을 기반으로 성립된 '전통 부덕(婦德)'의 내용이 가정의 역할 규범에 한정되어 있었던 것은 너무나도 당연하며, 그 결과 여성의 체력은 물론 지능의 발전에 극도의 제한이 가해질 수밖에 없었다고 결론 내린 것은 앞의 역대 통치자가 후비간정을 금지한 의도를 파악한 견해와도 일치한다고 하겠다.

결국 이상의 내용에서 주대 이래 남녀유별 관념에 입각하여 여성의 위치를 가정 내부로 한정하고 그 역할 규범을 가르치는 방식으로 정절을 보증하려 한 정절지상주의 교육의 전신을 발견할 수 있다.

여기에서 유추해보건대 여성의 위치를 가정 안팎으로 구별한 것과 여성의 행위를 정음으로 판별한 것으로부터 남녀간의 문화교류에 쓰인 '문예지재(文藝之才)' 자체를 정절의 위협 요소로 인식하는 '여재(女才)＝실절(失節)' 의식이 형성되었을 가능성이 높다. 그 결과물이 바로 위의 『허운촌태모』에서 말한 가사(家事)와 앞의 『온씨모훈』에서 말한 100자 내외의 식자(識字)가 여성에게 필요한 지식교육의 전부라는 주장, 즉 '여재무용론'이었던 것이다. 그리고 이러한 여론 형성의 일차적 책임은 바로 남권지배체제의 강화를 목적으로 여성을 공적인 영역에서 배제시키기 위한 일련의 여성우민화정책을 실시한 통치자(특히 명태조)에게 있음을 확인할 수 있다.

04 '정절(貞節)＝부덕(婦德)'
— 부계(夫系)가족에 대한 여성의 신체 귀속

정절 표창의 법제화

앞장에서 살펴본 대로 명대에 궁정여교의 대상이 고위 관료층 여성으로 확대되고 민간 가정에서의 여성에 대한 종법교육이 강화된 배경에는 이른바 '보갑(保甲)을 경(經)으로 삼고 종족(宗族)을 위(緯)로 삼는' 인간 네트워크 속에서 구축된 부계(夫系) 가족 문화의 확충이라는 외부적 기제가 작용했겠으나, 먼저 근본적인 원인으로 주자학의 영향을 언급하지 않을 수 없다. 그것은 주자학이 인륜적 국가 실현에 궁극적인 목적이 있었으므로 '수신제가(修身齊家), 치국(治國), 평천하(平天下)'라는 사상체계의 기본 실천 과제로서 가례(家禮)와 제법(祭法) 등 비교적 여성과 밀접한 관련을 맺는 일상생활의 지도 원리를 재정비한 결과 보다 강력한 여성 억압의 기제로서 작용하게 되었다고 보기 때문이다.

그 중에서도 여성의 정절(貞節)에 직접적으로 관여하게 된 계기는 이정(二程, 정호(程顥)·정이(程頤) 형제) 때 빈궁하여 의탁할 곳이 없는 상부(孀婦)의 재가(再嫁) 문제에 대하여 "아사(餓死)하는 것은 매우 작은 일이나 실절(失節)하는 것은 매우 큰일이다"[19)라고 답한 것에서 비롯되었는데, 이 한마디가 결국 과부 재가를 금지할 때 불문율처럼 인용되기에 이른 것이다. 이어서 그 집대성자인 주희(朱熹)는 인륜미사(人倫美事)를 충신(忠臣)과 절부(節婦)로 살아가는 것이라고 하여 이정(二程)의 설을 인정한 뒤 '세속인(世俗人)'과 '지식군자〔知經識理之君子(지경식리지군자)〕'를 구별하여 후자만이 실절의 중대성을 알 수 있다고 덧붙였다.[20] 이것이 후대인에게 상당한 영향력을 발휘하였을 것은 자명하다.

그러나 송대의 주자학이 명대에 지배 이데올로기로서 제 아무리 확고한 기반과 영향력을 행사하였다고 한들 그 심오한 사상체계를 여성들이 숙지하는 데는 한계가 있었으리라고 볼 때, 정절 관념이 가정 내부로 침투하기 위해서는 여성의 정절 행위에 보다 직접적이면서도 효과적으로 작용한 모종의 제도적 기반이나 보상 기제가 뒷받침되었을 텐데 바로 명대 통치자가 '절렬(節烈)' 여성에 대한 표창을 제도화한 것이 그것이다.

첫째, 전문적으로 사회 교화를 관장하는 관리를 지방 기구에 배치한 것으로 그 기원은 주대에 사도(司徒)·향사(鄕師)·족사(族師)가 설치된 기록이 보이며, 진한 이후에는 삼로(三老)라는 명칭의 관리를 각각 향(鄕)과 현(縣) 그리고 방(邦)마다 배치하였다. 이들의 구체적인 임무는 "교화를 관장하고, 모든 효자순손(孝子順孫)·정녀의부(貞女義婦)·재산을 헌납하여 환란을 구제한 자·백성에게 모범이 될만한 학사(學士)를 가려 그 문에 현판을 걸어 선행을 일으킨다"[21]는 것으로, 여성에 대한 교화 역시 지방관의 중요 직책 중 하나였음을 알 수 있다. 명대에는 여곤(呂坤)이 산서(山西) 안찰사(按察使)로 재임할 당시 『규범도설(閨範圖說)』이라는 여교서를 편찬한 예가 있다.

둘째, '절렬(節烈)' 여성에 대한 표창은 마을 입구에 열녀문을 세워 표창〔정표(旌表)〕하거나 당사자 및 그 아들을 관직에 봉하고 사서(史書)에 입전하는〔'봉호입사(封號入史)'〕 등의 정신적 고무와 물품 하사나 요역 면제 등의 물질적 포상으로 진행되었다. 이러한 표창 방법은 한대에 이미 그 전형이 보이기 시작하며 그 후 수·당대를 거쳐 원대부터 하나의 법으로서 제도화되었다고 할 수 있다. 즉 『원사(元史)·형법지(刑法志)』에 보면, "의부(義夫)·절부(節婦)·효자(孝子)·순손(順孫)들 중 그 절행(節行)이 탁월한 자를 정표(旌表)하는 것은 그 소속 관리가 천거하고, 감찰어사(監察御使)가 다시 그 관리를 방문해서 조사한 바에 따르는데, 탐을 내어 거짓으로 꾸민 사실이 있으면 그 죄는 처음 천거한 자에게 미칠 것이다"[22]라고 규정되어 있는데, 특히 표창자 선정 시 이중의 심사절차를 거쳐야 할 만큼 당시 사회에는 여성의 정절 행위가 일반화됨은 물론 표창의 수혜를 노린 의사정절(疑事貞節) 행각까지 만연했던 것으로 짐작된다. 이처럼 사회의 부조리 현상을 조장하게 된 원인은 아무래도 해당 열녀에게 '양(羊)·주(酒)·포(布)·면(綿)' 등 생활필수품 제공과 요역 면제라는 물질적 포상이 뒤따른 데 있었을 것이다.

이와 같은 정절표창제도의 전통은 명대로 이어져 명태조가 개국과 동시에 "민간의 과부 가운데 30세 이전에 망부(亡夫)하여 50세 이후까지 개가하지 않고 수절한 여성에게는 표창하고 열녀문〔문려(門閭)〕을 세워주도록 하며, 그 본가(本家)에는 요역을 면제해주도록 하라"는 조칙(詔勅)을 내린 데 이어 이것을 다시 홍무(洪武) 3년(1370년)에 정식으로 법제화하면서 한층 강화되기에 이른다.[23] 여기에서 그 수상자의 자격 요건을 보다 강화하여 30세 이전의 '젊고 아리따운' 과부라는 희극적 색채를 가미한 데에는 군주에 대한 정치적 충성심으로 비견되는 과부의 불변이 갖는 상징성에 세인의 이목을 집중시켜 그 영향력을 극대화하고자 한 의도가 있었을 것이다.

그러나 무엇보다도 이 제도의 효용성은 물질적인 포상으로 극대화되었다고 보여진다. 이렇게 된 이상 과부의 개가는 결코 자신만의 문제가 아니라 가문의 이해와 직접 관련되는 중대 사안이기에 여성의 정절에 대한 가족 구성원의 과도한 관심과 주의를 조장하는 방향으로 나아갈 수밖에 없었다. 또한 이러한 조치는 결혼 후 여성의 모든 재산은 남편 소유로 한다('이내남가(利內男家)')는 사회통념을 더욱 증폭시키는 결과를 초래하여 개가할 경우에 죽은 남편 및 아들 몫의 가산은 물론 시집올 때 가져온 혼수품까지 전부 시댁에서 몰수하거나, 혹은 과부가 수절하는 동안에도 아들이 장성할 때까지만 한시적으로 남편의 재산을 대신 관리할 뿐이라는 무소유정신('무사정신(無私精神)')을 찬양함으로써 부가(夫家)에 대한 여성의 사회경제적 의존도가 심화되는 데 큰 영향을 미치게 된다.

정절 행위의 극단화

과연 정절표창제도의 효과는 기대 이상의 성과로 나타나서 『명사(明史)·열녀전(列女傳)』 서문에 보면, "그리하여 벽촌 하호(下戶)의 여인도 정백(貞白)함을 스스로 연마할 수 있게 되었다. 이에 하호의 여인일지라도 그 절렬이 두드러진 자로 실록이나 군읍지(郡邑志)에 실리게 된 자가 만여 인이 넘는다. 이는 염치(廉恥)를 분명히 가르치고자 함이다. 명예와 절개를 중히 여기고 의로움에 용감했던 여인들이 전해지는 자만도 수를 헤아릴 수 없으니, 그 중에서도 뛰어난 자를 한데 모아 기록하여 이를 권장하고자 한다"[24]라고 하여 당시 여성의 '절렬' 행위가 신분과 지역을 망라해서 확대 보급된 상황을 말해주고 있다. 실제로 명대 지방지(地方志)에 수록된 열녀 수가 역대 최다로 집계되는데,[25] 그 중 특출한 사례만을 발췌하여 입전(立

傳)하였다는『명사·열녀전』에 등장하는 여성만 해도 총 400명에 달한다. 여기에서 주목할 점은 열녀전의 수록 기준이 오직 '절렬'에 한정되어 있었다는 것이다. 이는『명사』의 기타 남성전기가 다양한 인생역정이나 업적, 행위 등에 따라 구분하여 수록된 것[26]은 물론 여성의 전기를 정사(正史)에 별도로 편재하기 시작한『후한서(後漢書)·열녀전(列女傳)』의 수록 기준이 '절조(節操)' 뿐 아니라 '문변재행(文辯才行)'이 강조되던 것이나 당대 '열부(烈婦)'의 의미가 '대지대용(大智大勇)' 또는 '건공입업(建功立業)'한 여성을 가리키는 말이었던 것에 비해서도 상당한 대조를 보이는 면으로 지적할 수 있다.[27]

그런데『명사·열녀전』인물 유형 분류에 의하면 이처럼 비약적인 수적 증가가 가능했던 원인 중 하나는 입전의 대상이 하층 여성에게 확대되고, 또 이들이 주로 상층(지식) 여성의 정절 행위를 맹목적으로 추종하여 집단 자살한 데 따른 결과라고 볼 수 있겠지만, '절렬' 대비로 볼 때 죽음으로써 정조를 지킨 '열부(열녀 포함)'가 가장 많은 부분 310명·77.5%〔평상시(자살78명+타살4명) 82명·43%, 전쟁 시(자살195명+타살33명) 228명·57%〕을 차지한 원인을 규명하기 위해서는 좀더 분석적인 작업이 필요하다.[28] 그 방법으로 다른 시대에 비해 비중이 증가한 것으로 나타난[29] 전시가 아닌 상황에서 자살한 여성의 유형을 살펴보면[30] 맹목적으로 남편을 따라 죽은 '순부(殉夫)'의 유형이 가장 많이 발견된다. 여기에서 다시 '순부'의 동기를 유발시킨 요인이 궁금하지 않을 수 없는데, 당시 여성의 정절 행위에 대한 사회 인식을 단적으로 보여주고 있는 아래의 사례에서 그 해답을 찾을 수 있다.

    왕씨(王氏): "열부(烈婦)로서 동성(棟城) 고문학(高文學)의 처이다. 남편이 죽자 친정 아버지가 조문와서는 '너무 슬퍼 말라. 일에는 3등급이 있으니 네 스스로 알아서 하거라' 라고 일렀다. 그녀가 울음을 그치고 그 뜻을 묻자 '첫째는 남편을 따라 죽는 열(烈)이고, 다음은 과부로서 시부모를 섬기는 절(節)이며, 셋째는 보통사람의 일이다' 고 답하였다. 왕 씨는 그 즉시 열쇠로 문을 잠그고 절식(絶食)하니 7일 만에 죽었다."[31]

말하자면 당시 상부(喪夫)한 여성에게는 3가지 출로가 있었는데, 그 중 사회적으로 가장 숭상된 것은 '순부(殉夫)'이고, 그 다음이 '수절(守節)'이며, 이 두 가지를 수행하지 않고 일반인과 같이 적당히 살아가는 '항인사(恒人事)'에 대해서는 사람들의 경시를 받았음을 알 수 있는 대목이다.

또한 상술한 대로 가장 세인의 이목을 집중시킨 것은 '순부' 여성의 유형 가운데 혼례도 치르기 전에 사망한 정혼남을 따라 죽은 사례(20.4%)인데, 오히려 수절을 택한 여성(13.6%)보다 높게 나타난다. 그 배경을 혼인 형태사로 살펴보면, 한·당대까지는 매매혼(賣買婚)으로 쌍방은 정식 결혼 후에 책임이 발생하나, 송 이후에는 계약혼으로 정혼 즉시 책임이 발생하여 성약(成約) 관계만으로도 성혼(成婚)과 같은 효능을 지니게 된 데에 따른 결과로 보여진다. 그리하여 한·당대 미혼녀(未婚女)는 종부(從父), 기혼녀(旣婚女)는 종부(從夫)하는 것이 일반적이었으며 정혼녀(定婚女)가 사사로이 부가(夫家)에 왕래하면 '음분(淫奔)'하다고 하여 비난의 대상이었던 데 반해, 송 이후에는 오히려 정혼녀가 부가(夫家)에 가서 수절하는 행위를 장려하였으며 심지어 정혼녀로서 순부한 자야말로 '가장 예를 잘 알고 용감한 열녀'로서 사적(史籍)에 올리게 된 것이라고 하였는데,[32] 그 절정기가 바로 명대라고 볼 수 있다.

이와 같이 수도자가 아닌 일반 여성들이 자신의 몸을 희생해야만 미덕은 완성된다고 보고 자살로서 그 극치를 보여준 사례들은 사실 서양인의 개체적·정신적 미덕관으로 보면 더욱 납득하기 어려울 것이다.[33] 이에 대하여 여성의 신체 자체가 가족에 귀속된 것으로 취급하고 최고의 부덕(婦德)인 정절의 체현을 주장한 주자학의 정절 관념을 소위 '신체 귀속 중시 관념'이라는 용어로 정의한 뒤, 특히 여성의 실절이 개인의 불명예로 그치지 않고 가문 전체의 최대 치욕으로 간주하기 시작한 유래를 원대 100여 년에 걸친 전란과 동요의 역사 속에서 '열부'가 송대보다 많이 매출된 사실로 입증한 두방금(杜芳琴)의 연구는[34] 좋은 답변이 될 듯 싶다. 하지만 그러한 시대 풍속이 명대에 답습되어 수치상으로는 전시 여성 자살자의 수가 많은 것은 사실이나, 평상 시 여성 자살자가 차지하는 비율이 원대보다 높아진 점에 유의하면, 본고에서 입증한 바와 같이 '정절지상주의'를 획책한 보다 직접적인 기제는 부가(夫家)에 이득이 되도록 규정한 정절표창제도이고 이를 기반으로 한 부계 가족 문화 속에서 종법교육 등을 통해 '정절=부덕(婦德)'의 규범이 습관화된 때문이라고 보여진다.

05 맺음말

이상 명 말 '여재무용론(女才無用論)'의 형성 과정을 여성 '덕재관'의 변화라는 차원에서 두 측면으로 나누어 살펴본 바를 종합하면 다음과 같이 정리할 수 있다.

우선 여성의 예능 및 학습 능력이 실절의 요인〔'여재=실절(女才)'〕으로 인식된 배경을 살펴본 결과 명대 여성교육의 진행 방식과 밀접한 관련이 있음을 확인할 수 있었다. 이를테면 통치자의 입장에서 후비의 정치 참여를 금지하기 위한 목적으로 아내의 위치를 남편의 지배하에 정립시키고 윤리 지침서의 출판을 장려하여 도덕교육의 강화와 궁정여교의 확대 발전을 이루었던 것이 민간 가정에 이르면 남녀유별 관념에 의거하여 여성의 위치를 가정 내에 한정시키고 정음(貞淫) 관련 가규(家規)를 정하여 종법교육의 구속력을 증대시키는 방식으로 전개되었는데, 여기에서 관건은 여성의 바른 위치와 덕목은 바로 가정과 가사 능력이라는 고정관념을 심어준 것이라 하겠다. 그에 따라 가정 이외의 영역과 문예 능력은 자연히 그 반대 위치로 몰고 가정 이탈은 곧 실절이라는 경고 메시지를 덧붙인 것이 여재(女才)에 부정적 이미지를 심은 결정적 계기가 되어 결국 '덕재대립(德才對立)'의 교육관을 형성하였는데, 그 궁극적인 목적은 여성교육의 시발점 자체가 통치자의 남권 지배체제 강화에 있었으니만큼 정치 문화 영역에서 여성의 능력 발휘 기회를 차단하기 위한 것이라는 결론이 내려진다.

한편 '여재무용론'의 또 한 측면인 정절이 여성의 최고 내지 유일한 덕목('정절=부덕')으로 상정된 과정을 살펴본 바에 의하면 부계가족제도에 대한 여성의 의존도를 심화해간 과정으로 설명할 수 있다. 그 사상적 기반은 주자학의 정절 관념에 있으나 그것이 여성의 지배 이데올로기로 작용할 수 있었던 기반은 정절표창제도에서 마련되었다고 본다. 그 이유는 여성의 정절 행위에 대한 정신적 물질적 포상을 부계가문의 이익으로 귀결시킴에 따라 여성의 신체 자체가 부계가족제도의 기반을 확충하는 수단으로 인식되는 계기를 제공하였고, 여기에서 '절부열녀

(節婦烈女)'의 배출을 최종 목표로 한 정절지상주의 교육관이 형성된 근거를 발견할 수 있기 때문이다. 이러한 정절 이데올로기의 기제가 효과적으로 발휘된 결정적인 증거가 바로 『명사·열녀전』에 입전된 수많은 '절렬' 여성이고, 그 중에서도 가장 모범적인 형상으로 선정된 평상 시 '순부'하는 모습이라고 하겠다.

결국 양 측면을 종합해볼 때 '여재무용론'의 본질은 여성의 유일한 덕목으로 정절을 상정한 뒤, 그것을 수호하는 데 방해가 될 뿐인 예능 및 학습 능력은 배타시한 채 오직 가사에 필요한 최소한의 지식 습득만을 허용함으로써 여성을 공적인 영역으로부터 배제시키고 대신 그 신체를 부계가족에게 귀속시키기 위한 논리였던 것이다.

끝으로 이상의 내용을 거꾸로 되짚어보면 '여재무용론'의 형성 원인이 한층 명확해지는데, 바로 여성이 학습을 통해 사리분별력을 갖출 경우 '절렬'의 부당함을 자각하게 될 것이고, 그렇게 되면 여성에 대한 일방적인 억압과 희생을 토대로 쌓아 올린 부계가족제도 및 그것과 불가분의 관계가 있는 남권지배체제의 국가 질서가 붕괴될지도 모른다는 통치자의 우려가 낳은 일련의 여성우민화정책의 최종 산물로 판명된다.

■주 석

1) 杜芳琴, 1998『中國社會性別的歷史文化尋踪』(天津社會科學院出版社) p.95.
2) 熊秉貞, 1994「明淸家庭中的母子關係 - 性別,感情及其他」. 李小江・朱虹・董秀玉(主編)『性別與中國』(北京: 三聯書店) p.514.
3) 石云・章義和, 1988『柔腸寸斷千縷 - 中國古代婦女的貞節觀』(陝西人民出版社) pp.179-209.; 杜芳琴, 1988『女性觀念的衍變』(河南人民出版社) pp.146-55; __, 1998, pp.95-108.
4) 劉巨才, 1998「中國古代的社會性別制度及傳統婦德」『D423 婦女研究』1998-4, pp.66-70.; 閻廣芬, 1996『中國女子與女子敎育』(河北大學出版社), pp.26-33.
5) 대표적 인물로는 男女見識의 同等을 주장한 李贄(1527-1602년)와 '女禍論'을 비판한 唐甄(1630-1704년)이 있으며, 그 외에 '節烈' 행위에 대한 반대여론은 歸震川을 비롯하여 明末의 문학계에 확산되어 湯顯祖, 馮夢龍, 浦松齡의 작품 등지에 투영되어 있었다. 무엇보다 주목할만한 것은 王相의『女四書』에 편재된 그의 어머니 劉氏가 지은「女範捷錄」인데, 이에 대해서는 拙稿, 2000「明代 女性敎育의 社會的 變形 硏究」『梨花史學硏究』27(梨花史學硏究所) pp.295-96. 참고.
6) 陳東原, 1927『中國婦女生活史』(臺灣商務印書館, 1986년판) p.192. 재인용.
7) 『위 책』pp.192-93.
8) 張福淸(編注), 1996『女誡-女性的枷鎖』(北京: 中央民族大壑出版社) p.58.
9) 曹大爲, 1996『中國古代女子敎育』(北京師範大學出版社) p.293(原載:『明史』권113「后妃傳」).
10) 丁偉忠, 1994「明代的婦女敎育」. 北京大學中外婦女問題硏究中心(編).『北京大學第3屆國際硏討會論文集』p.437.(原載: 傳維麟『明書』권20).
11) 劉巨才, 1998, p.69.
12) 成朝(永樂帝)의 后妃 仁孝文皇后가 지은『內訓』이 永樂5년(1408년) 전국에 頒布된 데 이어서 憲宗의 后妃 王皇后의『女訓』과 世宗의 母后 章聖皇太后의『女鑑』이 잇따라 편

찬되었으며, 이외에 각 종족단위로 편찬된 여성에 대한 훈계를 담은 家訓書는 제외하더라도, 정식 女教書만 약 50여 권으로 집계된다. 이것을 山崎純一의「中國女教書刊行槪況一覽表詩稿」(1986『教育からみた中國女性史資料の研究』(東京: 明治書院) pp.24-25.)와 曹大爲의「歷代女敎敎材的傳布槪況」(『앞 책』pp.255-65.)을 비교 참조하고 나름의 기준을 정하여 분류한 바 다음과 같다: 傳記類15, 理論書類14, 詩歌類12, 論傳兼備類8, 叢書類1(구체적인 書名은 拙稿, 2000, p.270. 참고). 외견상 보면 형식의 다양화 및 통속화가 이루어진 점과 여성편찬자(저작물은 19권)가 다수 등장한 점이 특징적이다.

13) 丁偉忠, 1994, p.437.
14) 김종권(역주), 1987『여사서(女四書)』(서울: 明文堂) p.94.
15) 閻廣芬, 1996, pp.33-39.
16) 金鍾權, 1987, pp.32-33.
17) 丁偉忠, 1994, pp.438-39.
18) 杜芳琴, 1988, pp.146-55.;__, 1998, pp.95-108.; Du Fangqin & Susan Mann, 1998 *Competing Claims on Womanly Virtue in Late Imperial China*『위 책』pp. 245-78.; 李小江 外(主編), 1994, pp.157-86.; 熊秉貞, 1994, pp.514-44; 劉巨才, 1998, pp.66-70. 등.
19) 『近思錄』(陳東原, 1927, pp.137-38. 재인용).
20) 陣師中의 妹壻가 죽은 후 朱熹가 陣師中에게 준 書信 중에서(『위 책』p.139. 재인용).
21) 『東漢會要』권28,「鄕三老」(閻廣芬, 1996, p.84. 재인용).
22) 『위 책』p.88. 재인용.
23) 『明會傳』(Katherine Carlitz, 楊士虎(譯), 1994「慾望·危險·身體－中國明末婦德故事」. 李小江 外(主編), p.163. 재인용).
24) 『明史』(臺灣: 中華書局本) p.7690.
25) 淸代의 『古今圖書集成』에 의거한 董家遵의 통계에 의하면 周-金은 489명인데 비하여 元·明·淸은 48894명으로 약 100배에 달하며, 특히 明代는 총수의 98.7%에 달한다[董家遵, 1936「歷代節婦烈女統計」. 鮑家麟(編著), 1979『中國婦女史論文集』(臺灣: 稻鄕出版社) pp.111－17.]. 한편 田汝康에 의하면 正史 列女傳에 수록된 明代의 열녀수는 前代 전체를 합한 수의 85% 이상을 점한 것으로 집계 된다[田汝康, 1988『공자의 이름으로 죽은 여인들』. 이재정 역, 1999 (서울: 예문서원) pp.63－64.].
26) 金澤中, 1997「『明史』「列女傳」의 서술형태」『明淸史硏究』p.7, p.12.
27) 김염자, 1964『고대중국여성윤리관－『후한서·열녀전』을 중심으로』이화여대 석사학위논문, p.57.

28) 그 밖에 節은 44명(旣婚38명+定婚6명, 전체의 11%), 孝는 26명(本家14명+夫家12명, 전체의 6.5%), 義는 18명(일반婦女14+婢4, 전체의 4.5%), 기타 2명(전체의 0.5%)이다. 참고적으로『明史·列女傳』의 열녀 총 수와 유형분류 그리고 유형별 열녀 수는 통계자에 따라 다를 수 있으나, Du Fangqin & Susan Mann(1998, p.251)의 집계를 拙稿와 비교할 경우 총수는 400명으로 같으며, 유형별 차이는 1-2% 내외이므로 전체상황을 파악하는 데 무리가 없다고 본다. 拙稿, 2000, pp.283-84. 참고.

29) 한 예로 明淸代 地方志를 분석한 田汝康(1998, p. 182)에 따르면 殉烈 대비 守節의 비례가 明代는 1:3, 청대는 1:20으로 확연한 차이를 드러내고 있다.

30) 합계 78명[기혼58명+정(미)혼20명] 중 殉夫 49명(기혼39+정혼10), 劫奪 거부 11명[기혼7+정(미)혼4], 改嫁 거부 8명(기혼5+정혼3), 違禮 거부 5명(기혼2+미혼3), 賣買 거부 5명(기혼).

31) 『明史』pp.7733-34.

32) 董家遵, 1936, pp.114-15.

33) Katherine Carlitz, 1994. p.167.

34) 杜芳琴, 1998, p.98.

[개혁 · 개방 이후 달라진
현대 중국 여성의 삶]

이_승_은

01 머리말

　　　　　　　　　　　　　　　　1976년 9월 모택동이 사망하고 10월에 4인방[1]이몰락하자 등소평을 중심으로 정치적인 변화가 일어나기 시작한다. 등소평은 1978년 12월에 개최된 중국공산당 제11기 중앙위원회 제3차 전체 회의에서 당의 주도권을 획득하고 이를 계기로 4개 현대화를 위한 대장정을 선언하며 본격적인 개혁 · 개방 정책을 추진하게 된다. 중국식 사회주의를 표방한 개혁 정치는 중국의 역사에서 변화의 도화선이 되어 이후 중국의 정치, 경제, 사회, 문화의 모든 모습을 너무나도 빨리 크게 변화시켰다. 특히, 놀라운 경제적 성장과 정치적인 변화, 국제사회와의 교류 등은 중국인들에게는 자신감과 긍지를 가져다주었고, 외적으로는 그 영향력을 증가시켜 긍정적 의미에서든 부정적 의미에서든 중국이라는 나라에 관심을 갖고 연구하도록 하는 결과를 가져왔다.

　패권적 입장에서의 중국 위협론의 대두, 거대한 인구를 가진 소비 시장으로서의 매력, 황사와 같이 세계의 환경 문제에서 결코 간과할 수 없는 중국의 현재 여건들, 경제 발전의 속도에 못 미치는 중국인들의 질서 의식과 환경·인권에 대한 의식 수준은 이미 우리에게는 익숙한 중국에 관한 국제적인 이슈이다. 이는 국제사회가 정치·경제적으로 얼마나 중국의 영향력을 인식하고 신경 쓰고 있는지를 반영하는 것이기도 하다.

　그러나 개혁·개방이 가져온 경제·정치적 변화가 부각되는 동안, 중국 여성의 삶은 개혁·개방 이후 정작 어떠한 모습을 하고 있는지, 또 어떠한 변화를 겪었는지에 대해서는 상대적으로 많은 관심을 받지 못하고 있다. 이는 개혁·개방 정책이 실사구시 정신에 입각한 경제적인 이윤 추구에 그 성격이 있기 때문에 정치적·경제적 의의가 유독 부각된 면이 없지 않다. 그러나 다른 한편으로는, 개혁·개방보다는 1949년 공산당 정권에 의한 신중국 성립 이후의 정책이 더욱 혁신적이고 근본적으로 전통적인 중국 여성의 삶을 변화시켰다는 기존 중국공산당 정부의 입장으로 인한 선입견 때문인 것 같다.

　중국에서 여성 문제가 사회적 이슈로 표면화된 계기는 20세기 초의 학생 봉기인 1919년 5·4운동으로 볼 수 있는데, 당시 그들은 중국이 서방 제국주의와 일본 앞에 열악한 원인을 유교적 가족제도와 사회체제에서 찾았다. 이는 유교적 가족 내에서 열등한 여성의 위치에 관심을 갖는 사회적 계기를 만들었고 이러한 분위기에 민감하게 반응한 중국공산당 창설자들은 1921년 창당 초부터 여성해방과 남녀평등을 주요 강령으로 채택하였다. 1949년 중국공산당은 중화인민공화국을 설립하면서 제도적으로 남녀평등을 보장하고 이를 정책적으로 실천하려는 노력을 장기간에 걸쳐 기울인다. 토지개혁, 대약진 운동, 문화혁명의 기간을 거치면서도 전중국여성연맹[2]을 통한 여성 정책은 그 성격과 갈등의 내용에 있어 변화를 약간씩 보이면서도 지속적으로 전통적인 중국의 여성들에게 가정 내의 부권 아래에서 탈피하여, 사회적인 존재로서 스스로를 인식하고 활동하도록 하는 노력을 기울였다.

그러나 이 글은 이러한 중화인민공화국의 신중국 성립 이후 여성 정책이 근본적으로 혁명 후 공산정권하에서 여성을 동원하는 차원을 넘어서지 못하였다는 한계를 인정하는 데서 그 논지를 출발시키고자 한다. 신중국 건설 이후 사회주의혁명 이론에 기반을 둔 남녀평등, 여성해방은 결과적으로 여성 자체의 보호와 발전이라는 차원보다는 혁명 이후 국가적 단위의 노동력 확보의 필요성과 가부장권의 국가로의 이동이라는 그들의 목표에 따르는 하나의 정책이라고 보았다. 절망적이던 대다수 전통적 중국 여성들의 삶이 신중국의 여성 정책으로 인해 혁신적으로 그 모습이 바뀌었음에도 불구하고 근저에 흐르고 있는 타자에 의한 인위적인 정책적 동원이라는 한계성이 마음에 걸리는 것이다.

나아가 그 후에 나타난 중국의 개혁개방으로 남녀평등이나 여성해방에 대한 국가의 개입이 줄고 능률 위주의 자본주의적 사고방식이 도입되면 여성을 경제적으로 소외시킬 것이라는 우려에도 불구하고, 현재까지의 중국은 그러한 우려를 최소화시키고 있다. 적어도 이러한 구조 속에는 집단적 의도가 아닌 자발적 동기와 자연스러움이 흐르고 있음에 주목하였다. 이 글에서는 이렇게 달라진 중국 현대 여성의 삶을 가족 내에서, 경제 영역과 공적인 영역에서 구체적으로 살피고, 현대 중국 여성의 삶이 신중국 성립 시기의 변화에서부터 개혁·개방을 거쳐 어떻게 이어져 오늘날에 이르렀는가의 연결성을 파악하며 그 안에서 개혁·개방이 갖고 있는 의미를 찾아보기로 하겠다.

02 신중국 성립이 전통적 중국 여성의 삶에 가져온 변화

1949년 10월 1일 모택동은 중화인민공화국의 성립을 선언하고, 개최된 인민정치협상회의에서 인민민주주의 강령인 공동강령 6조를 발표했는데, 이는 봉건제의 폐지, 남녀평등, 남녀 혼인의 자유를 선언하는 것을 그 내용으로 하였다. 이 강령의 전국적인 운동을 전개하기 위한 중화인민공화국의 실천은 크게 3단계로 나누어 볼 수 있다. 1단계는 1950년의 신 혼인법 공포 시행, 2단계는 1958년의 대약진과 인민공사, 3단계는 1966년부터 10년간의 문화혁명 기간이다. 이러한 단계의 실천 모습은 신중국 성립 후 정책에 의해 기존의 전통적인 중국 여성의 삶이 구체적으로 어떠한 변화를 겪게 되는지를 보여줄 것이다.

신 혼인법 공포 시행(1950)

1950년 5월 1일 공포된 중화인민공화국 혼인법은 봉건적인 혼인제도의 폐지와 신민주주의 혼인제도의 실행을 공포 시행하도록 하였다. 이의 내용은 혼인의 자유,

일부일처제, 남녀의 평등, 중혼·축첩의 금지, 과부 재혼의 자유, 이혼을 요구할 권리의 인정 등이었다. 전통적으로 중국에서는 여자 측에서 이혼을 제기할 자유가 없었는데 이러한 이혼의 자유를 인정한 혼인법의 시행은 당시 중국에서 획기적인 하나의 사건이었다. 이 법의 시행 이후 여자 측이 제기하는 이혼 소송의 수가 급증하였는데, 실제 이혼은 현실적으로 매우 어려워, 많은 수의 여성들이 박해를 받거나 자살하는 등 혼인법의 실시 후 약 1년 동안 중남구(中南區)에서는 약 1만 명의 사망자가 나타났으며 화동구(華東區)에서는 1950에서 1952년 사이 11,500명의 사망자를 내게 되었다.[3] 이는 혼인법의 내용이 당시 얼마나 파격적이고도 새로운 것인지를 반영하는 것이기도 하다.

이러한 새로운 혼인법은 여성해방뿐만이 아니라 전통적 가족 내에서의 가족 관계를 새롭게 하는 것이었는데, 이는 혼인법보다 1개월 뒤에 공포 시행된 '중화인민공화국 토지개혁법'에 따라 토지개혁이 실시되고 봉건적인 토지 소유는 폐지되는 상황에서 생산력의 발전을 위해서도 필요한 것이었다. 즉, 사회주의 건설이 필요로 하는 노동력의 창출은 여성의 가족 내에서의 자유와 가부장권의 약화를 필요로 했던 것 같다.

대약진과 인민공사(1958-60)

중국 여성의 삶을 변화시킨 또 하나의 계기는 대약진과 인민공사이다.

대약진기에 중국은 모택동 사상에 입각하여 중국의 농업을 사회주의의 집단경영으로 전환하였으며 대중노선을 채택하여 여성을 노동력으로 동원하였다. 즉, 토지에 대한 분배가 폐지되고 토지를 포함한 생산 수단은 공유제가 되었으며 이 합작사의 수입은 조합원의 노동량에 따라 분배되었다. 이로 인해 농업 생산의 기본 단위로서의 기능을 하던 종래의 가정의 기능은 사라졌는데, 이 속에서도 여성들은 사회적 노동과 가사 노동의 이중 부담을 져야 했고 이에 대한 해결 방안의 역할로 나타난 것이 인민공사이다.

인민공사제도는 가사 노동을 사회화시킨 것으로, 인민공사는 중국의 여성들을 상업, 공업, 농업, 교육, 군사의 각 방면으로 나오게 한 사회주의 권력의 말단 조직인 동시에 매우 새로운 조직이었다. 인민공사는 임업·목축·어업·공업 등의 다각적인 경영으로 여성을 다양한 노동의 현장으로 나오게 했으며, 이에 더하여 공동 식당과 보육소, 양로원 등의 시설을 갖추어 다양한 생활 복지 사업을 실행하였다. 생활 복지 사업은 단순히 생활의 편리만을 위한 것은 아니었으며 이로 인해 가정의 생산 단위와 소비 단위로서의 기능을 약화시키기 위한 것이기도 했다. 인민공사에서는 각자의 노동의 양만큼 분배 받는 것을 원칙으로 하였으며 생산 사업뿐만 아니라 교육·문화 사업도 하였다. 인민공사는 이렇게 사유제와 가족제도를 근본적으로 개혁시키려 했으며, 이 과정에서 여성의 가사 노동을 사회화하여 여성을 가정 내에서 국가라는 사회 단위하의 존재로서 인식하도록 하려 하였다.

즉, 신혼인법으로 이론적인 가족 내 여성의 결속감을 약화시킨 이후 중국 정부는 대약진과 인민공사를 통해서는 실질적으로 가사 노동의 사회화와 집단 경영 체제의 실시로 여성 노동력을 이끌어내어 부족한 노동력을 메우고 가정과 사회 노동 사이에서의 모순도 해결해보려 했다.

문화혁명기(1966-76)

1959년 이후 3년 동안 계속된 재해의 영향으로 수정주의적인 유소기 노선에 반하여 모택동은 1966년 5월 16일 중국공산당 중앙본부의 5·16 지시로 문화혁명을 시작하였다. 문화대혁명은 유소기의 수정주의에 대한 비판, 비림비공운동(批林批孔運動), 4인방 타도의 3단계를 거쳐서 진행되었다.

문화대혁명이 진행되는 동안 3대 차별의 축소라는 것이 제기되었는데, 3대 차별이란 공업과 농업, 도시와 농촌, 두뇌 노동과 육체 노동의 세 가지 차별을 말하는 것으로 여기에는 성차별은 포함되어 있지 않았다. 이에서도 알 수 있듯이 문화대혁명 중에는 사회주의적인 계급투쟁이 모든 정책에 우선하였으며, 여성 정책도 사회주의혁명 노선의 일부로서 성차별과 같은 문제에 대해 별다른 언급이나 행동을 취하지는 않았고 다만, 여성의 평등을 달성하기 위해서는 강한 혁명 의식을 가져야 한다는 것이 강조되었다.

문화혁명은 여성의 평등 문제를 포함한 다른 어떤 문제들보다도 사회주의 계급투쟁을 최우선의 과제로 부각시켰는데, 여성의 지위와 관련한 문화혁명 정책의 효과로는 적어도 이념적인 수준에서는 남녀평등을 선전하였다는 면과 또 한편으로는 여성성에 대한 인식이 프롤레타리아 혁명과 동떨어져 분열을 야기시키는 것으로 인식되어 여성 차별에 대한 어떠한 조치나 노력이 보이지 않았다는 점이 동시에 지적될 수 있다.

신중국 성립 이후 중국공산당의 여성 정책을 전반적으로 살펴보면, 초기 1950년 신혼인법의 시행으로 기존의 전통적 가부장적 중국 가정 내에서의 여성의 지위와 인식을 바꾸는 것으로 시작하여, 1958-60의 대약진과 인민공사 시기에는 여성의 노동력을 사회로 이끌어내어 제도적으로 국가가 이를 활용할 수 있도록 인민공사 등을 기초로 가사 노동의 사회화 등을 통해 가부장권을 약화시키고 가정의 성격도 변화시키려 하였으며, 1966-76의 문화대혁명 시기에는 비록 사회주의 계급투쟁의 일부로 묻히기는 했으나 정치적으로 여성 문제를 인식시키고 선전했음을 알 수 있다. 이러한 신중국의 여성 정책은 기존의 중국 여성의 삶의 모습에 비추어볼 때 매우 혁신적이고 새로운 것이었으나, 이는 여성 자체의 평등, 인권 보호와 행복을 위한 것이라기보다는 국가가 사회주의 혁명의 건설 단계에서 필요하고도 절실한 여성 노동력을 확보하기 위해 국가적 단위에서 가부장권을 국가로 이동시키면서 노동력을 확보하고 동원한 것으로 보여진다.

신중국 건설 이후 중국공산당의 여성 정책이 여성을 가정으로부터 해방시켜 노동력을 사회화하고 남녀평등을 어느 정도 가져온 것은 사실이지만, 이 정책의 근본적인 의도가 사회주의 건설을 위한 여성 노동력의 동원에 있었다는 점은 많은 것을 생각하게 한다. 그리고 중국공산당은 사회주의혁명이 완수되면 여성의 해방도 이루어진다고 믿었지만, 결국 공산주의가 역사적으로 동유럽과 소련 등에서 궁극적으로 실패함으로써 중국공산당 자신도 '중국식 사회주의'라는 애매한 개념 아래 개혁·개방을 주도하는 등 새로운 길을 모색하는 이 시점에서 볼 때, 당시 신중국의 사회주의적 해방론에 입각한 여성의 삶의 변화도 사회주의와 마찬가지로 커다란 모순을 가지고 있었던 것은 아닐까 생각해본다.

03 개혁·개방 이후 달라진 중국 여성의 생활

이 장에서는 신중국 건설이 변화시켰던 전통적 중국 여성의 삶이 개혁·개방 이후로 각 분야에서 어떠한 변화와 연속을 거치며 자리를 잡아 가고 있는지 살펴보려고 한다. 달라진 중국 여성의 생활 모습을 크게 가정, 경제, 공적 영역의 변화로 나누어서 보고자 한다.

가정 영역 내의 변화

전통적인 중국사회에서는 가족이 사회의 중심축이었고 가족의 그 크기와 구조는 사회적 지위에 따라 달라졌었다. 이러한 중국의 전통적 가족은 신중국의 공산정권하에서, 국가가 인정한 조직체가 가족 구성원의 유대감을 대신하고 가족 구성원에 대한 경제적 보장을 국가가 지원한다는 이유 등으로 전통적인 형태가 급격하게 변하는 듯했다. 그러나 아직도 현대 중국의 가족은 여전히 중국의 사회 구성에서 중요한 위치를 차지하고 있으며, 여기에 개혁·개방 이후 시장주의적인 요소들의 영향을 받으면서 또 다른 모습들을 갖추어가고 있다.

결혼

개혁·개방은 중국 여성들에게 결혼 이전의 소개 과정과 배우자 선택의 기준에 있어서 새로운 시각을 갖도록 하였다. 중매인에 의하여 맺어지는 혼인의 수는 급감하고 소개와 연애에 의하여 배우자를 선택하는 비율이 늘어났는데, 특히 하남성(河南省)의 황촌(潢村)과 같이 후미진 지역에서는 상해(上海) 교외와 같이 비교적 대도시 문명이 경제 체제 개혁 이전에 이미 영향을 미친 지역보다 더 변화가 뚜렷하였다. 이는 경제 체제 개혁이 근본적으로 그곳의 산업 구조를 변화시키지는 못했지만 일정 수준에서 폐쇄적인 상태를 깨고 있고 토지의 속박에서 벗어난 잉여 노동력이 도시 문명과 현대 혼인의 규범을 받아들여 '중매쟁이에 의한 결혼'에서 현대적인 자신이 알아서 하는 결혼형으로 바뀌게 되었다는 것이다.[4] 배우자의 선택에 있어서도 과거 상대방의 가정 조건을 중시하던 것에서 상대방 본인의 조건을 주로 고려하는 것으로 바뀌고 있다. 현대 중국 여성들이 원하는 신랑의 요건으로는 돌봐줄 친척이 없을 것, 건강하고 호남일 것, 결혼 후 방을 마련할 수 있을 것, 급료가 한 달 평균 700원 이상, 팔방미인에 대인 관계가 원만할 것, 음주·흡연을 하지 않을 것, 처의 말을 잘 들을 것 등인데 이러한 것을 보아도 중국 여성들의 결혼에 대한 관념이 매우 현실적이고 본인 중심으로 바뀌었음을 알 수 있다.*

    결혼의 절차에 있어서도 현대에는 많은 변화가 있었는데, 중국의 전통적인 혼인은 중매인을 통해서 약혼 예물을 교환하며 신랑 집에서 길일을 택하여 신부 집에 알린 후 악대, 의장대, 가마를 가지고 가서 신부를 맞아 오는 것이었다. 그러나 1980년대에 들어서 개혁·개방 이후 부

---

* 중국에서 인기 있는 남성은 해외 화교, 특히 미국에 있는 사람이나 미국에 유학, 이민 간 사람, 기타 해외에 나갈 수 있는 사람이다. 그 다음으로 외국에 친척이 있는 사람이나 외국인 회사나 무역 회사에 근무하는 사람이다. 이는 중국인들이 외국에 나가고 싶어 하기 때문인데, 중국인들은 외국에 나가기 위해서 외국인과 정략결혼을 하기도 하고 기혼자가 이혼하고 다시 결혼하기도 한다. 따라서 요즘 중국에서는 결손 가정이 늘고 이혼율도 높다.

모가 정해 주던 결혼은 애정 위주의 결혼으로 변하였고, 1950년대 신중국의 혼인법을 기초로 중국은 1980년 9월 다시 새로운 혼인법을 공포하여 원래의 규정을 강화하고 수정, 보완하였다. 이에 의하여 결혼 연령은 남자 20세, 여자 18세에서 남자 22세, 여자 20세로 개정되었는데, 인구 억제 정책의 일환으로 만혼이 장려되고 있어 실제로는 남녀의 연령이 합쳐서 50세 이상이 안 되면 결혼은 허가되지 않는다. 결혼 형식을 법률혼으로 법률상의 3단계 수속을 이행하면 되는데, 1단계는 결혼 의사를 각자의 직장에 보고하여 '미혼 증명서'를 발급받는 것이고 2단계는 건강 진단서를 발급받는 것이며 3단계는 위의 2개 서류와 혼인 신고서를 제출하여 혼인 등기소에서 결혼 증명서를 취득하는 것이다. 결혼 증서를 받은 이후에 결혼 의식을 거행하는데, 연애가 자유로운 도시에서는 직장에서 혼례식을 치러 주며 간단한 주례 의식을 거친 뒤 신랑 신부 맞절, 양가 부모와 손님들에 대한 인사, 축배, 신랑 신부 각 식탁마다 다니며 인사하기의 순이다. 신랑은 양복을 입고 신부는 치파오(旗袍) 혹은 서양식 웨딩드레스를 입으며 신랑 측에서 대부분의 살림살이를 장만하고 신부 측에서 약간의 살림 자금을 보태준다. 최근 개혁과 개방이 가속화되면서 호화 예식이 늘고 있고 급증하는 결혼 비용이 사회 문제가 되고 있으며, 결혼 비용을 자력으로 장만하는 젊은이들의 비율이 점차 떨어져 부모들의 부담이 늘고 빚을 지는 경우가 많아졌다. 자본주의적인 요소들이 중국적인 결혼관과 결합하여 새로운 모습을 만들고 있다.

출산

'인민이 가장 귀중한 자원'이라고 한 모택동 주석의 인구 정책 실패로 인한 인구 증가는 경제 발전의 혜택을 나눠먹어야 하는 입만 늘려 놓았다는 비판 아래 모택동의 사후 강력한 산아제한을 주장하게 된다.

　개혁·개방 이후 중국의 인구 문제는 중국 정부 당국뿐만이 아니라 세계의 인구와 식량 문제에 있어 그 심각성이 드러났으며, 이에 중국 정부는 1979년 이후 반강제적인 한 자녀 낳기 운동을 전개한다. 강력한 산아제한 정책인 '한 자녀 낳기 운동'은 양적으로는 상당한 효과를 가져왔지만, 질적으로는 남아 선호 사상으로 인해 여아일 경우 낙태와 여자 영아 살해, 한 명의 자녀가 지나친 애정을 받는 '소황제, 소공주'로 성장하는 점, 인구가 노령화되는 추세 등의 부작용을 낳기도 했다.

　중국의 전통적인 출산 관념은 아들을 많이 낳아야 한다는 것이었지만, 강력한 가족계획 정책 이후, 특히 도시를 중심으로 여성들 사이에 적은 출산은 본인의 경제적 상황에도 도움이 되고 나머지 시간을 활용할 수 있다는 인식이 생겨나고 있다. 출산의 성별 문제에서도 변화가 나타나 78.4%의 북경인들은 아들이나 딸이나 모두 같다고 했고, 심지어 6.5%의 사람들은 딸을 낳는 것이 아들을 낳는 것보다 좋다고 답변했다. 더욱이 사회복지제도의 변화로 현재 집체 기업과 기타 부문에서 일하고 있는 젊은 여성들도 노후에 거의 대부분 연금을 수령할 것이기 때문에 자식에게 의존하겠다는 생각이 줄어들고 있고 따라서 아들에 대한 기대가 점점 더 줄어들 것으로 보여진다.[5]

　그러나 경제가 비교적 낙후된 외지에서는 전통적인 남아 선호 사상을 갖고 있어 자식을 많이 낳아 처벌을 받지 않기 위해 띠돌아다니는 이들도 생겼다.

이혼

중국사회에서 여성의 이혼에 대한 문제 제기는 근대 무술변법(戊戌變法)

시기에 양계초 등 유신 파에 의하여 제기되었다. 그들은 봉건 예교를 비난하였을 뿐만 아니라 여성혁명·남녀평등·혼인 자유 등을 제창하였지만 법률상 명문화 등이 없어 현실적으로 이혼의 자유 등을 가져온 것은 아니었다. 신중국의 혼인법에 의한 남녀평등, 혼인의 자유, 이혼의 자유 등은 전통적인 중국의 가정에서 매우 혁신적인 것이었지만 사회적, 경제적으로 여성이 이혼을 감행하기에는 아직도 많은 난관이 존재했다. 그러나 이후 80년대의 개혁 개방은 이 혼인법을 수정하였으며, 애정을 위한 이혼도 생겼고, 경제적인 자립은 여성들로 하여금 이혼 후의 생활에 대한 걱정을 감소시켰다.

이렇게 변화한 이혼에 대한 태도는, 현대의 중국에서 제9회 전국인대 제3차 회의에서 다시 혼인법 개정 건의안을 만드는 단계까지 이르렀다.

가정 내의 지위

1949년의 신중국 이전 중국의 여성들이 가사 이외의 특별한 노동에 참여하는 것은 극소수였는데, 1949년 이후에는 모택동의 정책으로 많은 여성들이 보편적으로 사회적 노동에 참여하게 되었고, 이는 여성에게 독립적인 경제 수입을 갖도록 하고 가사 노동을 어느 정도 남편과 분담토록 하였으며 가정 수입의 관리와 사용에서 발언권이 커지도록 하는 결과를 가져왔다. 모택동 여성 정책의 근본적인 의도가 무엇이었는가의 문제는 별도로 하더라도, 이러한 신중국의 여성 정책은 가정 내 여성의 지위를 많이 변화시켰는데 특히 도시 지역에서의 가사 노동의 분담은 매우 두드러지는 현상이었다.

개혁·개방 이후에도 이러한 가사 노동의 분담 현상은 비슷하게 유지되는데, 이러한 이유로는 여성의 노동, 교육, 수입의 지표가 크게 하

락하지 않은데다 이혼의 가능성이 높아지는 등 가구 내에서 여성의 협상력이 높아진 것을 들 수 있다.[6]

신중국의 정치적, 경제적인 목적에 따르는 여성의 사회적 노동에의 진출과 이에 따르는 가정 내에서의 지위의 획득은, 개혁·개방 이후에 여성 개인의 자아실현 욕구와 기회의 확대로 유지되고 있다.

경제 영역에서의 변화

1949년 공산정권 수립 이후 중국 정부의 지도자들은 엥겔스[7]와 레닌의 이론에 입각하여 국가의 대대적인 동원하에 여성을 사회 노동에 참가하도록 하였다. 도시 여성은 모두 취업하고 농촌의 여성은 자신의 토지를 획득하였으며, 국가의 동원과 장려하에 평등한 업무 기회와 사회 정치적 지위의 향상을 가져왔지만, 생산력이 낮고 기술이 낙후된 경제 조건에서 여성들은 가사 업무와 자녀 양육으로부터 완전히 자유로울 수 없어 이중 부담을 지게 되는 결과도 가져왔다.

모택동 시기 중국은 성평등론에 입각, 여러 가지 캠페인을 통하여 여성을 생산 현장으로 이끌어내었는데, 특히 문화대혁명 시기에는 여성이 생산뿐 아니라 정치에도 참여해야 한다고 강조되었다. 여성의 참여 권리를 막는 모든 요소들은 공격 대상이 되었으며 동시에 여성들로 하여금 집 밖의 사회적, 정치적 일에 헌신하는 것도 그들의 의무라고 선전되어졌다. 그러나 이 시기에는 여성 노동력의 완전 고용을 이룰 만큼 공업이 발달하지 못하였음에도 불구하고 중국 정부는 전 도시에서 여성을 포함한 전 사회 노동 세력의 완전 고용 정책을 채택하였다.[8] 이러한 상황에서 고용을 창출하기 위해 노년층의 여자들로 이루어진 근린 조직*을 창설하는 등 모택동 시기의 여성 고용은 겉 모습과는 달리 그 내용에 있어서 여전히 불평등한 위치의 노동 참여라는 한계를 갖고 있었다. 중국공산 정권은 여성 취업을 권장하면서도 도시 근로자의 경우 여성은 대부분 저임금의 직종에 종사하게 하였고, 국영 업체보다 복지 혜택이 적은 소규모 지역 단위의 기업에 취업하도록 하였다.

모택동 시기 고용이 증가했음에도 불구하고 상대적으로 임금이 낮고 연금이 없는 여성의 집체 기업이나 근린 작업장에의 취직은 이를 '성별 직종 분리'라고 비판받도록 하였지만, 이러한 성별 직종 분리에 대한 우려는 오히려 개혁·개방 이후 경쟁과 효율 위주의 사회주의 시장경제하에서 임금 격차가 커지기 시작하면서 더욱더 불거져 나오기 시작했다.

개혁·개방 이후 시장주의 경제의 발전에 따라 경쟁과 이윤 추구의 메커니즘이 강화되면서 국가의 행정 간섭 작용은 약화되었다. 즉, 그 전까지는 직장 배치가 중앙의 통제하에 있어 기업이 채용과 해고권이 없었고 대부분의 직업은 종신제였는데, 개혁·개방 이후에는 단위 기업들이 인사권을 회복하고 손익을 스스로 책임지게 되었으며 이에 사기업(私企業)들도 생겨나게 되자 많은 것이 달라지게 되었다.

가장 큰 문제는 개혁·개방으로 발생한 취업과 경제활동에 대한 기회가 여성에게 동등하게 주어지지 못했다는 것이다. 자율성이 커진 기

---

* 근린 조직은 주로 40대 중반 이상 70대까지의 중·노년층으로 구성되어 지역 생활을 관리했다. 그들의 의무는 주로 정원과 가옥의 청결 정도 조사, 학습 그룹의 조직, 가족 분쟁의 해결, 지역 병원에 대한 감독, 졸업한 청년에 대한 직업 알선, 지역 안전 순찰대의 조직, 몇 개의 중소기업체를 운영하는 것 등이었다. 근린작업집단이라 불리는 이 중소기업들은 주로 여자들로만 이루어졌는데, 정부에 대해 기금, 원료, 기계, 토지 혹은 국영기업의 노동자들을 요청할 수 없다고 명시되어 있었다.

업들은 고용에 있어서도 남성을 선호하였으며, 직장 생활의 면에서도 가사 부담이 적고 건강하여 생산성이 높은 남자가 기업의 입장에서는 더 호감이 갔던 것이다. 도시 여성에게는 만성적 적자가 쌓인 국유 기업들이 여성을 주로 감원 대상으로 삼아 여성 실업의 위기가 생겨났으며, 농촌에서는 농업의 분권화에 따르는 가족 단위 경영체제가 오히려 남성 중심의 가부장적 유형을 강화시켜 여성에게는 가사 노동과 농업 노동 이외에도 별도의 경제 활동에 대한 부담이 생기게 되었다. 그러나 이는 비단 개혁기 이후의 중국만의 문제라고 보기는 어렵고, 시장경제의 발전에서 여성들이 가사와 양육의 역할에서 완전히 자유로울 수 없는 한 항상 생기는 문제인 것 같다.

이러한 기존의 우려와 비관에 대해 근래 이를 반박하며 낙관론을 편 연구도 있다.[9] 여기서는 개혁 시기 많은 우려에도 불구하고 여성의 전반적인 취업률, 특히 국유 기업에서의 여성 노동력의 비율이 높아졌음을 통계를 통하여 확인하고, 이는 개혁 시기의 새로운 기회에 여성들이 더 잘 적응하고 있음을 보여주는 것으로 개혁·개방 정책 실시 이후의 사회 환경의 변화가 여성들에게 불리하게 작용하는 것만은 아님을 보여주는 것이라고 했다. 개혁 시기 중국 기업의 고용주들이 여성의 고용을 꺼리고 있음에도 불구하고 이렇게 여성의 취업 비율이 늘어나는 원인을 위의 연구는 크게 세 가지로 보고 있는데 첫째, '하강'이라고 불리는 중국 기업에서의 해고는 자본주의의 그것과는 다르며 이는 물리적 힘이 요구되는 직무에서 여성을 부서 이동, 해고, 전직시키는 것으로서 이는 여전히 일종의 국유 기업에 취업된 상태라는 것이다. 둘째, '출산 수유 기금' 같이 정부 차원에서 여성의 노동 권익을 위한 정책들이 어느 정도 효과를 거두었기 때문이고 셋째, 개혁·개방 이후 중국에 나타난 새로운 형태의 소유제, 즉 사영 기업, 중외 합작 기업, 외자 기업 들이 여성의 취업 탈출구가 되고 있기 때문이라고 했다. 즉, 개혁·개방으로 인한 여성의 노동 시장에서의 지위 하락에 대한 우려와는 달리 취업률, 임금 수준이 나아졌으며, 모택동 시기 확립된 도시 여성들의 지위는 개혁 시기에도 긍정·부정적 요인들이 복합적으로 작용하면서 비슷한 수준으로 유지되고 있다는 것이다.

중국의 여성들은 한계를 가지고 있기는 했지만 신중국하에서 제도적으로 국가가 개입하여 매우 빠르게 혁신적으로 경제적인 권리와 역할을 획득하고 있었다. 그 이후 중국은 사회주의의 전체적인 한계성을 인식하여 국가가 시장주의 경제 원리를 도입한 개혁·개방 이후에는 여성의 이러한 경제적 위치가 소외되고 낙후될 것을 매우 걱정하였지만 오히려 이를 잘 극복하여 나가고 있는 것으로 보인다.

공적 영역에서의 변화

여성 교육

신중국 성립 후 여성 교육은 거대한 성취를 이루었는데, 중국 정부는 헌법과 법제상으로 여성이 교육을 받을 권리와 기회를 보장하였고, 정치 동원 방식으로 대규모의 전국적인 문맹퇴치운동을 전개하였다. 과거의 전통 중국에서 여성은 90% 정도가 문맹이었으며 1949년 직전에도 겨우 20%의 여성이 학교에 갈 수 있었는데 그나마 소수의 상층 여성에게만 기회가 있었다. 이에 대하여 신중국은 1949년 '민족적, 과학적, 대중적' 신민주주의 교육 방침을 내놓았고, 학제 개혁으로 농공과 무산 계급에 대한 교육을 실행했다.

개혁 · 개방 이후에는 교육을 4가지 현대화의 하나로 확정하고, 교육 사업은 반드시 국민 경제의 발전 수요와 서로 상응하여야 함을 강조하였는데 90년대에 이르자 중국의 교육은 그 질과 수의 면에서 커다란 진전이 있었다. 특히 산아제한 정책으로 자녀 수가 적어지고 딸만 가진 가정이 늘어나자 딸의 교육에도 아들만큼 투자하며, 딸만 하나 키우는 도시 가정의 경우 최고로 교육시켜 좋은 직장을 갖기를 바란다. 이로 인해 여대생의 비율은 1978년의 24.2%에서 1996년의 36.4%로 높아졌다.

여성 건강

신중국 성립 이후 중국 여성의 보건 업무는 산모와 영아의 건강을 막론하고 여성병의 예방과 치료, 여성 노동 보호, 여성 보건의 과학 연구소 등 다방면에서 커다란 발전을 하였다. 70년대 이래 중국은 점차 임산부 계통의 보건 활동을 전개하기 시작하여 병원에 입원하여 분만을 하도록 권장하고 있다.

그러나 개혁 · 개방 이후 계획 경제가 시장주의적인 경제로 바뀌면서 이러한 모자 보건에서 일종의 퇴보 현상이 나타나고 있는데, 특히 농촌 3급 의료보건망의 해체는 특히 농촌 여성의 보건에 커다란 영향을 주게 되었다.

04 맺음말

이 글에서는 전통적인 중국 여성들의 삶의 모습들이 1949년 신중국의 성립으로 인해 혁신적인 변화를 겪은 이후에, 다시 개혁·개방이라는 일대의 변혁을 겪으며 현재에 이르기까지 어떻게 변화를 맞으며 자리를 잡아가고 있는지에 그 초점을 맞추어 보았다. 이러한 변화를 크게 가정 내에서의 변화, 경제 영역에서의 변화, 그리고 교육과 건강의 공적인 영역 변화의 세 가지로 나누어서 살펴었다.

1949년 중국공산당정부에 의한 신중국 여성 정책은 유교적 색채가 짙었던 중국의 전통 여성의 삶의 변화에 있어 하나의 큰 분수령을 이루고 있는데, 신혼인법의 공포와 실시로 남녀평등, 혼인과 이혼의 자유 등을 인식시키고 대약진기에는 인민공사 등을 통하여 사회주의 혁명 완수에서 필요로 했던 여성의 노동력을 사회화시키고 동원하는 데 성공하였으며 문화혁명기에는 여성의 해방을 정치적으로 이슈화하여 아직까지도 중국사회에서 눈에 띄는 가사 분담이나 여성의 노동 등의 새로운 모습들을 만들어내었다. 그럼에도 불구하고 신중국하의 여성 정책은 정책 수행의 전 과정에서 매우 정치적이고도 경제적인 공산주의 국가의 의도를 근저에 깔고 있었으며, 이러한 점에서 매우 자발적이며 경제적이고 개인적인 동기에 의하여 일어난 후의 개혁·개방에 의한 변화들은 새로운 시각에서 그 의의를 찾을 수 있다고 본다.

신중국의 여성 정책으로 인한 중국 여성의 삶의 변화들은 국가적인 동원과 강제적인 성격으로 인해 그 효과가 매우 빠르고 신속하게 나타났지만, 전체적인 사회의 생산성의 저하 등의 문제에서는 그 한계에 부딪힐 수밖에 없었다. 이에 비해 개혁·개방의 시장주의적 경제 요소의 도입으로 인한 여성들의 삶의 변화는 본인들의 경제적인 욕구와 자발성이라는 자연스러움이 전제되었으므로 설사 자본주의하에서 여성이 불리한 구조적인 모순에 부딪히더라도 또 다른 돌파구를 찾아 스스로 적응하고 문제를 해결하려는 노력들이 보였다.

결국 개혁·개방은 중국의 여성들로 하여금 신중국하에서 의식화되었던 모습들 위에 그들 스스로 자연스럽게 시장주의적 요소와 문화를 받아들여 스스로 소화시키도록 하는 계기가 되었으며 그 안에는 다른 선진국이나 혹은 개발도상국들과 마찬가지로 시장주의 경제가 가지는 장점과 단점이 공존하고 있는 것이다.

물론 공산주의 정권의 여성 정책에 결정적인 영향을 오랫동안 받은 중국의 여성들이 개혁과 개방으로 인한 시장주의 경제적 요소를 받아들이는 모습은 문화적으로나 사회적으로 다른 나라들과 반드시 같지는 않을 것이며 그들만의 특징과 차이점이 나타날 것이다. 그러나 결국은 이러한 문제들이 앞으로 중국 여성들만의 문제는 아니고 세계적으로 시장주의경제하의 여성들이 공통적으로 안고 있는 문제일 것이며, 이에 대해 어떻게 미래를 설계하고 가꾸어나가는지는 현대 중국인들과 중국 여성들의 역량에 달려 있는 것이다.

■주 석

1) 4인방은 중국공산당 중앙위원회 부주석 왕훙원(王洪文), 정치국 상임위원 겸 국무원 부총리 장춘교(張春橋), 정치국 위원인 강청(江靑), 요문원(姚文元) 등 4인의 소위 반당집단. 1976년 모택동(毛澤東)의 사후 중국공산당 내부 지도층 간에 권력투쟁이 벌어지자 모택동의 권력을 계승하려 비밀리에 준비하다가 기밀이 누설되어 당시 중국공산당 중앙위원회 제1부주석 겸 국무원 총리인 화국봉(華國鋒)과 군부 지도자들에게 체포되며 이로써 문화대혁명이 종결되었고 문혁파들은 실권하고 이후 등소평(鄧小平) 일파가 실권을 장악하게 되었다.

2) 전 중국 여성 연맹은 세 차례에 걸쳐 그 명칭이 개칭되었다. 제1차 전국여성대회(1949.3)에서는 전중국민주여성연맹으로 호칭했다가 제3차 전국여성대회(1957.9)에서 중화인민공화국여성연맹으로 개칭했고 제4차 전국여성대회(1978.9)에서 전국여성연맹으로 개칭했다. 이경숙,「중국의 여성정책과 여성의 정책결정 참여」『중국여성연구』(숙명여자대학교 아세아여성문제 연구소, 1989), pp.41.

3) 小野和子 ,『현대중국여성사』, 1985, pp.232-261.

4) 왕메이시우,「현대화와 중국 여성의 혼인·가정 관념의 변화에 관한 연구」,『동아시아의 근대성: 세계화와 여성』, (이화여자대학교 한국여성연구원, 2000), pp.76-78.

5) 신은영,「중국의 개혁개방 정책과 도시여성의 지위」,『한국여성학』제17권 1호, 2001, pp.50-51.

6) 신은영,「중국의 개혁개방 정책과 도시여성의 지위」,『한국여성학』제17권 1호, 2001, pp.54-57.

7) "여성해방의 첫 번째 선결 조건은 바로 모든 여성이 새롭게 공공의 노동 속으로 돌아가야 한다.", 엥겔스,「가정 사유제와 국가의 기원」,『마르크스 엥겔스 선집』, 제4집, (인민출판사, 1972), pp.70.

8) 신은영,「중국의 개혁개방 정책과 도시여성의 지위」,『한국여성학』제17권 1호, 2001, pp.40-42. 참조

9) 신은영,「중국의 개혁개방 정책과 도시여성의 지위」,『한국여성학』제17권 1호, 2001, pp.35-63. 참조

3장 봉건으로부터의 해방

항일통일전선과 여성의 정치 참여 _ 김염자

가족제도와 국가권력의 벽을 넘어서 _ 조세현

여성 혁명가 하향응의 사료로 보는 여성사교육 _ 김문희

교과서 속 여성국민 만들기 _ 지현숙

1920년대 중국사상계를 지배한 엘렌 케이 _ 천성림

항일통일전선과 여성의 정치 참여

– 1930 · 40년대 국민당통치지구 부녀운동

김_염_자

01 머리말

중국현대사를 중국혁명의 전개 과정으로 이해하는 것은 적절한 접근 방법의 하나라고 하겠다. 그러나 근간 우리 학계의 중국현대사 연구 수준이 충분히 축적되지 못한 터에 한중수교에 따른 인적 물적 교류의 확대로 중국에 관한 정보가 학문적 여과를 거칠 겨를도 없이 일반화되어가는 것에 대해 연구자로서 적잖은 우려를 금할 수 없다.

물론 중국현대사에 대한 중국혁명사적 시각의 해석을 부정적으로만 보는 것은 아니다. 다만 중국혁명을 중국공산당이 이끈 사회주의혁명으로만 이해되는 오류를 바로잡아야 한다는 것이다. 즉, 중국현대사에 대해 혁명과 반혁명, 중국공산당과 중국국민당의 승리와 패배라는 도식적인 이분법적 접근은 중국공산당의 혁명지도노선과 혁명 이념만을 과대평가하는 이해라는 것이다. 이것은 중국혁명의 선도적 지도력을 발휘하며 중국현대사의 중요한 출발을 담당해온 중국국민당이 이끈 중국 국민혁명에 대한 올바른 이해를 희석시키는 결과가 되는 것이다. 더 나아가서는 국공양당의 혁명 이념의 지주인 혁명의 창도자로서의 손문의 역할을 정당하게 자리매김할 수 없을 뿐 아니라, 중국혁명의 정치적 정통성 문제에 대한 이해를 오도할 우려가 있는 것이다.

이 글의 기본적 인식의 출발은 중국현대사상 중국혁명의 정치적 정통성은 삼민주의에 입각한 중국국민당 주도의 국민혁명에 있으며 북벌 완성 이후에 실제적인 중국혁명의 지도력이 점차 약화되어가는 과정에서 중국공산당이 주도하는 사회주의 혁명이 성장해나갔다는 것이다. 특히 일본제국주의의 중국 동북성 침탈이 이루어지는 1931년 9·18사변 이후의 중국 내의 정치적 상황 변화에 따라 국공양당 간의 관계에 점진적인 변화가 이루어졌음에 주목하는 것이다. 따라서 본 연구의 대상 시기는 1937년 9월 제2차 국공합작, 항일통일전선의 구축으로부터 내전이 끝나는 1945년 8월까지이다.

본 연구의 주된 관심은 항일통일전선 구축과 진행 과정에서의 부녀들의 참여와 그 성과를 살피는 데 있다. 부녀들이 역사적 상황 변화에 따라 사회적 구성원으로서 참여하는 것은 동서고금을 막론하고 근대 이후에서야 비로소 이루어진다. 중국의 경우, 근대 초 선각적 남성들에 의하여 여성의 문제가 봉건사회의 여러 모순을 해결하기 위한 대상으로서 교육 평등권, 재산 계승권, 참정권의 입법 보장 등이 논의되었을 뿐이다. 그러나 이것은 담론 수준일 뿐 실제와는 거리가 있었다. 신해혁명,

신문화운동, 군벌의 할거 등 현대 중국의 정치, 사회, 문화의 변화에 따라 다소 진전되어 담론이 실제화되기도 하였고, 특히 1920년대 국민혁명을 추진하기 위한 전제로서 국민당의 개조선언 중 남녀의 평권을 선언하고, 여권의 발전을 위한 법률·경제·교육·사회적 평등이라는 원칙하에 여권의 발전을 도모하겠다는 내용(대내 정책 12조)이 있었다. 그러나 그것 역시 구호와 선언일 뿐, 실제로 손문이 단기서에게 국민회의 개최를 요구할 때 각계 대표 속에 부녀는 포함되지 않았다.

그러나 1930년대에는 항일이라는 절대절명의 민족 위기를 극복해야 하는 상황으로, 내전을 중지하고 국공통일전선 형성이 요청되었고, 또한 남녀의 차별화로는 감당하기 어려운 현실을 인정하게 되었다. 이러한 시대적 상황은 부녀들이 항일구국 대열에 참여하도록 요구되었고, 그들을 조직 동원해야 하는 책임은 부녀 지도자들에게 맡겨질 수밖에 없었다. 그래서 국공양당의 합작이 이루어졌지만 장개석의 남경 국민정부가 주도하였으며 국민당 부녀 지도자들에 의해서 항전기 부녀운동이 전개된 것이다. 그럼에도 불구하고 사회주의·공산주의 계열의 부녀 지도자들이 실질적으로는 국민당계 부녀 지도자들보다 적극적으로 부녀의 조직과 동원에 참여하였다는 데에 주목하게 된다. 즉, 개인적으로 국민당에 입당한 중경에 파견된 중국공산당 남방국(南方局) 소속 공산당원, 예컨대 채창(蔡暢), 등영초 등이 합법적·공개적 입장에서 항일구국 통일전선 대열에 참여하였음을 확인할 수 있다. 이는 일반적으로 사회주의·공산주의 계열의 부녀운동의 빛나는 성과라는 현대 중국 부녀운동사의 평가에 그치는 것이 아니라, 국민당 지배 구역(國統區) 내에서 국민당 부녀의 지도하에 진행된 중국공산당 계열 부녀지도자들의 역량을 정당하게 평가해야 할 필요를 느끼게 한다.

따라서 본 연구는 현대 중국 부녀운동사의 균형적 이해를 바탕으로 이 분야의 연구 지평을 확대하기 위한 시론적 연구이다. 또 부녀사라는 특정한 시각을 통하여 1930년대 역사적 상황이 중국공산당이 승전 후 중화인민공화국을 건국하는 기반을 형성할 수 있었다는 역사적 정황 이해에 도움이 되기를 기대한다.

02 중국공산당의 부녀정책[1]

중국공산당 지도자의 부녀관

중국공산당의 초기 지도자들 대부분이 신문화운동의 주역이었다. 그들은 북경대학을 중심으로 민주, 자유, 평등, 합리주의적 사회의 건설을 주창하는 자산계급 민주주의사상을 받아들이고 구중국 사회질서의 변화를 모색하였다. 그 후 마르크스, 레닌주의의 계급투쟁 학설과의 접촉을 통하여 부녀 문제 분석의 이론적 틀을 계급투쟁적 시각으로 확정하게 되었다. 그래서 부녀해방의 목표 달성은 인류해방, 계급의 탈퇴·해방을 우선한 후에 부차적인 성과라는 견해에 근거하였기 때문에 천부인권사상에 입각한 여권회복적 차원의 부녀해방사상과는 근본적으로 시각을 달리하는 것으로 사회해방과 노동해방이 가능할 때 부녀해방이 가능하다는 견해로 집약할 수 있겠다.

즉, 중국공산당 지도자들의 부녀운동관은 코민테른의 혁명 이론과 투쟁전술에 영향을 받았을 것임은 의심의 여지가 없었다. 「공산주의 여성운동을 위한 지침」[2] 에 의하면,

"(……) 프롤레타리아 여성이 자본주의를 극복하고 공산주의를 실현하기 위한 혁명투쟁에 강력하게 참가하는 일은 필요불가결하다. (……) 여성이 남성과 똑같이 전인격을 자유롭게 발전시키고 발휘할 수 있는 가능성을 획득하기 위해서는 두 가지의 기본적 조건이 충족되어야 한다. 즉, 생산수단의 사적 소유를 폐지하고 사회적 소유로 봐 주는 것, 착취하고 예속 없는 제도하에서 여성의 활동이 사회적 재생산화에 편제되는 것이다. 이 두 가지 조건이 실현될 때 여성이 가족이나 사회의 착취를 당하지 않는다. (……) 공산주의는 전체 여성에게 완전한 자유와 권리를 보장해주는 유일한 사회제도다. 공산주의는 남녀유산·착취계급의 특권과 권력에 반대하는 남녀 피착취 프롤레타리아 계급의 공동 계급투쟁에서만 실현될 수 있다. (……) 프롤레타리아 계급에 의한 정치권력의 획득은 또한 확신을 갖고 있는 공산주의 프롤레타리아 여성의 과제가 되어야 한다."

이러한 코민테른의 「공산주의 여성운동 지침」은 적어도 창당 초기 지도자들에게 사회혁명을 통한 부녀운동, 즉 부녀해방운동의 성과를 거둘 수 있다는 이론적 근거를 제시하였으리라고 본다. 그러나 실제로 중국공산당의 부녀정책을 입안(立案)하는 사상적 기반으로서의 부녀관은 모택동의 부녀관에 많은 영향을 받았을 것이다.

기본적으로 모택동의 사상은 유교적 전통을 바탕으로 하였으나 그 역시 신문화운동기의 청년이었으므로 「신청년」을 통해 근대 부녀사상을 터득하였고, 그 자신이 당시 중국사회구조의 모순을 비판하는 글 속에서 부녀에 관해 언급하였다.

특히 「호남 농민운동 고찰 보고」(1927. 3)에서는,

■ 1938년 3월 중국 전시 아동보육회 성립대회 기념사진

■ 항전시기 노동 부녀 전지복무단

"중국의 남자는 보통 세 가지 계통의 권위적 지배, 정권(政權), 족권(族權), 신권(神權, 성황과 잡신)의 지배를 받는다. 부녀는 여기에 더하여 부권(夫權)의 지배를 받는다. 이 네 가지 권위는 모두 봉건적 지배, 가부장제의 사상과 제도를 대표하는 것이다.(……)" [3]

라고 하였다.

이는 부녀의 예속적 지위가 중국사회경제의 구조적 모순에 의한 경제적 불평등에서 비롯된 것이라는 분석이다. 이것은 부녀의 천부인권적 권리의 회복을 의미하는 것이 아니라 부녀해방은 노동해방·사회해방과 밀접한 관련 아래에서만 실현될 수 있다는 견해였다. 따라서 부녀해방은 경제적 독립을 위하여 부녀들이 생산 대열에 적극적으로 참여해야만 얻어질 수 있다고 역설한 것이다. 실제로 모택동은 부녀들을 일찍이 중국사회주의혁명 역량으로 파악하고 "노동부녀의 해방은 계급해방 승리와 떨어질 수 없는 일이다. 노동부녀의 해방은 부녀가 진정한 해방에 이르는 길이다."(1932. 6), "전국의 부녀가 일어나는 날이 중국혁명이 승리하는 날이다."(1937. 7) "시대는 같지 않아도 남녀는 모두 한가지여서 남동지가 할 수 있는 일이면 여동지도 또한 할 수 있다"(1939)는 등의 간단한 언설(言說)로 부녀의 사회주의혁명 대열에 참여를 독려하였다.

요컨대 중국공산당 지도자들의 부녀관은 초기에는 자산계급 민주주의적 시각을 통하여 부녀 문제를 접근하여 파악하였지만 마르크스, 레닌주의의 부녀 인식에 영향을 받게 되면서 부녀 문제 분석의 이론적 근거를 계급투쟁적 입장에서 찾았다. 그리하여 부녀운동은 노동, 사회계급의 투쟁적 차원에서 출발해야 한다는 부녀관을 갖게 되었다고 하겠다.

그러나 우리는 중국공산당 지도자들이 남녀평권적 사상 위에서 출발한 부녀관이 아님을 인식할 필요가 있다. 모택동이 중공중앙부녀위원회에 보낸 서신 내용 중에 다음과 같은 견해가 이것을 증명해주는 것이다.

"(······) 부녀들의 가장 위대한 역할은 경제 방면이다. 부녀들이 없으면 생산, 진행이 불가능하다. (······) 경제, 생산 방면에서의 부녀의 역할을 높여 나갈 때에 남자들의 동정을 얻을 수 있으며, 이것(경제, 생산)은 남자들의 이익과 충돌하지 않는 것이다. 이렇게 출발하여 정치, 문화적인 활동을 이끌어간다면 점차로 남자들의 동의를 얻게 될 것이다. 노력하도록 하라. (······)"[4]

국통구 대중운동 · 청년운동 방침

중국공산당은 통일전선 구축 과정에서 하나의 주의, 하나의 정부를 의미하는 통일전선에 일체 복종한다. 일개주의(一個主義), 일개정부(一個政府), 일체복종통일전선(一切服從統一戰線)은 원칙이 아닌 "모든 것은 통일전선을 거쳐야 한다."(일체경과통일전선(一切經過統一戰線))는 식의 투항적인 경향을 단호히 거절하였다. 삼민주의 원칙과 국민당 정부의 항일전선의 지도력에 중국공산당이 복종할 것을 합의한 것일 뿐 장개석, 염석산 등에게 완전히 투항한 것은 아니라는 태도를 분명히 하였다. 중국공산당은 통일전선 과정에서도 왕명(王明)노선을 단호히 거부하고 당의 자주독립, 통일의 위치를 견지하고 더 굳은 결속을 유지할 것임을 밝힌 바 있다.

이 같은 대전제 위에서 중국공산당은 국민당 총재인 장개석과 국민당 중앙집행위원회에 국공양당 합작을 위한 최선의 조직 형식에 대하여, 다음과 같이 제안하였다.

"① 공산당원이 국민당과 삼민주의 청년단에 가입하도록 하고 가입한 공산당원의 명단을 국민당 지도기관에 제출하도록 하자. 그렇게 하면 국민당이나 삼민주의 청년단에서 공산당원을 찾아낼 필요가 없을 것이다.
② 양당이 함께 각종 공동위원회를 조직하여 일을 진행시키도록 하자. 이렇게 양당이 친밀한 관계를 바탕으로 조직 형성을 갖추게 된다면 항일민족통일전선정책의 추진이 적절하고 의미 있는 것이 될 것이다." [5]

중국공산당은 국통구 내에서의 대중공작을, 당이 밝힌 바 있는 「항일구국10대 정강」의 전국인민총동원의 기본 정책 주장대로 적극적으로 추진하였다. 이 과정을 통하여 인민의 정치적 경제적 권리를 확보하도록 도모할 수 있다고 믿었다. 모든 것을 가능한 한 공개적이고 합법적으로 진행하도록 대중운동 방침을 확정하였다. 물론 공산당의 조직공작에 관하여서는 공산당이나 당원에 대한 이해가 부족한 대중들과는 극단적인 비밀 보존이 강조되었다. 즉 당의 비밀공작과 공개공작을 엄격히 구별지우면서 대중과 적절히 관련을 맺어나가는 합법적인 절차와, 장기적이고 철저한 계획 아래 진행하도록 지시하였다. 대중정책은 인민의 권리를 확보해주면서 항전에 유리한 정치, 경제, 문화, 생활개선운동을 주로 하는 교육이여야 하므로 공산당의 조직을 공고히 하기 위한 비밀공작과는 철저하게 구분하여 실시하도록 확정하였다.[6] 중국공산당은 이같은 양자 간의 구분 위에서 대중운동이 진행될 때만이 중국공산당이 통일전선 과정에서 자주와 독립을 유지할 수 있으며 항전 승리 이후의 신중국 건설의 대업을 담당할 혁명적 역량을 확보해낼 수 있다는 정치노선을 확정했던 것이다.

이 같은 기본적인 중국공산당의 입장에 따른 군중정책의 방침이 청년공작에도 적용되었다.

1938년 10월 31일 중공6중전회에서 중앙청년위원회(서기 진운(陳雲))는 "대후방(항전기 국민당 통치 구역: 서남·서북 지역)에서는 공개적이고 합법적인 방식에 따라 학생공작을 진행하자. 그러나 합작사, 학교, 기독교 청년회 등을 통하여 은밀하게 진행하도록 하라. 많은 청년들로 하여금 농촌으로 가도록 하라"라는 청년운동 방법에 대한 방침을 결정하였다.

그 후 1939년 2월 중국공산당 중앙위원회 남방국(南方局)이 건립된 후 중공중앙청년위원회는 「대후방청년공작회의(大後方靑年工作會議)」(중경(重慶), 1939. 8)를 개최하였다. 이 회의에서 이제까지의 공개 합법적 공작 방법에서 정예 간부 조직과 역량을 은폐하는 방침을 연구하라고 요청했다. 이것은 앞에서 지적한 바 있는 "일체통과통일전선적(一切經過統一戰線)"인 우경투항주의(右傾投降主義)의 영향으로 중국공산당이 국민당 정부의 항일전선 지도를 존중하고 복종한 결과 수족(手足)이 매이게 되어 청년 엘리트들이 피해를 입게 되었음을 확인한 후에 한 결과적인 조처였다. 그리히여 남방국청년위원회는 정체가 알려진 청년 간부 중 일부는 연안(延安)으로 되돌려보내고, 일부는 공작 지역을 바꾸는 조처를 하였다.[7]

이러한 청년운동 방침의 변화는 중국공산당이 통일전선 확정 이후의 국민당과의 관계에서 양당이 원만한 관계 설정과 유지가 어려워지는 정치적 상황을 인식한 데서 비롯되었다. 그리하여 중국공산당은 대중운동을 전면적으로 재검토하였다.

중국공산당은 항전 승리 이후의 신중국 건립이라는 대업을 위한 기본 조건을 항일통일전선의 확대와 공고라는 원칙에 입각하여 대중을 진보세력(무산계급, 농민, 도시 소자산계급, 부녀, 청년), 중간세력(중등자산계급, 개명신사, 지방실력파), 완고세력(대지주, 대자산계급)으로 나누고 진보세력의 발전을 적극적으로 지원해나가기 위한 삼유정책(三有政策)[8]으로 정책노선을 변경하였다.

이에 따라서 청년운동 방침도 공개 합법적인 것으로부터 즉, 모택동이 제출한 16자 방침인 "은폐정간(隱蔽精干), 장기매복(長期埋伏), 적축역량(積蓄力量), 이대시기(以待時機)"[9]에 따라 성급하고 폭로적인 방식이 아닌 지하당조직 공작 방침으로 국통구청년공작 방침이 변화되었다. 공작의 중심도 교외에서 교내로, 순수 정치 활동에서 학술 활동·복지 활동으로 전환하여 나갔다. 학생과 직업 청년을 주 공작 대상으로 삼게 되므로 근학(勤學), 근업(勤業), 근교우(勤交友)의 '삼근(三勤)운동', 직업화, 사회화, 합법화의 '삼화(三化)운동'을 강조하였다. 조직상 공개, 합법적인 조직의 참가를 위주로 공작의 지도기구의 간소화, 분산화를 지향함으로써 적(국민당)의 파괴 공작을 모면할 수 있도록 하는 은밀하고 분산적인 소규모 공작으로 축소하게 되었다.

이 같은 대중운동, 청년운동의 은폐, 소형화, 분산화의 추진은 국공합작의 상호호혜적 관계의 정신을 배신한 국민당 정권의 공산당압박사건, 환남사건(晥南事變, 1940. 10. 19)의 발생이 직접적인 원인이었다. 이 사건은 중국공산당으로 하여금 이제까지의 대규모의 대중운동·청년운동의 합법적·공개적이라는 공식주의적 사상과 공작 방식을 변화시켜야만 하는 절박한 지경에 이르게 했다. 따라서 은폐, 엘리트(精干) 중심의 대중운동·청년운동 공작 방향으로 전환하게 되었다. 그리하여 남방국은 즉시 대규모의 대중운동 발동을 정지하게 되었다. 이 같은 정황의 변화에 대비하여 중국공산당 중앙청년위원회는 「국민당구역청년통일전선공작에 대한 지시」(1940. 12.1)[10]를 발표하여 구체적인 공작 방침을 제시하고 있다.

> "청년운동의 기본 임무는 ① 장기매복(長期埋伏), 적축역량(積蓄力量) ② 통일전선을 확대하여 정치적 영향을 확대하는 것으로서, 당원이 필수적으로 사회 활동을 강화하고 사회적 지위를 얻음으로써 당의 역량 손실이 없음을 보증할 수 있으며 아울러 시국을 구제하는 노력을 실현할 수 있다."

위에서 밝히고 있는 바대로 이 기본적인 목표를 달성시키기 위한 방법으로 잠복발전(潛伏發展), 적축역량(積蓄力量), 쟁취인심(爭取人心)을 추진하도록 구체적으로 지시하였다.

공개 합법적 운동 방식에서 지하공작적 방향으로 청년운동 방침이 전환된 형태로서, 남방국(南方局)에서는 삼근정책(三勤政策)과 함께 횡적 관계가 아닌 단선적(單線的) 지도에 의한 조직, 이른바 '거점조직(據點組織)'을 통한 수수 정예 청년 중심이 실질적이고 확신한 중국공산당 엘리트 당원 확보와 훈련을 추진해나갔다. 요컨대 국민당 구역 내에서의 청년·대중운동 방법으로서 통일전선 초기의 공개 합법적 방법의 중국공산당 방침은 지하당조직의 형성과 공작 방법으로 진행하도록 유리한 여러 방법을 제시하며 조정함으로써 유능한 진보적 대중·청년 역량을 조직하고 훈련시킬 수 있었던 것이다. 이러한 정책적 변화를 모색한 중국 공산당의 노력은 혁명 지도력의 변화를 가능하게 하였다. 즉, 항일전 승리의 현실적인 목적을 적극적으로 지원하는 일 이외에 신중국 건국 대업을 위한 혁명적 역군을 육성하여 공산당조직을 심화시켜 나갈 수 있었다.

부녀정책

위에서 지적한 대로 중국공산당은 항일전쟁 초기로부터 민족 존망의 위기를 극복하기 위하여 민족의 전 역량을 집중하여 국토 회복과 민족해방을 이루자고 역설해왔다. 물론 전 역량 안에 부녀가 포함되었고 특별히 전쟁 동안 부녀들의 전선지원운동을 후방에서 담당해야 한다는 절실한 상황을 파악하고 낙천(洛川)회의(1937. 8. 25)에서 결의, 채택된 '항일구국10大 강령 3항'으로「부녀공작 대강」을 발표했다. 항일민족통일전선의 대원칙에 따라 국공양당의 부녀 지도자도 연합전선을 구축하기 위한 노력을 선언하였다. 이러한 공산당의 선언적 요구는 국민당 지도자들에게도 영향을 미치게 되었다.

즉 신생활운동 총회 부녀신생활 지도위원회의 지도자였던 송미령이 항일구국통일전선 형성에 따른 부녀 역량을 통합, 결집하기 위하여 각계·각당파의 부녀 대표 50여 인을 강서성(江西省) 여산(廬山)으로 초청하여 항일구국운동으로서의 부녀운동 방향과 부녀공작 내용에 관하여 구체적으로 논의하였다(1938. 5. 20~25). 그 결과,「여산부녀담화회」에서「전국 여동포에게 보내는 글」과「항전건국공작 참여를 위한 부녀 동원 공작 대강(動員婦女參加抗日建國工作大綱)」을 채택하여 부녀 공작의 주된 임무와 항일통일전선의 원칙을 확정하였다. 또한 전국 부녀 조직의 총괄기구로서 신생활운동촉진총회 부녀지도위원회를 개조 확대하기로 결정하였다. 이러한 결정은 항일민족통일전선을 국민당 정부가 지도하는 것과 같은 맥락으로 해석할 수 있다. 그럼에도 불구하고 국공양당은 각기 「중국국민당 부녀운동위원회 공작 강령」(1938. 6. 11), 「중공중앙부녀공작 전개를 위한 결정」(1939. 2. 20)을 발표한 후 보다 구체적으로 부녀운동을 전개하도록 지시하였다. 중국공산당의 부녀공작 방침의 기본 원칙은 부녀 역량을 항일에 참여하도록 동원하는 데 목적이 있었다. 특히 노동 부녀(주로 농촌 부녀)를 조직하는 것을 당부녀공작노선의 핵심과제로 밝혔다.

"통일전선의 원칙에 따라 더욱 많은 부녀들이 항전건국운동에 참여할 수 있도록 조직을 넓히고 교육과 훈련을 통한 운동을 전개하도록 하는 것이다. 인구의 반을 차지하는 부녀들의 적극적인 참여 없이는 항일투쟁을 승리로 이끌어 갈 수도 없으며, 항전 이후 건국의 대업을 이룰 수 없다"라는 당의 방침을 수립하였다.

위와 같은 대원칙에 따라 부녀운동을 구체적으로 추진할 수 있도록 지시하였다. 이를 요약하면, 다음과 같다.

"① 당과 당원 사이에 남아 있는 낡고 유치한 부녀관의 모순을 없애도록 하자.
② 부녀를 조직하기 위하여 전국의 각급 당 위원회 산하에 부녀부나 부녀운동위원회를 설치하여 구체적인 업무를 관장해나가도록 하자.
③ 부녀대중의 교육 문제에 관심을 가져 정치적 감성을 돕도록 하자.

④ 부녀대중의 생활개선 문제, 특히 부녀의 가정 문제에 관심을 기울이도록 하자. 가정화목을 목표로 부녀들의 사상적 각오를 계발하여 정치 문제에 관심을 갖도록 하자.

⑤ 부녀의 지위 향상 문제: 부녀를 모욕하는 언동, 언론을 극복하도록 하고 현처양모, 모범적인 딸, 며느리로서 가정 내에서 정당한 위치에 설 수 있도록 함으로써 항전에 적극 참여할 수 있도록 봉건적 구습의 모습을 극복하도록 하자.

⑥ 이 같은 부녀 공작을 진행하기 위하여 우선 지식 부녀와 여학생을 동원하여 간부로서 훈련한 후 여공, 노동 부녀, 가정 부녀의 교량과 선봉으로서의 역할을 하게 한다. 그 후 노동 부녀 특히 농촌 부녀를 동원하여 항전구국운동에 참가시켜야 한다."

이 같이 중국공산당 부녀 공작 방침을 밝히고 있다.[11]

결국 항일민족통일전선 형성 시기 중국공산당의 부녀공작 방침은 민족이 생사존망의 위기에 처한 조국을 구하기 위하여 부녀들의 경제적 활동을 적극적으로 후원할 수 있도록 정책을 수립하였음을 특징적으로 지적할 수 있다. 특별히 1920년대의 공장 노동 부녀의 생산활동을 지원하는 정책과는 달리 농촌 부녀들의 생산 대열로의 참여를 확대시키는 데에 주력했던 것이다. 이것은 항일승전을 이끌기 위한 인적·물적 지원자로서의 부녀의 존재를 부각시키는 방책이었으며 봉건적 잔재를 소멸한다는 명분에도 부합하는 정책 결정이었던 것이다.

03 남방국부녀위원회의 설립과 부녀공작 방침

남방국의 설립

항일통일전선 형성 과정에서 정치 상황에 적절히 대응해갈 수 있는 당의 정확한 노선과 방침, 정책을 수립하기 위하여 연안에서 당6차 6중전회의를 열었다(1938. 9 - 11). 중국공산당은 중국의 정치적 형세의 변화와 수요에 근거하여 무한(武漢)에서 중앙당의 결정을 집행하던 장강국(長江局)을 폐지하고 장강 이북에는 중원국(中原局)을, 이남에는 남방국을 설치하기로 결정했다. 이에 따라 1939년 1월 중원국(하북, 호북, 안휘, 강소 등 지역 관할)을 유소기(劉少奇)에게, 남방국(광동, 광서, 강서, 복건, 운남, 귀주, 홍콩 등 지역 관할)은 주은래(周恩來)에게 각각 당서기직을 맡도록 하였다. 그 후 1941년 5월 중원국은 동남국을 통합하여 중공중앙화북국으로 개편하여 항일전의 전방 업무를 담당하도록 했다.

중공중앙남방국은 항일전쟁 시기와 내전 초기 당중앙이 국민당 통치 중심지인 중경에 파견한 대표 기관인 셈이었다. 물론 중국공산당 조직의 공개적인 활동을 국민당이 허용하지 않았으므로 남방국의 활동은 비밀적인 것이었다. 1938년 1월 이후 1944년 11월 주은래를 비롯한 박고(博古), 동필무(董必武), 섭검영(葉劍英), 오옥장(吳玉章), 왕약비(王若飛), 등영초(鄧穎超) 등 남방국 지도부가 중경을 떠나면서 공직위원회를 설치하여 1년여 동안 남방국의 업무를 대행하였다. 종전 후 1945년 12월 주은래가 정치협상회의 대표단의 단장으로 다시 중경에 오게 되어 남방국의 업무는 다시 시작되었다. 그 후 정치협상회의단이 남경으로 이전함에 따라 남경국에 흡수, 통합되었고 남방국이 주도하던 공개적인 대중운동과 당 비밀공작은 사천성 공산당위원회가 조직되어 사천, 광동, 운남 각 성 지역의 업무를 지휘, 감독하도록 하였다.

기본적으로 남방국의 공작은 항일민족통일전선을 승리로 이끌어내도록 전방을 지원하기 위한 업무였다. 그리하여 남방국은 '견지항전(堅持抗戰)·반대투항(反對投降)·반대분열(反對分裂)·일보전진(一步前進)·반대도퇴(反對倒退)'의 3대 정치 구호를 외치며 후방 대중이 전선 지원 업무에 적극적으로 참여할 수 있도록 대중운동의 범위를 확대하고 조직 훈련하였다. 남방국은 대중운동의 확대를 추진하는 한편, '진보세력을 발전시키고, 중간세력을 쟁취하며, 완고세력을 고립시켜야 한다'라는 당의 조직 정책 활성화 방침을 관철시키기 위한 비밀공작에 더욱 구체적인 관심과 열의를 가지고 승전 후 건국 대업을 담당해낼 혁명 역량과 지지 기반 확보에 치중하였다.

남방국의 대중운동 방법은 당의 대중운동의 기본 정책인 공개·합법적 방법의 원칙에 따랐다. 즉, 항전 초기에 설립된 각지의 구국회(救國會), 전국학연(全國學聯), 광동청년항일선봉대(廣東青年抗日先鋒隊), 청년항일동지회(青年抗日同志會), 성도청년항적협회(成都青年抗敵協會), 광서학생군(廣西學生軍) 등의 합법적 기구를 통하여 중국공산당과 각지 진보 인사들의 영향 속에서 구체적인 대중 중심의 전선 지원 활동이 추진되었다. 전선 지원 내용으로는 각종 형식의 항일 선전, 헌금 모집, 전지복무(戰地服務), 위로·위문 활동이었다.

특별히 국민당과 국민정부 계통이 주관하는 각종 기념일 활동, 항전 선전을 위한 선전 대열에의 참여, 예컨대 겨울옷 수집, 병역 참여 독려 선전운동에 적극적으로 대중을 동원하여 참가할 수 있도록 독려하는 합법적인 활동을 추진하면서 중공의 정치적 주장을 선전하는 활동도 겸하였다. 즉, 중국공산당은 항전 형세에 따른 중공의 정치적 주장을 선전하기 위하여 「국민정신총동원에 관한 강령 및 실시방법」(1939. 3. 12)과 「중공중앙의 국민정신총동원에 관한 지시」(1939. 4. 5)를 발표했다. 여기서 정신 개조와 구국의 도덕, 건국 신앙을 구체적으로 추진하자고 했고 그 공통의 목표를 ① 국가지상·민족지상, ② 군사 제일·승리 제일, ③ 의지 집중·역량 집중에 두고, 무릇 모든 국민은 소위 역량과 의지를 집중하여 국공합작의 정신에 입각한 항전 의지를 굳게 하여 민족의 수호와 실지 회복을 목표로 하는 정신·군대·경제·문화의 모든 것을 동원해야 한다고 강력하게 주장하였다. 이러한 중국공산당의 국민정신총동원의 지시 의지는 일차적으로 민족적 각오를 높임으로써 항전 단결의 굳은 의지를 표현하는 한편, 중공의 당조직 기반 조성과 확대를 모색하는 보다 원대한 의지의 표현이었던 것이다. 더욱이 1939년 1월 국민당 5기 중전회(中全會)에서 제정한 '한공(限供)', '방공(防共)', '반공(反共)'적인 방침의 발표[12]는 국민당 정부가 반공 활동을 더욱 가속·확대시킬 것임을 예고한 것이었으며 이에 따른 남방국의 대중운동 방침과 당 조직 기반 조성을 목표로 하는 비밀공작은 환남사변과 같은 대규모 국민당의 반공 행위에 직면하여서는 더욱더 소형화·분석화로 대중운동의 방향을 전환해야만 하였다.

즉 공산당 지하당원들은 삼화(三化)와 삼근(三勤)의 방법을 견지하면서 대중 속으로 깊이 접근해가는 '거점' 중심으로 조심스러운 움직임을 통해 대중동원 선전과 참여를 유도하였다.

한편 남방국은 『신화일보(新華日報)』와 『군중(群衆)』을 발행하였다. 언론 매체를 통한 시국의 진상을 알리고 마르크스, 모택동의 사상을 선전 · 교육함으로써 각지의 애국청년과 진보인사들이 강렬한 감화와 설득을 당하게 되었다. 사상 선전을 통한 애국심, 민족의 새로운 사상적 각오를 모색 · 실현할 수 있도록 지식계층의 선전교육을 행했던 것이다. 그리고 국민당 통치구역 내에서 농촌 공작을 추진하였다. 생산활동의 활성화뿐만 아니라 무장투쟁을 통한 항전 승리를 선전함으로써 팔로군(八路軍) 참여를 독려하였다.

한편, 중국공산당은 중앙정치국확대회의(1939. 7.3 - 8.25)를 개최하고 항전통일정책에 대한 평가와 개선점을 논의 확정하게 되었다. 이 회의에서 주은래가 남방국 주도의 대후방의 2년간 항전운동을 종합평가 보고하였다. 즉, 민족통일전선의 성질, 특성, 통일전선 중의 당의 공작원칙 등을 평가한 후 앞으로의 정책 방향을 제시하였다.

① 투쟁 중 공산당의 입장을 지켜야 한다. 명분과 형식에 매이거나 기회를 놓치지 말고 이 원칙을 고수하자.
② 조직을 노출시키거나 위협, 자극하지 말고 실제적인 발전을 도모하면 결코 자멸하지 않는다.
③ 공작상으로는 서로 양보하고 위함으로써 사람을 다치지 않도록 하자.
④ 방법상으로는 순서를 말하고 실제를 중시하며 언제나 보고하고 신의를 중히 여기고 시간을 지킴으로써 영향을 확대하면 수월하게 공작할 수 있다.

통일전선의 원칙을 구체적으로 표현하면 확고한 입장, 겸손하고 성실한 태도, 학습 정진, 근면한 공작, 고생스러운 생활, 높은 깨달음 등으로 설명할 수 있을 것이라고 보고하였다. 이 회의에서 남방국 주도의 대후방 대중운동은 성공적이라는 평가와 함께 청년·부녀공작을 전개하여 항전 동원을 추진하도록 하였다. 이 같은 정치국 확대회의의 결의에 따라 남방국은 앞으로의 남방국의 항전 시기 임무에 대한 대책을 수립하고자 남방국 회의를 개최하였다(1941. 12 - 1942. 1). 여기서 중공중앙의 방침과 결정의 정신에 입각하여 중국공산당의 국민당 통치 구역에서의 당의 공작 이론과 책략을 조정·확립하였다.

이와 같이 남방국은 그들이 합법적인 신분으로 항전구국전의 승리를 위한 전선 지원 업무를 추진하는 한편, 공산당의 지하당조직을 지지·확대함으로써 현저한 업적을 남겼다. 항전 승리 후 신중국 건설 업무와 국가 조직 속에 남방국을 지도하였던 인사들이 대거 참여하였던 것이 이를 증명한다고 할 수 있다.[13]

남방국부녀위원회의 설립과 활동

부녀위원회의 설립

남방국이 당 중앙을 대표하여 남방의 국민당통치지구와 피점령지구의 당의 각종 공작을 지도하도록 함에 따라 부녀 대중의 공작을 담당할 부녀위원회의 설치가 필요했다. 남방국은 부녀위원회 성립 이전에 중경부녀좌담회(노경화(盧競和) 주도, 후일 부녀위원회 서기)를 개최하여 부녀 공작에 대해 토론하는 대화의 자리를 마련하였다. 남방국 13인 위원 중 유일한 부녀위원 등영초(주은래의 처)가 책임을 맡았다. 실제로 부녀위원회가 설립되는 시기는 2월 하순, 3월 하순설이 있지만 이것은 남방국이 중국공산당 중앙의 「부녀공작에 관한 결정」(1939. 2. 10)에 근거하여 남방국부녀운동위원회를 1939년 2월 25일에 설립한 이후 중앙부녀위원회 성립 과정과 계획을 보고한 기록(「中共中央南方局 關于成立婦委及討論研究婦運工作情況給中央書記處幷中婦委電」(1939. 3. 24)에 의거한 시간의 차이에서 비롯된 잘못이라고 하겠다. 따라서 남방국부녀위원회의 성립 시기는 1939년 2월로 보아야 할 것이다. 남방국부녀위원회의 핵심적인 진보 부녀들로서 섬감영변구각계부녀구국연합회(陝甘寧邊區各界婦女救國聯合會)의 중경파견대표단을 조직하였는데 등영초가 단장을 겸하였다. 1940년 10월에는 남방국통일전선공작위원회 산하 5개조의 하나로 부녀조를 설치했고 등영초가 조장을 겸하였다. 이 남방국부녀위원회와 부녀조(婦女組)는 섬감영변구 각계부녀구국회중경파견단이라는 공개적 명의로서 광범한 활동을 추진할 수 있었다. 결국 남방국부위는 국통구부녀통일전선의 대후방 부녀공작의 든든한 핵심적 지도기구로 기능하였다.

남방국 부녀위원회의 설립 과정과 부녀공작에 관한 남방국이 중앙에 보고한 내용을 살펴보면 다음과 같다.

① 부녀위원회의 구성은 등영초(대표), 노경여(서기)를 포함한 9명으로 구성되었다. 부위 발족 이전처럼(중경부녀좌담회, 1939. 1) 매주 1회의 회의를 개최할 것이다.

② 이미 3차에 걸쳐 중앙의 공작 지시 내용을 토론하였고 '3·8부녀절' 공작에 관한 당중앙의 지시를 문장으로 『신화일보』에 발표하였다. 항전 중 부녀운동의 방향과 부녀 문제에 관한 「부녀운동 대강」을 연구하기 위하여 2개의 연구조가 구성되었다. 부녀위원회의 직할 연구소조와 각 성 위원회 아래의 연구소조가 따로 구성되어 자료 수집, 토론과 연구를 거쳐 5월 중 초보적인 결과가 나오리라고 기대한다.

③ 부녀운동 문제에 관한 소책자를 편집 출판하기로 결정하였다. 소책자의 내용은 다음과 같다.

ㄱ) 국제 및 중앙의 부녀운동 지시에 관하여

ㄴ) 『신화일보』 부녀운동사론(社論)

ㄷ) 몇몇 동지의 논문선

ㄹ) 현재 부녀운동 자료

ㅁ) 손문(송경령), 장개석(송미령), 요중개(하향응) 부인 문선(文選) 등.

④ 광동특위 건립을 위한 각구부녀공작연석회의 개최

⑤ '3·8절'에 관한 자료 연구의 대강과 소책자 내용에 대한 서면 보고를 별도로 올린다. 일상적인 공작 지시를 내려주기 바란다.

이상에서 우리는 남방국부녀위원회는 애국진보부녀 중심으로 조직되고, 핵심적 역할을 담당한 부녀는 중국공산당 당원, 국민당 좌파, 민주부녀들임을 알 수 있다. 그들은 전국부녀구국회 회원이라는 공개적 신분으로 항전구국부녀운동과 공산당 조직 확대와 발전을 위하여 활동하였다.

부녀위원회의 공작 방침

앞에서 살펴 본 바와 같이 중국공산당은 통일전선 형성 이후 국공합작의 대원칙을 어기는 국민당 정권의 반공적 정책으로부터 당의 조직을 유지하기 위하여 대중운동 공작 방침을 변경할 수밖에 없었다. 부녀 공작에 있어서도 마찬가지로 해당되었다. 즉,「중공중앙남방국과 남방국부녀위원회가 당면한 남방국부녀운동 문제에 관하여 광동·호남·강서성의 부녀위원회와 중앙부녀위원회에 보고한 전문(中共中央南方局和 南方

局婦委關于目前 南方局婦女運動問題致 粤·湘·江 等省委婦委幷報中央書記處轉中婦委電)」(1939. 7. 19)[14]에서 이제까지의 부녀운동의 성과를 평가한 후 구체적인 부녀운동 방향을 제시하였다.

① 적의 진공, 전쟁의 계속, 전쟁 구역의 확대로 인하여 부녀 대중이 더욱더 큰 영향을 받아 민족적 각오와 항적의 적극성이 높아져서 무장투쟁 참여를 요구할 정도로 발전하였다. 따라서 각지 다수의 부녀운동을 발전시킬 수 있는 새로운 공작 기초를 세워야 한다. 이전에 비하면 훨씬 더 부녀운동의 보편적인 전개가 있었다. 그러나 아직도 객관적인 발전이 없고 협조가 부족하고 당 차원에서 부녀운동을 중요시하고 있지 않다. 대부분이 겨우 자발적인 공작일 뿐이다.
② 부녀운동이 소규모로부터 여러 계층의 부녀를 포함시켜나가고 공작의 내용도 다양해졌으며 더 많은 부녀를 조직하였다.
③ 부녀공작의 결점과 곤란
ㄱ) 부녀 단체의 기초가 약하고 대단히 유동적이다. 일상적인 공작이 부족하므로 계획을 세워야 한다.
ㄴ) 부녀 단체는 당원을 배양할 수 있는 적절한 방법과 간부의 단결 방법을 알지 못한다.
ㄷ) 현재 통일전선의 정황은 부녀운동에 제한을 가할 뿐 아니라 좌익분자와 공산당원의 참여를 억제하고 있다.
ㄹ) 통일전선을 견지할 수 없게 하는 파벌 관념이 표현되고 있다. 사실상 초조하고 소극적이어서 각지 부녀운동은 단결이 불충분한 채로 서로 영향을 주고받고 있는 형편이다.
ㅁ) 부녀당원 간부는 부족하고 간부의 생각은 보수적이고 균형 감각

이 없다. 부녀 간부의 배양이 충분하지 못하다.

④ 앞으로의 공작 방침

ㄱ) 통일전선을 굳게 지킬 수 있도록 통전(統戰)교육과 마르크스 엥겔스주의를 교육하여 정확한 부녀운동을 더욱 강화하자.

ㄴ) 공작 중심을 각 대도시 및 여중학생들의 집중적인 장소에서 농촌 부녀운동을 전개하였던 옛 구역으로 옮기도록 하자.

ㄷ) 새로운 공작 방법과 경험을 만들고 수집하여 부녀운동을 조직하고 발전시킬 수 있도록 각종의 다양한 방식으로 추진하자.

ㄹ) 부녀당원간부를 배양하고 단결시킬 수 있도록 하자. 각성위원 및 부녀운동을 진심으로 인식하고 있는 부녀간부들을 적절하게 나누어서 조화를 이루며, 유능한 부녀를 간부로 뽑아서 쓰도록 하자. 간부들은 통계를 활용하고 부녀공작을 적극적으로 추진해낼 수 있는 적절한 방법을 비밀리에 보고토록 하자.

⑤ 남방국부녀위원회의 주요 임무는 부녀운동의 종합적인 방침을 연구하는 데 있으며 사상적으로 각급성위원회를 지도하는 데 있다. 각 성부위는 반드시 자기의 지도 능력을 배양하여 자력갱생(自力更生)함으로써 독립 공작을 할 수 있도록 하자.

⑥ 각지 당의 조직과 부녀위원회는 해당 지역의 부녀 관련 간행물을 수집하여 보낼 것이며 아울러 평상적인 업무에 도움이 되는 관련 간행물도 보내도록 하자.

⑦ 호남, 광동에는 따로 개별적인 지시를 보낼 것이며, 강서보고는 상세하게 지시할 것이다. 등영초 동지의 글을 참고하자.

- 「견지항적도저(堅持抗敵到底)」『신화일보』(1939. 7. 7)

남방국부녀위원회·부녀조의 공작 방침 역시 항전기 당의 대중운동의 기본 방침인 공개·합법적 방침을 따랐다. 그리하여 통일전선적인 단체, 예컨대 「신생활운동촉진총회부녀지도위원회」(1934. 4), 「중국전시아동보육총회」(1938. 3. 10), 「중화부녀호조회(中華婦女互助會)」(1937. 8), 「중국부녀위로자위항적장사회(中國婦女慰勞自衛抗敵將士會)」(1937. 8. 1)에 적극적으로 참여하여 공개적이고 합법적인 지위를 가지고 항전구국운동과 공산당 당조직의 기초를 확대하는 양면적인 역할을 수행해냈던 것이다.

한편 남방국부녀위원회는 『신화일보』 부간(副刊)으로 『부녀의 길(婦女之路)』을 창간(1940. 5. 16)하여 부녀들의 사상 개조, 항일통일전선의 절박성을 인식시킴으로써 전선지원을 위한 대중동원운동에 적극 활용하였다. 결국 중공남방국부녀위원회·부녀조는 합법적 신분을 가지고 국민당이 주관하는 모든 행사에 주도적이고 적극적으로 참여하여 항전을 위한 철저한 통일전선 형성에 일익을 담당하는 한편, 당의 기층 조직 확보를 위한 노력을 병행하였다.

04 국통구 부녀운동

1935년 12·9 북평학생운동 봉기는 부녀들에게도 큰 충격을 주었다. 진보인사와 공산당 계열 부녀지도자들이 중심이 되어 1936년 1월 이후 상해, 남경을 비롯하여 전국 각지에서 부녀구국회가 조직되었고, 수원(綏遠)지구 전쟁을 지원하는 등 애국구국운동을 추진하였다. 가령 '칠군자(七君子)사건'(1936. 11. 22)

이 발생한 후 사량(史良) 등 7인의 진보인사를 구하기 위해 송경령, 하향응, 심자구, 조맹군을 비롯한 16인 상해 문화계 애국인사들이 중심이 되어 공동으로「구국입옥운동규약(救國入獄運動規約)」을 제정하여 소주고등법원에 제출(1937. 6. 25)하고 7월 5일 와병 중인 송경령을 제외하고 12명이 스스로 소주고등법원에 구국회 회원들이 감옥에 들어가는 적극적인 방법을 행했다. 그 후에도 전국의 부녀구국회는 다양한 항일후원운동을 전개하였다.[15] 그러나 본 연구는 남방국부녀위원회의 활동을 중심으로 하였으므로 구국회의 활동을 상세히 논하지 않기로 한다.

부녀운동 지도기구

남방국 신생활운동촉진총회 부녀지도위원회 관할 구역의 대후방부녀운동의 실질적인 남방국의 지도기구는 부녀위원회와 부녀조였다. 그러나 중공남방국은 합법적인 기구가 아닌 중국공산당의 비밀기관으로서 주로 공산당 조직 확대를 위한 공작을 추진하였던 것임을 앞에서 지적한 바 있다. 따라서 국통구 부녀운동의 지도기구, 특별히 국공합작이 이루어진 1937년 11월 이후의 통일전선 형성 과정에서의 전방후원을 통한 구국·애국운동을 중심목표로 하는 항전기 부녀운동의 지도기구는 신생활부녀지도위원회(이하 신운부지회(新運婦指會)로 약칭하기로 함)라고 하겠다.

신운부지회는 1934년 2월 이후 진행된 신생활촉진운동의 산하기구다. 우선 1935년 남경에서 "수도(首都)신생활촉진위원회 부녀공작위원회"를 조직하였다. 이를 기반으로 1936년 정식으로 '신생활운동부녀지도위원회'가 성립되었다. 곧 관 주도의 신생활운동추진기구였다. 그러나 일본의 침략이 확대, 심화됨에 따라 중국 민족의 전면항일구국전쟁을 전개하기 위하여 정신 재무장 운동적 차원을 넘어선 부녀 역량의 집중을 모색할 필요를 느끼게 되었다. 즉, 새로운 정치 형세의 변화가 불가피하다는 국내의 애국인사들의 인식과 요구에 부녀계도 통합적 결합의 필요성을 공감하게 되었다. 위원장이었던 송미령이 각계, 각지의 부녀 저명인사 58명을 초청하여 강서성 여산에서 부녀담화회를 개최하였다(1938. 5. 20 – 25). 여기에 공산당 계열의 등영초, 맹경수(孟慶樹), 국민당 계열의 심혜련(沈慧蓮), 당국정(唐國楨), 진일운(陳逸雲), 장정(庄靜), 구국회 계열의 심자구(沈玆九), 유청양(劉淸揚), 사량(史良), 기독교 여청년회의 장애진(張藹眞), 등유지(鄧裕志), 진기(陳紀), 유옥하(劉玉霞), 학계명사 이덕전(李德全), 오이방(吳貽芳), 유경당(兪慶棠), 뇌결량(雷潔涼), 증보손(曾葆蓀), 노군(勞君) 등 당시의 부녀계를 이끌던 대표적 부녀들이 참석하였다. 송미령은 신부지위(新婦指委)를 항전건국공작을 지도할 수 있는 전국적인 총기구로서 발전시키자는 의견을 제시하고 각계 모든 부녀들의 참여를 요청하였다. 참석한 부녀 대표들은 전시 부녀 공작 수요에 적응하기 위하여 신운부지회(新運婦指會)의 개조와 확대에 동의하고 그 대표성을 인정하였고 또한 앞으로 적극적인 참여 요청에 호응하기로 하였다. 그리하여 신부지위가 중국 최초의 전국적인 부녀운동추진기구로서 확대 개편되게 되었다. 이 담화에서는 「동원 부녀 참가 항전건국공작 대강」을 발표하고 이 원칙에 따라 항전을 위한 부녀운동을 전개하도록 합의하였다.

신생활부녀지도위원회의 기능

여산부녀좌담회에서 확대 개조를 합의한 신운부지회는 명칭의 변경 없이 "전국 부녀를 항전건국공작에 참여하여 종사할 수 있도록 지도하며, 좋은 풍습 제창·민중 생활개선·사회봉사·민족부흥의 책임을 부녀들이 함께 질 수 있도록 하는 것"에 목적을 두고 1938년 7월 1일 한구(漢口)에서 정식으로 발족하였다.

전국적인 부녀운동 지도기구로 재편된 신운부지회는 송미령을 지도장으로 계속 유임토록 하고, 이덕전을 신임상임위원으로 위촉하였다. 7명의 지도위원을 36명으로 증원하여 공산당원인 등영초, 맹경수, 강극청, 조맹군들이 참여하게 된다. 기독교 계통인 장애진, 진기는 정·부간사를 맡아 일상 사무를 총괄하였다. 국민당 계열로는 당국정(위로조), 진일운(전지복무조), 황패란(생활지도조)이, 구국회 계열로는 사량(연락위원회주임), 유청양(훈련조), 심자구(문화사업조), 무당파 인사로는 유경당(생산 사업), 사란욱(총무) 등이 주임과 조장을 맡기로 각계 부녀 대표들이 협의하여 결정하였다.

그 후 집행기구에서는 등영초, 심자구, 유청양, 사량 등이 중심이 되어 공작 지원 인원을 보강하기로 하였다. 보강 인원의 자격 요건은 대중에 기초를 두고 사회적으로 인정받고 투쟁 경험과 정치 수양이 있고 어느 정도의 학력을 지닌 지였다. 그 결과 육혜년(陸慧年, 상해부녀구국회), 곽견은(郭見恩), 곽건(郭建), 12·9학생운동 주동자, 나숙장(羅叔章), 나경(羅瓊), 왕여현(王汝現, 공산당원) 등을 선발하여 훈련조, 문화사업조의 조장, 주임의 역할을 맡겼다. 신운부지회 중에서도 연락위원회, 훈련조, 문화사업조는 진보 역량의 핵심으로 구성되었고 이들은 조직, 동원, 부녀계 항전 활동을 통일적으로 이끌었다. 각 지역 간의 연락, 각성 신운부지회와 국민당 당·정·군 각부 원, 회의 신운부지회와 연락, 신운부지회의 명의로 각 항전공작의 진행을 지도, 검사, 독촉하는 임무를 맡았다.

연락위원회 주임 사량은 1930년대 초부터 중국공산당상해지하조직 건설과 관련을 맺은 후 중국공산당과 긴밀하게 합작해왔다. 그는 송경령, 송미령, 송애령 자매를 비롯한 부녀 지도자들과 원만한 관계를 맺고 있었으므로 중국공산당 계열 부녀들이 자연스럽게 항일전선부녀운동에 참여할 수 있도록 연결 고리 역할을 해주었다. 즉,「부녀 생활」(심자구 책임편집, 공산당원 기홍(奇洪) 전담),「난민부녀복무단(難民婦女服務團)」(예비군(倪斐君), 황정문(黃靜汶), 호수풍(胡綉楓), 장계범(張啓凡) 등 영도(領導), 호(胡)·황(黃)은 공산당원),「중경위로분회(重慶慰勞分會)」(공산당원 진기설(陳奇雪), 진옥화(陳玉和), 주건(周健) 책임)「국민구국협회부녀조」(온식일(溫式一), 공산당원), 영도,「주중경 섬강녕변구 부녀위원회 대표단(陝甘寧邊區婦聯渝)」(등영초, 노경여, 유사광, 장효매(張曉梅), 장옥금(張玉琴)) 등이 중국공산당원의 신분으로 공개 합법적인 통일전선 공작에 참여하였다.

부지회는 확대 개편된 이후 환남사변(1940) 발생 전 2년간은 중국공산당 비밀당원과 진보 부녀들의 주도 아래 국통구 부녀 대중을 동원·조직하여 항일통일전선 형성을 지도한 실질적인 전국적 부녀운동 지도기구로서 활성화되었다. 그 결과 사천, 운남, 광동, 광서를 비롯하여 12개의 신지회 부녀공작위원회가 설립되고 해외 분회도 구성될 정도로 외형적인 조직 확대로 나타나게 되었다. 부운부지회는 각종 기념 행사를 통하여 부녀의 정치적 각성과 조직적인 항전 참여를 위한 대규모 부녀대중동원 운동을 추진하였다. 가령 왕정위(汪精衛)반대운동, 한간(漢奸)숙정운동, 헌정촉진운동 등 거국적인 행사에 적극적으로 부녀 대중을 동원하여 사회의 일원으로서의 부녀의 참여 의식을 고양시키고 유도하였다. 그렇지만 핵심적 상층부녀지도자들 만으로는 국통구 전역의 부녀들을 동원하고 조직하는 데 역부족이었다. 따라서 부운부지회 집행부는 젊은 지식부녀들에게 자기희생의 분투 정신으로 항일통일전선 형성의 실제적인 공작 참여를 호소하게 되었고, 전과(專科)·고중여학생을 간부로 육성하기 위하여 「공작인원 훈련반」을 조직하여 1·2개월의 단기 훈련을 시켰다.

〈표 1〉 신운부녀지도위원회 고작인원훈련반 일람표

명 칭	훈련지	훈련 기간	종사공작 성질
신운무한부녀간부단기훈련반	한구	1938. 7. 21 – 8. 31	향촌공작
신운무한부녀간부훈련반	한구	1938. 10. 1 – 10. 20	향촌공작
신운간부훈련반(3기)	중경	1939. 6. 1 – 7. 1	향촌공작, 아동보육, 상병복무, 생산사업
↓(4기)	중경	1939. 11. 1 – 12. 30	향촌공작, 생산사업
신운부녀구호인원보충훈련반	중경	1940. 1. 22 – 1. 30	구호공작
신운부녀고급간부훈련반	중경	1940. 2. 1 – 5. 2	각지 부녀공작
신운부녀구호인원보충훈련반(2기)	중경	1940. 10. 14 – 11. 15	구호공작
↓(3기)	성도	1941. 8. 18 – 8. 30	구호공작
신운부녀간부훈련반(5기)	중경	1941. 11. 15 – 2. 7	향촌공작
신운부녀지도원훈련반	중경	1942. 5. 6 – 6. 22	향촌영예군인통합목무대
신운부녀공장복무인원강습반	중경	1942. 8. 28 – 9. 18	공장생활지도
신운부녀향촌복무원강습반	중경	1942.10. 19 – 10. 31	향촌공작
파(巴)현부녀공작실시인원강습반	중경	1942. 11. 2 – 11. 18	향촌공작
영예군인복무인원수공계강습반	중경	1943. 6. 7 – 7. 27	영예군인복무가임시장애교양소
향촌복무인원강습반	중경	1943. 11. 26 – 12월 말	향촌복무(사첩섬·강북·파현)

출전: 『부녀신운(월간)』5권 7기, 6권 7기(1937.7, 1944.7)

또한 절박한 민족 위기를 인식시키기 위한 계몽 선전 활동의 일환으로 부녀회 자체 간행물을 발행하여 통일된 전국 부녀의 항전 의지와 역량을 집중시켜 나갔다[16](표2 참조).

〈표 2〉 신운부녀지도위원회 출판물 및 자료 발행 비교법(1938. 7 ~ 1943. 12)

출판 간행물 이름	창간 시기	발행형태	발간 횟수(期)
선전 대강 각 기념일 특간	1938. 7	매기념일	56
부녀신운	1938. 9	계 간	9
부녀 신운	1940. 1	주 간	219
벽보자료	1938. 4	부 정 기	250
부녀신운통신	1940. 9	반 월 간	78
부녀신운	1938. 9	월 간	32
시사 연구 자료	1941. 1	부 정 기	38
부녀신운	1943. 1	쌍 주 간	20

출전 : 『부녀신운』 6권 7기, 1944.7. 도표

「동원부녀참가항전건국공작대강(動員婦女參加抗戰建國工作大綱)」의 원칙과 내용에 따라 진행된 부녀 활동 내용은 다음과 같다.

① 우선 부녀 동원의 선결 조건으로 ㄱ) 부녀 문화 수준 향상, ㄴ) 부녀의 생활 기능 배양, ㄷ) 부녀의 직업 범위 확대, ㄹ) 노동 부녀의 생활 조건 개선(노동 시간 단축, 동일 노동·동일 임금 등), ㅁ) 부녀를 속박해온 풍속제도의 개혁(일부다처, 동양식(童養媳), 민며느리), 축첩(畜妾), 전족(纏足))

② 부녀 동원의 원칙: ㄱ) 조직과 훈련, ㄴ) 부녀의 생활 수요를 입수하여 만족시키도록 하자.

③ 동원방법: ㄱ) 대상을 분별한다. 농촌 부녀, 여공, 여학생, 직업 부녀, 가정 부녀, 피난 부녀, 참전군인 가족, 전몰 유가족 등, ㄴ) 항전

건국공작에 참여할 수 있도록 각종·각양의 수준에 적합하도록 훈련반을 조직하여 적절한 내용의 교육과 훈련을 하도록 하자.

④ 공작의 중심 내용: ㄱ) 전시공작 : 선전(국내외), 구호(단기훈련 구호대, 방독용구 제작, 부상병 치료 등), 정모(征募, 구국공채 사기, 군인필수품, 위로품 수집 조달), 위로공작(위로대, 빨래, 재봉 담당, 전방 부상병·유격대 위로, 약품, 의류 제공), 군인 가족 위로, 생활 곤란 지원, 아동 보육, 무장 참여(게릴라전 후원, 적진 공격), 운수, 비밀 정탐원 감시(偵察漢奸). ㄴ) 생산사업: 공업, 농업, 합작(생산, 소비, 운수, 신용)사업, 이 같은 공작 업무는 각 도시의 특수한 상황과 수요, 선후완급을 고려하여 추진하도록 결정하였다.

따라서 이 같은 공작 대강에 근거하여 남방국부녀위원회와 부녀조는 국통구부녀운동의 방향을 설정, 추진하였던 것이다.[17]

첫째, 이 시기의 최대의 목표는 항전 승리, 신중국 건설을 위한 통일전선의 기반을 확고히 하고 전민 참여를 유도하는 것이었다. 그리하여 이 시기에 90여 종에 달하는 부녀 관련 간행물이 발행된다. 이들 간행물을 통하여 항전의 필요성을 계몽, 선전하게 된다. 국통구 부녀운동 역시 부녀계의 통일 전선조직과 합법적인 부녀조직들―각성의 신생활운동부녀공작위원회, 구국회, 보육회 등―을 통하여 남방국의 지도하에 진행되었다.

우선 국통구 내의 부녀공작에 대한 통일전선노선 원칙(一切服從統一戰線)과 중국공산당의 독립자주노선, 당의 방침과 정책 방향, 가령 삼대정치구호(견지항전(堅持抗戰) 반대투항(反對投降), 견지단결(堅持團結) 반대분열(反對分裂), 견지진보(堅持進步) 반대도퇴(反對倒退)), 시국 형세의 변화 등을 알리고 항전구국대열에 대한 적극적인 부녀 참여의 절박성을 인식시키는 선전계몽운동을 전개하였다. 대표적인 선전 매체로는 『부녀 생활』(1935. 7. 1. 상해 창간, 1937년 무한, 1939년 이후 중경에서 발행. 100기 기념호 이후 정간(1941.1.16))이 있다. 또한 『신화일보』(1938. 1. 11. 한구 창간: 중국공산당 남방국 지도 편집)의 경우 「춘절(春節) 비용을 절약하여 난민·상병 위로운동」, 「방독용구지급운동」, 「면옷 모으기, 구독신문지원운동」, 「헌금운동」, 「홍콩반장파공운동지원」 등 전반적인 항전구국운동의 참여를 촉구하는 대중선전운동을 전개하였다. 한편, 『신화일보』는 부간으로 『부녀의 길(婦女之路)』(장효매 주편, 월2회)을 창간(1940. 5. 16)하여 국통구부녀운동을 지도하는 선전 매체의 역할을 담당하였다(1941. 1. 30 정간. 1942. 1. 복간. 1949. 2. 폐간, 총 149기 발행).

즉 남방국 부녀조는 1940년 환남사변 이후 국민당이 공산당원의 합법적인 활동을 제한함에 따른 합법적 공개적인 기구와 신분을 통한 부녀운동이 불가능해짐에 따라 공산당이 지도하는 『신화일보』, 『청년생활』, 『부녀의 길』, 『공인원지(工人園地)』 등의 전란(專欄)을 통해서 부녀운동의 경험을 종합, 평가하며 그 결점과 착오를 바로 잡고 새로운 당의 공작 방향 제시, 형세·시국의 변화를 인식시키며 부녀운동을 지도했던 것이다. 특히 3·8부녀절과 같은 행사를 전후하여 적절한 담화와 논설을 발표하였다. 가령 등영초의 「3.8절 기념하여 부녀운동을 전개하자(記念三八節開展婦女運動)」(1939. 3. 8), 「여참정원의 책임을 논함(論女參政員的責任)」(1938. 6. 9), 「현 정세에 적합한 부녀공작(目前局勢上婦女工作)」(1940. 5. 6), 『부녀운동의 강화(加强婦女運動)』(1943), 「부녀의 민주 권리를 위하여 노력하자(爲婦女的民主權利而努力)」-3.8절을 기념하여-(『신화일보』 사론, 1944. 3. 8), 이외에도 각지각성 부녀위원회는 부녀 관련 잡지를 간행하였다. (『복건 부녀』, 『강서 부녀』, 『광서 부녀』, 『광동 부녀』, 등) 후반기에는 『부녀의 길』이 정간되는 시점에는 중소문화협회부녀위원회의 명의로 『현대 부녀』, 『직업 부녀』를 발행(1943)하여, 국통구부녀운동의 선전 매체로 이용하였다.

간행물을 통한 선전, 계몽, 교육을 하는 한편, 보다 생동감 넘치는 부녀절 행사에 대규모(중경 부녀계 4,000명(1939), 1만 명(1940), 5,000명(1946)) 부녀 대중이 운집, 참여할 때, 그 시기마다, 가령, 반왕(反汪)운동, 헌정운동, 민주쟁취운동, 정치협상회의 부녀 참여, 신민주국가건설 사업 참여 등 적절한 과제를 설정하고 이를 추진하자는 결의와 의지를 표명하는 운동이 진행되었다. 남방국 영도의 각종 형식의 선전은 항일구국 운동의 주요 방향과 정신 역량의 개발뿐 아니라 공산당의 항일민족통일전선정책의 이해와 마르크스, 모택동 사상의 공개 선전, 교육 운동이라고 평가할 수 있다.

둘째, 항전 참여를 위한 부녀조직운동이다.

부지회의 공개 합법적 통일전선적 전국성 지도기구를 최대한 이용하여 진보적인 지식부녀계의 조직을 활성화하여 중국공산당 부녀지도층을 형성하였으나 환남사변 이후 남방국 부녀조의 국통구부녀운동을 지도하는 것은 사실상 어렵게 되었다. 그리하여 합법과 비밀 방식을 겸용할 수 있는 조직상의 변화가 불가피해졌다. 그 결과 등영초의 제의에 따라 새로운 부녀조직인 중소문회협회부녀위원회(中蘇文化協會婦女委員會)가 조직되었다(1940. 3. 25). 이덕전이 주임을 맡고 조맹군, 부학문(傅學文), 등영초, 장효매, 황정문, 담척오(譚惕吾), 육혜년, 예비군 등 공산당원 내지는 좌파 인사들 중심으로 연환회(聯歡會), 각종 학술연구회, 부녀문제 좌담회, 형세 보고회, 소련 부녀 아동 사진전, 영화 초대회, 러시아어 보습반 운영 등의 형식을 취하면서 남방국은 계속 부녀통일전선공작의 중요 진지로서의 역할을 감당해냈다. 또 기관지로서 『현대부녀』(조맹군 주편, 1943)를 발행하였다.

이외에 여청년회(예: 한구 YWCA 전시 복무단, 중국비밀당원 직속, 장강국남방국 공산당 항일민족통일정책 선전 추진), 중화부녀절제회(中華婦女節制會) 등도 국통구 부녀운동의 진지로 활용하였다. 특히 일반 대중 조직의 확대가 아닌 소규모의 학습조, 좌담회, 독서회의 모임을 중심으로 전황의 교류, 문건의 학습, 진보 서간(書刊)의 열람, 독회 등을 통하여 전황과 정치 형세를 토론하고 일련의 진보 활동에 참여하게 된다. 종전 직전에 발족한 「중국부녀연의회(中國婦女聯誼會)」(1945. 7. 15)는 중간세력의 부녀 대중을 신중국 건설에 참여하도록 유도하는 국통구진보부녀운동의 조직으로서 탁월한 성과를 거두었다고 보고하고 있다.

셋째, 전지·전방(戰地·前方)지원운동의 전개다.

① 각성·시 전지복무단(戰地服務團, 호남·광동·운남·사천), 부녀전지복무단, 한구기독교여청년회 중심의 전방 참전·참군운동의 추진이다. 예컨대 팔로군학병대여성구대, 광서여학생군, 절강소흥부녀영(浙江紹興婦女營)이 그 예이다. 이들은 유격대(왕림유격대, 광서부녀항일유격대)에도 참여했다. ② 부상병 돌보기: 군병원에서의 부상병 간호, 운반, 시신 매장, 부상병 신문 읽어 주기, 편지 써주기, 음식 조리, 세탁, 건강 회복에 조력하는 일. ③ 병영 내에서의 근무: 적정(敵情) 정찰, 전지 시찰, 도로 공사, 운송, 스파이 색출, 전리품 수집, 정리, 포탄 운반, 통신 공작, 보초 서기. ④ 여청년회 방독면 장비 제작 지원. ⑤ 겨울 조끼를 비롯한 의류, 세면 수건 등의 제작 지원.

넷째, 후방공작이다. 부녀 동원을 통한 전방후원과 후방 질서 유지·

발전시키는 것이 중심 과제였다.

①민중을 조직, 훈련시키기 위한 간부교육: 앞 절에서 지적한 바처럼 국통구부녀통일전선 공작과 공산당의 투쟁 임무가 밀접하게 관련이 있으므로 상당한 관심과 열의를 기울였다. ② 부녀 대중 기층 조직 교육운동 부녀의 문화 수준을 향상시키기 위하여 문맹 퇴치, 부녀 야학, 식자반, 동학(冬學), 독보반(讀報班), 구락부 등을 개설하여 부녀의 항전교육, 사회교육과 오락 활동과 연결지어 많은 기층조직 확보를 위한 적절한 교육을 행하였다. ③ 생산운동의 전개 전 인구의 80% 이상이 농민이므로 부녀의 생산 운동의 중심도 농촌·농업 생산이었다. 그러나 봉재, 방직, 양계, 양약(養藥) 등 각종 산업의 생산·소비합작사를 도모하고 부녀공예훈련반을 운영하여 농촌 부녀의 기술·문화 수준 향상을 위한 각종 기초 교육을 행하였다. ④ 고아 구제, 아동 보육, 탁아소 설치, 모교(母敎)운동을 통하여 후세대 배양에 관심을 기울였다. ⑤ 난민구제헌금운동, 전몰가족생계후원, 징병권유(促兵運動) 등 전시 사회봉사운동 전개

다섯째, 본격적인 부녀운동의 전개이다.

① "부녀회가(婦女回家)"론에 대한 재반격 항일통일전선 시기 본격적인 부녀 자신을 위한 부녀운동을 추진할 수 없던 터에 통일전선의 선결 조건인 직업전선의 확대는 고사하고 현모양처, 가정주부의 역할을 강조하며 부녀를 가정으로 돌아가라는 논설이 발표되었다(예: 단목로면(端木露面), "울남중일점압답(蔚藍中一點黯澹)"『대공보(大公報)』중경, 1940. 7. 6). 이를 둘러싼 각지 부녀계의 부녀 문제에 대한 논전이 전개되었다.[18] 한편 취업 권리를 보장하라는 요청을 각 정부 기관에 한다(청정부통령전국각기관부득금용여직첩안 (請政府通令全國各機關不得禁用女職貼案), 1940. 4) 이러한 논전의 재현은 항일통일전선을 유지하기 위한 부녀 참전 동원이

현실적으로 절실히 요구되었지만 부녀 문제 해결에는 거의 연결될 수 없었음을 확인시켜주는 것이었다.

② 1939년 9월 국민참정회 1회기 4차 회의에서 공산당과 중간당파 참정권의 부여를 요구하는 일치된 노력으로 헌정기성회(憲政期成會)가 조직되었다. 중경 부녀 단체들이 「헌정과 부녀」 좌담회를 7회(1938. 4. 1 - 1940. 3) 열고 헌정회에 참여할 것을 논의하고 남방국부위는 이 운동에 적극적으로 각종 언론을 통하여 남녀가 동등한 권리를 향유해야 한다는 「헌정과 부녀토론 대강」을 채택·발표하였다(1939. 11. 12).

05 맺음말

이상에서 항일전쟁 시기 일본군의 참혹한 폭행을 당하면서도 눈물겨운 항일투쟁을 전개하였던 중국 부녀들의 전쟁 지원 노력의 일단을 파악하였다. 특별히 국민당 통치 지역 내에서의 국공연합통일전선(國共聯合統一戰線) 형성을 근거로 하여 후방의 모든 부녀들이 항일투쟁에 참여할 수 있도록 노력한 중국 부녀운동을 이해하고자 하였다. 그 과정에서 당시 항일전면전쟁을 지도한 정치집단은 중국국민당이면서 실제적이고 적극적인 항일투쟁을 승리로 이끌어내는 데에는 중국공산당의 정세 분석력과 정치적 결집력, 돌파력이 중요한 역할을 해냈음을 확인할 수 있었다.

이는 중국국민당이 항전기에 충분히 지도력을 발휘할 수 없었음을 입증한 결과라고 하겠다. 다시 말하자면 신해혁명이 추구하는 공화혁명적 이념과 국민혁명을 통한 통일된 민주국가 건설과 반제운동을 실현해내고자 노력해온 중국의 혁명 과정에서 중국국민당의 혁명 지도력이 중국공산당으로 전이되는 과정이었다는 설명이 될 것이다. 이 같은 현상은 항전 승리 후 내전기(內戰期)를 거쳐 중국 대륙에 사회주의 국가 건설을 실현시키는 결과를 낳았던 것이다. 그렇게 볼 때 부녀운동 역시 중국국민당 계열보다 실제적인 면에서는 중국공산당 계열 내지 진보 지식 부녀들이 더욱 적극적인 역량을 발휘하며 항전 참여운동을 지도했으리라는 짐작이 어렵지 않다.

실제로 진보 지식 부녀·공산당 계열 부녀들은 항일통일전선의 원칙에 입각하여 확대·개편된 전국 부녀의 대표기구인 신생활운동부녀지도위원회를 근거로 하여 공개적이고 합법적인 항전부녀운동을 추진하는 역할을 담당하였다. 그러나 환남사변(1940. 10)을 전후하여 중국국민당의 공산당 활동의 제한이 심화됨에 따라 부지회를 통한 공개적 활동이 불가능해졌다. 그럼에도 부녀들은 여전히 중소부녀문화협회나 부녀연의회를 근거로 하여 공개적인 신분으로 중국공산당의 비밀공작과 부녀대중운동을 신중히 구별하며 기층 부녀를 조직하여 적극적인 항전운동에 참여하도록 유도하였다. 그 과정에서 그녀들은 중국공산당의 당책과 정치 노선의 선전을 겸하였다.

이 같은 중국공산당 계열·진보 지식 부녀들의 항전지도 역량의 발휘는 섬감녕변구 중경대표단원의 자격으로 신운부녀회에 참여한 부녀들, 특히 등영초를 중심으로 진행되었다. 이들은 실제로 중국공산당의 비밀조직인 남방국부녀위원회·부녀조 소속의 부녀들로서 중국공산당의 부녀 정책 방향에 따라 항전 참가를 위한 부녀동원운동 중심의 부녀운동을 적극적으로 추진해나갔다. 다시 말하자면 그들은 당면한 민족 위기를 극복하기 위한 노력으로 통일전선의 원칙에 근거하여 부녀 대중을 조직, 훈련시켜서 항전구국운동에 참여하도록 동원하는 한편 신중국 건립이라는 중국공산당의 원대한 희망을 실현하기 위하여 마르크스주의와 모택동 사상을 교육하면서 사회주의국가 건설의 사상적 기반을 확대시켜나가는 한편 사상적 기반과 물적·인적 기반의 확보를 위한 각 계층 부녀를 교육 훈련시켜야 한다는 철저한 공산당의 전략을 병행해나가는 정치적 감각을 지녔던 것이다.

그러나 남방국부녀위원회 부녀조가 지도하여 추진한 국통구 부녀항전운동은 기층 부녀들의 사회 참여 기회와 공헌을 유도하는 데 많은 성과를 거두었지만, 이미 지적한 바 있는 부지회가 부녀 동원의 선결 요건으로 제시하였던 부녀의 문화 수준의 향상, 취업 범위와 기회의 확대 등 남녀평권적 부녀운동은 오히려 위축·외면하였음을 확인할 수 있었다. 이러한 결과는 사회주의 신중국의 건립에도 참여의 기회는 허용되었지만 실제적인 남녀평권적 지위에 부녀들이 위치 지어지지 못하였음이 이를 증명해줄 것이다. 그럼에도 불구하고 항전기 부녀운동, 특히 국통구 부녀운동은 단순한 전방 후원을 목표로 하는 인력·물력의 총집결 동원에 그치지 않고 부녀 자신이 사회구성원임을 자각할 수 있도록 일깨워 주었고 아울러서 국가 구성원으로서 사회적 책임을 감당해야 한다는 의무감도 함께 느끼도록 훈련하는 데 주력하였다. 이것은 신중국 국가건설 대업을 감당해낼 혁명적 역량으로 부녀를 인정받도록 하는 결과를 가져왔다.

다시 말하자면 철저한 무성(無性), 무계급의 사회주의 국가건설은 불가능했지만 이념, 형식, 제도 면에서는 남녀평권적 사회의 구성원으로서 부녀의 위치를 인정받게 되었다고 할 수 있다.

이것은 현대중국부녀사에서 커다란 전환기를 의미하는 것이다. 중국

혁명 과정에서 부녀의 권익을 보장하고 도모하겠다는 국민당의 선언이나 정강(政綱)에 따른 결과가 아니라 물질적 기반 확보만이 부녀해방, 계급해방을 가능하게 한다는 공산당 부녀관에 따른 가시적인 결과로 나타난 것이다. 즉 남방국부녀위원회 부녀조 소속의 공산당 부녀지도자들의 지도력이 상층 부녀 중심의 부녀운동으로부터 부녀 대중 중심의 부녀운동으로 그 폭을 확대하여 진행한 결과였던 것이라 하겠다. 앞으로 항일통일전선 형성을 근거로 활약했던 공산당 계열 부녀들의 개별적이고 심층적인 연구성과가 좀더 축적된다면, 현대 중국의 부녀운동에 관한 이해의 폭이 확대되리라고 기대한다. 이는 신민주주의 사회·국가조직 속에서 그들의 역할이 과연 반세기가 지난 오늘날 중국 부녀 전체의 삶의 질적 내용을 얼마나 향상시켰는가에 대한 평가를 가능하게 할 것이라고 믿기 때문이다.

■주 석

1) 김염자, 「중국 혁명과정의 부녀인력동원정책연구-공산당부녀정책을 중심으로-」, 『여성학 논집』, 7집(이대 한국여성연구원, 1990), pp.23-42참조.
2) 편집부 편역, 『코민테른 자료선집』, 2(대중운동, 노동운동), (동녘: 1989), pp.299-375.
3) 모택동, 『모택동 선집』 1권. p.31.
4) 모택동, 「중공중앙부녀위원회에게 보낸 편지」(1940. 2. 8), 『중국부녀운동 역사자료(1937-45)』(북경: 중국부녀출판사, 1991), p.26.
5) 「중공확대 6중전회 정치결의안」(1938. 11. 6), 『중공당사문헌선편-신민주주의혁명시기』(북경: 당교출판사, 1992), pp.332-342.
6) 「군중공작심화에 관한 중앙의 결정(中央關于深入群衆工作的決定)」(1939. 11. 1), 『中共中央文件選集』, 12冊, 1991, pp.189-193.
7) 정광(鄭洸) 主編, 『中國靑年運動六十年 (1919-79)』(북경: 청년출판사, 1990), pp.295-308.
8) 모택동, 「목전항일통일전선중적책략문제(目前抗日統一戰線中的策略問題)」(1940. 3. 11), 『중공당사문헌선편(中共黨史文獻選編)』, 12책, pp.421-430; 장선덕(張善德), 「모택동항일민족통일전선중독립자주원칙과 공산국제(毛澤東抗日民族統一戰線中獨立自主原則與共産國際)」, 『중공당사연구(中共黨史研究)』, 45기(1995. 3기) pp.40-43.
  * 三有政策(有理: 투쟁책략원칙의 방어 有利: 절대적으로 유리한 조건하에서의 운동 전개 有節: 단결과 휴전에 의한 각 지역의 정황과 조건에 적절한 방침 수립의 유연성, 탄력성을 의미한다).
9) 모택동, 「방수발전항일역량, 저항반공완고지파적진공(放手發展抗日力量, 抵抗反共頑固之派的進攻)」(1940. 5. 4), 『모택동 선집(毛澤東選集)』2권, pp.711-716. 주은래(周恩來), 「청년통일전선공작에 관한 지시(關于靑年統一戰線工作的指示)」, 『중공당사문헌(中共黨史文獻)』, 12책, pp.621-666. 참조

10) 「중공중앙청년위원회의 국민당구역 청년통일전선 공작에 관한 지시(中共中央靑委關于國民黨區域靑年統一戰線工作的指示)」, 『南方局黨史資料: 群衆工作』(重慶: 重慶出版社, 1990), pp.46-48.

11) 「중공중앙부녀의 목전 부녀운동의 방침과 임무에 관한 지시 서신(中共中央婦女關于目前婦女運動的方針和任務的指示信)」(1939. 3. 3), 앞의 책, pp.138-150.

12) 「방제이당활동판법(防制異黨活動辦法)」(1939. 1. 21), 『혁명문헌(革命文獻)』(대북: 중국국민당당사위원회), 76집(중국국민당역차대표대회중요결의안휘편(中國國民黨曆次代表大會重要決議案彙編)上, 1978), p.278.

13) 왕공안(王功安) · 모뢰(毛磊) 주편, 「중앙남방국의 국민당통치구역에서의 활동(中央南方局在國民黨統治區域的活動)」, 『국공양당관계통사(國共兩黨關係通史)(1921-1991)』, (무한: 무한대학출판사, 1991), pp.695-740 참조.

14) 『남방국당사자료』, pp.26-27.

15) 정위평(丁衛評), 「국통구부녀구국회와 부녀항일구망운동(國統區婦女救國會和婦女抗日救亡運動)」, 『길림대학사회과학학보(長春)』, 1993. 6, pp.67-73(K4, 1994. 1, pp.71-77) 『사량자술(史良自述)』(북경: 중국문사출판사, 1987), pp.31-40.

16) 여방상(呂芳上), 「항전시기 중국의 부녀운동공작(抗戰時期中國的婦運工作)」, 『중국부녀사논문집(中國婦女史論文集)』 이우녕(李又寧) · 장왕법(張王法) 合編(대북, 상무인서관), 1981, pp.378-412: 주준(周俊), 「논전문부녀간행물문제(論專門婦女刊行物問題)」, 『중국부녀』(연안), 2권 10기, 1941. 3, pp.40-44

17) 남방국당사자료정집소조부녀조(南方局黨史資料征集小組婦女組), 「남방국통과신운부지회개전적통일전선과 군중공작(南方局通過新運婦指會開展的統一戰線和群衆工作)」, 『남방국당사자료』, pp.478-497; 등영초, 「항일민족통일전선의 부녀운동(抗日民族統一戰線中的婦女運動)」, 『중국부녀』(연안), 제1권 8기 · 9기(1940. 1,3); 졸고, 「항일구국기(1937. 7-1945. 8) 중국 부녀운동의 특성 연구」, 『논총』, (이화여대 한국문화연구원) 59집1호, 1991.12, pp.394-434.

18) 하용(夏容), 「20세기 30년대 중기 "부녀회가"와 "현처양모" 논쟁에 관하여(20世紀 30年代中期關于 '婦女回家 與"賢妻良母"的論爭)」, 『부녀연구』(북경), 2005 2기, pp.55-61. 진연(秦燕), 「항일전쟁시기 섬감녕변구의 혼인감정변혁(抗日戰爭時期 陝甘寧邊區的婚姻家庭變革」, 『中國現代史』(k4), 2005년 3기, pp.119-126.

가족제도와 국가권력의 벽을 넘어서

- 근대 중국사회에서의 아나르코 페미니즘의 전개

조_세_현

01 머리말

　　근대 서양사회에서 초기 아나키스트인 고드윈(William Godwin)은 일찍이 가족제도가 개인의 자유와 독립을 침해하는 제도라고 생각하고 그 해체를 주장한 바 있다. 하지만 중국 아나키스트의 가족제도에 대한 분노는 유럽의 그것보다 더욱 급진적이었으며 근본적이었다. 중국 아나키즘의 한 가지 특징이라면 출발부터 투쟁의 주요 대상이 청조라는 전제 왕조뿐만 아니라 전통적 가부장제의 가족제도에도 있었다는 사실이다.

　　이 글은 근대 중국사회에 큰 영향을 미쳤던 아나키즘 사조 가운데 아나키스트의 초기 여성해방론의 특징을 정리하면서 이른바 중국에서 아나르코-페미니즘(Anarco-Feminism, 무정부주의적 여성해방론)의 전개 과정을 살펴보려고 한다.[1] 청 말 혁명파가 처음 출현할 무렵 중국 최초의 아나키스트라고 불리는 장계(張繼)는 이미 "나는 모든 결혼한 사람을 죽이려 한다. 자유연애로서 모든 공공의 기초로 삼고자 한다"라고 외쳤으며, 아나키즘 경향이 농후했던 채원배(蔡元培)도 새로운 이상향을 그리면서 "성씨, 가정, 혼인, 법률, 언어 문자 통일 및 국가 폐지를 통해 대동 이상을 실현하자"라고 주장한 바 있었다. 하지만 대략 1907년 이전의 아나키즘은 니힐리즘과 잡다하게 혼합된 상태였으며, 그 후 본격적인 아나키즘 운동이 전개되면서 그들의 여성해방론이 점차 구체화되었다. 사실 사회적 경제적 불평등을 초래한 제도화한 권력 관계의 변혁이야말로 인간해방의 전제 조건이라는 점에서 아나키즘과 페미니즘은 매우 유사한 사상이다. 하지만 이 두 가지 조류가 하나로 합쳐지기에는 역사적으로 적지 않은 우여곡절이 있었다. 이 글은 중국 아나키즘 운동의 시작을 알리는 청 말 프랑스 파리와 일본 동경에서 활동한 두 그룹 천의(天義)파와 신세기(新世紀)파, 초기 국내 아나키즘 운동을 대표하는 중국사회당과 민성(民聲)파 및 신문화운동 시기의 청년 아나키스트들의 움직임을 중심으로 정리할 것이다. 그 가운데 천의파의 유사배(劉師培) 하진(何震), 신세기파의 이석증(李石曾) 오치휘(吳稚暉), 중국사회당의 강항호(江亢虎), 민성파의 사복(師復), 『신청년(新靑年)』 등에 실린 몇몇 아나키스트의 글들을 주로 언급할 것이다. 대략 그 시기는 20세기 초(1907년부터 1920년대 초)에 해당한다.

■ 중국 최초의 아나키스트 장계(張繼, 1882-1947)

02 가족으로부터의 해방

전통 중국의 봉건 가족 제도는 남자를 중심으로 한 대가족제였다. 이 제도의 특징이라면 가장 권위의 절대화로 설명할 수 있으며, 부자, 부부, 장유의 혈연 관계를 기초로 어느 한쪽이 다른 한쪽을 강요하여 일방적인 복종을 요구한다. 과거에는 이런 가족제도가 법률이나 관습의 형태로 굳어져 여성들을 철저하게 지배할 수 있었다. 그래서 중국의 아나키스트에게 가족제도란 '공리(公理)'에 대립하는 '강권(强權)'의 기초로 인식되었다. 그들이 비판한 가족이란 단지 가족 성원 간에 압제와 복종이 이루어지는 곳일 뿐만 아니라, 나아가 국가와 마찬가지로 기본적으로 반사회적인 존재였다.

가족제도 – 만악(萬惡)의 근원

청 말 천의파의 지도자 유사배는 배만혁명가였던 상해 시절부터 중국은 '가족' 위주의 윤리관을 가진 사회였기 때문에 '개인'의 윤리관이나 '국가'의 윤리관이 발달하지 못했다고 보아 가족제도에 대한 혁명을 실행해야 한다고 주장하였다. 그는 『천의』에 실은 「훼가론(毁家論)」에서 "가족이란 만악의 으뜸"이자 여성의 족쇄라는 관점에서 "사회혁명의 서막을 열려면 반드시 가족으로부터 시작해야 한다"고 선언하며, '사회' 위주의 중국으로 개조되길 열망하였다.[2] 유사배의 부인이자 애국여학 출신인 하진도 이 잡지를 통해 여성의 입장에서 남녀평등과 아나키즘을 결합한 매우 급진적인 여성해방론을 주장하였다. 그녀는 여성해방이란 남성에 의해 주어지는 것이 아니라 여성 스스로 투쟁을 통해 획득해야 한다는 점을 강조하여 다른 아나키스트와 나름의 차별성을 보여주었다.[3]

신세기파의 아나키스트들 역시 천의파처럼 가족이란 '만악의 근원'이라고 정의한다. 그 대표적인 문장은 '국보(鞠普 – 필명)'라는 인물이 『신세기』에 실은 「훼가담(毀家譚)」이다. 앞의 「훼가론」과 제목부터 논조까지 유사한 이 글에서 작자는 가정이란 진화를 방해한다고 본다. 원시사회에는 가정과 같은 조직이 없었고, 단지 남녀의 혼잡한 무리만이 있었는데, 이 시기에는 사유 관념은 물론 강권 또한 없었다고 말한다. 그러나 일단 가정이 생겨나자 부권(夫權), 부권(父權), 군권과 같은 강권이 생산되었고, 이런 강권이 형성된 후에 인류사회에는 여러 가지 불평등한 현상이 출현했다고 본다. 이에 따라 강권을 제거하고 자유와 평등을 얻으려면 먼저 가정을 폐지하라고 설득하면서 "가정이란 실로 전제 정부의 탯줄이며, (이를 제거하는 것이) 실로 사회혁명의 핵심이자 인류 진화의 상징"이라고 강조하였다.[4]

청 말 아나키스트의 가족 해체론은 강유위(康有爲)가 『대동서(大同書)』에서 주장한 가족 해체론과 매우 유사하다. 하지만 강유위는 가족의 존재 의의를 완전히 부정하지는 않는다. 그는 종종 "가족은 인류가 생존할 수 있는 방법"이라거나, "비록 국가가 없고 자신이 없던 적은 있으나 가족이 없던 적은 없었다"라며 가족제도의 긍정적인 기능을 일부 인정하였다. 이와 달리 동경과 파리의 아나키스트들은 중국의 가족제도를 전면 부정하는 입장을 취하였다.

민국 초 중국사회당의 강항호는 삼무주의(三無主義), 즉 '무종교' '무국가 '무가정'을 주장하였다. 그 가운데 무가정주의는 여성해방 문제와 밀접한 관련을 지니며 그의 초기 아나키즘적 사회주의사상의 핵심을 이룬다. 여성교육 사업으로부터 사회운동을 시작한 강항호로서는 전통 가정제도의 폐해를 누구보다 손쉽게 수긍할 수 있었고, 그래서 무가정이 그의 아나키즘의 기본 요소로 자리 잡았다.[5] 강씨의 무가정주의는 『천의』와 『신세기』의 직접적인 영향을 받은 것이며, 또한 일본 아나키스트 고토쿠 슈스이(幸德秋水), 사카이 도시히코(堺利彦) 및 독일 사회주의자 베벨(A. Bebel)의 영향을 받은 것으로 보인다.[6] 그는 「무가정주의」란 글과 「무가정주의 의견서」 「삼무주의 현론 상편」 등의 여러 글들을 통해 전통 가정의 해체를 중점적으로 다루었다. 중국사회당 당원이자 아나키스트 사감(沙淦) 태허(太虛) 등의 글에서도 이와 유사한 견해가 나타난다.

근대 중국의 대표적 아나키스트 사복도 전제군주제와 봉건 문화의 비판 과정에서 자연스레 전통사회의 지주인 가족제도에 주목하였다. 그는 배만혁명가 시절부터 남녀평등을 제창했으며, 아나키스트가 되어서는 "중국의 가정은 가정이 아니라 일종의 암흑과 같은 감옥에 불과하다"고 선언한다. 그가 만든 국내 최초의 아나키스트 조직 회명학사(晦鳴學舍)의 강령 가운데 하나가 "가족주의에 반대한다"였다. 또 다른 조직 심사(心社)의 규약에는 가족제도를 직접적으로 반대하는 항목이 보이지 않으나, '혼인(婚姻)을 반대한다'외 '족성(族姓)을 반대한다' 등의 항목을 두어 사실상 가족제도를 부정하였다. 심사의 성립을 전후하여 발표한 「폐가족주의(廢家族主義)」라는 장문의 글에서 이 사실을 뒷받침하고 있다. 여기서 그는 "가족의 기원은 혼인에 있으며, 가족의 경계는 족성에 있다. 따라서 혼인을 폐지하면 가족제도의 근원을 끊을 수 있고, 족성을 폐지하면 가족의 경계를 허물 수 있다. 이 두 가지는 서로 표리 관계에 있다"[7]고 하였다. 사복이 '유사복'이란 본명에서 성씨를 뺀 '사복'으로 개명한 사실에서도 알 수 있듯이 종족이나 가족의 개념 자체를 부정하였다. 그는 "성씨를 폐지하는 것은 가족제도를 폐지하는 전제이므로, 반드시 가족제도를 폐지하려는 사람은 성씨를 폐지해야 한다"고 말한다.[8]

널리 알려진 바와 같이 신문화운동 시기『신청년』등에 발표된 여러 글들은 역사 사실에 근거해 가족과 전제의 내재적 관계를 폭로하면서 새로운 형식의 가정제도를 탐색하고 있다. 대체로 이 잡지에서 언급되는 가정제도의 개혁은 대가족제를 비판하면서 소가족제로 개량하는 것에 맞추어져 있다. 이것은 자유주의적 경향을 띤 지식인들에 의해 주장되었다. 이와 달리『신청년』에 실린 청년 아나키스트의 글에는 현 사회를 구성하는 최소 단위가 가정이므로, 만약 가정이 근본적으로 변화하지 않는 한 사회 역시 근본적인 변화를 이룰 수 없다는 관점에 서서, 소가족화와 같은 개량에 멈추지 않고 아예 가정을 없애자는 주장을 서슴지 않는다.

당시 가족혁명에 관한 기사는『신청년』이외에도 같은 시기에 출판한 아나키스트 잡지에서도 찾아볼 수 있다. 예를 들어, 양빙현(梁冰弦)은『민풍(民風)』에 실은 어떤 글에서, "① 가족주의는 인격주의에 상반된다, ② 가족주의는 개성의 발달을 방해한다, ③ 가족주의와 인간의 자유는 충돌한다, ④ 계급제도의 기원은 가족에 있다"고 주장하였다[9] 심지어 일부 아나키스트는 종교나 정부에 대한 투쟁보다도 가족혁명이 더욱 중요한 문제라고 인식하였다. 당시 공독호조단운동이나 신촌운동 등과 같은 사회운동에서도 이런 관점이 상당 부분 반영되어 있다.

청 말 민국 초 중국의 아나키스트는 개인과 파벌의 취향에 따라 아나키즘을 다양하게 해석했지만, 위에서 서술한 바와 같이 적어도 전통 가족제도가 '만악의 근원'라는 생각에서만큼은 놀라울 정도의 일치된 입장을 보여주었다. 그 이유는 분명 가족제도의 심각한 문제점에 대해 의식을 공유하고 있었기 때문일 것이다. 이처럼 가족제도가 전제 강권의 기초라고 인식한 것은 중국 아나키즘의 한 가지 특색을 이룬다.

삼강혁명 – 봉건 예교에 대한 반대

근대 중국 지식인의 전통 가족제도에 대한 비판은 가족 이데올로기인 '삼강' — 군위신강(君爲臣綱), 부위자강(父爲子綱), 부위처강(夫爲妻綱) — 과 같은 봉건 예교에 대한 비판과 곧바로 연결된다. 삼강에 대한 신랄한 비판은 이미 변법파의 사상 가운데 비교적 선명하게 나타난다. 하지만 변법파의 삼강에 대한 비판을 세부적으로 살펴보면 그들 자신의 사상 한계도 잘 보여주고 있다. 비록 그들은 격렬하게 삼강을 부정했지만, 동시에 각자 정도는 다르지만 삼강 윤리에 내재된 합리성을 일부 인정하고 있었다. 예를 들어, 강유위는 자신의 가정에 효가 충만하길 기대하면서 부자간의 효의 필요성을 변호한 바 있으며, 변법을 지지한 광서제(光緒帝)에 대한 강한 연민의 정을 드러낸 바 있다.

중국의 아나키스트는 전통사회의 가족윤리가 종법제도와 불가분의 관계를 가지고 있으며, 삼강으로 상징되는 가족윤리는 개인을 가족에 속박시켜 '사덕(私德)' 만을 강조하고 '공덕(公德)'을 홀시하는 결과를 가져왔다고 비판하였다. 그들은 중국이 서양보다 가족사상, 즉 삼강의 설이 발달했다고 보았으며, 가족 압제의 견고함을 타파하기 위해서는 무엇보다 가족사상을 해체해야 한다고 믿었다. 따라서 그들은 전방위로 가족제도 안팎의 권력 관계를 폭로하는 과정에서 특히 삼강이란 낡은 도덕의 야만성을 공격하였다. 그런데 삼강혁명을 함께 주장했음에도 불구하고 천의파와 신세기파는 그 접근 방법에서 다소 다른 모습을 드러낸다.

천의파는 주로 중국 고전에서 여성의 억압이나 부녀의 학대 사례들을 추출하여 복수 심리와 동정 심리를 자극하고 있다는 점에서 특징적이다. 『천의』 첫 호에는 여러 남자를 상대하는 여성을 창녀라고 부르듯이, 여러 여성을 거느린 황제는 남자 창기에 불과하다고 말한다. 혹은 남자들이 권력을 장악한 까닭은, 군사력이란 물리력이 있기 때문이므로 여성들도 군대에 들어가 물리력을 가질 것을 권장하는 등 매우 돌발적인 논리를 편다.[10] 『천의』에서 삼강 문제에 관한 대표적인 글은 고아빈(高亞賓)의 「폐강편(廢綱篇)」을 들 수 있다. 작가는 "삼강설이란 민족을 도살하는 칼"이라 규정하고, 특히 '부위처강'을 무엇보다 우선적으로 폐지할 것을 강조하며, "부부의 침실은 이미 불평등의 감옥이 되었고 사람을 속박하는 형벌이 되었다"고 절규한다.[11]

이러한 청 말 천의파의 관점은 그대로 민국 초 강항호의 관점으로 이어지는데, 여성해방 문제에 대한 기본 시각뿐만이 아니라 전통과 아나키즘을 결합해 설명하는 방식 등에서도 그러하다. 강항호 역시 중국 종법 사회의 뚜렷한 특징이 삼강에 있으며, 이것은 "종법사회를 보호하는 진정한 골수"라고 인식한다. 그의 정부, 종교, 가족에 대한 부정은 매우 자연스레 군위신강, 부위처강, 부위자강의 삼강 비판과 연결되고 있었다. 한편 중국사회당의 아나키스트들은 삼강 이외에 오륜(五倫) 가운데서 군신, 부자, 부부, 형제의 사륜은 모두 국가나 가족윤리에 귀속되므로 반대하지만 '붕우(朋友)' 관계만큼은 유일하게 긍정적인 덕목으로 이해하였다. 왜냐하면 붕우의 윤리는 사회윤리에 속해 평등·자유·박애의 정신과 부합하기 때문이었다.

신세기파는 「삼강혁명(三綱革命)」이란 글에서 '삼강혁명'의 구호를 처음 제안하였다. 작자인 이석증은 개인의 존엄성에 근거해 군신, 부자, 부부의 예속 관계를 철저히 부정하였다. 그는 종교 미신과 과학 진리의 대립 구도 아래 군위신강 대 '인인평등(人人平等)', 부위자강 대 '부자평등(父子平等)', 부위처강 대 '남녀평등(男女平等)'의 상반된 개념을 제시하였다.[12] 『신세기』는 『천의』와 마찬가지로 여성해방 문제에 관한 적지 않은 글들을 연재했는데, 여러 글 속에서 신세기파는 과학주의자답게 서양의 근대 생리학이나 위생학의 관점에 서서 가족 문제에 접근하였다. 삼강의 예를 들자면, '부위자강'은 "과학으로 말하자면 부모가 자식을 낳는 것은 단지 생리의 문제일 뿐"으로 "장유(長幼)의 유전은 있을지언정 존비(尊卑)의 의리는 없다"고 말한다. 이에 '자(慈)'와 '효(孝)'의 덕목조차 부모와 자식의 사사로운 이기심을 전통윤리로 은폐한 것이라고 보았다. 게다가 부위처강의 사회 의의에 대해서도 전면 부정하는데, 그들은 "남녀의 결합은 생리의 문제일 뿐"이라고 기술하였다.

그들의 가족혁명론에는 삼강뿐만 아니라 소상숭배를 비판하는 것도 포함되었다. 진화론의 관점에서 조상숭배는 과거 사람보다 현재 사람이 진화했다는 사실을 부정하는 것이며, 조상숭배가 현존하는 권력 관계를 정당화하는 데 이용된다는 점을 지적하였다. 물론 이런 주장은 봉건 문화 전반에 대한 부정으로 나아가기 위한 것이었다. 중국의 아나키스트는 대부분 크로포트킨주의자였지만 크로포트킨이 간과하고 지나친 관습과 풍속의 폭압에 대해서도 주목했다는 사실은 무척 인상적이다. 대체로 신세기파가 남성 중심의 시각에서 여성 문제를 바라보았다면, 천의파는 여성 중심의 관점에서 문제를 바라보았다는 차이가 있다.

한편 신세기파의 사상을 이어받은 민국 초 사복도 가족제도의 폐지를 위해 강상명교에 대한 혁명, 즉 삼강혁명을 주장하였다. 그는 「폐가족주의」의 후반부에 『신세기』에 실렸던 이석증의 「삼강혁명」의 전문을 다시 연재함으로써 본인의 의견이 신세기파와 완전히 일치한다는 사실을 보여주었다. 즉 부위부강, 부위자강, 군위신강의 삼강은 종교 미신에 불과하며, 인인평등, 부자평등, 남녀평등은 과학 진리라는 해석을 그대로 받아들여 가정(家庭)혁명, 성현(聖賢)혁명, 강상(綱常)혁명 등을 제창하였다.

신해혁명 이후 삼강 원리 가운데 '군위신강'이란 항목은 청조라는 전제 군주제의 붕괴로 말미암아 폐기되었다. 그래서 신문화운동 시기에 『신청년』에서 주로 비판한 것은 부위자강과 부위부강의 두 항목이라고 할 수 있다. 그 가운데 부위자강에 대해 말하자면, 작자들은 가족 가운데 부자 관계는 국가에서 군신 관계의 축소판이기 때문에 이런 지배 종속 관계를 타파하기 위해서는 부자지간의 평등이 필요하다고 선전한다. 그런데 이 문제와 관련해 『신청년』에서는 약간의 이견이 나타나는데, 어떻게 '자(慈)'와 '효(孝)'를 평가하느냐가 그것이다. 홍미롭게도 청년 아나키스트인 운대영(惲代英)은 부자지간의 자효의 가치를 일부 수용한 반면, 반유가주의자인 오우(吳虞)는 부자지간의 효의 병폐를 격렬하게 비난하고 있다. 그리고 아나키스트 오치휘는 청 말 『신세기』 시절과 달리 '효'와 '충'의 개념을 구분한 후에 효의 개념 속에 내재된 애정 요소를 일부 긍정한 반면, 진독수는 충효의 개념이란 서로 분리할 수 없는 것이므로 부위자강의 가치를 전면 부정하였다. 이처럼 삼강혁명을 주장하던 아나키스트가 전통 가족제의 가치를 일부 수용한 것은 다소 이례적이다.

결혼제도 폐지와 자유연애

근대 중국사회에서 결혼 문제는 부위자강과 부위처강의 가치를 부정하는 것과 관련해 신구 도덕관념 충돌의 초점이었다. 이것이 주요 과제로 등장하는 이유는 결혼을 통해 부부, 부자, 형제 관계가 형성되어 가족을 구성하기 때문이기도 하려니와 나아가 이런 개별 가족들이 모여 국가를 형성하기 때문이다.

동경의 중국인 아나키스트들은 기본적으로 자유결혼에 찬성하지만 자유연애에 대해서는 이의를 제기하였다. 혼인 문제에서 볼 수 있는 천의파의 특징이라면 강렬한 절대 평등주의 의식에 있다. 그들은 '남녀평등'을 선전하면서 남자의 여자에 대한 억압을 반대했을 뿐만 아니라 남자의 남자에 대한 속박 및 여자의 여자에 대한 속박도 반대하여 서로간의 완전한 평등 관계를 이루고자 하였다. 이런 천의파의 절대 평등 의지는 하진이 남녀 문제를 해결하기 위해 제출한 7가지 강령에서도 명확하게 나타난다.

하진이 제시한 남녀혁명을 위한 강령은 다음과 같다. ① 일부일처제를 실행한다. ② 여자는 결혼 후 남편의 성을 따르지 않고, 부모의 성을 병기한다. ③ 남녀를 모두 중시하여, '딸을 아들과 같이 대우한다', ④

남녀의 양육 평등, 교육 평등, 직업 평등을 실현한다. ⑤ 부부의 감정이 맞지 않으면 이혼할 수 있다. ⑥ 초혼의 남자는 초혼의 여자와 결혼하고, 남자가 재혼할 경우 오직 재혼녀와 결혼을 한다. ⑦ 창기를 폐지한다 등이다. 이와 같은 파격적인 주장 속에는 자유연애조차도 평등 원리에 위배되므로 이를 반대하려는 태도가 담겨 있다.[13] 비록 그들은 결혼제도 자체를 부정하지는 않았으나 자유연애가 불공평할 수 있다고 본 것은 구미의 금전에 좌우되는 재혼제도보다 차라리 중국 전통의 예교가 낫다고 극언하는 모습에서도 알 수 있다. 그들이 축첩제도와 창기제도를 부정한 것은 물론이다.

파리의 중국인 아나키스트들은 앞서 언급했듯이 '부위처강'을 "남녀의 결합은 생리의 문제일 뿐"이라는 관점에서 비판하고, 완전한 자유연애를 통해 결혼제도를 폐지하자고 주장하며, 애정에 기초한 남녀의 자유로운 성관계를 긍정한다. 물론 그들도 무절제한 성관계가 건강에 해롭고 성병과 같은 부작용을 낳을 수 있으므로 적절한 통제 장치가 필요하다고 본다. 하지만 오치휘가 공창(公娼)제도를 "염치의 문제가 아니라 위생의 문제일 뿐"이라는 말한 데서도 나타나듯이, 이 문제를 도덕의 차원이 아닌 과학의 차원에서 접근한다. 그는 남녀 자유연애를 위한 공개적인 장소를 제공하거나 사회보장 체계를 만들 것을 제안한다.[14] 그리고 신세기파는 이민족 간의 결혼이 우성인자의 자손을 낳을 수 있으므로 중국인과 외국인의 혼인을 장려한다든지, 같은 이유에서 동족 간의 결혼은 열성인자의 자손을 낳을 수 있다면서 반대하였다.[15] 뿐만 아니라 애정 없는 결혼은 여성의 비극임을 얘기하면서 서양 여성들이 남자의 부와 지위를 보고 중매 결혼하는 사례도 "남자의 장난감"이 되는 것이라며 가차 없이 비난하였다. 파리의 아나키스트들은 가족주의 이데올로기를 파괴하기 위해 혼인제도의 무용론을 주장했으며, 결국 "만악의 근원의 근원은 결혼제도"라는 결론에 도달하였다. 이 파격적인 주장은 민국시대의 아나키스트에게 심각한 영향을 미쳤다.

민국 초 강항호도 가정의 폐지를 위해서는 먼저 혼인의 폐지가 이루어져야 한다면서, "자유는 결혼을 하지 않는 것이며 곧 자유연애"라고 선언하였다. 그의 자유연애 주장은 「여권 문제」와 「가정 문제」 등 몇 차례의 강연록에 상세히 기록되어 있다. 비록 강 씨의 선전은 당시 중국사회당 한 여성 당원과의 스캔들로 말미암아 이미지가 크게 훼손되었으나, 기본 관점은 그 후에도 계속 유지되었다. 다른 중국사회당원들도 "가족제도를 파괴하려면 먼저 부부의 윤리를 폐지해야 한다"고 말한다. 왜냐하면 "부부의 윤리가 폐지되면 (자연스레) 부자와 형제의 (윤리도) 폐지"되어 사실상 가족제도가 해체되기 때문이다. 여기서 부부의 윤리를 폐지한다는 것은 곧 결혼제도를 폐지한다는 의미를 함축하고 있었다.

같은 시기 사복은 「폐혼인주의」란 글에서 결혼이란 여자가 남자와 평등하지 못하도록 만드는 근원이라고 단언하였다. 그는 "혼인제도의 큰 오류는 생리 문제를 도덕 문제로 착각한 것"에 있다고 말하며, 이 제도는 강자가 약자를 억압하는 도구적 장치에 불과하다고 보고, 일부일처제 역시 "사실상 '남자의 노리개'의 범위를 벗어나지 못하게 만드는 제도"로 보아 그 폐지를 역설하였다. 그리고 남성과 여성의 정욕 문제에 대해서도 "남녀의 정욕은 생리의 작용에 불과하다. 배고프면 먹고 목마르면 마시는 것과 마찬가지로 결코 기이한 일이 아니다"라고 하면서, 음식이 한 사람의 일이라면 성관계는 두 사람 간의 자유라고 설명한다. 이에 따라 사복은 정숙함과 음탕함으로 여자를 평가하는 과거의 편견에 반대하며 자유연애를 주장하였다.[16] 이런 관점들은 『신세기』의 주장과

완전히 일치한다.[17]

　신문화운동 시기의 아나키스트들도 "혼인과 애정의 두 가지는 전혀 관계가 없다", "혼인의 의미는 일종의 보험 계약과 같은 것이며, 경제상의 지배일 뿐이다", "혼인제도는 여자를 기생충으로 만들어 극단적으로 의존하게 만든다", "자유연애에서 연애란 다름이 아니라 자유일 뿐이다"라고 말하였다. 당시 청년 아나키스트 사이에서 유행한 여성해방론은 아나르코-페미니즘 이론을 체계화했다고 평가받는 미국의 저명한 여성 아나키스트인 엠마 골드만(E. Goldman)의 이론이었는데, 실제로 『신청년』에는 골드만의 글들이 「결혼과 연애」 등의 제목으로 번역 소개되었다.[18] 본래 골드만은 자유연애를 옹호했고, 여성의 성적 자유를 인정해야 한다고 주장했으며, 여성의 순결에 대한 찬양이나 정조 관념이라는 미명 아래 가해지는 성 가치관의 이중적 잣대를 비판하였다. 이에 그치지 않고, 그녀는 아예 결혼제도와 일부일처제를 반대하였다. "부녀가 해방되지 못하면 사회는 발전이 없고, 여자가 자유를 향유할 행복을 갖지 못하면, 남자 역시 고상한 인격을 증진할 수 없다"는 골드만의 남녀 동시 해방이라는 사상은 성 대결의 구도를 넘어섰다는 점에서 진일보한 것이었다.[19]

　중국의 아나키스트들은 가정이란 '만악의 근원'이라 주장했으며, 한 걸음 더 나아가 결혼제도야말로 '만악의 근원의 근원'이라는 독특한 관점을 가지고 있었다. 이에 따라 어떤 사람은 전통 혼인제도에 굴종하는 것은 역사의 노예가 되는 것이라고 말했고, 심지어 어떤 사람은 연애 문제에서 남녀 쌍방이 모두 애정의 만족을 느끼기 위해서는 반드시 남녀 공동 연애를 제창해야 한다고까지 주장하였다. 이들은 당시 다수의 자유주의 경향의 지식인들과는 달리 대가족제뿐만 아니라 소가족제조차 부정하였다. 아울러 그들은 혼인제도가 폐지된 후 자녀 문제에 대해서는 공공기관에서 양육할 것을 제안하였다. 5·4운동을 전후해 결혼제도 폐지와 성씨의 폐지 문제는 이미 아나키스트만의 주장을 넘어서 진보 청년들의 화두가 되었다.

03 자본과 국가로부터의 해방

대체로 서양의 페미니스트들이 남성적 권위가 제도화된 가부장제의 종식을 추구했다면, 아나키스트들은 일찍부터 가부장제와 국가는 기본적으로 같은 것이며, 국가의 폐지야말로 제도화된 가부장제의 주요 대행자를 폐기하는 것으로 이해하였다. 이런 점들은 자유주의자의 정치혁명론이나 마르크스주의자의 계급투쟁론과도 구별되는 것이었다. 중국의 아나르코-페미니즘 운동은 서양의 경우처럼 처음에는 정치운동과 어우러져 진행되었으며, 점차 정치운동이 발전함에 따라 더욱 심층적인 변혁 즉 사회혁명으로 나아갔다. 이때 남녀교육의 평등, 여성의 노동 참여, 여성 참정권 획득 등이 주요 화제로 떠올랐다.

여성의 교육 평등과 경제 자립

변법운동 시기 변법파의 여성운동은 남성들에 의해 주도되었고, 주로 전족의 폐지나 여학의 진흥에 목적이 있었다. 이와 달리 신해혁명 시기 아나키스트의 여성해방론은 자본주의 체제 비판과 밀접한 관련을 지니며 여성의 교육 평등과 노동 문제에 주목하였다. 이것은 이론적으로 볼 때 변법파의 한계를 뛰어넘은 측면이 있다.

사실 "교육으로 (아나키즘) 혁명을"이라는 구호는 청 말 신세기파의 대표적인 혁명론이라고 할 수 있다. 여기서 여성해방 문제와 관련해 주목한 것 가운데 하나는 남녀교육 평등이었다. 그들은 "가정이란 사사로운 교육이 이루어지는 장소이므로 고금의 가정은 (공공) 교육에 무익했을 뿐만 아니라 해로운 것"이라고 보아 근대적인 교육 보급에서 공평한 태도를 준수할 것을 요구하였다. 여성교육권의 쟁취는 장기적으로 여성의 자립 능력을 기르는 것인데, 여기에는 여성이 남성과 생물학적으로 동등하다는 전제가 깔려 있었다. 이석증은 여성해방에 중요한 또 다른 과제를 경제 자립이라고 보아, 정식 부인과 창기의 차이는 빈부 문제에 불과하며, 창기와 노동자의 차이는 전자가 몸을 판다면 후자는 노동을 파는 차이에 불과하다고 보았다. 『신세기』의 「혁명 원리」에서는 여성해방을 위한 두 가지 방안, 즉 경제 자립과 교육 보급을 제시한다. 작자는 "경제 자립은 여자로 하여금 더 이상 남자에게 밥을 구걸하지 않도록 하므로, 여자가 더 이상 남자의 압제를 받지 않아도 된다"고 말하며, 또한 "교육 역시 그러한데, 반드시 교육의 보급이 이루어져야 귀천과 등급의 차별이 없어진다"고 강조하였다. 이와 같이 가정혁명을 교육 평등, 경제 자립과 연계하는 태도는 『천의』에도 비슷하게 나타난다.

『천의』의 「여자교육 문제」란 글에서는 자본주의식 교육제도를 비판하며, "귀신이나 미신을 신봉하는" 노예교육을 아나키즘 교육으로 대체할 것을 요구한다. 여기서 작자는 전통사회에서는 여성의 교육 권리가 없어 나날이 우매해졌으며, 근대 여성교육조차 주로 종교교육이나 가정교육에 제한되었다고 보았다. 그는 "오늘날 여성해방의 방법은 반드시 구교육 일체를 타도하고 신교육으로 대체하는 것이다. 무릇 종교(宗敎)와 가정(家政) 두 과목은 마땅히 폐지해야 하며, 논리(論理) 과목도 과거의 사상을 제거하고 신사상으로 대체해야 한다. 즉 과거의 부패한 도덕을 없애고 호조와 박애의 신도덕을 위주로 해야 하는 것이다. 공예(工藝) 과목 역시 그 본래의 목적에 맞게 개조해야 할 것이다. 이것이 우리들의 교육 문제에 대한 대강이다"라고 요약 정리한다. 천의파는 가정 국가 사회혁명 모두 교육혁명에서 시작할 것을 주장하면서, "교육혁명이야말로 모든 혁명의 기초"라고 설파하였다.[20] 그들은 '현모양처'식 일본의 교육제도를 비판하면서 현모양처 교육이란 노예 교육이며, 따라서 일본은 "삼강의 나라"라고 비난하였다. 천의파 교육론의 특징이라면 자본주의 교육제도에 대한 강렬한 비판 의식에 있다.

천의파는 가족과 여성 문제를 사회 경제적인 문제와 결부시키면서 점차 남녀 간의 성 대결 구도에서 여성의 노동과 취업 문제 등으로 관심의 폭을 넓혀 나갔다. 그런데 여기서 특이한 점이라면 여성 노동자의 열악한 작업 환경을 폭로하는 것 말고도 여성의 노동 참여가 가사 노동에다가 공장 노동까지 더해지는 것으로 이해하여, 여성의 취업에 대해 기본적으로 반대하는 입장을 보인 점이다. 이는 대다수 가난한 하층 여성 노동자의 현실을 간과하고 중산층의 어린신장에만 주목하는 현실에 대해 불만을 피력한 것으로 볼 수 있다. 이런 여성 취업에 반대하는 태도는 자유주의자와 전혀 상반되는 독특한 견해이다. 비록 그들은 여성 노동이 여성해방과 밀접한 관련을 가진다는 사실을 간과했지만, 그 이면에는 사유재산제도의 불합리성이나 자본가의 약탈에 대한 증오심 및 남녀 절대평등주의라는 원칙이 도사리고 있었다.

신해혁명 전후 강항호의 가장 큰 공헌은 여성교육운동 방면에 있었다. 그는 이미 1905년경 북경에서 처음으로 '여학 강습소'를 창립하여 여학 교사를 양성한 바 있다. 뿐만 아니라 1906년에는 '여학 자선회'도 조직했는데, 이 단체의 봉사 활동은 아마도 중국 여성이 집단적으로 사회운동에 참여한 거의 최초의 사례일 것이다. 그리고 1911년 4월, 유럽 여행에서 돌아와 발표한 「충고여동포문(忠告女同胞文)」에서 강항호는 삼강설을 비판하는 것 말고도 여성의 교육 평등과 여성의 경제 자립 문제를 언급하였다. 여기서 그는 여성의 직업 자유와 생계 독립을 가정혁명의 전제 조건이라고 강조했는데, 이때 주의해야 할 점은 그 실제 내용이 아나키즘적 경제관을 따르기보다는 부르주아적 경제관에 기초했다는 사실이다. 그의 문화사상은 아나키즘 색채가 농후했지만, 적어도 경제사상은 부르주아 색채가 뚜렷하였다.

강 씨가 주로 비평한 것은 현모양처식 교육과 국가주의 교육 두 가지였다. 그에 따르면 여자교육은 현모양처 운운하는 가정주의에서 국가주의로 나아가는데, 현재의 국가주의 시대에도 여전히 여자를 '국민의 어머니'라고 왜곡한다면서 이를 대신할 이른바 '세계적 개인주의'를 주장하였다. 그의 글에 자주 등장하는 '세계'와 '개인'이란 용어는 당시로서는 보기 드문 특색을 지니지만 그 구체적인 내용은 다소 모호하였다. 같은 해 6월, 강항호는 항주 혜흥여학의 초청에 응해 '사회주의와 여학(女學)의 관계'라는 제목의 강연을 하였다. 여기서 우리가 기억할 점은 이 강연이 중국 내에서 최초로 사회주의의 깃발을 공개적으로 내걸었다는 사실과 사회주의를 여학과 연결시켜 주장했다는 사실이다.[21] 다른 중국사회당원들도 가정이 사회 불평등의 기원인 까닭은 지식의 차별과 취업의 불평등 때문으로 보았으며, 특히 유산세습제도를 격렬히 비난하였다.

사복의 초기 사상에서 여성교육과 노동 문제에 대한 인식은 다른 아나키스트들과 별반 다르지 않다. 그런데 주목할 만한 사실은 그의 여성해방론이 시간이 흐름에 따라 점차 변화한다는 점이다. 아나키즘 사회혁명론에 이른바 도덕(문화) 문제가 종속되는 경향을 띠면서 가족혁명이나 여성해방이 더 이상 그에게 최고 목표가 아니었다. 예를 들어, 혼인제도에 대해서 여전히 "이 제도의 큰 오류는 생리 문제를 도덕 문제로 오해하는 데 있다"고 하면서도 혼인제도를 폐지하기 위해서는 무엇보다 '경제혁명'이 이루어져야 한다고 새롭게 강조하였다. 게다가 사복은 "가족주의는 비록 강권의 일종이지만 매우 세세한 문제"라면서 아나키즘 사회가 도래하면 가족제도는 자연스럽게 소멸될 것이라고 믿기 시작하였다. 이것은 노동 계급의 해방을 여성해방보다 우선시한 크로포트킨의 입장에 더욱 다가선 것이었지만, 그렇다고 해서 사복이 말년에 여성의 교육 및 노동 문제에 대해 아주 홀시했다고 보기는 힘들다.

신문화운동 시기 여성교육 평등과 경제 자립 문제는 그 시대 화두의 하나였으므로 굳이 따로 장황하게 부언할 필요는 없을 것이다. 신세기파를 비롯한 중국 아나키스트들 역시 유법근공검학운동(留法勤工儉學運動)이나 북경대학 개혁 및 『신청년』 언론 등을 통해 무척 활발한 여성해방운동을 전개했을 뿐만 아니라, 그들은 일부 지역에서 남녀 동교 정책을 실현시키는 데에도 공헌하였다.[22] 그 밖에 당시 청년 아나키스트들이 여성해방 선전을 넘어 실천운동으로까지 나아간 점이 인상적인데, 그 한 사례를 들자면 여자 공독호조단(女子工讀互助團)을 언급할 수 있을 것이다. 공독호조단의 한 종류인 여자 공독호조단은 한편으로는 노동을 통해 경제적 독립 능력을 향상하고, 다른 한편으로는 학습을 통해 지식과 학문을 증진시켜 여성해방의 기초를 닦으려고 시도하였다.[23] 이 운동은 여성으로 하여금 전통 가정의 속박에서 뛰쳐나와 스스로 단체를 조직하게 했다는 점에서 의의가 있다.

여성의 정치 참여와 사회혁명

19세기 말 20세기 초 서양의 여성해방론은 주로 중산층 여성의 참정권 획득을 의미하였다. 이에 대해 유럽의 아나키스트들은 대체로 회의적인 태도를 보였는데, 원래 그들은 투표권 획득은 그리 중요하다고 생각하지 않았고, 어떤 경우는 심지어 참정권운동을 국가체제에 스스로를 종속시키는 행위로 판단했기 때문이다. 프랑스 아나키스트 프루동처럼 "아내가 선거권을 갖게 되는 날은 내가 이혼하는 날"이라고 말하며 반페미니즘을 분명히 한 사례는 예외로 치더라도, 대체로 그들은 여성 참정권 운동이 개량주의로 빠지는 것을 우려한 듯 싶다.[24] 중국 아나키스트의 경우 각 파벌의 입장을 세부적으로 살펴보면 다소 입장 차이가 엿보인다.

『신세기』에는 영국 부녀 선거권 투쟁에 관한 기사 혹은 번역문이 종종 눈에 띈다. 이 잡지는 대체로 영국 중산층 여성의 참정권운동에 대한 호의적인 기사를 연재하여 참정권에 관한 거부감을 찾기는 어려운데, 아마도 유럽 사회주의운동의 직접적인 영향을 받아서일 것이다. 이와 달리 『천의』는 자본주의와 대의제도의 폐단을 동시에 열거한다. 천의파는 여성 참정권 문제에 대해 초기에는 호의적인 관점을 제기하나 점차 자신들의 독특한 관점을 제시한다. 여성 참정권운동은 소수의 선택받은 여성만이 정치에 참여하게 되므로 다수의 하층 여성들을 소외시키고, 자칫하면 여성과 여성 간에 억압과 복종의 지배·피지배 관계를 강화시킬 수 있다는 것이다. 이는 일본 아나키스트가 의회주의에 반대하여 직접 행동론을 주장한 사실에 영향 받은 것으로 보이는데, 특히 고토구 슈스이(幸德秋水)가 참정권과 직업권의 획득만으로 여성이 해방될 수 없다고 본 관점의 영향 탓일 것이다.

대략 중기 이후 『천의』의 논조 가운데 남성에 대한 적개심에 점점 변화가 일어났다. 작자들이 남녀 문제를 사회 경제 문제와 결합하여 부녀해방을 토론하기 시작한 것이다. 그 변화 원인은 아마도 양성 간의 적대적 관계 설정이 비현실적이라고 자각했기 때문일 것이다. 혹은 서양 아나키즘 이론에 대한 이해가 좀더 깊어진 까닭 때문일 것이다. 그 대표적인 문장이 바로 「여성해방 문제」이다. 이 글에서 하진이 초기에 주장했던 결혼과 이혼의 자유, 일부일처제의 실행, 남녀 공동 교육과 사교장의 공동 출입 등과 같은 몇 가지 태도에 변화가 나타난다. 그녀는 이런 생각들이 단지 "육체상의 해방"에 불과하며, 진정한 자유와 평등을 실현하기 위해서는 오직 아나키즘 혁명만이 남녀 간의 근본 문제를 해결할 수 있다고 주장하였다.[25]

신해혁명 시기 공화파들은 대체로 "정치혁명은 국민 전체의 자유를 쟁취하는 것이며, 가정혁명은 국민 개인의 자유를 쟁취하는 것으로 그 목적은 같다"고 주장한다. 그들이 보기에 가부장제는 제2의 군주 권력이므로 만약 군주가 정치혁명을 직접적으로 탄압한다면, 가정은 간접적으로 정치혁명을 저지하고 있다는 것이다. 하지만 여기서 기억할 점은 공화파의 경우 여성해방으로서의 가족혁명이 국가혁명의 대의 아래 종속되어야 한다는 전제를 달았다는 사실이다. 이 점에 있어서는 양계초와 같은 군주입헌론자의 여성해방론도 마찬가지인데, 그들은 추구하는 정체가 다를 뿐 공통된 논리 구조를 가지고 있었다. 당시 몇몇 진보적 사상가들은 군대를 없애고 국가의 경계를 폐지한 후에 세계 정부를 세울 것을 주장하였다. 이에 대해, 중국의 아나키스트들은 "정부 역시 만악의 근원"이라는 관점에서 세계 정부를 설립하려는 시도는 "폭력으로 폭력을 대체하는 것"에 불과하다고 조소한다. 이처럼 양파 간에는 정부의 존재 여부를 놓고 뚜렷한 견해 차이를 보인다.

본래 자유주의적 페미니스트들은 여성 차별이 제도화되어 있는 기존의 권력 관계를 수정 보완함으로써 남녀평등을 사회적으로 성취하고자 한다. 그들의 목표는 사회의 기본 구조를 바꾸려는 것이 아니라 단지 선거권 쟁취를 통한 권력의 평등을 획득하자는 것이다. 따라서 여성에게도 남성과 동등한 교육과 노동의 기회 및 참정권이 주어진다면 여성의 종속은 사라질 것이라고 주장한다.[26] 이에 반해 아나키스트는 여성해방 문제를 정치혁명(주로 민족주의혁명을 가르킴)의 종속적인 지위에 놓는 것을 반대한다. 오히려 정치혁명에 못지않은 중요한 문제라는 점을 부각시켜 대등한 위치로까지 격상시킨다. 그들이 왕조 권력과 봉건 도덕에 대해 급진적인 비판을 가할 수 있었던 것은 정치혁명이 모든 문제를 해결하지 못한다는 고유의 아나키즘적 믿음에 기초한 것이었다. 따라서 여성의 참정권 문제는 부차적인 것이었다.

신해혁명 후에 가장 먼저 부녀 참정권운동을 발기한 것은 강항호의 중국사회당이다. 비록 당의 강령에는 반영되지 않았으나 중국사회당은 여성 당원을 적극 받아들였고, 의무와 권리에서도 완전 평등을 내세웠다. 나아가 여성 참정을 적극 지지해, 1911년 11월 12일 상해에서는 사회당 본부의 여성 당원을 중심으로 여자참정동맹회(女子參政同盟會, 얼마 후 '여성참정동지회'로 개칭)를 성립시켰다. 여자참정동맹회는 "여성에게 정치 지식을 보급해 정치 능력을 향상시킴으로써 완전한 참정권을 획득하는 것"을 목표로 삼았다. 당시 여성참정운동을 벌이던 다수의 여성(강항호의 표현을 빌리면 열에 아홉)은 중국사회당원인 것으로 알려져 있다. 중국사회당 내에는 아나키스트 말고도 이른바 세계사회주의자 국가사회주의자 등이 혼재해 있었기 때문에 이들 파벌에 의해 여성 참정권 문제가 크게 대두된 것으로 보인다. 결국 여성 참정권 문제는 강항호와 중국사회당 내 아나키스트 간에 논쟁을 불러일으켰는데, 당시 몇몇 아나키스트들은 참정권 문제에 깊이 관여하는 당의 입장에 불만스런 입장을 피력하였다.

민국 초 사복은 아나키즘 원리 선전을 자신의 소명으로 삼았기 때문에 민국의 현실 정치에 대한 공개적인 입장 표명을 거의 하지 않았다. 그래서 여성 참정권이나 여성의 정치 참여에 관한 글들이 거의 없는데, 적어도 참정권 문제만큼은 부정적인 입장을 지니고 있었을 것이다. 앞서 언급했듯이, 말년에 '무가정'의 문제를 사실상 '무정부'의 범주에 포섭시켰으므로 그에게 더 이상 가족의 해체는 국가나 정부의 소멸과 동등한 위치에 있지 않았다. 사복은 한 사회당원과의 논쟁에서 '가족' '사회' '국가'의 기원은 서로 다른데, 사회가 생긴 후에 가족과 국가 개념이 뒤늦게 나타난 것이라 하여 사회라는 큰 범주 아래 두 가지 개념을 흡수시켰다.[27]

한편 신문화를 주장하던 일련의 지식인들은 『신청년』뿐만이 아니라 여러 잡지에 가족 문제에 대한 글을 싣고 있다. 우리의 주목을 끄는 글이라면 실사 『자유록(自由錄)』(제2집)과 『신조(新潮)』(제1권 제1호)에 실린

「만악지원(萬惡之原)」이라는 동일 제목의 문장이다. 앞의 글은 아나키스트에 의해, 뒤의 글은 자유주의 경향의 인물에 의해 쓰여졌다. 그들 모두 격렬하게 전통 가족제도를 비판하고 있음에도 불구하고, 서로 간에 뚜렷한 정치적 차이점을 드러내고 있어 흥미롭다. 『신조』에 실은 맹진(孟眞)의 글 후기에는 앞의 『자유록』의 글을 의식하면서 양자를 구분하고 있다. 여기서 "첫째, 가정에 관하여 우리들은 오로지 부패한 중국 가정에 대해 얘기하고 그것을 개조하여 신식 가정을 만들 것을 희망하는데, (아나키스트들은) 세계의 가정제도를 부정하고 당장 뿌리채 폐지할 수 있다고 주장한다. 둘째, 우리가 주장하는 독신주의는 특별한 인격을 가진 사람만이 실행하여 특별한 사업의 모범이 될 것을 희망하는데, 그들은 세상의 혼인 자체를 부정하려 한다. 셋째, 우리가 주장하는 독신주의는 지극히 순수한 생활로 영국 여왕 엘리자베스의 독신과는 다른데, 그들은 모든 사람이 혼인하지 말 것을 주장한다. 이것은 우리와 같은 주장이라 할 수 없다"라고 적고 있다.[28]

이처럼 자유주의 경향의 작자는 가정 문제의 해결을 위해 독신주의 방법을 주장하면서 이를 "가장 고상하고 가장 자유로운 생활이며, 가장 큰 사업의 근본"이라고 칭송한다. 이것은 개인주의에 기초해 가정 문제를 해석하는 방식이다. 자유주의자들은 교육에서 남녀공학, 정치에서 여성 참정권, 사교에서 남녀 자유 교제, 혼인에서 자유로운 배우자 선택 등을 요구하였다. 이런 논자들은 관습과 풍속을 타파하고 여성의 노동권을 확보해 사회에서 여성의 지위를 개선하고자 했다. 이와 달리 아나키스트는 가정 문제란 개인의 문제일 뿐 아니라 사회 계급의 문제라고 생각한다.[29] 이런 차이점은 신문화운동 시기 자유주의 지식인과 아나키스트가 구분하는 중요한 기준점 가운데 하나이다.

이 시기에는 진독수 진망도 이달 등과 같은 초보적 마르크스주의자들도 마르크스주의적 여성해방론을 중국사회에 소개하였다. 그들은 부르주아 계급의 여성해방론과 프롤레타리아 계급의 여성해방론을 구분해 자유주의자들의 여성해방론이 중산층 이상 여성의 권리 확대에 그친다고 비판하였다. 진독수는 "부녀 문제는 비록 많지만 전체적으로 말하면 경제적 독립이 이루어지지 않은 것에 불과하다. 경제적 독립을 하지 못했기 때문에 인격의 독립을 이루지 못했고, 이로 말미암아 무수한 고통스런 일들이 나타난 것"[30]이라고 말한다. 이처럼 중국의 마르크스주의자들은 사회적 여성 억압을 노동과 계급의 관점에서 접근한다. 따라서 여성 노동이 여성해방의 필요조건임을 강조하였다. 그런데 자본주의 제도가 바로 여성 억압의 근원이므로, 우선 사유재산제를 철폐하고 노동계급을 해방시켜야만 자연스레 진정한 남녀평등도 실현된다고 주장했으나 본격적으로 양성 간의 권력 문제를 제기하지는 않았다.[31] 이에 비해 운대영 시존통 등과 같은 아나키스트 경향의 인물들은 여전히 아나키즘의 각도에서 가족제도와 결혼제도를 부정하면서 대가족제도는 물론 소가족제도까지 해체할 것을 주장하였다. 하지만 가족 해체 이후의 사회복지제도의 대책 마련에 대해서는 다소 공론에 그친 면이 없지 않다.

요컨대, 중국의 아나키스트들이 대체로 사회의 최소 단위인 가족에 주목해 사회변혁을 언급했다면, 마르크스주의자들은 경제 관계에 기초해 여성 문제를 토론했다는 차이점을 발견할 수 있다. 다시 말하면, 중국의 마르크스주의자들이 계급투쟁을 중심으로 한 사회변혁운동에 여성해방 문제를 종속시켰다면, 아나키스트들은 무정부, 무종교, 무가족 등의 주요 문제에 대해 선후 경중의 차별을 가지지 않고 근본적인 비판을 했다는 점에서 양자를 구분할 수 있다.

04 맺음말

　중국의 아나키스트들은 처음부터 권력 문제에서 국가권력만이 유일한 강권이라고 생각하지 않았다. 이 점은 '가족'이나 '여성'에 대한 관점에서도 잘 나타난다. 그들에게서 가족이란 국가라는 최고 정치권력을 구성하는 최소 단위로서 우선 비판 대상이 된다. 가족의 외연적인 확대가 곧 국가이므로 국가라는 존재를 소멸하기 위해서는 무엇보다 가족제도부터 소멸시켜야 한다고 믿었다. 이 경우 가족제도의 핵심을 이루는 부권(父權)과 국가제도의 핵심을 이루는 군권(君權)은 동일한 성격을 가지게 된다. 나아가 전통 가족제도 안에는 부권과 군권의 전제로서 '부권(夫權)'이 있다. 이 부권은 부부 관계에 기초한 것으로, 부부 간에도 권력 관계가 존재한다. 남편과 아내의 권력 관계는 상명하복의 수직 관계로 이루어져 있는데, 여기서 가장 큰 피해자가 여성이므로 이 불평등의 해결은 곧바로 여성해방론으로 연결된다.

　중국의 아나키스트들이 선전한 가족혁명과 삼강혁명 및 혼인 자유와 자유연애는 여성해방 운동의 출발점이었다. 그리고 더욱 근본적인 해결책으로 혼인제도의 폐지를 역설하였다. 혼인제도의 폐지는 가족제도 자체의 존재 의의를 부정한 것으로 가족 및 기타의 권력 관계를 해체시키는 데 매우 중요한 위치를 차지하고 있었다. 그 밖에도 가족제도는 지배 이데올로기의 창조자인 공자 및 풍습이나 관습과도 밀접하게 연결되어 있었다. 이때 여성의 경제적 독립 및 교육의 평등권은 이러한 권력 관계를 조정하는 데 필수적인 것이었다. 아나키스트들은 이처럼 그물망처럼 얽힌 봉건 문화의 심층 구조를 초보적이나마 적절히 이해하고 있었으며, 나아가 이런 사회 인식을 기초로 가부장제의 완전 해체를 위해 노력하였다. 그리고 그 궁극적인 목적은 자본과 국가로부터 해방된 자유로운 남녀평등 사회의 건설에 있었다.

근대 중국의 아나르코 – 페미니즘 운동은 신문화운동 시기에 전성기를 구가했는데, 당시 청년 아나키스트의 다양한 활동에서 잘 드러난다. 이때 아나키스트들은 일부 예외는 있으나 대체로 전방위의 투쟁(가족(여성)혁명, 국가혁명, 계급혁명, 종교혁명, 교육혁명, 문자혁명 등)을 강조하며 각종 사회 문제 해결에 대체로 우열을 두지 않은데 반해, 자유주의자는 정치혁명을, 마르크스주의자는 계급투쟁을 각각 사회해방의 최우선 순위로 삼았다는 점에서 서로 간의 차이가 나타났다. 5·4운동 이후 아나르코 – 페미니즘 운동은 새롭게 등장한 정치적 민족주의, 노동운동의 흥기, 항일전쟁의 발발 등 여러 요인과 복잡하게 얽히면서 다소 주춤하는 기미를 보이는데, 특히 마르크스주의자들에게 사회주의운동의 주도권을 넘겨주면서부터는 뚜렷한 쇠퇴 양상을 나타내었다.

한마디로 청 말 민국 초 아나키스트의 여성해방론은 다소 공상적인 측면이 존재하지만, 그들의 비판이 근본적이었다는 점에서 유효했으며, 여전히 21세기를 살고 있는 우리에게 시사하는 바가 적지 않다.

■주 석

1) 국내 학계에서 근대 중국 아나키스트의 여성해방론에 관련한 글로는, 천성림, 「청말 여성해방론에 관한 일고찰-'천의' 보를 중심으로」, 『여성학논집』8, 1992; 「중국 사회주의여성해방론의 선구자 하진」(제3부 제2장), 『근대중국 사상세계의 한 흐름』, 신서원, 2002; 조세현, 「청말민국초 무정부주의와 가족혁명론」, 『중국현대사연구』9, 1999; 진정원, 「강항호(1883 ㄹ1954)의 초기 사회주의에 대하여 - 여성론과 해외 사상과의 관련성을 중심으로」, 『중국 사회문화사의 재조명』(중국사학회 제43회 학술발표회 논문집), 2004 등이 있다. 이 글은 필자의 「청말민국초 무정부주의와 가족혁명론」을 대폭 수정하여 20세기 초 중국의 아나르코 -페미니즘의 대강을 살핀 것이다.
2) 漢一, 「毁家論」, 『天義』4, 1907. 7. 25.
3) 하진과 천의파의 여성해방론에 대해서는 천성림, 「중국 사회주의여성해방론의 선구자 하진」, 『근대중국 사상세계의 한 흐름』(2002)을 참고하면 유익하다.
4) 鞠普來稿, 「毁家譚」, 『新世紀』49, 1908. 5. 30.
5) 某君來稿(徐安誠), 「無家庭主義」, 『新世紀』39, 1909. 4. 17.
6) 진정원, 「강항호(1883-1954)의 초기 사회주의에 대하여 - 여성론과 해외 사상과의 관련성을 중심으로」, 『중국사회문화사의 재조명』(중국사학회 제43회 학술발표회 논문집), 2004 참조.
7) 師復, 「廢家族主義」, 『師復文存』, 1912년 5월, p.115.
8) 천의파의 하진도 초기에는 부모의 성을 모두 병기한 '하은진(何殷震)'이란 필명을 쓰다가, 나중에는 성씨를 모두 뺀 '진(震)'이란 필명을 사용하였다. 중국 아나키스트 가운데 성씨를 쓰지 않는 경향은 일반적이었다.
9) 兩極, 「家族的處分」, 『民風』16, 1919. 9. 7.
10) 震述, 「女子宣布書」, 『天義』1, 1907. 6. 10.
11) 高亞賓, 「廢綱篇」, 『天義』11-12합집, 1907. 11. 29.
12) 眞, 「三綱革命」, 『新世紀』11, 1907. 8. 31.

13) 명치시대 일본의 저명한 아나키스트 고토쿠 슈스이는 이 잡지에서 선전한 '남녀혁명'론에 큰 흥미를 나타내었다. 하지만 그는 앞의 7가지 강령 가운데 제6조의 내용이 지나치게 공상적이라고 보아 반대 입장을 피력하였다. 그가 하진에게 보낸 우호적인 내용의 한 편지에서, "부부 관계의 첫 번째 요건은 남녀 간에 서로 사랑하는 마음입니다. 초혼하는 부부의 마음속에 서로 사랑하는 마음이 없다면 이는 부부의 도리를 방해할 것입니다. 또한 재혼남과 초혼녀 사이에 진실로 사랑하는 마음이 있다면 어찌 부부가 되는 것이 부당하겠습니까?"라고 질문하였다. 고토쿠 슈스이는 하진에게 당시 일본의 여성 문제 전문가인 사카이 도시히코를 만나 이 문제에 대해 함께 토론할 것을 요청하였다. 이에 대해 하진은 편지에 대한 부기에서, "아마도 고토쿠 슈스이와 사카이 도시히코의 뜻은 인류의 완전한 자유를 실현하는 데 있는 듯하고, 나의 뜻은 인류의 완전한 평등을 실현하는 데 있으니 서로 주장하는 기준에 약간의 차이가 있다"고 대답하여 여전히 자신의 원칙을 고수하였다(「幸德秋水來函」, 『天義』3, 1907. 7. 10.).

14) 初來歐洲者, 吳稚暉案語, 「觀娼感念」, 『新世紀』54, 1908. 7. 4.

15) 鞠普來稿, 「男女雜交說」, 『新世紀』42, 1908. 4. 11.

16) 師復, 「廢婚姻主義」, 『師復文存』, 1912. 5., pp.107-114.

17) 대정시대 일본의 아나키스트 대삼영은 "성행위는 똥을 누는 것과 같다"고 말하면서, 성행위에 관한 모든 환상을 제거하고 단순한 생리적 행위로 이해할 것을 주장하였다. 그에게 있어 성과 관련한 제도와 가치관에 대한 비판은 매우 격렬하다. 그는 처녀가 순결을 유지하는 것을 숭배하거나, 정조를 잃는 것을 비난하는 행위도 잘못된 것이라고 보았다. 같은 이유에서 이혼은 자연스런 현상이므로 전혀 부도덕하지 않다고 보았다. 오히려 마음의 친화와 육체의 친화가 일치하지 않는 것을 불합리하다고 보았다. 이런 전제 아래 대삼영은 자신만의 독특한 그리고 당시로서는 상당히 파격적인 '자유연애론(自由戀愛論)'을 구축하였다. 그는 자유연애의 조건으로 세 가지를 제시한다. ① 서로 경제적으로 자립할 것, ② 동거하는 것을 전제로 하지 않을 것, ③ 서로 자유(성적인 자유 포함)를 존중할 것 등이다 (조세현, 「일본 아나키스트의 초상 – 대삼영」, 『한일연구』15. 2004, pp.389-390.).

18) 高曼女士著, 震瀛譯, 「結婚與戀愛」, 『新青年』3-5, 1917 .7. 1. 엠마 골드만은 해방의 대상을 단지 여성으로만 국한시키지 않았으며, 남성과 여성이 모두 해방된 사회에서 살아가야 한다는 전망을 가지고 있었다. 이런 믿음을 토대로 골드만은 가부장제, 자본, 국가라는 삼중의 억압을 뛰어넘는 남녀 협동의 공동체 사회를 지향하였다. 여성해방은 단지 여성만의 과제가 아니라 사회적 과제인 것이다. 그녀는 동성애의 문제를 언급한 첫 번째 급진주의자의 한 사람이었고, 여성의 권리(낙태를 선택할 권리 등)를 위해 끊임없이 목소리를 높인 투

사였다. 그리고 자기표현의 자유를 강조하면서 결혼제도의 위선적이고 억압적인 성격을 비난했고 자유연애를 찬양하였다(이윤희,「아나르코 - 페미니즘의 이론적 지평: 엠마 골드만을 중심으로」,『사회와 이론』2, 2003, p.271, p.278.).

19) 華林,「社會與婦女解放問題」,『新青年』5-2, 1918. 8. 15. 참고.

20) 志達,「女子教育問題」,『天義』13-14합권, 1907. 12. 30.

21) 江亢虎,「社會主義與女學之關係」,『洪水集』, p.16.

22) 曹世鉉,「中國無政府派與新文化運動」,『清末民初無政府派的文化思想』(제5장), 社會科學文獻出版社, 2003. 참조.

23) 여자 공독호조단에 관해서는 김정화,「5·4운동 시기 여자공독호조단의 사회개혁에 대한 이상과 그 실천」(中文),『중국사연구』20, 2002. 참조.

24) 프루동은 여성은 "가정주부 아니면 화류계 여자"라는 두 가지 임무만이 가능하다는 극단적인 주장을 통해 여성을 가정에 묶어 놓으려 했다. 이는 도덕성에 기초한 가족과 사회의 재편성 과정에서 언급한 것이다(변기찬,「프루동의 여성관」,『역사학보』160, 1998.).

25) 震述,「女性解放問題」(1),『天義』7, 1907. 9. 15.

26) 이윤희, 앞의 논문, p.264.

27) 중국사회당의 악무(樂無)는 사회란 "가족 이상, 국가 이하"의 조직이라고 하였다. 그리고 사회당원들이 주장하는 무정부의 목표는 국가를 폐지하는 것이며, 공산의 목적은 가족을 폐지하는 것이라고 하였다. 그러나 사복은 이런 생각에 반대하였다. 인류 역사를 보면 사회가 성립되고 나서야 비로소 가족과 국가가 생겼다는 것이다. 따라서 가족 사회 국가는 동등한 개념이 아니라고 하였다(師復,「論社會黨」;「答樂無」,『民聲』13, 15, 16, 1914년 6월 6일, 20일, 27일자 참고).

28) 孟眞,「萬惡之原(一)」,『新潮』1-1, 1919. 1. 1.

29) 兩極,「家族的處分」,『民風』16, 1919. 9. 7.

30) 陳獨秀,「婦女問題與社會主義」,『廣東群報』, 1921.1.31.(『五四時期婦女問題文選』, 三聯書店, 1981.)

31) 이윤희, 앞의 논문, pp.264-265.

여성 혁명가 하향응의
사료로 보는 여성사교육

김_문_희

01 사료를 통한 여성사교육의 필요성

한국의 중국 사학계에서 여성사는 이미 하나의 분야사로 자리 잡고 있다. 나날이 증가하는 논문 편수가 그것을 말해주며, 논문의 내용 면에 있어서도 여성운동사 위주에서 인물, 사회 풍조, 문학 작품, 여성교육에까지 이르고 있다.

하지만 "여성사 연구성과를 일선 현장에서 교육용으로 활용하고 있는가?"라는 의문에는 "그렇다"라는 답을 속 시원히 할 수 없다는 것이 솔직한 심경이다.[1] 원론적으로는 여성사 교육의 필요성을 이야기하면서도[2] 실제는 그러하지 못하다는 것은 여성사 교육에 대한 인식 정도가 낮다는 의미도 되지만, 어려운 학술 연구를 교육 현장에서 쓸 수 있게끔 교재로 만들어놓지 못했다는 의미도 되겠다.

역사 연구의 필수 자료인 사료를 이용한 역사교육은 이미 교육 현장에 널리 쓰이고 있다.[3] 여성사의 연구성과를 역사교육에 활용함에 있어서, 여성사 사료를 통해 보는 것은 어떨까? 이미 여성사 관련 사료들은 여성사 논문 곳곳에 산재해 있다. 그것을 교육용으로 만들어주기만 한다면, 그래서 일선 현장에서 활용할 수만 있다면 원론적으로 외치는 것보다 훨씬 현실적이지 않겠는가?

그렇다면 사료를 통한 여성사 교육은 어떤 의미를 갖겠는가? 그 필요성을 유추해보자.

첫째 사회사이자 미시사의 한 일환으로서 페미니즘 연구라는 인지적 측면을 들 수 있다. 현행 고등학교 국사 교과서는 정치 경제 사회 문화라는 분류사적 측면에서 내용 구성을 하고 있다. 아직까지 현행 고등학교 세계사에서는 그러한 내용 구성이 되고 있지는 않지만, 역사 수업을 할 때 사회사와 같은 분류사적 입장에서 접근하는 것은 충분히 가능할 것이다.

20세기 후반 역사학계에 포스트모더니즘 사조가 등장함에 따라 소외 받았던 계층을 다루는 사회사이자 미시사로서의 여성사가 부각되었다.[4] 특히 페미니즘적 측면에서 역사 현상을 연구하는 시도는, 만일 그것이 교육용으로 내용 구성 변화가 된다면 현대 사회를 살아가는 중등학교 학생들에게 정치적 공정성을 교육할 수 있는 좋은 기회이다. 여기서 여성사, 특히 페미니즘적 연구에서 나온 여성사 사료의 중요성이 드러난다.

둘째, 역사 속의 여성 연구를 통해 당시의 정치적 사회적 시대상을 알 수 있다.

이번엔 실제적인 발견 학습으로 들어가보자. 학생들이 여성사 사료를 탐구 학습과 같은 발견 학습 자료로 받았을 경우, 제일 먼저 하는 탐구 활동은 그것이 어느 시대, 어떠한 상황에서 나온 것인가를 고찰하는 것일 거다. 이것은 여성사 연구이면서 곧 그 시대사 연구이기도 한 것이다.

따라서 교사들은 역사 교과 단원 속의 어떤 시대를 가르칠 때 여성사 자료를 이용하더라도 그것이 시대성을 반영하는 것이며, 결코 시대적 특성에서 벗어나지 않으므로 안심하고 가르칠 수 있을 것이다. 여성사 사료를 이용한 발견 학습은 그것이 단순한 페미니즘 고찰에 그치는 것이 아니라 그 시대성과 사회성을 연구하는 성과도 얻게 될 것이다.

셋째, 여성사 연구의 성과를 역사교육으로 활용할 수 있다는 기능적 측면을 들 수 있다.

이것은 역사학계에서 얻을 수 있는 성과라 할 수 있다. 연구성과는 나왔으나 그것이 교육 현장에 반영되지 않아, 사회적 인식도가 낮다면 그것은 절반의 성공에 불과할 것이다. 따라서 여성사 사료들을 교육 현장에서 쓸 수 있는 교재로 바꾸는 작업을 시도한다면, 여성사 연구성과를 역사교육에 활용한다는 단순 기능적 측면 이외에도, 우리 사회의 여성사 인식을 전환할 수 있는 계기가 될 수 있을 것이다.

마지막으로 현대의 젠더 인식을 반영하여 남녀평등의 한 표현이자 가치관 교육을 할 수 있다는 태도적 측면을 들 수 있겠다.

사료 학습 시 학생들은 역사 속에서 남성 위주의 역사 구성이 아닌 페미니즘적 사고를 학습할 수 있다. 그것은 학생들의 인지적 측면을 확장시켜주는 시도일 뿐 아니라, 양성평등의 태도를 학습시킬 수 있는 중요한 기회가 될 수도 있다.

이와 같이 여성사 교육을 사료를 통해서 본다면 효과가 상당할 것으로 보인다. 역사교육의 목표 중 인지적 측면 기능적 측면 태도적 측면을 모두 충족시켜주는 학습이 될 수 있을 것으로 보이기 때문이다.

본고에서는 그러한 시도의 일환으로서 중국 근현대사 속의 걸출한 여성중 하나인 하향응(何香凝, 1878-1972)을 사료를 통해 살펴보고자 한다.

02 동맹회에서 신해혁명 시기까지의 하향응

하향응의 청년 시기에 해당하는 이 시기(1880년대-1914)에서 주목할 만한 사료는 ① 전족 거부, ② 나라의 흥망은 필부에게도 책임이 있다, ③ 나의 동포 자매에게 구함, ④ 동맹회 가입, ⑤ 신해혁명 시기까지의 활동 등 5가지가 있다.

현행 고등학교 세계사 교과서의 단원 설정에 의하면, ①은 태평천국의 전족 금지와 관련된 사료이고, ②는 중국의 근대화운동, ③은 ①과 함께 자유민주주의의 발전 중에서 여권운동의 발전과 관련되며, ④와 ⑤는 손문의 동맹회에서 신해혁명으로 이어지는 일련의 혁명운동과 관련된 중요한 사료라고 할 수 있겠다.

이제 각각의 사료를 살펴보며 그것을 여성사 교육에 이용할 수 있는 방안을 강구해보자.

① 전족 거부[5] (1880년대 초반)

하향응은 12남매 중 막내로 비록 체격은 왜소하고 유약해보이는 아이였으나 총명 활발하며 용감무쌍한 성격을 갖고 있었다.

■ 하향응(何香凝, 1878-1972)

당시 전족(纏足)의 풍습은 민국 시기까지 계속되고 있었다. 홍콩은 비록 해외 교통이 활발하고 풍조가 선진적이었으나 전족의 풍습은 유지되고 있었다. 하향응이 5, 6세 때 그녀의 어머니는 그녀에게 전족을 시키려 하였으나 고통을 참지 못한 하향응은 밤이면 가위로 발을 감싼 헝겊을 잘라버렸다. 어머니는 전족을 강요하고 하향응은 반항한 지 10차례가 지난 후, 마침내 그녀의 아버지의 마음을 감동시켜 전족을 하지 않아도 되게끔 하였다.

하향응이 전족을 반대한 데에는 단지 육체적 고통을 견디지 못했던 것만은 아니었다. 원래 그녀의 외조모 가문의 일가친척이 태평천국 영역에서 생활하였고 일정한 임무를 담당하고 있었으므로 태평천국의 정황에 대해 잘 알고 있었다. 그가 하 씨 집안을 방문할 때면 태평천국에서의 견문을 들려주었다. 하향응은 이 이야기를 매우 좋아했으며 전족을 안 한 천족(天足)만이 용감한 태평천국군의 여군의 전투를 가능하게 하였다고 생각하였다. 따라서 그녀는 전족에 저항하려는 결심을 하게 된 것이다.

이 사료는 "태평천국의 전족 금지"라는 학습 단원과 함께 사용할 수 있다. 중국 남부에 미친 태평천국의 영향을 하향응의 예를 통해 이해할 수 있을 뿐 아니라, 태평천국의 이상 중 하나였던 전족 금지의 이유도 여기서 유추할 수 있겠다. 태평천국과 함께 구체제하의 여성의 열악한 상황을 이해하는 데 적절한 사료이므로 "봉건체제와 그 변혁"이란 주제로 탐구학습을 할 수도 있을 것이다.

② 나라의 흥망에는 필부에게도 책임이 있다[6] (1897-1903).

나는 20세 때 요중개와 결혼했다. 우리 집안에는 태평천국운동에 참가했던 사람이 있어서, 어릴 때부터 종종 반청(反淸)에 관한 이야기를 들어왔다. 나는 또 요중개로부터 종종 시국에 관한 이야기를 들으면서 차츰 "국가의 흥망은 필부에게도 책임이 있다"는 인식을 깊게 하게 되었다. 당시 청 정부의 부패 무능으로 인해 수많은 권리 침해와 국가에 치욕적인 일을 겪게 하였는데 우리들은 전 국민과 마찬가지로 매우 격분하고 있었다. 무술정변 이후, 뜻있는 청년들은 일본에 유학 가는 것이 유행이었다. 중개는 스스로 일본에 갈 여비를 부담해야 하나 돈이 부족하여 항상 내 앞에서 탄식하곤 하였다. 그의 뜻을 이루어 주기 위해 나는 결혼 후 친정에서 내게 준 패물을 팔아 일본 유학을 가기로 하였다. 중개가 일본에 간 지 2개월 후(1902년 겨울) 나 역시 도일(渡日)하여 나라와 가정을 떠나 독자적으로 공부하는 일종의 신생활을 누리게 되었다.

1903년 초 나는 동경목백여자대학(東京目白女子大學)에 입학하였다. 나는 매일 기숙사에서 일본어 학습을 하는 것 이외에, 때때로 중개와 함께 중국 유학생들의 각종 활동에 참가하였다.

이 사료는 중국의 근대화 운동 시기의 지식인의 구국에 관한 심정을 잘 표현해준다. 청일전쟁의 패배로 인한 충격이 지식인에게 어떤 영향을 끼쳤는지, 그것이 구국과 근대화에 어떻게 작용했는지를 알 수 있는 읽기 자료의 역할을 할 수 있다.

③ 나의 동포 자매에게 고함[7] (1904)
아아! 나라 일은 물어볼 필요가 없다. 우리 국민은 혼연히 망국을 기

다릴 것인가? 고정림(顧亭林)이 말하길, "천하의 흥망은 필부에게도 책임이 있다"라고 하였다. 이것은 단지 남자만의 의무일 뿐, 그러나 남자와 똑같이 보고 듣고 모습을 가진 여자는 혼자만 인류가 아니란 말인가? 그런즉 천하의 흥망에 대해 우리 2억 동포가 어찌 그대로 볼 수 있겠는가?

최근 일본 신문에 러시아 인의 중국인 학살사건이 나오는데 그것을 듣고 애통해하며 망국의 부침을 말할 길이 없다. 우리 중국이 나라가 아니게 된 것은 이미 오래된 일이다. 우리들이 스스로 싸워 나가지 않는다면, 민족 침탈의 참화가 어찌 멀리 있겠는가? 나의 동포여, 스스로를 애완물의 상태에서 탈피하여 여자의 수천 년간의 암흑지옥을 파괴하고 사회의 행복과 우리나라의 이름을 광복시키자. 당시의 로랑 부인, 미첼, 스타린 부인과 같은 이들은 약한 여자가 아니었는가? 그러나 자신을 나라에 바쳐 역사상 위인이 되었으니 우리들이 반드시 많은 본보기가 될 것이다.

나의 자매들이여, 빨리 구습을 벗어나 신지식의 물을 끌어들이고 외국으로 유학하여 자신이 성인(成人)이 되라. 책임을 방기하고 앉아서 죽음을 기다리지 말라. 나 향응은 학식이 일천하여 이 같은 대단한 말을 감히 할 수 없으나, 그러나 개인이 없으면 사회는 있을 수 있겠는가? 원컨대 나와 함께 동포 자매여, 함께 나아가자.

이 사료는 구국에 관련된 지식인의 자세와 여성해방에 관한 관점을 말해주고 있다. ① ②의 사료와 함께 자유민주주의 시기의 여권운동을 다룰 때, 중국의 여성운동에 관한 시대적 배경으로서, "여성으로서의 자각과 여성 지식인의 구국관"이란 주제로 사료 학습을 할 수 있을 것이다.

④ 동맹회 가입[8] (1905)

1903년 하향응, 요중개가 중국 유학생 집회에 참가했을 때 처음으로 손문을 만나게 되었다. 그들은 손문이 말한 "청국 정부를 뒤엎고 민국을 건립해야 한다"는 법칙에 무척 탄복하고 매우 동정했으며 혁명사업에 참가하여 미력이라도 바칠 것을 원하였다.

이때부터 그들은 혁명동맹회의 각종 활동에 적극적으로 참가하였다. 그들은 손문의 부탁을 받고 유일(留日)청년학생을 조직했으며 의용대를 조직하고 군사지식을 학습하여 장래에 무장투쟁 준비를 하였다. 하향응은 같은 숙소에 거주하고 있던 의용대를 위해 가사를 돌보았으며 매일 아침 일찍 일어나 물을 끓이고 밥을 지었다.

1905년 8월 정식으로 동맹회 사업이 완료되었을 때 하향응은 동맹회에 가입함으로써 최초로 가입한 여성회원이 되었다.

손문은 요중개와 하향응에게 동경의 그들의 거처를 혁명당원의 통신 연락처와 집회장소로 할 것을 청했는데, 하향응은 이것을 받아들여 혼고(本鄕)에서 간다(神田)로 이사하였다. 그리고 고용인도 없이 스스로 쌀을 씻고 불을 피우고 밥을 짓는 등 가사노동을 익혔다. 하향응은 학교에 다니는 한편, 동맹회원의 연락과 근무, 동지들을 엄호하는 각종 사업을 겸했다.

이 사료는 동맹회 회원들의 활동을 보여주는 대표적인 사료이다. ⑤의 사료와 함께 혁명에 참가한 여성 회원의 활동 모습을 보면서, 당시 여성의 역할의 한계점도 이해할 수 있을 것이다. 이것은 당시 남성들의 여성관을 탐구해보는 자료로서도 활용될 수 있을 것이다

⑤ 신해혁명까지의 혁명 활동[9] (1906-1914)

동맹회 성립된 지 약 1년 후, 우리들은 손문 선생의 지시로, 보황당(保皇党) 반대 선전과 아울러 당시 개량주의자 및 군주 입헌파들과 격렬한 투쟁을 전개하였다. 손 선생은 요중개, 주집신(朱執信)과 나에게 연명으로 해외 미주 등지의 화교에게 편지를 보내게 하여, 청조의 제제(帝制) 전복의 필요성을 선전하고 해외 화교의 동정을 탐색하게 하였다. 오래지 않아 화교들이 동맹회에 가입하고 지원금을 보내어 혁명에 협조하였다. 이 기간 동안 나는 비록 광동방언밖에 모르고 보통화(普通話)를 말할 줄 몰랐으나, 필담을 통해 일본에 유학하고 있는 중국 학생들과 만나 친구가 되었는데, 그들은 모두 혁명에 종사하는 청년들이었다. 동맹회의 저명한 여성 회원이었던 추근(秋瑾)과도 이 시기에 만났다.

1911년 봄 나는 이미 본향여자미술학교를 졸업하여 홍콩의 친정으로 돌아와 있었다. 3월 29일 광주기의가 일어나기 전, 홍콩은 이미 혁명파의 연락 거점이 되고 있었다. 나는 비록 기의에 직접 참가하지는 못하였지만, 이 기의의 준비 작업에 참여하였고 이것에 대해 미리 알고 있었다.

신해혁명 이후 동맹회는 국민당으로 개칭되었으나, 당원 중에는 혁명사상에 충실하지 못한 사람들이 있어서 혁명사상은 희석되어 갔다. 정권을 잡은 원세개(袁世凱)에 대한 투쟁을 선언한 손문은 요중개를 북경에 보내어 혁명공작을 하게 하였으나, 원세개의 체포령으로 인해 천진으로 도망쳤다가 광주로 돌아왔다. 광주혁명(제2혁명) 시 호한민(胡漢民)이 정부 주석, 요중개가 재정부장, 주집신이 교육부장을 맡았으나, 혁명파의 무장역량의 열세와 군벌 및 외세의 공격에 의해 와해되고 말았다. 나와 요중개는 광주를 떠나 홍콩으로 피신하려 하였으나 영국 당국은 우리를 정치범으로 간주하여 입국을 허락하지 않았다. 이런 극단적으로 곤란한 상황 속에서 일본 망명을 할 수밖에 없었다.

　이 사료는 신해혁명에서 제 2, 제3혁명으로 이어지는 시기의 정황을 잘 그려낸 사료이다. 따라서 여성에 관련된 사료이면서 또한 당시의 정치적 상황을 나타내기도 하므로 시대사 학습에 여성사 자료를 이용할 수 있는 좋은 실례가 될 수 있겠다.

03 국민혁명 시기의 하향응

　　　　　　　　　　　　　　　　　　이 시기의 사료들 중, ① 하향응, 요중개를 구하다, ② 여성평등 의안 제기, ③ 국민당 부녀부장으로서의 활동, ④ 국민혁명은 부녀의 유일한 살길이다, ⑤ 요중개 암살에 임하여서, ⑥ 국민당 좌파로서의 활동과 같은 것들은 하향응이란 개인의 사상과 활동과 함께 당시의 상황을 말해주는 중요한 사료라 할 수 있다.

　고등학교 세계사 교과서의 단원 구성상, 이 시기의 사료들은 제1차 세계대전 후 자유민주주의의 발전과 아시아의 반제국주의운동 등의 단원에 해당한다. 그 중에서 ①, ②, ③은 자유민주주의의 발전 중 여권운동과 관련된 탐구 학습에 적절히겠고, ④, ⑤, ⑥은 아시아의 반제국주의 운동 중 제1차 국공합작에서 국공결렬에 이르는 과정을 나타내는 사료로서 손색이 없을 듯하다.

① 하향응, 요중개를 구하다[10] (1922)

1922년, 진형명(陳炯明)은 영국제국주의와 직계군벌과 결탁하여 혁명 세력을 소멸시킬 음모를 꾸몄다. 6월 16일 새벽 진형명 부대는 총통부를 포위하고 공격을 시작하여 손문을 사지에 밀어 넣으려 시도했다.

하향응은 요중개의 정황을 염려했을 뿐 아니라 손문과 송경령의 행방불명을 더욱 걱정하였다. 그녀는 손문과 송 여사를 만난 후, 곧 요중개를 찾아 떠났다. 요중개가 감금된 지 열흘째 되던 날 그녀는 그를 만났다. 요중개는 이미 자신이 곧 살해된다는 것을 알고 최후의 작별시를 건네주었다.

8월, 진형명이 소집한 총사령부 회의가 백운산에 열린다는 것을 알고, 그녀는 직접 백운산까지 큰비를 맞아가며 찾아갔다. 이때 마침 진형명은 군사회의를 열고 있어서 회의실에는 군인들로 가득했다. 하향응은 여러 군관들 앞에서 진형명의 배신 행위를 질책했으며 진형명이 여러 차례 그녀에게 젖은 옷을 갈아입을 것을 청했으나 모두 거절했다. "비에 젖은 것은 별 문제가 아니다. 오늘 나는 죽을 준비를 하고 왔다. 요중개가 도대체 당신들에게 무슨 잘못한 점이 있어 그를 가두는 것인가?"라며 질책했다. 진형명은 한편으로는 자신의 책임을 전가하고, 다른 한편으로는 술책을 부려 겉으로는 놓아주는 체하면서 암암리에 죽이려고 생각했다. 하향응은 당장 그것을 폭로하고 반박했으며, "오늘 여기 올 때, 집에 돌아갈 생각을 하지 않고 왔다. 당신이 나를 어떻게 죽여도 두렵지 않다. 다만 똑똑히 물어보고 싶은 것은 요중개를 죽이겠는가, 아니면 놓아주겠는가?"

진형명은 말할 도리가 없이 석방에 동의하였다.

(하향응은 이 일이 그녀 일생의 투쟁 중에서 얻어낸 중대한 승리의

하나였다고 말했다.)[11]

이 사료는 하향응의 개인적 성향을 알려줄 뿐 아니라, 하향응과 요중개의 관계를 말해주는 중요한 사료이다. 또한 손문의 광동 군정부의 실패 상황을 설명해주는 적절한 자료라고도 할 수 있겠다. 따라서 신해혁명시기의 사료 ①, ②, ③과 국민혁명 시기의 사료 ①, ③, ⑤, ⑥과 함께 하향응이란 인물학습을 하는 데 적절한 사료가 되겠다. 이 사료들은 그녀의 성향을 말해주는 데 적절하며, 그녀가 구국과 혁명이란 행동을 하게 되는 합리적 이유를 제공하기 때문이다.

② 여성 평등 의안 제기[12] (1924-1925)

부녀운동의 발전을 설명하자면, 역시 민국13년(1924년)에서야 시작되었던 것이다. 그때 국민당은 진보적 정당으로 "여권의 발전을 돕는다"라는 강령을 채택하였다. 국민당 제1차 전국대표대회 중에, 나는 "부녀는 법률상, 사회상, 경제상, 교육상 일률적으로 평등하다"라는 의안을 제출하였고 원안이 통과되었던 것을 기억한다. 제2차 전국대표대회 개회식상에서, 나는 여권보장에 관한 의안을 제출하였는데, 비교적 중요한 것은 대략 5가지였다. 1. 부녀는 결혼과 이혼의 자유가 있고 부인의 재혼을 금기시하지 않는다. 2. 부녀는 재산상속권을 가진다. 3. 부녀의 직업을 보장하여 각 기관은 부녀를 임용하도록 개방한다. 4. 여공여직원을 우대하여 산전산후에 상당 기간의 휴가를 준다. 5. 동양식(童養媳, 아주 어린 나이에 민며느리로 시집보내는 제도)과 여노비제도를 폐지한다. 이러한 권리는 우리 여동포들이 가져야 할 권리이며 모든 문명국가에서 모두 승인하고 실행하는 권리였다. 당시 대회상에서도 이 의안은 전부

통과되었다.

이 사료는 국민당의 여성해방에 관한 정책을 알 수 있는 소중한 자료이다. 현행 교과서는 중국의 1919-30년간을 "반제국주의 운동의 시기"로 규정하고 다른 주제는 다루고 있지 않다. 그러나 국민혁명 시기의 ②, ③과 같은 사료는 서양의 "자유민주주의의 발전"이 중국에서도 일어났다는 것을 증명해줄 수 있다.

③ 국민당 부녀부장으로서의 활동(1924-1927)
국민당의 제1차대표대회(1924.1) 이후 국공합작은 정식으로 형성되었다. 이때부터 중국의 국민혁명은 진정되어 각 부분의 대중운동이 고조되었는데, 부녀운동(여성운동)도 그 중의 하나였다.

하향응은 국민당 1차대표대회 이후, 국민당 선전부에서 일하고 있었지만, 부녀해방 문제에 대해 열심이었다. 24년 8월 국민당중앙부녀부의 부장직에 임명되었을 뿐 아니라 국민당광동성당부부녀부장으로도 겸직하게 되었다.

하향응이 국민당부녀부장이 된 이후 부녀운동의 발전은 촉진되었다. 선전 방면으로는, 「부녀지성(婦女之聲)」이란 잡지의 창간이 그것이다. 국민당중앙부녀부와 광동성부녀부가 연합하여 간행된 이 잡지는 국민당의 정책, 부녀해방운동의 기본 이념 등을 펴기 위해 창간되었으며 등영초(鄧穎超)가 주필이었고 1925년 12월에 처음으로 출간되었다. 동시에 민간에 극회와 강연단을 조직하여 각 지역을 찾아다니며 부녀운동에 관한 선전과 여성들의 국민혁명에 투신할 것을 선전하였다. 하향응은 전국의 여성계에게 여성당원대회를 소개하고 국민당원 가족들의 집회에 참석해서 강연하는 것을 통해, 삼민주의와 5권헌법의 의의를 선전하였다. 여성 자신의 지위와 역량 인식이 발전되어 부녀가 국민당에 참여하고 국가의 부강과 부녀의 권리 투쟁에 나설 것을 이끌었던 것이다.

실제적인 활동으로는, 빈민산부인과의원의 창립이 있다. 하향응은 가난한 산모들의 고통과 의원 부족 문제를 해결하기 위해, 24년 3월 국민당 부녀부 당원대회석상에서 빈민산부인과의원 설립을 제안하였고 이후 광주 각 기관 단체로부터 설립 경비를 모으고 국민당 해외부와 미주 화교들로부터 의연금을 모아 6월 의원을 개설하였다.

또한 부녀의 절실한 권익을 위해 부녀학교, 합작사 등 복리 사업에 관심을 기울였다. 24년 3월에는 광주에 3개의 부녀노동학교를 설립하고는 500여 명에 달하는 여공을 입학시키고는 그들의 학업 신장과 남녀평등의 조건을 쟁취하도록 하였다. 10월에는 광주여자미술연구소를 조직하였고 아울러 광주여자제작품판매합작사를 설립하여 여자들이 스스로 경제 생활의 독립을 얻고 생산과정 중에 그들 상호간의 합작이란 단체 정신을 고양하려고 하였다. 11월, 하향응은 국민당구호소를 창립하게끔 조직하였다. 여기서는 17-28세의 열사들의 유가족 및 기타 여자들을 모집하여 "부상병들의 구호를 전담하는 부녀구호인재를 양성"하려 했다. 12월, 부녀부는 노동 부녀들의 야학을 개소하여 낮에 학업을 할 수 없는 부녀들의 편리를 봐주었다. 25년 1월 하향응은 스스로 경비를 부담하여 광동성에 2개소의 여공부습학교를 개설하여 자수 기능을 익힐 수 있도록 하였다.

이 사료는 하향응의 실질적인 여성 권익을 위해 활동했던 모습을 보여주는 사료이다. 이 사료를 이용하여 영국과 중국의 여권운동에 대한 비교 학습을 할 수 있다. 여성의 권익을 위해 취했던 활동을 살펴보면서 그 유사성과 차이점을 유추해보도록 하여 역사적 사고력을 신장시킬 수 있겠다.

④ 국민혁명은 부녀의 유일한 살 길이다.[13] (1925)

부녀는 현재 이중의 압박을 받고 있다.

1. 제국주의의 압박이다. 외국은 침략 정책을 발동하여 우리의 통상 5개 항은 그들의 생산품 집하장이 되었다. 따라서 우리나라의 공업은 추락하고, 수공업 노동자들은 실업자가 되어 전국 국민은 활로를 모색할 수 없으므로 부녀의 직업 역시 발전할 수 없다.

2. 법률의 불평등과 구예교(舊禮敎)의 강압으로 일체의 자유를 상실했다는 점이다.

근래 일반 부녀들은 단지 여권 진흥을 모색하고 여자의 독립만 꾀할 뿐, 국권이 상실되어 여권 역시 진흥될 수 없음을 모르고 있다. 현재 국민이 도탄에 빠지고 나라의 멸망이 목전에 있는데 구국을 먼저 하지 않고 자구(自救)만을 생각하면 어찌 연목구어(緣木求魚)라고 하지 않겠는가? 나 역시 여자이므로 부녀운동에 대해 당연히 동감을 갖고 있으나 방법상에는 마땅히 선후가 있는 법이다. 따라서 우리들의 부녀해방의 요구를 함에는 반드시 먼저 국민혁명에 종사한 다음이어야 하는 것이다.

현재 나라를 구할 유일한 방법은 국민혁명이다. 그러므로 중국을 건전한 국가로 변하게 하고자 한다면 국민 전부가 혁명공작을 위해 공동 노력을 하지 않으면 안 될 것이다. 여자는 이중의 압박하에 처해 있으므로 당연히 노력과 분투를 두 배로 하여야 할 것이다.

우리가 해방을 모색한다면 소수의 지식 부녀만이 아니라 대다수의 농민 노동자 부녀와 연합하여만 한다. 그들을 영도하고 개발시켜야 하고, 그들에게 중국의 현재 상황과 아울러 부녀의 현 지위를 이해시켜서 애국심과 혁명 정신이 충만케 하여 우리들과 함께 혁명공작을 완성해야 할 것이다.

국민혁명이 성공하여 우리의 첫 번째 압박이 사라진다면 두 번째 압박은 또 어떻게 될까? 라는 의문의 답은 매우 간단하다. 소위 법률적 불평등, 구예교, 구관습의 압박은 일거에 파괴시킬 수 있다. 우리 국민당의 강령이 일찍이 남녀평등을 규정해놓았으므로 (국민혁명만 성공한다면) 그러한 구법률은 자연히 없어져 버릴 것이다. 그렇게 된다면 우리는 스스로를 구속하지도 않을 것이며, 다른 사물이 우리를 속박하게 하지도 않게 될 것이다. 따라서 우리 부녀들은 다만 국민혁명에 노력을 경주해야 하며 이것이 바로 우리 부녀들의 유일한 생로인 것이다.

이 사료는 하향응의 여성운동을 보는 관점을 잘 표현해주고 있다. 국민혁명의 성공이 여성해방에 앞서 있다는 그녀의 관점은 여권운동의 측면에서는 한계점일 수 있으나 반제국주의 운동이란 측면에선 장점으로 부각될 수 있겠다. 이 사료를 이용하여 "아시아의 반제국주의운동" 단원 학습 시 당시 인들의 절박한 필요성이란 주제로 학습을 전개할 수 있을 것이다.

⑤ 요중개 암살에 임하여[14] (1925)

1925년 8월 20일 오전 요중개 부부가 국민당 본부의 중요한 회의에 참가하려고 갔을 때 본부 문 어귀에서 폭도의 총격을 받았다. 하향응의 바로 앞에서 걸어가던 요중개와 진추림(陳秋霖)이 탄환을 맞고 쓰러졌다. 요중개는 병원에 도착하기도 전에 자동차에서 호흡을 멈추고 서거하였다. 병원에서 하향응은 눈물을 흘리며 요중개의 유해와 고별하면서, "다는 당신이 가장 근심하는 3대정책이 순조롭게 집행되지 못할 것을 알고 있습니다. 나는 꼭 당신의 뜻을 이어받고 당신의 사업을 물려받아 기필코 그것을 실현할 것입니다"라고 말했다. 장례가 끝난 후 그녀는 다시 장례행렬의 맨 앞에 세웠던 "정신은 죽지 않았다"는 큰 플래카드를 집 문 앞에 걸어 놓았다. "애통한 마음은 다만 당신의 소원을 성취하기 위해 분발할 것이며 언제가 되어야 나라를 위하려는 이 마음을 다할 것인가?"라고 하면서, "국가에 이익이 된다면 나의 온 집안을 송두리째 바쳐도 아까울 것이 없다"라고 결심했다.

이 사료는 하향응과 밀접한 관계를 가졌던 요중개와의 이별을 보여주는데, 그녀의 이후의 방향성을 말해주는 중요한 자료이다. 유명인의 아내일 경우, 남편의 몰락 이후 그 명성을 유지할 수 없는 경우가 많은데, 이 사료는 반대로 요중개의 사후에도 국민혁명에 대한 의지를 굳히는 대목으로 하향응의 독자성을 말해준다고 볼 수 있겠다. 주지하다시피 인물학습 시 그의 성향을 나타내는 좋은 자료라 하겠다.

⑥국민당좌파로서의 활약[15] (1926 - 1927)

1926년 1월 국민당은 광주에서 제2차 전국대표대회를 소집했는데, 송경령과 하향응은 모두 정식 대표였다. 하향응은 담화를 발표하여 서산회의파가 손문의 3대정책을 파괴한 행위를 질책했으며 공고히 공산당과 합작하여 "함께 분투하여 제국주의를 타도하고 우리 모두 혁명의 성공에 도달해야 한다"라고 제기하였다.

1926년 3월 장개석은 "중산함 사건"을 일으켜 성항파업위원회와 소련 고문의 주택을 포위하고, 공산당원 이지룡(李之龍)을 체포하였다. 하향응은 이 소식을 듣자 거리에 계엄령이 내려진 것도 두려워하지 않고 즉시 장개석을 찾아가 분노를 감추지 못하고, " 손 선생과 요중개의 시체가 식지 않았고 북벌을 시작하고 있는 이때 대적을 눈앞에 두고 당신들은 혁명대오의 분열을 꾀하다니 무엇으로 손 선생을 대하며 무엇으로 요중개를 대할 것인가?"라고 말하였다.

5월 국민당 제2차 2중전회가 광주에서 열리자, 장개석은 '당무정리안'을 제출하여 공산당원을 배척하고 타격을 가했다. 하향응과 팽택민, 유아자(柳亞子) 등 국민당 좌파는 반대하였으나, 다수를 차지하는 우파의 제안은 통과되고 말았다. 하향응은 눈물을 머금고, "당무정리안은 손문 선생의 진의에 위반되는 것이다. 손문 선생이 서거한 지 15개월밖에 안 되고 시체도 식지 않았는데, 이 무리들이 자신의 이기적인 목적을 달성하기 위해 이러한 수단을 쓰는 것은 실제로는 공산당을 반대하고 러시아와의 연합을 반대하는 것이며 노동자 농민들에게 불리하게 하는 것이다"라고 지적했다. 10월 국민당은 광주에서 중앙위원회와 각 성 당부의 연석회의를 소집하였다. 하향응은 발언에서 반드시 손문의 건국대강을 관철해야 한다고 강조했다.

1927년 2월 국민당 좌파는 무한에서 회의를 열고 독재를 반대하고 신우파와 투쟁할 것을 결정하였다. 3월 국민당은 한구에서 2기3중전회를 열고 송경령과 하향응 등 국민당 좌파와 공산당원의 노력으로 일련의 결의를 통과시켜 손문의 3대정책을 수호하고 국공합작의 혁명 원칙을 견지하였다.

4월 12일 장개석이 4·12쿠데타를 일으켜 혁명당원과 대중을 살해하고 남경에 따로 정부를 세우자 13일 하향응은 호북성당부 한구특별시 당부에서 '장개석은 반혁명파'라는 연설을 발표하여, 장개석이 농민, 노동자를 반대하는 것은 반혁명으로서 반혁명파를 타도해야 한다고 지적했다.

7월 14일 좌파였던 왕정위가 장개석과 결탁하여 "분공(分共)회의"를 열고 공개적으로 손문이 제정한 국공합작정책과 반제반봉건의 혁명강령을 반대하였다. 하양응, 진우인, 팽택민 등 국민당 좌파는 회의에서 왕정위의 반공을 제지하려고 시도했지만, 좌파의 수가 너무 적어 "분공결의안"은 통과되고 말았다. 국민당은 "청당(淸黨)"을 단행하여 도처에서 공산당원과 노농군중을 체포하고 살해하였다. 하향응은 여러 차례 직접 맞서기도 하고, 편지로 장개석과 왕정위가 신의를 저버린 데 대해 호되게 꾸짖었다.

이 사료는 국공합작이 결렬되는 과정을 보여주는 중요한 사료이다. 하향응은 국민당좌파로서 국공합작의 결렬을 반대하였던 정황을 알 수 있게 해준다. 손문의 삼민주의를 계속 실천하려는 국민당좌파의 노력과 좌절을 학습할 수 있는 적절한 자료일 수 있겠다.

단지 사료의 출처가 중국학자에 의해 지어진 것이므로, 공산당 측에 편향된 사고를 갖게 만들 수도 있으니, 가치중립적인 학습 지도의 태도가 요망된다.

04 맺음말

먼저 신해혁명 시기까지의 하향응을 살펴보면, ① 전족 거부 "태평천국의 전족금지"와 관련된 사료이고, ② 나라의 흥망은 필부에게도 책임이 있다는 "중국의 근대화운동", ③ 나의 동포자매에게 구함은 ①과 함께 자유민주주의의 발전 중에서 "여권운동의 발전"과 관련되며, ④ 동맹회 가입과 ⑤ 신해혁명 시기까지의 활동은 손문의 동맹회에서 신해혁명으로 이어지는 "일련의 혁명운동"과 관련된 중요한 사료라고 할 수 있겠다.

다음으로 국민혁명 시기의 하향응에 대한 사료들은 현행 고등학교 세계사 교과서 속의 제1차 세계대전 후 자유민주주의의 발전과 아시아의 반제국주의운동 등의 단원에 해당한다. 그 중에서 ① 하향응, 요중개를 구하다, ② 여성평등 의안 제기, ③ 국민당 부녀부장으로서의 활동은 "자유민주주의의 발전 중 여권운동"과 관련된 탐구 학습에 적절하겠고, ④ 국민혁명은 부녀의 유일한 살길이다, ⑤ 요중개 암살에 임하여서, ⑥ 국민당 좌파로서의 활동은 아시아의 반제국주의 운동 중 "제1차 국공합작에서 국공결렬에 이르는 과정"을 나타내는 사료로 적절하겠다.

마지막으로 2장의 ①, ②, ④, ⑤ 사료들과 3장의 ①, ④, ⑤, ⑥ 사료는 하향응의 성향이나 그녀의 행위의 이유를 잘 나타내주므로 인물 학습에 적합하다. 또한 3장의 ②, ③ 사료는 시구의 여권운동과 비교 학습에 적절한 사료라 할 수 있어, 다양한 형태의 학습 모형의 요구를 충족시켜주기도 한다.

이처럼 하향응이란 한 여성의 역사적 행위를 보여주는 일련의 사료들은 학생들의 학습 과정에서 동떨어진 것이 아니다. 학생들은 여성사 사료를 탐구하면서, 당시의 시대적 상황, 여성의 자각과 권익운동, 서구의 여권운동과의 비교, 당시대 여성의 여성관의 한계점등 다양한 학습을 할 수 있다. 여성사 사료는 개발만 된다면, 그것의 학습 이용은 매우 높아질 수 있을 것이라 생각된다.

■주 석

1) 필자가 2002년에 실시한 설문조사에서도 '세계사 학습 시 여성에 관련된 수업을 받아본 경험이 있는가?' 라는 설문에 대해 총 461명중 15%인 58명만이 수업을 받아본 적이 있다고 대답하였다. 김문희,「고교교과서에 나타난 중국 여성관계 서술에 대한 고찰」,『중국사연구』제20집, p.445. 참조
2) 신영화,「여성사 교육 왜 무엇을 가르칠 것인가」,『역사교육』81집, pp.49-78.
3) 사료를 통한 역사교육은 이미 50년대 후반부터 그 교육이론이 나왔으며, 오늘날에는 일선 현장에서도 즐겨 활용하는 교육방법론이다. 양호환 외,『역사교육의 이론과 방법』, 삼지원 1997, p.501. 논저목록 참조
4) 정선영 외,『역사교육의 이해』, 삼지원, 2001, pp.59-60.
5) 尙明軒,『何香凝傳』, 북경출판사,1994, pp.6-12.
6) 하향응,「我的回憶」,『雙淸文集』, 인민출판사, 1985, pp.907-908.
7) 『쌍청문집』, pp.1-2.
8) 『우주풍(宇宙風)』, 1937년 11월 11일 제 51기.
9) 「아적회억」,『쌍청문집』, p.907.
10) 이양자 편역, 앞의 책, pp.50-56
11) 요몽성,『아적모친하향응(我的母親何香凝)』, 인민출판사, 1984.
12) 하향응,「기념3. 8 (紀念三八)」,『쌍청문집』, pp.461.
13) 「국민혁명시부녀유일석생로(國民革命是婦女唯一的生路)」,『쌍청문집』, pp.35-37.
14) 이양자 편역,『송경령과 하향응』, pp.67-68.
15) 이양자 편역,『송경령과 하향응』, pp.69-76.

교과서 속 여성국민 만들기
– 남경정부 시기 중학 교과서의 여성국민상

지_현_숙

01 머리말

중국국민당과 남경국민정부(이하 남경정부)는 1928년 6월 북경을 점령하고 중국을 통일하였지만 대내외적으로 일본의 침략, 국민당 당 내 갈등, 지역 군벌 문제, 공산당의 도전, 세계 공황 등의 문제에 직면하였다. 이러한 상황 속에서 국민당과 남경정부는 근대 국민국가[1] 체제를 수립하기 위한 노력을 시작하였다.

국민당과 남경정부는 1929년 3월 국민당 제3차 전국대표대회에서 「훈정강령(訓政綱領)」을 통과시키고 훈정(訓政)을 선포하였다. 장개석은 삼민주의에 의한 이데올로기적 통일과 이당치국(以黨治國)을 강조하여 중국인들에게 국민당과 남경정부에 절대 복종을 강요하였다. 이는 국민

전체의 요구를 수용할 수 있는 제도적 장치 마련을 통해 국민적 일체감을 형성하는 것을 포기하고 국민당과 남경정부가 위로부터 국민 통합을 시도하는 것을 의미하였다.

국민화의 시도는 여성에게도 예외가 없었다. 남경정부 시기 여성교육론과 '부녀회가' 논쟁을 통해 보면 1930년대 중국사회에는 신현모양처상[2]과 더불어 직업을 가진 동시에 가정에서는 현모양처의 역할을 수행하는 절충적인 여성상, 가족제도 폐지를 주장하면서 취업해서 남자와 같이 직접 국가에 공헌하고자 했던 사회참여형 여성상이 길항(拮抗)하고 있었다. 이들 외에도 삼종사덕(三從四德)을 중시하는 열녀, 효부의 여성상과 소비적, 퇴폐적, 낭만적이라고 비판의 대상이 되었던 '모던 여자'[3]가 존재하였다. 국민당과 남경정부의 주도 세력은 여성국민 통합을 위해 이들 여성상을 배제 또는 포용하면서 자신들이 국가 건설에 필요하다고 생각한 여성상을 중국 여성들에게 내면화시키고자 했다.

국민당과 남경정부가 형성하려고 했던 이상적인 국민상과 그 구체적인 형성 과정에 관한 연구는 중국의 근대국민국가 건설 과정과 남경정부의 성격을 이해하는 데 필수적이다. 그러나 중요한 문제임에도 불구하고 미개척의 상태로 남아 있다.

따라서 이 글에서는 남경정부 시기 중학교 교과서[4]-국문, 공민, 가사, 역사-를 분석 대상으로 삼아 남경정부가 형성하려고 했던 이상적인 여성국민상을 재구성하고자 한다. 교과서가 국민당과 남경정부의 의식 형태를 단적으로 반영하고 있고, 삼민주의를 전파하고 국민적 일체감을 형성하는 데 중요한 장치이기 때문이다. 따라서 남경정부가 교육을 통해 양성하려고 했던 국민상을 이해하는 데 교과서 분석은 필수적이다. 중학 교과서를 선택한 이유는 남경정부가 필요로 하는 여성국민을 형성하는 데 특히 중학교육을 중시하였기 때문이다.

또한 교과서 분석을 통해 국민당과 남경정부의 훈정이 정당화될 수 있었던 근거가 무엇이었는지를 해명하고 중국 여성들이 국민의 범주 속에 배제되어 남성과 다른 방식으로 남경정부 체제 내로 편입되었음을 밝힐 수 있다. 이는 여성의 시각에서 남경정부 시기 국민국가 건설을 이해하는 데 일정한 도움을 줄 수 있을 것이다. 그리고 남경정부에서 요구한 이상적인 여성국민상을 거부하거나 이용하면서 주체로서 성장했던 중국 여성들이 1930년대 등장할 수 있었던 요인을 교과서 분석을 통해 어느 정도 짐작해볼 수 있다.

02 중학 교과서에 나타난 이상적인 국민상

남경정부는 엄격한 교과서 관리제도를 실시하여 국민당의 주의(主義)와 정강(政綱)을 중학 교과서에 관철시켜 자신들 주도의 근대국가 건설에 필요한 국민을 형성하려고 시도하였다.

그러면 국민당과 남경정부가 중학교육을 통해 양성하려고 했던 이상적인 국민상은 무엇이었는지 살펴보자. 이는 후술할 여성국민상의 내용을 명확히 하기 위해 필요한 작업이다.

국민에 대한 개념 규정부터 살펴보자. 1933년 이후 출판된 공민 교과서들에 서술된 국민은 20세 이상 참정권을 가진 자였다. 피선거권 자격은 중앙의 고시 합격자로 한정하였다. 1939년 공민 교과서에 따르면 현(縣)참의원 출마에 초급중학 이상의 학력을 요구하였다.

그렇다면 국민당과 남경정부가 양성하려고 했던 균질적(均質的)인 국민상의 내용은 무엇일까? 공민 교과서들에 따르면 이상적인 국민은 단결력과 애국심을 가지고 일정한 직업이 있어 자급할 수 있으며, 자사자리(自私自利)의 관념을 제거하고 사회를 위해 행복을 도모할 수 있는 인민을 말하였다.[5] 이상적인 국민상의 핵심 내용인 애국은 천하의 흥망에 필부(匹夫)도 책임이 있다는 의식을 가지는 것, 조국의 문화를 사랑하는 것, 정부와 영수를 열성적으로 애호하고 감독하는 것으로 정리하였다.

애국이 곧 남경정부와 영수에 대한 애호와 동일시되었다. 그런데 공민 교과서에서는 국가를 인민(人民)의 대단체(大團體)라고 규정하였다. 국가를 국민들의 활동 산물로 볼 경우 국가와 인민 사이에 국민당이 개입할 여지는 없어 보인다. 그러나 교과서에서는 손문의 지난행이설(知難行易說)을 제시하고, 중국 근대사가 손문(孫文)과 국민당(國民黨)이 없이 전개될 수 없는 것처럼 구성함으로써 이 문제를 해결하고자 하였다.

공민 교과서에서는 손문의 지난행이설(知難行易說)을 높이 평가하면서, 손문이 인류를 선지선각자(先知先覺者), 후지후각자(後知後覺者), 부지불각자(不知不覺者)로 분류하고, 각기 총명재력(聰明才力)에 따라 능력을 다해 천만인의 복, 천·백인의 복 혹은 1인의 복을 만드는 데 전력을 기울여야 한다는 주장을 부각하였다.[6] 이 주장은 결국 선지선각자가 자신의 능력과 지식을 바탕으로 후지후각자와 부지불각자를 지도하여 그들의 능력을 발휘할 수 있도록 해야 한다고 해석될 수 있다.

공민 교과서에서는 삼민주의를 주창한 손문을 선지선각자로, 중학생들을 후지후각자로 규정하고, 후지후각자의 유일한 책임은 알지 못해도 행하는 것으로 안일을 구하지 말고 어려움을 극복하며 용감하게 실천해야 중국의 건설도 용이하다고 주장하였다. 중국을 구제하는 유일한 방법이 손문의 삼민주의라면 손문 사후 그 삼민주의를 알고 실행하는 선지선각자, 즉 국민당과 남경정부가 중학생인 후지후각자나 부지불각자인 대중을 지도하는 것은 당연한 귀결일 것이다. 그리고 중학생을 후지후각자로 규정한 것은 무지한 대중을 지도하는 엘리트로 양성하겠다는 의도를 나타낸다고 할 수 있다.

손문의 지난행이설과 선지선각자에 의한 지도에 대한 강조는 국민당과 남경정부의 훈정 통치를 자연스럽게 정당화하였다. 각 개인의 능력과 지식 차이를 고려하지 않고 기계적인 평등을 주장하는 것은 지자(智者), 강자(强者)에게 손해는 물론 우자(愚者)와 약자(弱者)에게도 이익이 되지 않는다는 것이다. 그래서 평등은 기회의 평등을 의미하며, 모든 개인은 정치, 경제, 사회적으로 평등한 발전의 기회를 가지는 것이 타당하다는 것이다.

그런데 여기서 중요한 점은 지식과 능력상의 불평등이 영구적인 것은 아니고, 교육, 문화를 통해 해소될 수 있는 것이었다. 따라서 후지후각자와 부지불각자의 국민은 민권을 올바르게 행사할 수 있도록 훈련을 받을 기회가 필요하다는 논리로 연결되어, 선지선각자인 국민당과 남경정부의 훈정 실시는 당연한 일이 되었다.

훈정 통치를 합리화하고 중학생들을 국민당과 남경정부의 통치에 자발적으로 복종시키고자 하는 시도는 역사 교과서에서도 찾아볼 수 있다. 초급중학 역사 교과서의 중국 근대사 부분을 살펴보자. 분석 대상으로 삼은 교과서는 김조재(金兆梓) 편의 『신중학교과서 본국 역사(新中學教科書 本國歷史)』상·하, 양원동(梁園東) 편의 『초중본국역사교본(初中本國歷史教本)』3·4책, 장공성(蔣恭晟) 편의 『초중본국사(初中本國史)』3·4책이다.[7] 손문의 일생과 국민당사를 중국 근대사의 중심에 두어 국민당사의 전개 과정이 곧 중국 근대사의 전개 과정으로 인식하도록 서술하였다. 이를 통해 국민당의 정책은 중국의 존속과 발전에 없어서는 안 될 요소이고, 국민당의 남경정부가 곧 중국이라는 인식을 형성할 수 있을 것이다.

또한 역사 교과서는 중국 근대사를 기술하면서 서술의 절반 이상을 제국주의의 중국 침략을 사실적으로 묘사하는 데 할애하였다. 그래서 당시 중국사회가 직면했던 문제들이 모두 제국주의로 인해 야기된 것처럼 보인다. 따라서 근대적인 국가를 건설하기 위해서 제국주의 타도가 필수적이고 이를 위해 중국인들은 국민당과 남경정부를 중심으로 단결해서 국민당의 주의와 정책을 실천해야 한다는 인식을 자연스럽게 형성할 수 있다.

03 여성국민상으로서의 신현모양처

그렇다면 상술한 이상적 국민상은 중국 여성에게도 적용되는 것일까? 국민당과 남경정부가 근대국가 건설에 필요로 한 이상적 여성국민상을 살펴보자.

국민당과 남경정부가 여자 중학교육에서 특히 가사교육을 중시하였기 때문에, 가사 교과서에 대한 분석은 남경정부가 중학교육을 통해 양성하려고 했던 여성국민상의 구체적인 내용을 이해하는 데 도움이 될 것이다.

분석 자료로 1933년 상무인서관(商務印書館)에서 출간된 진의(陳意) 편의 『부흥초급중학교과서 가사(復興初級中學教科書 家事)』1·2·3책을

1915년에 역시 상무인서관에서 출판된 왕정지(王程之)·장세표(張世杓) 편의 『가사 교과서(家事教科書)』전·후편8)과 비교하여 분석하고자 한다. 비교 분석을 통해 남경정부가 이상적이라 생각했던 여성국민상의 내용과 그 특징을 좀더 명확히 할 수 있을 것이다. 그리고 시대의 변화가 교과서 내용에 어떻게 반영되었는지도 알 수 있을 것이다.

가사와 육아 전문가로서의 신현모양처

진의 편, 『부흥초급중학교과서 가사』1·2·3책과 왕정지·장세표 편, 『가사 교과서』전·후편 모두 여학생이 가정에서 생활하는 데 필요한 내용을 담고 있다.

왕정지·장세표 편 『가사 교과서』에서는 가사를, 가무를 정리하고 자녀 교육의 방법을 강구하는 것이라고 정의하였다. 그리고 여성이 가사를 연구해야 하는 이유에 대해서는 남녀 분업과 여자의 천성을 그 이유로 들고 있다. 여성의 천성이 온화하고 세밀해서 가족의 보호, 감독, 의복, 음식, 금전 출납, 손님 접대에 모두 장점을 가진다는 것이다.

그에 비해 진의 편의 『부흥초급중학 교과서 가사』에서는 교육부가 반포한 초급 실과 과정 표준의 가사 부분이라고만 밝히고 있다. 그리고 교과서의 전반적인 서술도 여학생이나 어머니가 아니라 학생이나 부모가 가사와 육아를 담당해야 한다고 표현하였다. 그러나 교과서 내용을 검토하고 당시 여학교에서만 가사 과목을 가르쳤다는 점을 고려하면 여학생, 여성을 대상으로 하고 있음을 알 수 있다.

세부적인 내용을 살펴보면, 진의가 편집한 『부흥초급중학 교과서 가사』에서는 우선 의복에 관한 내용으로 의복의 기능, 세탁법, 옷감 성분, 재봉틀 사용법과 보관법, 아동복에 대해 기술하였다. 또한 의복 선택 시 주의점과 구매 방법, 의복 구매를 위한 예산표 작성법 등을 구체적으로 서술하였다.

그에 비해 왕정지·장세표의 『가사 교과서』는 모직, 면직 등 옷감의 장단점, 기후, 연령, 직업, 신분에 따른 의복 선택법, 재봉과 수선법, 의복 보관법과 세탁법 등을 상대적으로 간단히 정리하였다.

음식에 관해서는 진의의 『부흥초급중학 교과서 가사』는 음식물의 성분과 열량, 식품 선택법과 조리법, 저장법, 식품 구매 시 유의 사항, 식비의 예산, 결산표 작성 방법 등을 소개하였다. 그 외에 아동에 적합한 음식과 냉장고 등 가전제품, 주방 기구, 개수대의 배치와 사용 방법, 설거지 등 주방 청결법에 대해서도 서술하였다.

반면 왕정지·장세표의 『가사 교과서』에서는 음식물의 성분, 소화, 흡수 과정 등에 대해서 설명하였다. 그 외 상차림, 식품 명칭과 그에 대한 간단한 설명을 기술하였다. 아울러 식품 조리법, 식품 저장법과 간단한 식기 도구를 재료 별로 간략하게 서술하였다.

한편 진의가 편집한 『가사 교과서』는 주방의 청결함을 유지하기 위해 학생들에게 적절한 지식을 쌓고 실습하도록 강조하였다. 그 이유는 가정 관리를, 지식이 없는 하인에게 맡길 수 없기 때문이었다. 가사 관리의 전문성을 강조하는 대목이다.

주거에 관해서는 진의의 『부흥초급중학 교과서 가사』는 가옥의 소유 형태와 거실과 침실의 장식에 관해 서술하였다. 또한 청소법을 상세히 소개하고 있는데 하인들에게 적절한 지시를 내릴 수 있도록 하기 위해서였다. 이것은 역시 가사노동의 전문성을 부각한 것으로 보인다.

왕정지·장세표의『가사 교과서』에서도 주거 문제에 대해서는 환경, 교통 등 주택을 선택할 때 유의점과 주택 건축 시 공기의 유통이나 일조권, 설계 등의 문제에 대해 서술하였다. 또한 가옥의 보존법과 수리에 관해서도 간단히 소개하였다. 한 가지 주목되는 점은 전문가의 조언이나 도움을 받지만, 가옥 구매, 임대 시 주부가 전문가와 토론할 수 있을 정도의 전문적인 지식을 습득하도록 여중생들에게 요구하였다.

상술한 내용을 종합해보면 1915년에 발간된 왕정지·장세표의『가사 교과서』와 1933년에 발간된 진의의『부흥초급중학 교과서 가사』모두 가정 관리에 건축뿐만 아니라 의복학이나 식품영양학에 관한 과학적이고 전문적인 지식이 필요하다고 역설하였다. 다만 1933년에 발간된 진의의 교과서가 보다 전문적이고 과학적으로 심화된 내용을 수록하였다. 따라서 국민당과 남경정부는 가사교육을 통해 여중생을 미래의 과학적이고 전문적인 지식을 가진 가족의 의식주 관리자로 양성하려고 했다.

의식주에 관한 내용 외에도 각각의 가사 교과서들은 안주인으로서 손님 접대법, 연회 상차림, 교제법 등에 관하여 서술하였다. 또한 질병 원인, 전염병의 감염과 병자 간호법, 감기, 두통, 변비 등의 치료법, 응급 처치법, 상비약에 관련된 사항도 소개하였다.

의식주의 관리자 외에 가사 교과서는 여학생들에게 차세대 국민을 양육하고 교육할 수 있는 지식을 지닌 어머니, 즉 양모(良母)로서의 역할을 부과하였다.

진의가 편집한『부흥초급중학 교과서 가사』에서 아동에 관련된 부분을 간단히 살펴보자. 임신하고 있을 때의 식사, 태교 등의 유의 사항, 출산 후의 섭생, 모유 수유 권장, 이유식에 관한 지식, 영아 목욕법, 아동 전염병 예방법과 아동의 신체 발육 단계 별 특징에 관하여 서술하였다.

그리고 아동의 성격 관리 역시 부모가 심리학의 원칙에 따라 교육하고 지도해야 한다고 강조하였다. 또한 부모는 아동의 호기심, 창조력, 주의력, 관찰력, 기억력 등을 길러 주고 각종 놀이나 이야기를 통해 여러 가지 지식을 증진시켜야 한다고 주장하였다. 아동 양육에 관한 과학적이고 전문적인 지식 외에도 부모는 아동에게 좋은 환경을 제공하기 위해 희생해야 한다고 서술하였다.

교과서에 따르면 부모는 자녀 양육을 위해 영양, 위생, 의료와 심리학, 아동학에 관한 과학적이고 전문적인 지식을 습득해야 했다. 이는 부모 특히 가정 교육의 실행자인 어머니에게 아동 양육에 관한 전문적이고 과학적인 지식을 요구한 것이다. 전통 시대 자녀가 부모에게 효도를 다해야 하는 존재였다면, 이제 자녀는 부모에 의해 보호되고 부양되어야 하는 존재로 변모하였음을 의미하였다.

아동을 훈육하는 책임을 어머니에게 구하는 것은 『여논어(女論語)』「훈남녀(訓男女)」편이나 『내훈(內訓)』의 「모의(母儀)」편에도 보인다. 그러나 전통시대 어머니에게 주로 요구되었던 것은 덕육(德育) 내지는 예의작법(禮儀作法)에 관한 훈련이었다. 맹모삼천지교(孟母三遷之敎)로 유명한 맹모(孟母) 역시 교육 환경을 정비하고 면학의 태도를 가르치는 것일 뿐, 맹자를 지적인 의미에서 교육했던 것은 아니었다.[9] 그에 비해 진의의 『부흥초급중학 교과서 가사』에서는 아동의 지적인 능력을 개발하고, 지식을 교육하는 어머니의 모습을 강조하였다.

이상 분석한 내용을 종합해보면 1933년 남경정부가 심사한 진의 편의 『부흥초급중학 교과서 가사』에 제시된 여성상은 가사 관리와 육아에 관한 전문적이고 과학적인 지식을 지닌 신현모양처였다. 남경정부는 여학생들이 가사 교과서를 학습하는 과정에서 신현모양처(新賢母良妻)로 성장할 것을 기대하였던 것이다.

이등 국민으로서 신현모양처

남경정부가 가사 교육을 통해 여학생들을 가정 관리와 아동 양육에 전문적인 지식을 가진 전문가로서 신현모양처를 양성하려고 했던 이유는 무엇일까? 이는 가사 교과서에 기술된 가족, 사회, 국가와 관계 속에서 신현모양처가 차지하는 역할과 의미를 생각해보면 해답을 찾을 수 있을 것이다.

1915년에 발간된 왕정지·장세표의 『가사 교과서』에서는 가족 속에서 여성이 취할 태도에 대해 「가정의 화평」이라는 제목으로 서술하였다. 이에 의하면 여성에게 시부모에 복종하고, 봉양하는 며느리로서의 역할을 강조하였다. 또한 여성들은 남편의 뜻에 따라 가정을 관리해서, 남편이 집안 걱정 없이 사회적인 직무에 전념할 수 있도록 내조하는 아내, 자녀를 교육하는 어머니로서 역할을 수행해야 한다고 주장하였다.

그에 비해 진의의 『부흥초급중학 교과서 가사』에서는 명확한 역할 규정은 없으나 가족 관계를 보다 부부 중심으로 서술하였다. 부모와 자녀, 시부모와 며느리의 관계에서 연로한 부모에 대한 자녀나 며느리의 봉양을 서술하면서도, 배려가 적절하지 못할 때 부모가 이해할 것을 촉구하였다. 시부모를 봉양하는 며느리로서의 역할이 다소 약화된 감이 있다. 한편, 진의의 『부흥초급중학 교과서 가사』에서는 「나는 집에서 어떠한 종류의 가사 일을 담당해야 하는가?」라는 제목으로 가정에서 여성이 담당해야 하는 직무에 관한 참고 조항을 제시하였다.[10] 여학생의 생활을 규율화하고 양호한 습관을 양성하기 위한 수칙으로 볼 수 있다.

진의가 편집한 가사교과서가 여학생의 생활을 규율화하고 양호한 습관을 양성하도록 강조한 이유가 무엇일까? 그것은 여학생들이 다음과 같은 품격을 지니도록 만들기 위한 것으로 보인다.

1. 예모(禮貌), 성실(誠實), 신뢰(信賴), 충심(忠心)

   (……)

12. 수령 및 그 직권을 존중하고 복종한다.
13. 부모 및 가정 생활에 대해 합당한 태도를 취한다.
14. 인류 관계에 대한 모든 규칙을 익혀 실천한다.[11]

수령에 복종하고, 모든 규칙을 익혀 실천한다는 내용으로 보아, 남경정부는 여학생들이 가사 교과서 학습을 통해 자신의 생활을 규율화, 합리화하고 양호한 습관을 양성하도록 유도하여, 자발적으로 지도자와 국가권력에 복종하는 여성을 창출하고자 하였다. 국민당과 남경정부에 복종하는 여성, 즉 미래의 어머니 양성은 자발적으로 남경정부에 충성하는 차세대 국민 양성과 직결된 중요한 문제였다. 가정 교육의 담당자인 어머니가 아동에게 규칙적인 생활 습관을 기르도록 만든다면 아동은 장래 학교 규율과 나아가서는 국가 질서에 순응하게 될 것이다. 따라서 여학생의 규율적이고 양호한 습관 양성은 남경정부의 입장에서 보면 여성국민 개인의 자발적 복종이라는 의미 외에 국가권력과 지도자에 복종하는 국민을 출산, 양육한다는 의미가 있을 것이다.

한편 가사 교과서 속에 나타난 여성국민, 국민에 관한 서술을 살펴보자. 왕정지·장세표의 『가사 교과서』는 여성국민으로서의 의무를 명시하였다. 치가(治家), 육아는 여성의 천직이고 국가 발전에 중요한 의미를 지닌다는 것이다. 여성이 천직을 완수하는 것과 남성이 사회적 활동을 하는 것은 국가에 대해 직접적, 간접적인 공헌을 하는 차이밖에 없다고 주장하였다. 즉 전문적인 지식을 지닌 신현모양처는 남자 가족구성원들이 국민으로서의 역할을 수행할 수 있도록 내조하고 차세대 애국심을 가진 건강한 국민을 양육하기 때문에 국가에 간접적으로 공헌한다는 것이다.

그에 비해 진의의 『부흥초급중학 교과서 가사』는 국민으로서의 권리와 의무를 서술하면서, 동시에 국가가 국민을 위해 해야 할 역할에 대해 지적하였다. 여기에 따르면 이상적인 국민은 법률을 준수하고 생산적 사업에 투신하며, 국민으로 책임을 다하는 존재였다. 또한 사회의 행복을 도모하는 데 전력하고 사리를 배제하고 사회를 개진할 책임이 있었다. 별도의 서술은 없지만 이상적인 국민상이 여성국민을 의미하지는 않았다. 앞서의 분석을 상기하면 진의의 『부흥초급중학교과서 가사』에 규정된 이상적인 여성국민은 가사와 육아에 과학적인 지식을 지니고 남편이 국민으로서 역할을 완수하도록 내조하고 차세대 국민을 교양(敎養)하는 신현모양처였다. 이상적 국민상에 대한 서술과 비교해보면 생산자가 아닌 신현모양처는 이등 국민이었다.

그렇기 때문에 진의가 편집한 가사 교과서에서 가정 재정에 관한 내용을 서술하면서 가사와 육아가 경제적 가치를 생산하는 남성의 노동과 같은 의미를 지닌다고 강조했던 것으로 보인다. 예산 수립의 문제, 부채 상환, 저축과 보험, 비용 절약 방법, 가계부 작성법 등을 소개하면서 남편의 임금이 가정경제와 직접적인 관련을 갖지만, 주부의 가계 지출도 가정 경제에 간접적인 영향을 미치기 때문에 절약하는 생활을 해야 한다고 주장하였다. 1930년대 불경기에 소비의 합리화와 절약을 강조하기 위한 것으로 해석된다. 합리적이고 건강한 소비자로서 여성국민은 사회적 노동에 종사하는 남성국민과 같은 중요성을 지니고 있다는 것이다. 그렇지만 이상적인 국민상이 생산자로 규정되는 한 여성은 이등 국민이 될 수밖에 없다.

이상적 국민 서술에서 더 나아가 진의가 편집한 가사 교과서는 국가의 역할에 대해 서술하였다. 이에 따르면 국가는 국민의 생명과 재산을 보장해야 했다. 즉 위생 사업을 실시하고 재난을 예방하며 주권을 보호하고 도적으로 인한 재산의 손실을 예방해야 하는 것이다. 그리고 국가는 아동을 취학시키고 국민의 생산능력을 양성하여 소비보다 생산을 증가시켜 부강한 나라를 만들어야 했다.

교과서는 토론의 재료이기도 하기 때문에 학습 과정에서 여학생들은 가사 교과서에 제시된 이상적인 국민상과 자신을 동일시할 가능성이 있었다. 또한 국가의 역할에 대한 내용은 세계공황으로 인한 불경기와 일본의 침략에 적절한 대응 조치를 강구하지 못하고 있다고 보여지는 국민당과 남경정부에 비판적 인식을 형성할 수 있을 것이다.

04 중학 교과서 속에서 길항하는 여성국민상들
─열녀상, 신현모양처상, 절충적 여성상, 사회참여형 여성상

가사 교과서에 제시된 이상적인 여성국민상은 가사와 육아의 전문가로서 남편이 국민으로서의 역할을 다하도록 내조하고, 가족 구성원들 특히 자녀를 국민당과 남

■ 「초급중학 공민」 1책의 주편을 맡은 진립부(1900-2001)

경정부의 통치에 자발적으로 복종하는 국민으로 양육하는 신현모양처였다. 따라서 2장에서 분석한 국민당과 남경정부가 필요로 했던 이상적 국민상은 여성을 배제한 남성국민상만을 의미하였다. 그러면 가사 교과서 이외에 공민 교과서와 국문 교과서에는 어떤 여성국민상이 제시되었는지 살펴보자.

섭초창·진립부 주편(葉楚傖·陳立夫 主編)의 『초급중학 공민(初級中學公民)』 1책(冊)은 가사 교과서와 같이 이상적인 여성국민상으로 신현모양처를 제시하였다. 가족의 부양 문제를 설명하는 부분에서는 여성의 천직은 가정 관리라고 강조하였다. 즉 선천적으로 가사와 육아에 종사하는 것이 여성에게 적합한 일이기 때문에, 여성은 피부양자의 위치를 차지하는 것이 당연하고 사회적 노동에 참여할 필요가 없다는 것이다.

두유도(杜維濤)·장류천(章柳泉) 편의 『고중공민(高中公民)』 1책에서도 여성 노동자의 폐해라는 제목으로 여성의 과도한 노동이 건강한 민족을 양성하는 데 부정적인 영향을 미치기 때문에 여성 노동자는 기계 노동에 참여할 필요가 없다고 주장하였다. 모성보호라는 측면이 존재하지만, 여성의 활동 영역이 가정임을 강조한 것이다.

이는 같은 공민 교과서의 다른 부분에서도 확인할 수 있다. 남자가 사회적 재부(財富)를 생산하고, 여자가 사회를 위해 자녀를 양육하는 것은 경중의 차이가 없다는 것이다. 남성과 여성의 상호 보완성을 강조하면서 남녀 간 치이의 평등을 주장하지만, 이러한 논리는 1930년대 전개된 '부녀회가' 논쟁('婦女回家' 論爭)이나 남녀 노동자의 직업 분쟁에서도 보이듯이 사회적인 성별 분업을 강화하는 논리로 이용되었다. 게다가 여성은 남편이 국민으로서의 의무를 다하도록 내조하고, 차세대 국민인 자녀를 출산, 양육할 경우에만 존재 의미가 있다고 해석할 수 있다. 사회적 생산에 참여하는 것이 이상적 국민의 조건인 이상 여성국민으로서 신현모양처는 이등 국민일 수밖에 없다.

그런데 상술한 두유도·장류천 편의 『고중공민』1책에는 신현모양처와는 다른 여성국민상이 공존하고 있었다. 이 교과서는 여성의 경제적인 독립이 여성 문제의 선결 조건이라고 주장하면서 여성의 직업 능력이 남자에 뒤떨어지지 않는다고 지적하였다. 그리고 신현모양처상에도 비판적인 입장을 보이고 있다.

또한 여성이 취업하는 데 필요한 조건으로 여성의 신체 단련, 교육 기회 균등, 가사노동의 사회화, 탁아소·유치원 설치, 산전 산후 휴가 보장 등을 제시하고 남녀의 직업은 제한이 없고, 동일 노동에 동일 임금이 지급되어야 한다는 주장도 있었다. 신현모양처상 외에 절충적 혹은 사회 참여형으로 해석되는 여성상들이 길항하였다.

교과서 간에, 또는 같은 교과서 내에서도 불균질적인 여성국민상들은 국문 교과서에서도 확인된다. 섭초창(葉楚傖)이 주편한 『초급중학 국문(初級中學 國文)』[12]에서 여성에 관련한 주요한 내용은 「기풍완정사(記馮婉貞事)」[13]나 「심운영전(沈雲英傳)」[14], 「목란사(木蘭辭)」[15], 「제매문(祭妹文)」[16] 등이 있다. 전자의 세 편의 문장은 남자뿐 아니라 여성도 위기 상황에서 무장하고 군사 지도자로서 활약하였음을 보여주고 있다. 이들 문장 속의 여성들은 남성들과 함께 자신의 고향이나 국가를 지키고, 더 나아가 남성들을 지휘하기까지 하였다. 즉, 국가에 직접 공헌하는 절충적 혹은 사회 참여형 여성상으로 해석할 수 있는 여성국민상이 국문 교과서에도 존재하였다.

그에 비해 원매(袁枚)의 「제매문(祭妹文)」은 이와 다른 여성상을 보여주고 있다. 여기에 나타난 여성상은 전통적인 여성에 대한 규범을 체현하고 운명에 순응하였다.

부동화(傅東華)가 편집한 국문 교과서[17]에 나타난 여성국민상 역시 불균질적이었다. 이 교과서에 실린 전조망(全祖望)의 「매화령기(梅花嶺記)」[18]에서는 수절하다 겁탈당하기 직전 스스로 목숨을 끊은 열녀를 칭송하는 내용을 담고 있다. 이에 비해 장석침(章錫琛)의 「대어부녀참정삼대의문적해석(對於婦女參政三大疑問的解釋)」과 양계초(梁啓超)의 「인권여여권(人權與女權)」은 여성참정에 관해 미묘한 입장 차이를 보이지만 열녀 형상과는 다른 여성상을 보여주고 있다.

장석침의 글은 여성이 참정 능력을 상실한 것은 정치권에서 배제되었기 때문으로, 여성에게 참정권을 부여하면 자연히 참정의 능력이 생길 것이라는 논리를 전개하였다. 반면, 양계초의 「인권여여권」은 여권운동이 먼저 교육 기회의 평등권을, 그 다음으로 직업상의 평등권을 추진하며, 마지막으로 정치적 자유 획득을 목표로 삼아야 한다고 주장하였다. 양계초의 주장은 여성의 지적 능력이 남성과 같아질 때까지는 남녀불평등은 당연한 것이라는 논리로 비약될 가능성이 있지만, 여성 참정을 인정한다는 점에서는 의미가 있다. 이들의 논설 가운데 여성국민상은 정치에 참여할 수 있는 사회참여형 혹은 절충적 여성상이었다.

부동화의 교과서 역시 열녀라는 전통 시대 이상적인 여성상과 절충적 혹은 사회참여형 여성상이 길항하고 있었다. 이것은 1930년대 중국 사회와 중국인의 인식 속에서 길항하고 있던 신현모양처상, 절충적 여성상, 사회참여형 여성상이 교과서 속에도 반영되고 있음을 확인할 수 있다.

한편 중학 교과서에서 여성 문제의 해결책으로 여성의 취업과 경제 독립을 제시하든지, 남편의 임금으로 가족의 생계를 유지하며 가정에 전념하는 신현모양처를 주장하든지 간에 일자리를 창출할 수 있는 중국의 산업 발전은 매우 중요한 문제일 것이다. 이 문제의 해결책으로 중학 교과서는 손문(孫文)의 민생주의(民生主義)를 제시하였다. 즉, 여성 문제의 해결책은 손문의 삼민주의 실현에 달려 있다는 것이다. 따라서 손문의 삼민주의가 여성 문제의 유효한 해결책으로 인식되는 한 그의 실현을 위해 노력하고 있는 국민당과 남경정부의 통치를 받아들이는 것은 자연스러운 귀결일 것이다.

여성 권익의 보호자로서의 국민당과 남경정부의 모습은 공민 교과서의 서술에서도 찾을 수 있다. 중국 여권운동 발전을 손문과 국민당 덕분이라고 평가하고, 국민당은 당강(黨綱) 대내 정책에 법률상, 경제상, 교육상, 사회상 남녀평등의 원칙을 확인하고 여권의 발전을 돕는다는 규정을 두고 있다고 지적하였다. 그리고 남경정부가 여성에게 재산권을 보장했다는 사실을 강조하였다. 이러한 내용은 여성들의 후원자로서 국민당과 남경정부를 인식하도록 만들어 여학생들이 자신들의 권리를 보장받기 위해서는 국민당과 남경정부를 지지해야 한다고 생각할 수 있다. 또한 여기서 여학생들은 국민당 통치, 즉 훈정을 수용할 수 있는 논리적인 이유를 찾을 수 있을 것이다. 그렇지만 국민당과 남경정부의 정책이 여성의 이익을 보장하지 못한다고 느낄 경우 여성계와 남경정부 간에는 긴장 관계가 형성될 수 있다. 이는 '부녀회가' 론이 고조되고, 여성에 대한 규제가 심화되면서 현실로 드러났다.[19]

05 맺음말

남경정부 시기 중학교 공민, 가사, 중국사, 국문 교과서를 분석하여 남경정부가 형성하려고 했던 이상적인 여성국민상에 관하여 살펴보았다.

남경정부 시기 중학교 교과서를 분석해보면 남경정부가 배양하려고 했던 이상적인 국민은 일정한 직업을 가지고 자급할 수 있으며 국민당을 위해 충성하고 희생할 수 있는 남성을 의미하였다. 그에 반해 이상적인 여성국민상은 가정 관리와 육아에 전문적이고 과학적인 지식을 가지고 남편이 국민으로서 역할을 다하도록 내조하고, 애국심을 가진 건강한 차세대 국민으로 자녀를 교육할 수 있는 신현모양처였다. 이상적인 국민상의 조건인 생산 기능을 가져야 한다는 점을 충족시킬 수 없는 신현모양처는 이등 국민에 불과하였다.

한편 교과서를 통해 보면 국민당과 남경정부는 손문의 지난행이설(知難行易說)과 재산권 보장 등 여성의 후원자로서의 모습을 부각하여 여학생들에게 훈정을 정당화하였다. 그러나 여성의 이익이 유보되고 일본의 침입 속에서 국민당과 남경정부의 정책이 유효성이 없다고 생각할 경우 여학생들은 국민당과 남경정부에 비판적 인식을 형성할 수도 있었다.

교과서는 국가의 지배적 이념을 주입하는 도구인 동시에 토론의 재료이다. 그래서 신현모양처상만 제시되었다고 하더라도 학습의 결과는 달라질 수 있다. 하물며 다른 교과서 간에 또는 같은 교과서 안에서 '절충적 여성국민상', '사회참여형 여성국민상'들이 길항하고 있었기 때문에, 여학생들은 교과서를 학습하는 과정에서 국민당과 남경정부가 근대 국가 건설에 필요하다고 생각했던 신현모양처와는 다른 여성국민상들을 선택할 가능성이 열려 있었다.

이러한 가능성은 신현모양처를 양성하기 위해 설립된 여학교에서 가사 과목이 폐지되기도 하고, 신현모양처를 넘어서 항일운동에 참가하는 여학생의 모습에서도 확인된다.[20] 또한 침체되어 있던 여성계가 '부녀회가'의 소리가 최고조에 달했던 1934년에 오히려 여성 잡지와 여성 단체를 대거 조직하였다는 사실도 이를 뒷받침한다.[21] 이는 남경정부의 위로부터의 국민 형성의 한계를 보여주는 것이고 또한 중국 여성들이 규정된 여성성을 거부하거나 이용해서 주체로 성장해가는 모습을 보여주는 것이라 생각한다.

■주 석

1) 서천장부(西川長夫)는 국민국가의 특징을 다섯 가지로 설명하였다. 첫째, 명확한 국경의 존재로 국민국가는 국경선으로 구별된 정치적, 경제적, 문화적 공간이라는 것이다. 둘째, 국가 주권으로 국민국가의 정치적 공간은 원칙적으로 국가 주권이 미치는 범위였다. 셋째, 국민 개념의 형성과 국민통합 이데올로기(내셔널리즘)가 지배하였다. 넷째, 이러한 정치적, 문화적, 경제적 공간을 지배하는 국가장치와 제도 즉 경제통합, 국가통합, 국민통합, 문화통합을 위한 장치와 제도를 특징으로 하였다. 다섯째, 국제 관계로 국민국가는 다른 국민국가와의 관계 속에서 존재한다는 것이다. 서천장부, 윤대석 역, 『국민이라는 괴물』, 소명출판, 2002, pp.289-290.

2) 근대 이전 중국에서 현모양처라는 용어는 사용되지 않았다. 현처(賢妻), 양처(良妻), 현모(賢母), 양모(良母) 등의 용어는 선진(先秦)시대 이후 등장하였으나 각기 독자적으로 사용되었다. 중국에서 민족주의가 대두되고, 19세기 말 일본의 양처현모론과 20세기 초 서구의 가정주부상의 영향으로 현모양처라는 용어가 등장하였다. 현재 중국에서는 현처양모라는 용어로 정착되었으나, 1930년대에는 의미상의 차이 없이 현처양모, 현모양처, 양모현처가 각기 혼용되었다. 본고에서는 번역어로서 현모양처라는 용어를 사용한다. 新을 더한 이유는 현모양처상이 전통적인 여성상이 아니라 근대적 여성상임을 부각하기 위해서이다.

3) 당시 중국인들이 생각한 모던 여자의 전형은 다음과 같다. 중학 졸업, 대학 졸업 이후 사회에서 복무하지도 않고 가정을 돌보지 않는다. 아침부터 저녁까지 화장하고 마작하며, 연극 보고 드라이브하고, 양옥에서 산다. 무슨 사회적 책임을 알지도 못하고, 가성의 잡무는 부자에게 시집갈 수 없고 행복을 얻을 수 없는 하녀가 하는 일로 치부한다. 애인과 공원에서 농담이나 하고 무도회장에 가서 춤추고, 독서하는 목적은 연애 편지를 쓰기 위한 것이었다. 독서는 性史를 읽고 화장품 광고나 경극 설명서를 보는 정도였다. 「新女性討論專號」『新女性』(上海民立女中校刊), 創刊號, 1935년 5월, pp.1 2.; 許慧琦, 『"娜拉"在中國: 新女性形象的塑造及其演變』(1900s-1930s), 國立政治大學歷史研究所博士論文, 2001. p.6,

p.201.
4) 본고에서는 주 분석 대상으로 삼은 자료는 商務印書館과 正中書局에서 출판된 교과서들을 선택하였다. 그 이유는 1910년대에도 여학교에서 商務印書館 출판의 교과서를 가장 많이 사용하였고 1937년 통계에 따르면 전국 출판물 총수 9438冊 가운데 52%에 해당하는 4938冊을 출간하였다. 商務印書館에서 출판된 교과서는 보편적으로 이용되었을 가능성이 높다고 생각된다. 한편 正中書局은 1932년 陳立夫, 戴季陶 등 국민당의 요인들이 설립한 출판사로 국민당의 중앙집행위원회 소속이었다. 따라서 正中書局에서 펴낸 교과서는 국민당 핵심인사들의 의도를 짚어보는 데 도움이 될 것이다. 周敍琪, 『1910-1920年代都會新婦女生活風貌』(臺灣國立大學文史叢刊; 100), 臺灣大學出版委員會, 1996년, p.63.; 陳應年・陳江編, 『商務印書館九十年』, 商務印書館, 1992. p.500.; 張憲文 主編, 『中華民國史大辭典』, 江蘇古籍出版社, 2001. p.497.
5) 葉楚傖・陳立夫 主編의 『初級中學 公民』1冊, 正中書局, 1939, pp.11-2.; 葉楚傖・陳立夫 主編, 『初級中學 公民』2冊, 正中書局, 1936. 7. p.7.
6) 孫伯騫, 『復興初級中學 公民課本』第1冊, 商務印書館, 1934, p.84.
7) 金兆梓 編, 『新中學敎科書 本國歷史』上, 中華書局, 1935; 金兆梓 編, 『新中學敎科書 本國歷史』下, 中華書局, 미상. (大學院審定17년 6월 11일이라 책속에 표기); 梁園東 編, 『初中本國歷史敎本』3・4冊, 大東書局, 1930; 蔣恭晟 編, 『初中本國史』3・4冊, 大東書局, 1937.
8) 王程之・張世杓編, 蔣維喬 校訂, 『家事敎科書』前・後編, 商務印書館, 1915(이하 『家事敎科書』前編, 後編으로 약칭); 陳意 編, 『復興初級中學敎科書 家事』1冊(이하 『家事』1冊으로 약칭), 출판연도 미상(책 표지에 신과정 표준을 적용하여 서술한 것으로 보아 1933년경의 교과서로 추정된다.); 陳意 編, 『復興初級中學敎科書 家事』2冊, 商務印書館, 1933. 11(이하 『家事』2冊으로 약칭); 陳意 編, 『復興初級中學敎科書 家事』3冊, 商務印書館, 1933. 12.(이하 『家事』3冊으로 약칭) 王程之・張世杓 編의 가사교과서는 청말 선통 3년에 출판된 일본교과서의 (번역본) 叢琯珠 編譯, 『新編家事敎科書』(女子師範通用), (群益書社, 宣統 3年)을 시대 변화에 적합하도록 문맥과 어휘만 바꾸고 체제와 내용을 그대로 베껴서 출판하였다.
9) 瀨地山角, 『東アジアの家父長制』, 勁草書房, 1998, p.129.
10) 식사 시간, 귀가 시간 준수, 모친에 순종할 것, 가족구성원을 도울 것, 모친을 걱정시키지 말 것, 타인과 합작할 것, 근검 절약하는 생활, 신의를 지킬 것, 자신의 의복을 정리하고 세탁할 것, 외모를 청결히 할 것, 귀여운 목소리와 행동을 할 것, 타인의 일에 관여하지 말 것,

허물을 인정할 것 등을 내용으로 하였다.『家事』2冊, pp.96-98.
11)『家事』2冊, pp.100-101.
12) 葉楚傖 主編,『初級中學 國文』第1冊, 正中書局, 1937; 葉楚傖 主編,『初級中學 國文』第2冊, 正中書局, 1937; 葉楚傖 主編,『初級中學 國文』第3冊, 正中書局, 1937; 葉楚傖 主編,『初級中學 國文』第4冊, 正中書局, 1936; 葉楚傖 主編,『初級中學 國文』第5冊, 正中書局, 1937; 葉楚傖 主編,『初級中學 國文』第6冊, 正中書局, 1936.
13) 풍완정(馮婉貞)은 교과서 내용에 따르면 함풍제(咸豊帝) 시기 영불 연합군이 북경을 침략할 당시 圓明園에서 10여리 떨어진 사장(謝莊)이라는 마을의 단련(團練)지도자의 딸로 무술에 능하였다고 한다. 婉貞의 아버지가 영불연합군이 화기를 능숙하게 다루지만 격투기에 약하기 때문에 이것을 이용하여 적을 격퇴하자고 제안하였다. 그러나 (마을 사람들에게) 묵살당하자 격투기에 능한 소년들을 모아 마을에서 4리쯤 떨어진 삼림 속에 매복하였다가 영불연합군을 습격하여 격퇴하고 마을을 구하였다는 것이다. 葉楚傖 主編,『初級中學 國文』第1冊, pp.31-2.
14) 명나라 말기 장헌충군이 무창을 점령하고 동정호를 지날 때 道州를 공격하였는데 이때 심운영(沈雲英)의 아버지인 심지서 장군이 전사하였다. 이때 심운영이 포위를 뚫고 아버지의 시신을 찾아오고, 도주를 사수하였다. 결국 장헌충군은 道州를 공략하지 못하였다고 한다. 葉楚傖 主編,『初級中學 國文』第1冊, p.77.
15) 북위시대 병든 아버지를 대신해서 종군하여 활약하였다. 葉楚傖 主編,『初級中學 國文』第4冊.
16) 원매(袁枚)의 동생 소문(素文)은 고 씨 아들과 복중에 혼약하였다. 장성하여 결혼적령기에 도달했을 때 고씨는 자신의 아들이 극악무뢰해서 그 혼약을 파기하고자 하였다. 그러나 소문은 이를 거부하고 결혼을 하였다. 결혼 후 남편으로부터 학대를 받는 것은 물론이고 남편의 노름 빚까지 갚아야 했다. 이를 지켜보던 원매는 참지 못하고 관가에 상소하여 여동생을 고 씨 아들과 이혼시켜 집으로 데려왔다. 이후 고 씨 아들이 죽자 소문은 슬퍼하다 1년 뒤에 죽었다. 이러한 여동생의 성품을 기리는 제문이 바로「祭妹文」이다.
17) 傅東華,『復興初級中學教科書 國文』1冊, 商務印書館, 1933; 傅東華,『復興初級中學教科書 國文』2冊, 商務印書館, 1933; 傅東華 編,『復興初級中學教科書 國文』4冊, 商務印書館, 1935; 傅東華 編,『復興初級中學教科書 國文』5冊, 商務印書館, 1935; 傅東華 編,『復興初級中學教科書 國文』6冊, 商務印書館, 1935.
18) 傅東華 編,『復興初級中學教科書 國文』5冊, p.125.
19) 졸고,『남경국민정부(1928-1937)의 국민통합과 여성』, 이화여대 미간행 박사학위 논문,

2003, pp.10-33, pp.153-164. 참조
20) 졸고,「북평시의 중학남녀분교령(1935년)실시를 통해 본 현모양처교육」『동양사학연구』72집, 2000. 참조
21) 졸고,『남경국민정부(1928-1937)의 국민통합과 여성』, pp.18-19.

1920년대 중국사상계를 지배한 엘렌 케이

천_성_림

01 머리말

중국에서 외국 여성해방 이론의 도입과 수용은 5·4운동(1919)을 전후한 십여 년 동안 일본, 유럽으로부터의 제사회과학사상의 도입과 함께 제1차 고조기를 맞이했다.

엘렌 케이(Ellen Key, 1849-1926)는 스웨덴 출신의 사상가이자 교육자로, '아이룬카이(愛倫凱)'라는 이름으로 불리며 신문화운동이 절정에 도달하고 여성해방과 개성 자유, 인격 독립까지도 상징하는 '입센주의' 내지는 '노라열'[1]이 일고 있던 1918-1919년경 처음 중국에 알려진 이래, 1920년 『부녀잡지』(1915-1931), 『신여성』(1926-1929) 등 여성을 대상으로 한 잡지와 사회 문제, 특히 가족 문제와 여성 문제를 논하는 단행본에

끊임없이 등장하며 인기를 누렸다. 당시 중국에서는, "현재 부녀 문제를 논하는 자들은 모두가 이 위대한 여성의 사상에 지배받고 있다"[2]고 할 정도였다. 이광수의 소설 『무정』에는 엘렌 케이의 이름을 알고 그녀의 전기를 읽은 것이 대단한 자랑거리인 것처럼 묘사되고 있는데, 이 소설의 주인공이 유학했던 다이쇼(大正)시대 일본에서는 "엘렌 케이를 말하는 것이 지적 패션과도 같았다"[3]고 한다. 1920년대에 케이는 한·중·일 세 나라에서 가장 영향력 있는 서양사상가 중 하나였다고 해도 과언이 아닐 것이다.

이 글에서는 1920년대 중국에서의 엘렌 케이에 대한 중국 지식인의 이해와 수용, 그리고 비판을 페미니즘의 시각에서 검토해보려고 한다. 페미니즘하면 우리는 '여권주의', '남녀평등', '여성해방운동'을 먼저 떠올리게 된다. 하지만 역사적으로 페미니즘은 여성에게는 남성과 다른 '모성'이 있음을 강조하는 '모성주의'의 입장과 성차(性差)를 강조하지 않고 인간으로서의 여성의 권리를 강조하는 입장(여권주의)을 둘러싸고 여러 차례 논전을 전개해왔다.

'모성주의'란 성차를 긍정적으로 강조하는 페미니즘의 일종이라 할 수 있다. 엘렌 케이는 페미니즘의 역사에서 모성주의의 선구자로 일컬어지는 인물이다. 따라서 그녀는 남녀평등보다는 '여성적 가치'를 더 존중하였다. 혁명과 전쟁으로 점철된 20세기 중국에서 페미니즘은 민족주의운동을 따라 발생하고 전개되었다. "천하의 흥망, 필부(匹婦)에게도 책임이 있다"고 하듯 거기에서는 남성이든 여성이든 성별(젠더)을 넘어 국가와 민족을 위해 헌신하는 국민이 이상적 국민상으로 정립되었고 여성의 고유한 가치라든가 개인의 행복 따위는 들어설 여지가 없었다. 아버지를 대신해 남장을 하고 전장에 나갔던 목란(木蘭)의 영웅적 설화는 신화화되었고 추근(秋瑾)의 예에서 볼 수 있듯 여혁명가들은 제2의, 제3의 목란을 꿈꾸고 있었다.

그러나 여성에게는 인종적 사회적 조건이 다르더라도 그 경계를 넘어서는 공통점이 있으며 여성의 이러한 공통의 경험이야말로 여성주의적 지식을 생산할 인식론적 기반이 된다. 여성의 공통의 경험 중 빼놓을 수 없는 것이 바로 '어머니가 되는 것' 이다. 줄리아 크리스테바의 말을 빌리자면 모성을 통해 여성들이 경험하는 동일화라든가 남에게 베푸는 헌신적인 열정이 빚어낸 신비로운 체험들을 경험하는 남성은 극히 드물다.[4]

중국과 일본은 이후 그 관계가 악화일로를 달리게 되지만 1920년대의 경우 문화적 접촉이 매우 긴밀하였고 특히 여성 문제의 경우 일본에서 이슈화된 주제가 거의 곧바로 중국에 영향을 줄 정도였다. 이 글에서는 당시 중국과 일본에서 주목받은 다양한 여성 문제 중에서도 그 영향이 비교적 컸던 엘렌 케이의 모성론에 초점을 맞추어 수용 시 일본의 역할, 그에 대한 중국 지식인들의 다양한 반응들을 살펴보려고 한다.

02 엘렌 케이와 모성주의

엘렌 케이는 루소의 열렬한 신봉자인 집안에서 태어나 성장하였다. 그녀 자신도 교육 철학의 면에서 루소의 영향을 많이 받았으며 그 밖에도 니체, 다윈과 스펜서, 갈튼 등으로부터 영향을 받았다고 한다.[5] 즉 니체의 초인주의로부터는 개인주의를, 다윈의 진화론과 갈튼의 우생학으로부터는 인류의 변화와 개선의 가능성을 배웠다고 한다. 어떻게 하면 개인의 행복을 추구하는 한편, 인류의 미래가 될 우수한 아동을 낳고 기르는가 하는 것이 바로 그녀의 사상의 출발점이었다.

그녀의 대표작 중 하나인 『연애와 결혼』 제6장에서 그녀는, "아이는 인간이 창조하는 예술 중에서도 가장 미묘하고 아름다운 (……) 유일한 창작품"이라고 하면서 부모의 열렬한 사랑의 작품인 아이는 특히 어머니의 사랑과 교육을 받으면서 성장해야 한다고 한다. 그녀의 모성주의도 아동에 대한 관심에서 전개된 것이었다고 생각된다. 『아동의 세기』, 『연애와 결혼』[6] 등 그녀의 대표적인 저술과 논문을 통해 볼 때 그녀의 사상은 다음과 같이 요약될 수 있다.

첫째, 자녀 양육에서의 어머니의 역할을 강조했으며 아동의 권리와 아동중심주의 교육을 주창하였고, 둘째, 연애를 중시하였다. 그녀의 소위 연애란 정신과 육체가 결합한 '영육일치(靈肉一致)의 사랑'으로서, 그것은 권리와 의무, 강박과 점유가 존재하지 않는, 독립된 인격을 갖는 자유로운 남녀의 정신적 육체적 관계를 추구하는 것이었다. 따라서 사랑이 식으면 언제든 결별해야 했다. 셋째, 여성의 노동을 반대하였다. 여성의 노동에 대한 반대는 그녀의 반근대주의와 반자본주의 사상과 결합해 있었다. 그러나 무조건 여성의 노동을 반대한 것은 아니고 모성의 직무를 다하기 위해, 어머니가 되려는 자는 특수한 교육을 받아야 하며 어머니가 된 뒤에는 최소한 아이가 성장할 때까지 가정 밖에서의 노동을 피해야 한다. 넷째, 남녀의 '평등'보다는 '차이'를 강조하였으며 여성성을 찬미한 것이다. 그녀는 여성의 사회에서의 기능은 남성과는 다른 '여성성' 특히 모성에서 유래하는 여성의 우수성을 간직함으로써 더 잘 발휘될 수 있다고 주장했다. 따라서 당시 여성운동의 '남성화'에 반대하였다. 그녀는 당시의 여권운동이 남성과 동등한 권리의 획득에만 혈안이 되어 모성 등 여성의 고유한 가치, 연애 등 감정을 완전히 무시하고 있다고 생각하였다. 다섯째, 모성보호론이다. 우수한 아동을 낳고 교육한다면 그녀는 국가 사회에 대해 정치가나 직업 여성으로 성공한 여성보다도 훨씬 값진 일을 한 것이므로 국가는 자녀 양육을 위해 사회 활동을 포기한 어머니 혹은 어머니가 되려고 준비하는 여성들에게 연금을 지급하는 등 그 '대가'를 지불해야 한다는 것이다. 엘렌 케이는 여성은 어머니가 됨으로써 한 개인이 아닌 국민의 어머니가 되는 것이며 따라서 모성은 여성의 개인적 문제가 아니라 국가 사회의 문제이며 그 보호는 국가 사회의 진보를 결정한다고 생각했다. 그 밖에도 그녀는 어머니의 거부, 즉 독신을 반대하고 아동 공육 즉 육아의 사회화를 비판했다. 여성의 가정 외 노동에 대해서 대체로 소극적인 자세를 보였지만 여성 노동자에 대해서는 하루 8시간 노동제, 야간 노동의 금지, 건강에 유해한 특정의 공장 노동의 금지 등을 보장할 것을 호소하였다.

이처럼 엘렌 케이 사상의 2대 지주로 일컬어지고 있는 모성주의와 영육일치의 연애관은 상호 밀접한 관련을 갖고 있었다. 그녀의 모성주의는 독일에서 대환영을 받아 1905년, 모성보호동맹 결성에 직접적 영향을 주었지만 정치·경제·교육 등 영역에서의 남녀평등을 주창하는 영미권의 페미니스트들에 의해서는 그녀의 연애관만이 급진적 성도덕으로 주목받았을 뿐 모성론은 높은 평가를 받지 못하였다. 오히려 다이쇼기 일본에서 히라츠카 라이초(平塚雷鳥), 혼마 히사오(本間久雄)—전자는 케이의 모성주의에 후자는 연애론에 열광했다—등 엘렌 케이의 열광적인 숭배자가 등장하여 논전을 펼침으로써 가장 영향력 있는 외국 사상가의 한 사람이 되었고 이러한 경향은 그대로 중국에 전파되었다.

03 중국에서의 엘렌 케이

일본에서 모성보호논쟁[7]이 절정이 도달하였던 1918-1919년, 나가륜(羅家倫), 장숭년(張崧年=張申府) 등 당시 북경대학 학생과 교수들에 의해 엘렌 케이의 이름이 중국에 알려지긴 했지만 본격적인 소개는 1920년 이후부터였다.

중국에서 엘렌 케이를 최초로 그리고 가장 충실하게 소개한 사람은 심안빙(沈雁冰)으로 1927년 이후 '모순(茅盾)'이라는 필명을 썼다. 그는 1920년 2월에 출판된『부녀잡지』6권 2호에「유럽 부녀의 결합(歐洲婦女的結合)」을 발표, 캐서린 앤서니(Katherine Anthony) 저, *Feminism in Germany and Scandinavia*(1915)의 제1장을 초역하여 실었다. 여기에서 그는, 엘렌 케이가 독일과 스칸디나비아 지역에서의 모성보호운동에 큰 자극을 주었다고 평가하였다. 6월에는 또 '사진(四珍)'이라는 필명으로 케이의 *Love and Marriage*를「애정과 결혼」이라는 제목으로 초역하여 같은 잡지에 올렸다. *Love and Marriage* 는 이후에도『부녀잡지』를 통해 여러 차례 초역되고 해설될 정도로 폭발적인 관심을 끌게 된다.[8] 그는 또「엘렌 케이의 모성론(愛倫凱的母性論)」이라는 논문을『동방잡지(東方雜誌)』17권 17호(1920년 9월)에 발표한다. 심안빙은 여기에서 케이를 "근대 부녀운동 중 정상의 인물"로 위치 지우고 "근대 페미니즘은 비록 메리 월스톤크래프트(Mary Wollstonecraft)의『여권 옹호서』에 연원하지만 케이 여사의 경우 유심 철학에서 출발, 이타와 이기의 조화를 도모하려고 한 "순수한 의미의 여자주의자(페미니스트)"로 극찬하고 나아가 "(케이는) 대담하게 현재 부녀운동의 천박함을 꾸짖고 현재 최대의 문제는

■ 중국 최초로 엘렌 케이를 소개한 모순(1896-1981)

민족 진화의 관건인 모성이라 주장했다"고 하여 케이를 참된 페미니즘을 위한 성찰자이자 모성주의자라고 위치지웠다. 심안빙은 중국에서 최초로 '모성'이라는 단어를 사용하였는데 "(케이) 여사의 모성(Motherliness)의 존중과 모직(母職, Motherhood)에 대한 제창은 현대 부녀운동 중 가장 찬란한 부분"이라고 하듯 그는 '모성'과 '모직'을 구분하여 사용하고 있다. 전자는 '모성애', 후자는 '어머니의 직무'에 가깝다. '모성'이라는 단어가 보편적으로 사용되는 1930년대가 되면 모성은 모성애와 모직을 포괄하는 개념으로 사용되게 된다. 심안빙은 케이와 마찬가지로 아이는 '영혼의 교육자'인 어머니가 직접 키워야 한다고 하여 아동 공육(육아의 사회화)에 반대하였다.

그런데 엘렌 케이의 대표작 『생명선(生命線)』의 제1부인 「연애와 결혼」이 문예비평가인 혼마 히사오에 의해 1920년 일본에서 번역 출판되었다.[9] 이 책에 대한 역자의 해설 ―이는 케이의 책에 서문을 써주었던 엘리스가 서문의 끝부분에서 한 말이다― 즉 "한편에서는 종족의 개선에 대한 요구(우생학)와 다른 한편에서는 연애를 통한 행복이라고 하는 개인적 요구(연애) 사이의, 적당한 평형 조화를 발견할 수 있다"고 하는 말은 중국의 지식인들을 매료시키면서 한동안 그녀의 모성주의는 잊혀지고 1925년경까지는 케이의 연애 자유론에 이목이 집중되게 된다. 케이는 이 책에서 비록 합법적인 결혼이라고 해도 거기에 연애가 없다면 부도덕하고, 법적으로 인정받지 못한 결혼이라고 해도 연애가 있다면 도덕적이라고 했으며 연애는 언제든 끝날 수 있으므로 이혼도 자유로와야 한다고 주장했다. 이러한 케이의 주장은 중국과 일본에서 '신성도덕(新性道德)'으로 칭해지면서 뜨거운 논쟁을 양산하기도 했다.[10]

케이의 성도덕에 특히 관심을 보인 것은 슬로(瑟盧) 및 1921년부터

1925년까지 『부녀잡지』 주편을 맡았던 장석침(章錫琛), 그리고 주건인(周建人)이었다. 장석침은 1924년, 혼마의 『부녀 문제 십강(婦女問題十講)』을 번역하는데 그 제2장 「새로운 성도덕」은 특히 엘렌 케이의 연애론과 자유 이혼론을 다루고 있다. 엘렌 케이의 가장 열렬한 팬이었던 슬로는 장석침에 앞서 이미 1920년에 혼마의 「성도덕의 새로운 경향」을 역술한 바 있으며 그 밖에도 「근대 사상가의 성욕관과 연애관」, 「엘렌 케이 여사와 그 사상」, 「엘렌 케이 여사의 아동의 부모 선택권」 등을 써서 케이의 사상과 생애를 상세히 소개하였다. 그는 케이가 "지난 100여년간 부녀 문제에 대한 연구에서 가장 진보적이고 가장 철저했다"[11]고 극찬하였다. 당시 중국에서 케이는 입센과 자주 비교되곤 했는데 슬로는 여성 문제에 관한 한 케이가 훨씬 더 철저하다고 보았다.[12] 특히, "어떠한 결혼이든 연애가 있어야만 도덕이 될 수 있다. 만일 연애가 없다면 가령 법률상의 결혼 수속을 거쳤다 해도 부도덕하다"는 케이의 말은 바로 '결혼 도덕에 관한 윤리법전'이라고까지 했다.[13]

반광단(潘光旦)과 함께 당시 중국의 대표적인 우생학자였던 주건인은 1922년, 『동방잡지』(19-7)에 「산아제한 개설」을 써 "산아제한은 진화의 원리에 부합한다"고 하며 생어*의 산아제한론에 찬성한 바 있는데 『부녀잡지』에도 「연애결혼과 장래의 인종 문제」(8-3, 1922) 및 「연애 선택과 우생학」(11-4, 1925) 등을 발표, "연애결혼은 우생학에 부합한다", "생어의 산아제한론이 종족의 건강을 보호하기 위한 것이라면 케이의 연애자유론은 종족의 진보를 위한 것"이라고 하며 우생학적 입장에서 연애

---

* 미국의 유명한 산아제한운동의 기수 마거릿 생어(Margaret Sanger) 여사를 말한다. 그녀는 1922년에 중국을 다녀갔는데 이를 계기로 중국에서는 '생육절제(生育節制)' 즉 산아제한을 둘러싸고 열띤 토론이 이루어진다. 서구의 다양한 피임법이 중국에 소개된 것도 이때였다.

자유에 적극 찬성하였다. 당시 중국에서 우생학은 '선종학(善種學)', 즉 '인종 개량'의 의미로서 받아들여지고 있었다. 그들은 우생학이야말로 낙후된 중국을 가장 빠른 시일 안에 강자의 대열에 끼게 할 수 있는 수단이라 여긴 것이다.

이처럼 엘렌 케이의 소개와 함께 연애 자유론이 범람하면서 그에 대한 비판도 등장하였다. 예컨대 왕평릉(王平陵)은 1922년 9, 10월 『부녀잡지』 통신란을 통해 이 잡지에서의 엘렌 케이의 소개가 지나치게 연애 문제만을 다루고 있으며 기타 다른 여성 문제들을 소홀히 하고 있다고 지적하였다. 이러한 지적에도 불구하고 1925년까지 『부녀잡지』는 계속해서 엘렌 케이와 연애 자유론을 다룬 글을 실었다. 케이에 대한 중국 지식인의 관심은 왜 그녀가 독신으로 살았는지에 대해서도 토론하게 만들었으며[14] 또 그녀가 사망하자(1926) 한 여성은 케이의 사상과 만년의 생활에 관한 글을 발표, 애도의 뜻을 표하기도 했다.[15] 그러나 1926년부터 장석침이 주편을 그만두고 심안빙도 상해를 떠나면서 이후 『부녀잡지』에는 엘렌 케이에 관한 문장이 점점 눈에 띄게 줄어들었다.

중국에서 여성 노동자 문제가 본격적으로 등장하는 1920년대 중반 이후 엘렌 케이는 연애 자유론자로서보다는 모성주의자로서 또다시 주목 받게 된다. 엘렌 케이가 모성에 관심을 갖게 된 계기가 자녀에 대해 '영혼의 교육자'가 되어야 할 여성들이 가정 밖의 공장에서 노동을 함에 따라 모성 파괴가 급속도로 진행할 것을 우려해서였듯이 중국에서도 모성 문제는 여성의 직업 확대에 따라 대두하였다. 1928년에 출판된 한 연구서의 말을 빌리자면, "중국에서 부녀 문제가 진짜 '문제'로 떠오른 것은 5·4 이후의 일이며 그 원인은 공업의 발전에 따라 가정 부녀가 공장으로 들어가 일하게 되었기 때문"[16]이었다.

장석침, 주건인 등이 『부녀잡지』를 떠난 직후 창간(1926)하였던 『신여성』에서는 여성 노동자 문제를 본격적으로 다루고 그와 관련한 깊이 있는 토론을 전개하였다. 엘렌 케이의 모성주의가 관심의 대상이 되었음은 물론이다. 이때 그녀의 모성주의는 갈튼이나 그의 영향을 받은 피어슨 등 우생학자들의 관점에 의해 뒷받침되고 있었다. "만일 부녀가 아이를 생산할 시기에 무제한으로 남자와 경쟁을 한다면 그리하여 신체적으로 긴장을 한다면 그 종족은 반드시 퇴화할 것"이라고 한 칼 피어슨(Karl Pearson)의 논문 「부녀와 노동」이 이미 『부녀잡지』에 소개된 적이 있었는데[17] 이에 따라 여성의 노동은 모성 기능을 해치게 되어 종족의 진보에 악영향을 미칠 것이라고 하는 위기감도 발생, 모성 및 모성보호에 대한 관심이 대두하기 시작한 것이다. 주건인은 케이 등의 모성론을 다양하게 소개한 뒤 중국에서도 분만 전후 여공의 유급 휴가를 줄 것을 제안했다.[18] 종환엽(鍾煥鄴)도 대전 이후 유럽에서는 모성보호운동이 발생했다고 하면서 중국에서의 모성보호법의 필요성을 환기하였다.[19]

번중운(樊仲雲)의 경우 1926년 케이의 사망 소식을 듣고 그녀의 사상을 나름대로 정리하였는데 그는 "엘렌 케이의 사상 중 가장 중요한 것이 모성론"이라고 보았다. 그는 케이의 여성론은 비록 여권론의 입장을 벗어난 것이긴 하지만 여성의 남성화와 같은 당시 여권운동의 폐단을 비판하는 등 "기계 시대의 도래에 따라 새로이 발생한 페미니즘"의 한 흐름으로 파악하였다.[20]

고희성(高希聖) 또한, 번중운과 마찬가지로 케이를 모성옹호론자로 위치지우고 모성주의는 슈라이너, 길만 등의 부녀직업론자(경제독립론자)와 마찬가지로 산업혁명의 산물이라고 보았다. 그러나 "케이의 이론은 일반의 피상적 자산계급여권론—부녀가 법률상 형식적 평등을 얻고 혹은 부녀가 산업노동에 참가해 궁극적 승리를 획득하는 것—에 대한 비평으로 제출된, 상당한 견지를 갖는 이론"[21]이라고 하여 산업혁명을 비판한 케이의 이론을 더 높게 평가했다.

그러나 케이의 모성주의에 대해서는 실망하는 자들도 많았고 특히 사회주의여성해방론의 전파에 따라, 유물사관에 입각한 비판이 이루어지기도 했다. 당시 케이의 모성주의에 대한 비판을 정리해보면, 그녀가 비록 자본주의의 폐단은 지적했는지 모르지만 해결 방법이 근본적이지 못하고 불철저한 사회정책에 불과하다는 점, 따라서 비현실적이라는 것, 남성 노동자를 간과했다는 점, 세계관이 너무 개인주의적이라는 것 특히 여성의 직업이나 공적 영역에서의 활동을 제한하고 가정에서의 모성의 역할을 강조하는 것이 신 '현모양처주의'가 될 수 있다는 점 등이었다.[22]

케이의 모성론에 대해 "상당한 견지를 갖는 이론"이라고 평가했던 고희성도 "모성을 중시하는 한편에서 노동자에게 과도한 노동의 유해성을 말하는 것은 석가의 설법과 같은 것이며 (……) (케이는) 생활의 유지를 위해 반드시 노동을 해야 하는 대다수 무산계급 여성의 현실을 무시하였다"고 하여 케이의 모성론이 계급적 견지에 입각하지 않았으며 현실에 대한 안이한 의식으로 일관하고 있다고 비판하였다.[23]

1930년대 초 역가월(易家鉞)은 유물사관의 입장에서 케이를 가장 철저히 비판하는데 그에 따르면 케이의 모성주의는 신 '현모양처'라고도 할 수 없는, '얼굴만 바꾼 현모양처주의'에 불과하다는 것이다. 역가월이 케이에 비판적이었던 것은 여성해방을 위해서는 반드시 직업 생활이 필요하다고 생각했기 때문이었다.[24] 그럼에도 불구하고 역가월은 케이가 자본주의를 반대하고 부녀와 아동 보호를 제기한 점에서는 오히려 기존의 여권주의보다 낫다고 하는 등 모권주의가 갖는 역사적 의의를 어느 정도 인정하였다. 이러한 케이에 대한 애증병존의 자세는 당시 많은 지식인들에게 공통적으로 보이고 있는데 이는 당시 그들이 여성의 노동(직업)과 모성 사이에서 상당히 갈등했기 때문일 것이다. 그것은 '차이'인가 '평등'인가라고 하는 현재까지 계속되고 있는 페미니즘의 영원한 '문제'이기도 하다. 심안빙, 나가륜, 심택민(沈澤民), 주건인, 역가월 등 케이에게 관심을 가졌던 대부분의 지식인들은 5·4신문화운동의 세례를 받아 개인의 자유와 해방을 추구하는 한편 중국공산당 성립(1921) 이후에는 공산주의자가 된 사람들이다.[25] 모성—특히 태교와 모교(母教)—은 중요하지만 여성이 '분리자(分利者)', 즉 좌식자(坐食者)가 되어서는 안 된다고 하는 것은 청 말(淸末)의 양계초(梁啓超) 이래 중국의 남성들을 지배한 사고방식이다. 5·4 시기의 많은 남녀 지식인들은 여기에서 한 걸음 더 나아가 사회주의만이 부녀의 경제 독립과 인격 독립 문제를 해결해줄 수 있으며 경제적 독립이야말로 여성해방의 전제라고 하는 사회주의 여성해방론의 원칙에 깊이 감염되어 있었다. 그러나 한편에서 여성의 노동이 가져 온 문제점, 특히 유산, 조산, 발육 부진 등 출산, 양육과 관련한 문제들을 간과할 수는 없었다. 그것은 미래의 종족과 관련된 문제이기 때문이다. "그러므로 앞으로 여자의 직업과 노동 문제는 모성과 직업 중 어느 것이 중요한 가가 문제가 아니라 모성과 직업을 어떻게 조화시키는가가 문제"라고 하듯[26] 양자는 어떻게든 조화의 길을 찾아야 했다. 엘렌 케이의 모성주의를 비판하는 한편 그녀의 반자본주의사상과 모성보호론에 대해서는 우호적이었던 그들의 복잡한 태도 또한 여기에 기인한 것이다.

04 맺음말

중국에서도 모성 문제는 여성의 직업 확대에 따라 대두하였다. 일본을 통해 수입된 사상이기는 하지만 여성의 직업이 눈에 띄게 증가하고 있던 1920년대에 엘렌 케이가 수용된 것은 결코 우연이 아닌 것이다. 그녀는 5·4신문화운동의 개인주의·자유주의의 여파가 가라앉지 않았던 1920년대 초에는 연애자유론자로서, 여성 노동자 문제가 부각되는 1920년대 중반부터는 모성주의자로서 계속해서 주목받았다.

그러나 『신여성』과 『부녀잡지』가 정간된 1930년대 이후 중국에서 '엘렌 케이열'은 차갑게 식어갔다. 1930년대의 잡지나 신문에서도 가끔씩 그녀는 언급되지만 이때는 아동 공육을 반대하는 자들이 자신의 논거를 위해 케이를 끌어들이는 경우가 대부분이었다.[27]

선거권 획득 등 남성과 동등한 권리의 쟁취에만 치중하여 여성의 고유한 가치를 상실한 여권운동을 비판하며 등장한 것으로 해석된 그녀의 모권운동은 이제 새로운 것이 아닌 오히려 여성들을 억압하고 사회 활동을 방해하는 사상으로 낙인찍히게 된다.

신생활운동의 개시(1934)와 함께 남녀 간의 성역할 분리는 더욱 강화되었고 현모양처가 이상적인 여성상으로 부각되어 사회 전반에 '부녀회가(婦女回家)', 즉 "여성들이여 집으로 돌아가라"는 소리가 높아 갔다.[28] 경제공황으로 인해 남성 실업자가 급증하자 여성의 직장은 공적 조치에 의해 남성으로 대체되기도 했다. 이런 가운데 임어당(林語堂)이나 반광단 같은 남성들은 모성의 위대함을 찬양하였고[29] 엘렌 케이의 사상은

자신의 뜻과 무관하게 중국에서 현모양처교육의 이론이 되어 갔다.[30]

일부 남성 관료나 지식인들이 모성이 찬미할수록 고등교육을 받은 여성들은 '모성의 신화'를 반박했다. 유미군(柳眉君)은, "반광단 교수는 걸핏하면 '모성'과 '부운(婦運)'을 대립시켜 부녀운동을 하는 여자는 모성이 없다고 비판하지만 모성은 사람에 따라 다르다. 시계바늘을 거꾸로 돌리려는 반 교수는 할머니의 무덤 앞에서 현처니 양모니 하고 곡을 하라"[31]고 비난했다. 동시에 "현처양모란 우리를 압박하는 구호이다. 동시에 남자들이 그들 자신의 이익에 서서 최후의 목적을 달성하려는 유일한 무기"[32]라고 하는 등 '현모양처'가 띠고 있는 남성중심주의를 비판하는 글들이 이어졌다. 앞에서 보았듯이 역가월 등 남성 지식인들도 1930년대가 되면 모성의 강조가 보수파의 현모양처주의에 이용될 것을 우려하곤 했다.

요컨대 남경정부 수립 이후 모성이 유난히 찬미되고 남녀 간의 전통적 성역할 분담이 강화되는 가운데 한때 순수한 여자주의자, 모권주의자로 인기를 끌었던 케이는 지식인들로부터 서서히 외면당해갔다. 그녀는 베벨, 콜론타이와 같은 사회주의 여성해방론자에게 자리를 넘겨주게 된다.[33]

그럼에도 불구하고 그녀가 남긴 유산은 작지 않다. 첫째, 그녀의 모성론은 일부 중국 여성들에게 어머니가 되는 것에 대해 자부심을 갖게 히였다. 앞에서 보았듯이 그녀의 모성주의는 중국의 여성들로부터 많은 비판을 받은 것도 사실이지만 그녀의 모성주의를 알고부터 어머니가 되는 것이 얼마나 값진 것인가를 깨달았다고 하는 여성도 적지 않았다.[34] 다소 극적인 표현이기는 하지만 그녀는 "모성을 지옥에서 천국으로 끌어올렸"[35]던 것이다.

둘째, 본론에서 언급했듯이 모성보호 특히 임신 출산 및 양육기만큼은 국가 사회가 어머니의 모성을 완전히 보호해야 한다고 하는 케이의 주장은 독일, 일본에서와 마찬가지로 중국에서도 모성보호운동의 사상적 배경이 되었다. '국민혁명의 시대'였던 1920년대 중반 이후 중국에서도 여공의 모성보호 입법에 대한 요구가 끊임없이 제기되었고 남경국민정부는 1931년, 공장법을 통해 모성보호조례를 공포하게 된다. 물론 그것이 제대로 시행되었는지의 문제는 논외로 해야겠지만.

■주 석

1) 중국에서 노라의 이름이 널리 알려지게 된 것은 1918년 6월 『新靑年』 제4권 6호의 입센특집호 이후이다. 이 號에서 『인형의 집』은 「娜拉」이라는 제목으로 羅家倫과 胡適에 의해 번역, 발표되었다.
2) 吳覺農, 「愛倫凱的自由離婚論」, 『婦女雜誌』 8-4, 1922.
3) 張競, 『近代中國と'戀愛'の發見: 西洋の衝擊と日中文學交流』, 東京: 岩波書店, 1995, p.234.
4) 거다 러너 지음, 김인성 옮김, 『역사 속의 페미니스트(The Creation of Feminist Consciousness)』, 평민사, 1993, p.162 및 기획 대담 "여성성이란 무엇인가: 줄리아 크리스테바", 『중앙일보』 2000.9.22 참조. 크리스테바의 여성관에 대해서는 카트린 클레망·줄리아 크리스테바 대담, 임미경 옮김, 『여성과 성스러움』, 서울: 문학동네(2002) 참조.
5) 『아동의 세기(The Century of the Child)』(1900) 영역본(null, 연대미상), 제1장 '아동의 부모 선택권'(The Right of the Child to Choose his Parents) 참조.
6) 앞의 주 참조. 『연애와 결혼』은 영어판 Love and Marriage, New York: G.P.Putnam's Sons, 1911 및 일어판 原田實 譯, 『戀愛と結婚』, 東京: 天佑社, 1921. 참조.
7) 일본에서의 모성보호 논쟁은 與謝野晶子라는 여성이 「母性偏重を排す」(『太陽』1916년 2월호)를 써, 당시 일본에 소개된 엘렌 케이의 모성 중심설을 비판하면서 시작되었다. 엘렌 케이의 책을 번역할 정도로 케이의 열렬한 팬이었던 平塚雷鳥가 與謝野晶子의 글을 반박하면서 논쟁은 확대되었고 그 과정에서 여성의 경제적 자립과 모성보호를 둘러싼 다양한 문제들이 토론되었다. '모성'이라는 단어도 케이가 사용한 스웨덴어 moderskap(영어의 motherhood, maternity, 독일어의 mutterlichkeit)의 번역어로서 처음 등장한 것이라고 한다. 중국에서의 '모성' 개념의 수용에 대해서는 졸고, 「1920·30年代 中國知識人의 '母性' 談論과 '母性保護' 認識」, 『중국사연구』 24집, 2003-6 참조.
8) 대표적인 것으로 吳覺農, 「愛倫凱的自由離婚論」, 『婦女雜誌』 8-4(1922), 董香白, 『婦人道

德』(瑞典 愛倫凱 著), 『婦女雜誌』8-7, 8-8(1922), 沈澤民, 「愛倫凱的『戀愛與道德』」, 『婦女雜誌』11-1(1925) 등이 있다. 沈澤民은 沈雁冰의 동생이다.

9) 이 책은 같은 해 原田實에 의해 번역되기도 했다. 그러나 중국인들은 주로 이 本間久雄의 번역에 의거하여 케이를 이해하게 된다.

10) 『婦女雜誌』는 11권1호(1925년1월)를 '新性道德' 특집호로 냈다.

11) 瑟盧, 「愛倫凱女士與其思想」 『婦女雜誌』7-2(1921.2)

12) 「近代思想家的性慾觀與戀愛觀」, 『婦女雜誌』6-10(1920.10)

13) 「愛倫凱女士與其思想」, 『婦女雜誌』7-2(1921.2)

14) 幻彤, 「唱母性尊重論的愛倫凱女士爲什麼獨身」(原田實 저), 『婦女雜誌』9-10, 1923. 역술자는 케이가 독신을 견지한 것은 원저자(原田實)의 말처럼 그녀가 연애 실패 후 연애의 대상을 찾지 못한 것도 있지만 그보다는 "지식생산에 종사하는 부인은 결혼을 피해야 한다"고 하는 케이 자신의 신념에 따른 '선택'이라고 하면서 칭찬하였다.

15) 琴如女士, 「愛倫凱的思想及其晩年」, 『婦女雜誌』12-9(1926.9)

16) 文砥 編著, 『婦女問題的硏究』 上海: 太平洋書店. 1928(中國國民黨中央黨部審査 社會問題叢書), p.3.

17) 克士, 「婦女職業和母性」 『婦女雜誌』10-6(1924.6) 克士는 周建人의 필명이다.

18) 克士, 앞 글, p.871.

19) 鍾煥鄰, 「中國社會的母性保護」, 『婦女雜誌』12-6(1926.6), p.10.

20) 仲雲, 「最近逝世的愛倫凱」, 『新女性』1-7, 1926.

21) 高希聖, 「現代婦女論」, 『新女性』4-4, (1929.4)

22) 엘렌 케이의 모성론에 대한 논의와 그 비판에 대해서는 克士, 「婦女職業和母性」 『婦女雜誌』10-6, 沈澤民, 「愛倫凱的『戀愛與道德』」, 『婦女雜誌』11-1, 鍾煥鄰, 「中國社會的母性保護」, 『婦女雜誌』12-6, 李君毅, 「從愛倫凱到柯倫泰」, 『婦女雜誌』17-7 등 참조. 李君毅는 콜론타이에 비해 케이의 사상은 지나치게 공상적, 비현실적이며 시대착오적이라고 가장 날카롭게 비판했다.

23) 高希聖, 앞 글, p.453.

24) 易家鉞, 『婦女職業問題』 上海: 泰東圖書局, 1936(초판은 1932), p.40.

25) 羅家倫의 경우 결국 국민당을 선택하지만 국공 결렬 이전 그의 입장은 오히려 사회주의에 가깝다고 생각된다. 羅家倫 등의 인생행적에 대해서는 李盛平 主編, 『中國近現代人名大辭典』, 北京: 中國國際廣播出版社, 1989 참조.

26) 夏敦, 「婦女職業與勞動問題」, 『新女性』4-2(1929)

27) 師石君, 「再談托兒所與公育」, 『婦女園地』(『申報』副刊) 1934.6.2 참조. 탁아소를 반대하는 師石君과 찬성하는 沈玆九는 1934년 5,6월 동안 『婦女園地』를 통해 아동공육을 둘러싸고 여러 차례 논전하였다. 그 밖에 兪荻. 「從兒童公育到婦女解放」, 『女聲』2권 12기 (1933)에도 아동 공육 반대자로 케이를 들고 찬성자로 콜론타이를 들고 있다.
28) '부녀회가' 논쟁에 대해서는 지현숙, 「1930년대 중국의 부녀회가논쟁과 남경정부」, 『역사교육』88. 2003 참조.
29) 潘光旦은 "민족의 장래를 위해서는 반드시 모유를 먹여야 하며 아이는 엄마가 6세 전까지 직접 키워야 한다" "가정의 최대 효용은 자녀의 양육"이라고 했으며(潘光旦, 「關於子女者」,『中國之家庭問題』, 上海: 新月書店, 1928. p.252, p.269) 林語堂은 전 세계적으로 번역된 『중국, 중국인』에서 "여성의 모든 권리 가운데 가장 위대한 것은 어머니가 되는 것"이라고 했다.
30) 朱秉國, 「我國女子教育過去未來之觀察」 續(『婦女共鳴』34기, 1930.8.15) 필자는 케이가 주장한 세 가지 모성교육과정 즉 국가경제학과 위생학, 심리학 및 아동교육학 그리고 생리학과 인류개량학을 중국의 여자교육에 참고할 것을 주장했다.
31) 柳眉君, 「糾正潘光旦『再提婦運前途』中之謬論」 女聲 1-10, 1931.
32) 炯女士, 「賢妻良母」, 『申報』 1934. 2.21.
33) 케이와 콜론타이를 비교하면서 콜론타이 혹은 길만의 여성론에 찬동한 글이 많아지는데 전술한 李君毅의 「從愛倫凱到柯倫泰」및 紫, 「愛倫凱與柯倫泰」, 『婦女園地』(『申報』 副刊) 1934년2월18일, 25일 참조.
34) 『婦女共鳴』 1929년 제6기 '모친론특집' 참조.
35) 天矞, 「婦女與家事」, 『新女性』3-2, 1928, p.126.

4장 혁명과 여성 사이에서

정령, 혁명 속 신여성의 고뇌 _ 윤혜영

세기의 자매, 송경령과 송미령 _ 이양자

중국 여성혁명가의 초상, 등영초 _ 전동현

민중교육의 보모, 유경당 _ 최은진

[정령, 혁명 속 신여성[1]의 고뇌]

윤_혜_영

01 정령, 어떻게 볼 것인가

정령(丁玲, 1904-1986)은 1904년 서태후의 청조가 마지막 안간힘으로 신정개혁을 선포한 지 몇 년 되지 않은 때 호남성에서 태어났다. 그리고 개혁개방이 속도를 내기 시작한 1986년 북경에서 세상을 떴다. 호남성은 모택동을 비롯한 몇몇 혁명가의 고향으로 유명해진 외엔 그 시기 중국에선 내륙에 위치한 후진적인 지역이었다. 내륙에 위치한 농업 중심 지역이 대개 그러하듯 전통이라든가 인습이 강하게 옥죄는 지역이었다. 여기서 태어난 그가 생을 북경에서 마감했다는 것은 성공의 사다리를 순조롭게 올라탔음을 보여준다.

그가 태어난 시점 또한 예사롭지 않았다. 청조의 신정기는 20세기 내

내 중국인들의 관심사였던 근대화가 막 시작된 시점이었다. 그가 세상을 뜬 개혁개방기 역시 신정 이래 중국인들의 열망이었던 근대화를 사회주의 시장경제란 이름으로 추진해가던 시기였다. 그는 이렇게 중요한 분기점들을 생몰년대로 갖고 있다. 게다가 그의 평생 동안 중국에서는 개혁 추진 주체의 형성을 둘러싸고 공화혁명, 국민혁명, 사회주의 혁명의 순서로 세 차례에 걸친 혁명이 일어났다. 이렇게 급격하게 변해 가는 역사 속에서 생존해간 그의 삶은 격동기 중국의 굴곡 못지않게 곡절이 많았다.

1920년대 후반에 20대 초반의 젊은 나이로 문단에 등단해 일약 주목받는 여류작가로 떠오른 뒤 그는 평생 작가로서의 삶을 살았다. 다른 시간과 공간에서 살아갔다면 시종 여성 문제 내지는 여권 문제에 대해 날카로운 메스를 들이대는 작업을 충실하게 해왔을지도 모른다. 그러나 국민, 공산 양당이 첨예하게 대립하고 있던 상황에서 좌파적 성향을 일찌감치 드러낸 그의 삶은 평탄할 수가 없었다. 좌익작가연맹(좌련)에서 활동하던 중 1930년대에 국민당에 의해 체포되었다가 3년여간(1933. 5-1936. 9)의 연금 상태에서 극적으로 탈출해 소비에트 지역으로 잠입하는 아슬아슬한 삶이 시작되었기 때문이다.

항일전과 내전기를 소비에트의 전사로 보내고 신중국 건국을 승자의 편에서 환호했지만 신중국 건국 후의 삶은 더욱 신산할 따름이었다. 건국 초에 도지개혁을 소재로 한 장편소설(『태양은 상건하를 비춘다』)로 스탈린 문학상 2등상을 받는 등 국제적 주목을 받는 문인이 되었지만 1950년대 중반에는 호풍(胡風)*에 뒤이어 반당(反黨)집단의 우두머리로 지목되었다 문화대혁명(문혁)기에는 이루 말할 수 없는 고초를 겪었고, 4인방이 밀려난 뒤 말년의 얼마간을 복권된 상황에서 자유롭게 보내다가 세상을 떴다. 그 자신은 평생을 당과 인민을 위해 복무한 충실한 전사였다고 자임하고 싶어 했지만 문혁기 당과 '조반' 파 인민은 그를 믿지 않았다. 호남성이라는 보수적이고 가부장적인 색채가 강한 지역에서 시대와 인습에 저항하면서 자랐고, 5·4의 반역아로서 5·4의 후폭풍기에 작품 활동을 시작한 그가 '조반' 파 젊은이들에게 반동으로 몰린 것은 역사의 아이러니라 할 수밖에 없다.

그동안 정령에 대해서는 중국 문학 연구자들이 주로 작품 분석 중심으로 연구를 해왔다.[2] 필자는 역사학자의 시각에서 그동안 정령의 활동과 작품을 초기와 중기 이후로 나누어 분석해본 바 있다.[3] 초기의 작품 속에서 여성의 정체성 탐색에 골몰하던 그가 중기 이후에는 스스로 혁명전사를 자임하면서 여권 문제를 혁명이라는 대의에 종속시킬 수밖에 없었던 내외의 상황을 점검해본 것이다. 이 글에서는 이상의 연구성과를 토대 삼아 여권주의자로 성장할 소지가 다분했던 정령이 20세기 중국이라는 시대적 공간적 상황에서 자신을 굴신(屈伸)해가는 과정과 그 까닭을 20세기 중국 '신여성의 고뇌'라는 측면에서 생각해보려 한다. 그것은 곧 여성으로서의 자의식이 극히 강했던 한 여성의 삶이 대외 위기, 민족, 역사와 같은 거대한 조류에 의해 어떻게 변형될 수 있는가 하는 점을 추적하는 작업이 될 것이다.

---

* 호풍은 원래 이름이 장광인(張光人)인 호북성 출신 시인, 문예평론가이다. 일본 유학 시절 항일문화단체를 조직했다 일본에서 쫓겨나고 좌익작가연맹에서 노신과 함께 활동했다. 중국공산당을 지지하여 항일전을 고취하는 문학활동을 하고 신중국에 기꺼이 합류했다가 반혁명 우두머리로 몰렸다. 傅國涌, 「1949年: 中國知識分子的私人記錄」, 長江文藝出版社, 2005, pp.213~236.

■정령(丁玲,1904-1986)

02 인습과의 싸움과 대가정에서의 탈출

정령(원명 장빙지(蔣氷之))이 태어난 호남성 임풍(臨灃)현의 장(蔣) 씨 가문은 대지주, 관료 가문으로 200여 간의 저택을 보유한 명문 집안이었다.[4] 아버지는 일본 유학까지 한 개명한 지식인이었고 상덕(常德)현에서 출가해온 어머니 여만정(余曼貞)도 명문출신 규수로 고전적인 지식 여성이었다. 그러나 그의 집안은 그가 태어날 즈음에는 영락하기 시작했고 다섯 살이 되던 해에 노느라고 가산을 탕진한 부친이 돌아가자 빚밖에 남은 게 없었다. 장 씨 일족은 정령과 그 밑의 어린 아들 남매밖엔 없는 과부 어머니에게 빚 독촉을 해댔다. 심지어 있는 것을 모두 팔아 빚잔치를 한 뒤 빈손으로 남매를 데리고 친정으로 돌아가던 과부 어머니의 가마를 막고 나머지 빚을 갚기 전엔 못 간다고 행패를 부린 친척 아저씨들도 있었다. 아버지가 가산을 풀어 술잔치를 벌일 때 기꺼이 술손님으로 놀러오던 바로 그 아저씨들이었다. 정령의 최초의 기억은 바로 이 아저씨들의 행패였으니 그가 장 씨 문중으로 대표되는 구식 대가정에 어떤 미련을 가질 수 있었겠는가.

외가로 돌아간 뒤 정령은 딱 한 번 어머니와 함께 아버지의 고향을 찾은 적이 있었다. 대처로 나가 고등교육을 받는 장 씨 일족의 청소년에게 지급되는 장학금을 얻어볼까 하고서. 그러나 문중에선 여자아이에겐 학비 보조를 할 수 없다는 결정을 내렸다. 18세 때의 일이었다. 그러니 그 사건 이후 정령이 상해로 나가 생활할 때 친구들과 함께 성을 버리고 이름만 쓰기로 하면서 장 씨 성을 버린 것이 이해가 가고도 남는다. 이름만 쓰는 관행을 이상하게 여겨 캐묻는 사람들이 귀찮아서 획수가 간단한 정(丁)자를 성으로 고르고 이렇게 만들어진 정령이란 이름을 평생 자신의 이름으로 쓴 것은 구식 대가정으로부터의 독립을 상징하는 것이었다.

상덕현의 명문인 외가 역시 정령을 내리누르는 거대한 인습 덩어리였다. 외할아버지 내외는 돌아가시고 외삼촌이 주인이 되어 있는 외가에서, 어머니 여만정은 경제적인 자립을 위해 여자사범학교를 다닌 뒤 교원으로 일하면서 딸의 교육을 위해 헌신했다. 1918년 정령이 14세의 나이로 소학교를 졸업하자 어머니는 그를 도원(桃源)의 성립(省立) 여자제2사범학교로 보내 입학 시험을 치게 했다. 정령은 이 학교에 1등으로 입학했다. 전통적인 부덕(婦德)을 최고로 여기는 외숙의 집을 떠나 기숙사 생활을 하면서 그림, 음악, 체육 수업을 즐겼다. 학업 성적은 우수했고 교우 관계도 원만했다.

바로 이때 5·4신문화운동과 애국운동의 열기가 중국을 휩쓸었고 호남성도 여기서 제외되지 않았다. 정령은 5·4애국운동이 터지자 상급생들을 따라 시사를 논의하고 가두 시위, 강연, 빈민 야학에 참여했다. 자신들의 결의를 보여주기 위해 단발을 하는 여학생들의 풍조를 따라 긴 머리를 잘랐다. 새로운 중국 건설의 역군을 자임하면서 전통적인 권위에 대항하여 일체를 부정하는 5·4기 청년 특유의 반항아 정신이 그에게 깃들었다. 그러나 흥분한 학생들을 해산시키기 위해 방학이 앞당겨졌고 외가에 돌아온 정령의 단발 모습을 본 외숙 내외는 펄펄 뛰었다.

부모에게 물려받은 몸, 머리길, 피부를 훼손치 않는 것이 효도의 첫 번째라는 효경 구절을 들이대는 외숙모에게 정령은, 자신은 외숙모처럼 귀고리와 전족의 구속을 받지 않는 해방된 사람이라고 대꾸했다. 외숙에겐 변발을 자른 것이나 자신이 단발을 한 것이나 뭐 다를 게 있냐고 따져 물었다. 외숙 내외와 한바탕 말다툼을 하고 어머니의 학교로 찾아간 정령에게 어머니는 커다란 위안처가 되어주었다. 그리고 정령의 요구대로 대도시 장사(長沙)의 주남(周南)여자중학교로 전학을 시켜주었다.

　주남여자중학교에서 정령은 진계민(陳啓民) 선생을 만났다. 그는 신민학회 회원으로 정령에게 5·4신문화운동의 여러 사조를 알 수 있게 해준 진보적 교사였다. 그러나 교장이 진 선생을 파면시키자 이에 반발하여 정령은 이 학교를 떠났다. 남녀공학을 처음으로 시도한 악운(岳雲)중학교로 전학, 졸업을 하고 나서 진로를 정하지 못하고 있던 터에 도원여사범 때의 선배 왕검홍(王劍虹)이 찾아와 상해로 나가 공부하자는 권유를 했다. 외숙 내외는 유학을 반대하고 외조모가 정령의 배필로 어렸을 때 정혼해둔 친척과 결혼을 해야 한다고 주장했으나 정령은 파혼을 감행하고 상해로 떠났다.* 어머니의 지원으로 떠날 수 있었던 상해 행으로 정령은 자신을 옥죄고 있던 구식 대가정의 굴레를 벗어난 셈이 되었다. 1922년의 일이었다.

03 5·4의 후폭풍과 신여성의 자각

　　　　　　　　　　　　　　정령이 외숙의 대가정에서 독립해 나오는 과정은 파금(巴金)의 자전적 소설 『집(家)』에 나오는 남자 주인공과도 흡사했다. 남녀를 막론하고 5·4기의 해방감을 맛본

---

* 상해로 떠나기 전 외숙 친구들이 와서 마작을 하고 있던 후원에 친구들과 함께 들어가려다 외숙에게서 남녀유별도 모른다는 질책을 받은 뒤 정령은 외숙 같은 부유한 지방유지[豪紳]의 위선을 매도하는 글을 신문에 실었다. 이로 인해 그는 외숙과 결별한 셈이 되었다. 윤혜영, 「민국 전기 정령의 삶과 신여성의 정체성 탄생」, 『역사와 문화』4, 2001, pp.215-6.

청년들에게 가부장적인 구식 대가정의 억압이 더 이상 견딜 수 없게 된 상황을 잘 보여준다. 그러나 구식 대가정의 굴레를 벗어 해방된 인간이 되고자 했던 정령의 앞길이 순탄치만은 않았다. 어머니의 심정적 지원은 있었지만 경제적인 지원이 충분하지 않은 상황에서 상급 학교 곧 대학에 진학하지 못했기 때문이다.

1922년은 5·4의 퇴조기라고 볼 수 있지만, 한편으로 5·4의 후폭풍 속에서 새로운 진로를 탐색하던 젊은이들이 암중모색을 시작하던 때이기도 했다. 바로 이런 젊은이들 중 공산당원이 된 몇몇이 상해에서 평민여학교를 세웠고 정령은 왕검홍과 함께 이곳에서 비정규 수업을 받았다. '공산주의'를 실행하겠다고 친구들과 함께 공동생활을 하고 여공의 파업을 지원하기 위해 거리에 나가 모금과 강연을 하면서 '혁명'을 한다고 생각했지만 아직 정립된 세계관이 없는 상태에서 불만감이 커져갔다.

다음해인 1923년 훗날 진독수(陳獨秀)를 이어 제2대 공산당 서기가 되는 젊은 공산당원 구추백(瞿秋白)의 권유로 역시 공산당원이 세운 상해대학에 입학했다. 상해대학에서 흥미를 느끼고 있던 문학 수업도 들었으나 선배 왕검홍이 구추백과 동거 중 병사한 사건을 계기로 보다 정규적인 대학에 진학하고자 북경으로 떠났다. 1924년 스무 살의 나이였다. 그러나 상해 등지로 떠돌면서 정규 입시 공부와 거리가 먼 생활을 한 그는 미술 학교 입시에 떨어졌다. 프랑스 유학도 꿈을 꾸었지만 재정난으로 여의치 않고 그렇다고 취직을 할 수도 없는 상황에서 언제까지고 객지 생활을 할 순 없었기에 1925년 어머니에게 돌아갔다.

그 해 여름 북경에서 알고 지내던 젊은 무명 시인 호야빈(胡也頻)이 정령을 찾아 호남성으로 왔다. 정혼자와 파혼을 하고 외숙의 구가정을 향해 과감히 결별 선언을 하고 대도시로 나갔으나, 아무것도 이룬 것이 없이 돌아와 부끄러움을 느끼고 있었던 정령에게 호야빈의 출현은 새로운 전기가 되어주었다. 어머니의 지지를 얻어 두 사람은 북경으로 올라와 자유연애에 의한 동거를 시작했다. 자유로운 선택에 의한 동거란 형식은 5·4의 세례를 받은 젊은이 가운데도 극히 소수만이 감행하고 있었던 터이므로 전통에서 해방된 용감하고도 선구적인 신여성의 삶을 보여준다고 하겠다. 그리고 2년여의 궁핍한 동거 생활 끝에 「몽가(夢珂)」라는 첫 단편소설을 세상에 선보였다(1927). 빙심(氷心)과 더불어 여류 작가로 쌍벽을 이룬다는 정령이라는 작가가 탄생한 순간이었다.[5]

그가 구식 대가정에 결별을 고하고 상해, 북경 등지에서 방황하다가 고향으로 돌아가고, 호야빈을 만나 다시 북경에 정착한 뒤 마침내 작가로 등단하게 되는 동안은 그야말로 5·4운동의 후폭풍기였다. 그리고 널리 알려져 있듯이 5·4운동은 중국의 계몽과 구국이라는 양대 명제를 제시해준 사건이었다. 이후 중국 대도시의 청년, 학생들 중 일부는 구국의 명제를 달성하기 위해 국민당이나 공산당에 들어갔다. 양당은 제1차 국공합작(1924)을 통해 결합해서 5·30운동(1925)과 3·18운동(1926)으로 절정에 달한 반제국주의적인 애국운동을 지도해갔다. 특히 북경에서 일어난 3·18운동에는 여학생들이 다수 참여했고 그 중 여러 명이 군경의 발포로 죽거나 부상을 입은 전대미문의 사건이 벌어졌다.[6] 그리고 1927년엔 국공합작이 결렬되면서 국민당 내에서 공산당원에 대한 유혈 숙청이 일어났다.

바로 이와 같은 시기에 정령은 상해에서 젊은 공산당원들의 지도를 받으면서 인간관계를 맺기는 했었지만 당원이 되지는 않았다. 공산당 주요 인물인 구추백이 왕검홍 사후 곧 또 다른 여성 공산당원과 동거 생활로 들어간 데 대한 반발 때문인지 오히려 공산당과는 소원한 관계였다. 북경에서 진학을 준비하며 지내던 때나 호야빈과 동거생활을 하던 때 북경은 온통 애국운동의 소용돌이에 휩싸였지만 정령은 군중집회와 무관한 생활을 했다. 5·4기에 중학생 신분으로 열심히 애국운동에 동참한 전력을 생각하면 의아할 지경이다. 그렇지만 정규 대학생 신분이 되지 못한 재수생의 처지 또는 기혼 여성의 처지에서 학생들과 조직적인 연계가 없었던 것을 생각하면 이해가 간다.

어쨌든 상해와 호남성에서의 반공 청당(淸黨)으로 인해 그가 알고 지내던 이들이 희생되었다는 소식을 듣고 문학적 담론만 나돌던 폐쇄된 북경의 문인사회에 대한 염오감이 더 커진 상태에서 소설을 쓰기 시작했고 여기서 일종의 출구를 찾았다. 「몽가」에 이어 그를 일약 유명인사로 만든 두 번째 소설인 「사비 여사의 일기(莎菲女士的日記)」가 나왔다. 『암흑 속에서(在黑暗中)』와 『자살 일기』, 『한 여인(一個女人)』이라는 소설집으로 묶여 나오게 된 초기 소설들에서 그가 그린 것은 주로 방황 중에 관찰해온 자신과 주변 여성의 심리 묘사였다. 구식 사회에서 압살되는 농촌 여성을 그린 경우도 있지만, 다수는 신식교육을 받았지만 사회 속에서 제 몫을 하지 못하는 신여성의 애환을 그렸다.

대표적인 주인공 사비는 폐병 환자로 집을 떠나 혼자 자취 생활을 하는 중이다. 아무도 진정으로 자신을 이해하지 못한다는 고적감 속에 죽기 전 쾌락을 맘껏 누리고 싶다는 욕구를 일기 형식으로 토로한다. 영혼이 비열하지만 미모는 육감적인 청년을 향한 감각적 욕구—입맞춤을 하고 힘껏 안기고 싶다는 정도이긴 하지만—를 그린 이 소설은 5·4시기 연애와 결혼의 자유라는 담론을 소설 속에서 형상화한 것이기도 했다. 여성이 성욕을 가진 능동적 주체임을 보여주는 소설 속 주인공의 모습은 젊은이들에게서 열렬한 반응을 끌어냈다. 사비 외에도 여성 교사 간의 동성애, 독신주의를 그린다든지 여성 영화배우를 소재로 한다든지 하는 작품들 속에 다양한 형태로 들어가 있는 여성의 애환을 통해 정령은 여성으로서의 자각에 이르는 과정을 재현해냈다. 이를테면 5·4 신문화운동기에 드높이 제시된 '여성해방' 문제의 해결 방안을 5·4의 후폭풍 속에서 작품 활동을 통해 탐색해본 것이었다.

04 혁명과 여권의 긴장 관계

그러나 여성으로서의 자아 탐색과 개성 추구라는 주제를 계속하기에는 그와 동시대인을 둘러싸고 있던 1930년대 이후의 중국 현실이 지나치게 혹독했다.[7] 국공 분열 이후 국민정부의 진보적 지식인에 대한 탄압과 일제의 침략이 맞물려 구국의 의식을 가진 젊은이들을 공산당 측으로 쏠리게 하는 분위기였다. 정령 개인사에도 이러한 시대의 분위기가 크게 영향을 미쳤다. 소설가로 등단한 뒤 남편 호야빈과 함께 상해로 내려와 출판사를 운영했지만 빚더미에 올라앉았다. 빚을 갚고 생활비를 벌기 위해 산동성 제남(濟南)에 교사로 부임해 간 호야빈은 마르크스주의와 유물사관, 사회주의 문예 이론과 프로 문학을 선전하는 격렬한 지식인으로 변모했다. 호야빈이 제남에서 체포당할 위험을 피해 상해로 돌아온 뒤 이들 부부는 때마침 상해에서 출범한 좌련(1930)에 들어갔다. 제1차 소비에트 대표대회에 출석할 좌련 대표로 선출된 호야빈은 공산당에 입당했고 소비에트대회에 출석할 준비 모임을 가지다가 국민정부에 체포되어 처형당했다(1931.1). 정령과 생후 3개월도 되지 않은 아들 그리고 그들 부부를 늘상 쫓아다니던 지독한 궁핍만을 남기고.

홀로 남은 정령은 좌련의 기관지 『북두(北斗)』를 편집하면서 공산당에 입당했다(1932). 이제 그의 작품 소재는 더 이상 도시의 교육받은 신여성에 머무르지 않았다. 혁명과 애정 간의 갈등이라든지 광대한 농촌 사회에서의 변혁에 대한 욕구, 수재를 당한 농민의 단결, 투쟁 등을 제재로 한 작품들이 나왔다. 일본의 상해 공격(1932년의 "1.28사변")에 즈음해서는 직접 항일 군중대회에 참가하고 일본군과 싸우는 전선에 유탄을 무릅쓰고 나가서 위문 활동을 벌였다.

좌련 기관지의 편집인으로서, 행동하는 지식인으로서 그가 써내는 작품들의 영향력이 커지자 국민당 첩보원들이 1933년 5월 그를 비밀리에 납치, 연금시켰다. 마침 그는 호야빈을 잃은 외로움과 궁핍한 생활 속에서 만난 풍달(馮達)이란 남성 공산당원과 동거 중이었다. 풍달은 정령의 체포에 일조하면서 공산당에서 변절한 인물이었다. 정령은 당과 인민에 대한 자신의 애정이 변치 않았음을 입증하기 위해 몇 차례 탈출과 자살을 시도했지만 모두 수포로 돌아갔다. 연금 생활이 길어지면서 풍달은 과거를 반성하고 정령을 도와 탈출시키려 했다. 탈출은 실패했지만 정령은 이로 인해 풍달을 용서하고 그와 화해했다. 그 결과로 그들 사이에서 연금 중에 딸이 태어났다.

정령이 체포된 뒤 곧 처형당하거나 투옥되어 재판을 받지 않고 연금이라는 불투명한 상태에 오래 처해지게 된 까닭은 미스터리였다. 아마도 조계지에서 납치가 이루어졌기 때문에 국민정부로서는 정령의 납치 사실을 인정할 수 없었던 점이 작용한 것 같고, 또 하나는 정령과 같은 영향력 있는 문인을 포섭해서 반공의 투사로 이용하고자 한 계산도 있었던 것 같다. 정령은 집요한 회유에도 불구하고 끝까지 변절하지 않았고 연금 중 써낸 작품들 역시 국민당과 무관한 진보적 작가들의 작품이 실리는 지면에 발표했다. 내용도 노동자, 빈민 소년 등 비참한 인민 대중의 삶을 사실적으로 묘사한 것이다. 일부 남성 공산당원들이 그랬던 것처럼 변절해서 국민당 기관지에 글을 썼더라면 유복한 삶을 보장받았을 터이지만 그는 끝까지 자신의 신념을 버리지 않았다.

3년여의 연금 생활이 지나면서 감시가 느슨해진 틈을 타서 공산당과 접촉하는 데 성공한 그는 어려움을 무릅쓰고 소비에트 지역으로 탈출했다(1936.11). 그렇지만 초기의 열렬한 환영에도 불구하고 그의 연금 경력은 두고두고 치명적인 꼬리표가 되었다. 무엇보다도 변절자 풍달과의 사이에서 아기를 낳았다는 게 문제였다. 그랬기에 소비에트 지역에서 인민의 집체 노동을 찬양하고 항일 전사들의 용감한 모습을 묘사하는 많은 작품을 쓰고 고달픈 행군을 하면서 항일 선전 활동을 주도했음에도 불구하고 연안(延安) 정풍운동(1942)의 표적이 되고 말았다.

주지하듯이 정풍운동은 일본군의 강력한 소탕 작전과 국민정부군의 군사적, 경제적 봉쇄로 야기된 위기를 돌파하려고 당내의 사상과 조직을 통일시키고 단결시키기 위해 공산당이 벌인 운동이다. 그리고 그 근거가 된 것은 모택동이 문예좌담회 석상에서 행한 강화(講話)였다. 정령의 글 중 문제가 된 것은 「"삼팔절" 유감」이란 잡문이었다. 이 글은 1942년 3·8여성절을 기념하는 글을 써달라는 『해방일보』 문예란 담당자 진기하(陳企霞)[8]의 청탁에 따라 『해방일보』 문예란에 실렸다. 중국에서 몇 천 년 동안 내려온 뿌리 깊은 봉건적인 악습이 쉽게 뽑아낼 수 있는 것이 아니며 진보적인 곳도 중국의 구 사회와 서로 연결되어 있으므로 잡문을 쓸 필요가 있다는 평소 지론[9]에 따라 지은 것이었다.

이 글 중에는 "그런데 여성 동지는 결국은 누구에게 시집을 가야 하는가. 사실은 이와 같다. (시집가서) 아이를 양육해야만 하게 된 여성 동지는 "집으로 돌아간 노라"라고 공개적으로 비웃음을 산다. 그리고 보모를 고용한 여성 동지는 일주일에 하루는 가장 위생적인 사교춤을 출 수 있다"는 표현이 있다. 혁명 근거지에서 함께 혁명 사업을 하다가 결혼과 출산 후 보모를 둘 경제적 능력이 없어 집에서 양육을 맡고 있는 여성 당원들에 대한 남성 당원들의 조롱에 분개하고, 경제적 여유가 있어서 춤추러 다니는 여성 당원들에 대한 조소를 드러낸 것이다. 전체적인 맥락은 혁명 근거지인 연안의 여성 사이에도 차별이 있는 현실을 개탄한 것인데 문제는 "가장 위생적인 사교춤"이란 표현이었다. 모택동의 처 강청(江靑)이 "매주 한 차례 춤을 추는 것이 위생적"이라는 말을 한 적이 있었으므로 이 잡문이 모택동을 비판한 것으로 인식되었기 때문이다.

정풍운동의 표적이 된 이유는 적을 앞에 두고 내부 비판을 지나치게 하였다는 점이었다. 정풍 때는 다행히 모택동이 보증을 해준 덕분에 몇 사람의 비판을 받은 것 외에 달리 처분을 받지 않고 넘어갔지만[10] 신중국 건국 이후 문혁에 이르기까지 이 글은 계속 불씨로 남게 되었다. 그리고 혁명과 인민을 칭송한 수많은 글들에도 불구하고 짤막한 이 잡문이 문제시된 것은 강청의 분노를 살 만한 표현 외에도 국민당 연금 시절 (안이한 생활을 하면서 변절자와의 사이에서) 딸을 출산했다는 과거 '경력' 때문이었음은 더 말할 나위가 없었다.

이 잡문은 사실 공산주의 혁명 과정 속에서 여권이 무시되는 중요한 사실을 일찌감치 지적한 것으로 혁명과 여권 사이의 긴장 관계를 드러내주는[11] 커다란 의미를 가지는 것이었다. 그러나 정령 자신은 문혁에서 복권이 되고 모택동이 죽은 한참 뒤에도 자신의 이 글을 다시 읽어보니 착오가 인정되고 모택동의 강화가 옳았다는 의견을 밝혀 정풍의 정당성을 옹호했다.[12] 아마도 일제의 침략과 국민정부의 포위, 농촌 혁명 과정에서의 위급한 상황 같은 것이 일차적으로 중요하다는 그의 생각 때문일 것이다. 결국 정령에겐 여성 문제는 혁명의 완성 이후 해결되어야 할 이차적인 과제로 남아 있었던 셈이다. 여기서 우리는 구망(救亡)의 위기의식이 여성의 정체성 탐색 내지 계몽이라는 측면을 부차적인 지위로 밀어내게 되는 모습을 안타까운 심정으로 지켜볼 수밖에 없게 된다.

05 역사의 아이러니: 시대의 반역아에서 '조반(造反)'의 표적으로

이렇게 정령이 혁명과 인민에의 헌신을 우선 과제로 삼고 분투했음에도 불구하고 신중국 건국 후 역사의 아이러니가 전개되었으니 5·4의 후폭풍기 이래로 구시대에 대한 반역아로 평생을 살아온 그에게 반동이란 명칭이 붙으면서 심지어 '조반' 파의 타도 대상이 된 것이었다. 신중국 건국은 소비에트에서 혁명 전사로 바쁜 삶을 살아온 정령에게는 그야말로 새로운 세계가 건설된 것이었다. 당연히 문예계의 지도적 인물로서 굵직한 직책들을 맡아 바쁜 날들을 보냈다. 그런 중에도 토지개혁을 소재로 한 장편소설을 냈고 그것이 소련에서 호평을 받아 스탈린 문학상을 수상하는 등 국제적인 문인으로 떠오르기도 했음은 앞서 본 대로였다.

신중국 건설을 환호한 문인, 지식인들은 비단 정령뿐만이 아니었다.[13] 1949년 10월 1일 신중국 건설의 감동을 천안문 누각 위에서 지켜보고 감동적인 시를 발표한 호풍 같은 인물도 있었다. 그러나 1950년대 중반으로 접어들면서 신중국에서는 지식인 개조운동에서 한 걸음 더 나아가 지식인 중 상당수를 우파로 모는 반우파투쟁이 벌어졌다(1957). 본격적인 반우파투쟁이 일어나기 전에 문예계가 가장 먼저 정풍의 대상이 되었고 1954년 호풍이 가장 먼저 반혁명집단 우두머리로 몰려 투옥되었다. 중공중앙에 문예 실천 정황에 관한 보고서를 제출했는데 그 내용이 문제가 되었기 때문이다.[14]

이어 정령이 비판의 표적이 되었다. 여러 차례 비판대회가 열린 뒤 1955년에는 정령이 진기하와 함께 반당집단 우두머리가 되었다. 연안 정풍운동 당시 「"삼팔절" 유감」이란 잡문이 문제가 되었고 정령에게 이 글을 청탁하여 신문에 싣게 한 것이 진기하였음은 앞서도 본 대로였다. 정령의 경우 이 글 외에 역시 소비에트 시절에 쓴 소설 「병원에서(在醫院中)」[15]와 1953년의 강연에서 작가란 두고두고 남을 책 한 권을 지으면 된다는 내용이 일서주의(一書主義)라고 해서 문제가 되었다. 뭐니 뭐니 해도 국민당에 의한 연금 시절의 행적이 도덕적 비난을 불러왔다고 볼 수밖에 없다. 연안 정풍에서 일단 문제시되었다가 넘어간 잡문이나 발표 당시 문제시되지 않았던 소설에다가 강연에서의 발언까지 집어넣어 반당(反黨)적인 지식인으로 몰아간 것은 무리라고 보이기 때문이다. 결국 그의 행적이 걸림돌이 되지 않고서는 이렇게까지 내몰리지는 않았을 것이다.

어쨌든 정령은 이러한 결정에 불복해 1956년 당에 재심을 청구했고 반당집단의 혐의가 풀리는 듯하다가 공교롭게도 전면적인 반우파운동이 시작되면서 이번에는 우파로 지목당하게 되었다. 소비에트 시절 알게 되어 1942년에 결혼한 남편 진명(陳明) 역시 우파로 당적을 박탈당하고 흑룡강성의 한 농장으로 하방되자 정령은 1958년에 자발적으로 남편이 간 곳으로 노동을 하러 갔다. 동북의 광활한 미개간지에 있는 북대황(北大荒)이라는 곳의 농장에서 그는 50을 훨씬 넘은 나이와 요통환자임에도 불구하고 혁명 사업에 대한 동참이라고 여겨 군중의 일원으로 열심히 노동을 했다.

그러나 1960년대 중반 이후 문혁이 시작되면서 젊은 '조반' 파 여성들에게 이루 말할 수 없는 모욕과 폭행을 당하는 수난기가 시작되었다. 집에서 쫓겨나고, 남편과도 떨어져 우붕(牛棚)이라 불리던 비좁은 1인용 연금시설에 수용되었다. 거기서 그치지 않고 북경의 진성(秦城)감옥 독방에 끌려가서 5년간의 수형 생활을 했다. 정령의 회고로는 말할 대상 하나 없는 독방 감옥이 가장 고통스러웠다. 우붕 생활 때는 그나마 노동에 동원된 남편을 먼발치로 바라보거나 쪽지라도 몰래 주고받는 것이 위안이 되었으므로.

문혁의 종결과 더불어 1979년 북경으로 돌아오고 몇 년 뒤 우파란 오명을 벗고 복권이 되긴 했지만 문혁 때 소위 "반역은 정당하다(造反有理)"는 슬로건을 내걸고 그를 반혁명분자로 몰아가며 그의 작품을 압수, 파기하고 폭행을 가한 젊은이들과의 만남은 마음 속 깊은 곳에 상처를 남겼다. 5·4의 분위기를 작품과 삶 속에서 충실히 반영한 시대의 반역아적인 삶을 살아오며 혁명전사를 자부했던 그였으니 만큼 그 쓰라림은 더욱 컸을 것이다. 이를 일컬어 역사의 아이러니라고 하는 외에 어떤 표현이 가능하겠는가. 그런데도 문혁 이후 그는 토지개혁 사업 이후 농촌에 들이닥친 국민당 치하의 농민이 어떻게 난관을 극복해나가는가 하는 작품의 집필에 가장 먼저 착수했다. 그리고 두 번째로는 북대황에서 만난 모범적인 여성 농민을 소재로 한 작품 집필에 들어갔고 이 작품(「두만향(杜晩香)」)에 각별한 애정을 보였다.

06 20세기 중국 신여성의 고뇌

1986년 사망하기 바로 전 해까지 심지어 병상에서도 글 쓰는 작업과 잡지 편집 일을 맡아보며 노익장을 과시하던 정령은 엄청난 분량의 글을 남겼다. 24세의 나이로 처녀작을 내고 82세까지 60년 가까이 글을 썼으니 당연한 것이라고 생각할 수도 있다. 그렇지만 그 사이 우파로 몰리면서부터 문혁이 종결되기까지 20년여의 세월 동안 글을 쓸 여유가 없는 상황이었고, 가까스로 써두었던 글들까지도 압수당한 사실을 생각하면 집필기는 40년 가까이로 줄어든다. 엄청난 창작열이 아니고는 오랜 공백기를 뛰어넘어 지속적으로 글을 쓴다는 것이 어려웠을 것이다.

그렇다면 그의 창작열을 지탱해준 원동력은 무엇이었을까? 그의 대표작이라고 손꼽히는 「사비 여사의 일기」와 『태양은 상건하를 비춘다』는 극과 극을 보여준다.[16] 하나는 도시 신여성의 정체성 탐색 과정을 보여주는 단편소설이고 다른 하나는 농민들의 토지개혁 열기를 그린 장편대하소설이다. 전자가 개인의 내면 세계에 침잠해 서구적 의미의 개인으로서의 여성 발견을 다룬 것이라면, 후자는 당의 지도하에 분출되는 인민의 집체적인 힘을 묘사한 것이다. 정령의 글은 초기의 일부를 제외하고는 대부분 후자의 성격을 띤 것들이다.

외부에서 그를 여권주의의 기수로 해석하고 싶어 하건 아니건 간에 그는 시종일관, 심지어 문혁의 고초를 겪은 뒤에도 혁명에 대한 자신의 헌신에 후회나 회의(懷疑)를 표하지 않았고, 당과 인민에 대한 애정을 포기하지도 않았다. 이렇게 볼 때 1930년대 이후 자신과 조국의 운명을 둘러싼 위기의식, 즉 어떻게 해서든 나라를 망하지 않도록 해야 한다는 구국의 책임의식이야말로 그의 곡절 많은 생활 속에서도 창작열을 잃지 않게 한 동인이 아닐까?

물론 정령은 작가이기 이전에 여성이었다. 따라서 말년인 1980년대에도 중국사회에 여성 문제가 남아 있다는 사실은 인식하고 있었다. 여성 작가로서 느끼는 그런 문제의식이 있었기에 「삼팔절」 유감」 같은 정곡을 찌르는 잡문이 나올 수 있었을 것이다. 그렇지만 그는 계몽보다 구망이 우선적으로 절박하다는 시대의 흐름을 그대로 탔다. 그랬기에 말년에 이르러서도 문제의 잡문, 그로 인해 온갖 억울한 고초를 겪게 된 자신의 그 '말썽 많았던' 「"삼팔절」 유감」에 대해 자기가 잘못 썼고 모택동의 관점이 옳았다는 이야기를 할 수 있었던 게 아닌가 싶다.

그런데 바로 이 점에서 우리는 20세기 중국 신여성의 고뇌를 읽게 된다. 즉 정령으로 대표되는 20세기 중국의 신여성은 여성의 정체성 탐색 곧 계몽이란 과제와 구망이란 과제 속에서 갈등하다가 후자 쪽으로 기울 수밖에 없었던 것이다. 21세기를 살고 있는 국외자로서 볼 때 20세기 중국 신여성의 정체성 탐색이 중국을 둘러싼 외적인 상황의 절박함 때문에 갑자기 중도 좌절된 것은 정말로 '유감' 스러운 일이다.

물론 사회주의 혁명의 성공과 더불어 여권 신장에도 커다란 성취가 있었다.[17] 결혼과 이혼의 자유를 보장하는 새로운 혼인법이 반포되고, 여성의 사회 참여가 활발해졌다. 한 자녀 갖기 정책이 추진되면서 전통적인 남존여비 관념도 많이 수정되었다. 그렇지만 개혁개방 이후 국유 기업의 구조 조정에서 저학력 청년층과 더불어 여성이 일차적인 하강(下崗, 실업) 대상이 되고, 이런 상황 아래 각양각층의 여성들이 성을 파는 직업으로 내몰리는 상황이다.[18] 또 모든 가정에 무차별로 불어 닥친 시장경제와 화폐경제의 파도는 거의 배금주의의 수준을 보여주면서 구사회의 잔재를 부활시켜 허례허식이 가득한 낡은 혼례의 부활과 배금주의적 결혼 풍속도, 직업사회에서의 여성차별 등이 우려된다.

이제 중국은 외부적인 위협에 대처하기 위해 여권이 혁명에 종속되어야 할 상황은 벗어났다. 그런데도 여권의 문제는 어떻게 보면 질적인 측면에서 건국 초보다 후퇴하는 감이 있다. 구국의 문제의식 때문에 20세기에는 2선으로 밀릴 수밖에 없었던 여성 문제가 개혁개방이 가속화하고 있는 21세기의 시점에서 새롭게 부각되어야 한다는 점을 생각할 때 정령 내면에서 '유감스럽게도' 중도 좌절된 여성 정체성 탐색은 시급하게 재개되어야 한다는 생각이 든다.

■주 석

1) 신여성은 근대 이후 동아시아에서 사용된 표현으로 전근대적 의미가 들어 있는 부녀(婦女) 대신 woman의 번역어 여성에 새롭다는 新이 접두어로 붙은 단어이다. 신여성이란 개념에 대한 명확한 범주가 있는 건 아니다. 일부 중문학계에서 쓰는 모던 걸(신여성)의 의미는 반봉건의식, 애정과 결혼 문제에서의 진취성, 자유·평등·박애를 숭상하는 인도주의자라는 점을 공통적 특징으로 본다(任季宰, 「정령의『모친』에 나타난 여성의 自我實現考」,『중국현대문학연구』6, 1997, pp.161-7.). 필자는 이를 5·4의 두 과제 중 하나인 계몽적 측면이라고 보고 '여성의 정체성 탐색'이라고 표현하고 싶다. 그리고 필자는 정령과 같은 신여성의 경우엔 이러한 '정체성 탐색' 즉 계몽적 측면 외에 5·4의 또 하나의 과제인 '救亡'의 책임의식' 역시 강하게 느끼고 있었음을 주목하고 싶다.

2) 중국의 경우 후기 '혁명 전사' 상을 묘사했다고 하는 시기가 초기 신여성의 삶의 애환을 다룬 때보다 많이 연구되고 있다. 이를테면 혁명문학 작가로서의 측면에 관심이 쏠린다. 반면 외국의 정령 작품 연구에서는 여권주의자의 모습을 부각시키는 등 중국과는 다른 면모를 보인다. 정령 연구에 대한 개황은 趙誠煥,『정령소설연구』, 경북대학교 문학박사학위논문, 1995.12, pp.1-26. 참조. 외국에서의 정령 작품 연구는 孫瑞珍·王中 편,『丁玲硏究在國外』, 長沙, 1985 참조.

3) 윤혜영,「민국 전기 정령의 삶과 신여성의 정체성 탐색」,『역사와 문화』4, 2001.9, pp.207-232. 윤혜영,「정령(1904-1986) – '여권론자'와 '혁명전사'의 사이에서 」,『중국사연구』20, 2002.10, pp.393-411.

4) 이하 정령의 유소년기 삶에 대해서는 달리 주가 없는 한 윤혜영, 2001, pp.210-217. 宗誠,『丁玲』, 중국화교출판사, 1999, pp.1-24에 의한 것임.

5) 빙심은 정령보다 몇 년 일찍 여대생 작가로 문단에 등단하여 정령이 중학 시절 빙심의 작품을 읽었다. 빙심의 삶에 관해서는 윤혜영,「氷心(1900-1999)과 5·4운동」,『한성사학』18, 2004.2, pp.109-131. 윤혜영,「빙심과 20세기의 中國像」,『한성사학』20, 2005.2, pp.37-59. 참조.

6) 3·18운동과 여성 참여에 대해서는 윤혜영,「국민혁명기 북경의 여성운동 3·18사건을 중

심으로」,『중국현대사연구』6, 1998.12, pp.1-19 참조.
7) 이하 30년대와 소비에트 시기 정령의 삶에 대해서는 달리 주가 없으면 윤혜영, 2002.10, pp.393-404에 의함.
8) 그는 1950년대 중반 정령과 더불어 반당집단 우두머리로 지목되었다. 윤혜영, 2002, p.405.
9) 「我們需要雜文」,『丁玲文集』4, p.383.
10) 연안 정풍운동과 王實味, 정령의 상이한 대응에 관해서는 李宣坭,「延安정풍운동에 대한 지식인의 대응 - 王實味와 丁玲을 중심으로」,『중국사연구』24, 2003.6, pp.279-311 참조.
11) 1920년대 공산주의운동 과정에서 혁명과 女權 사이의 갈등 관계를 다룬 것으로는 Christina K. Gilmartin, *Engendering the Chinese Revolution: Radical Women and Mass Movements in the 1920s*, Berkeley and Los Angels: University of California Press, 1995. 참조.
12) 『정령자전』, p.233.
13) 국민 공산 양당의 내전에서 결국 공산당을 지지하는 쪽으로 돌아설 수밖에 없었던 지식인의 사정에 대해서는 수잔 페퍼,「전후의 국민당과 공산당의 대결 -방황하는 자유주의 지식인과 관련하여」, 민두기 편,『중국현대사의 구조』, 청람, 1983, pp.215-253 참조.
14) 주2) 참조.
15) 내용은 공산당원인 여학생이 간호사로 활동하면서 느낀 문제점을 다룬 것이다. 간호사로서의 기초지식이 불충분한 사람들, 일과 무관한 악의적인 소문에나 관심을 가지는 사람들, 열악한 병원 운영방식과 환경을 개선하자는 주인공의 의견에 귀 기울이지 않는 사람들의 모습이 폭로된다. 주인공은 수술실에서 수술 작업 중에 부적합한 난방용 연료 때문에 가스에 중독되는 사고 이후 병원을 떠난다. 그러나 말미에서 주인공은 "사람은 어려운 상황에서 성장하는 것"이라는 새로운 각오를 내보여 전체적으로 혁명에 대한 헌신을 강조하고 있다.
16) 쫑청 지음, 김미란 옮김,『딩링』, 다섯수레, 1998, p.350.(역자후기)
17) 이하 중화인민공화국 건립 이후 개혁개방기에 이르는 시기의 여성문제에 대해서는 신성곤·윤혜영,『한국인을 위한 중국사』, 서해문집, 2004, pp.451-453.참조.
18) 개혁개방기 중국 일반인 중에도 주로 주변부 사람들의 삶을 인터뷰 형식으로 그려낸 리오 웨이 저, 이향중 역,『저 낮은 중국』(이가서, 2004)을 보면 인신매매의 대상이 되어 북방으로 팔려가 강제로 결혼을 하는 산골 여성, 성을 파는 유사 매춘업의 성황 등을 적나라하게 알 수 있다. 비록 인터뷰 대상은 사천성 성도(成都)와 그 부근 인물에 한정된 것이기는 하지만 드러난 상황은 전 중국의 축소판을 보여주는 것이라 생각된다.

세기의 자매, 송경령과 송미령

이_양_자

01 머리말

　　　　　　　　　　　　　　　　미국에서 신학대학을 졸업하고 선교사가 되어 귀국한 뒤 절강 재벌로 성장한 아버지 송가수(宋嘉樹)와 독실한 기독교 집안 출신으로 현대적 교육을 받은 어머니 예계진(倪桂珍) 사이에서 세 딸과 세 아들이 태어났다[1]. 그 당시 중국에서는 보기 드문 유복한 기독교 가정에서 태어나 동일한 성장 환경과 교육 속에서 자랐으면서도 세 딸인 송애령, 송경령, 송미령은 서로 다른 인생관을 갖고 각기 다른 인생행로를 걸어갔다.

　　이들 자매의 이야기는 잘 알려진 바대로 세계적인 관심사였으며, 세기의 「이산(離散) 자매」로도 유명하다.

　　큰언니 애령(靄齡, 1888-1973)은 강철 같은 현실주의자로 산서성 출신

명문 공상희(孔祥熙)와 결합하여 중국 재계를 마음껏 주물렀으나 정치에는 관심이 없었다. 둘째 경령(慶齡, 1893-1981)은 국부(國父)인 손문(孫文)과 결혼함으로써 중국 최초의 퍼스트레이디가 되어 가장 확실한 손문의 사상 계승자로서 투철한 혁명운동가로 성숙하였다. 손문 사후 대중 편에 서서, 국민당 정권의 부패와 비민중적 정책을 비난하며 종국적으로 중공정권에 합류하여 국가 부주석, 명예주석을 지냈다.

이와 달리 미령(美齡, 1897-2003)은 1927년 장개석과 결혼하여 중국 제2의 퍼스트레이디로서 20여 년을 지내면서 장개석을 다방면으로 도우며 역사적인 회담장에 참여하였다. 또한 1940년대 미국 상하의원에서 연설하여 미국의 원조를 얻어내는 성공적인 외교 수완을 발휘하였다. 그녀는 달변과 강인한 의지와 미모의 소유자로서, 대만으로 건너간 후에도 아시아에서 가장 강력한 반공의 상징이자 대만의 영원한 퍼스트레이디였다.

필자는 이 글에서 왜 이들 자매, 특히 경령과 미령은 동일한 환경 속에서 자랐으면서도 각기 다른 인생행로를 걸었는가를 먼저 살펴볼 것이며, 다음으로 항일 전 기간 동안 제2차 국공합작과 더불어 자매가 반목을 불식하고 서로 합쳐 단결력과 협력을 보이며 진행시킨 일들에 대해 살펴보고자 한다.

그렇게 함으로써 현대 중국의 첫 번째 퍼스트레이디였던 송경령과 두 번째 퍼스트레이디였던 송미령에 대한 사상과 업적에 대해 비교, 평가하고자 한다.

02 동일한 성장 환경과 각기 다른 인생관

송 씨 집안의 세 자매의 생애는 파란 만장한 인간 드라마일 뿐만 아니라 중국 혁명과 20세기의 역사에 남을 귀중한 증언을 함축하고 있다.

송애령(공상희 부인), 송경령(손문 부인), 송미령(장개석 부인)의 아버지 송가수(宋嘉樹)는 해남도의 가난한 상인의 집에서 태어나 12세 때 보스턴에서 상업을 하는 친척의 양자가 되어 미국으로 건너갔다. 그러나 장사에 흥미를 느끼지 못하고 그곳을 도망쳐 나와 전전하다가 독지가의 도움으로 공부하게 되어 반다빌트 신학대학을 졸업하였다. 1886년 귀국하여 『만국공보』의 발행인으로 유명한 영 알렌 밑에서 기독교 선교사로 일했는데, 알렌의 권위주의적인 태도에 불만을 느껴 독자적인 전도 활동을 하기 위해 사임했다. 그 후 그는 상해에서 제분 공장과 인쇄소를 경영하는 부르주아로 성장하였고 한편으로는 중국의 자유와 독립에 관심을 가져 일찍부터 손문의 혁명 사업을 경제적으로 지원하였다. 어머니 예계진(倪桂珍)은 그 당시 여성으로서는 드물게 여자중학까지 졸업했다. 대대로 독실한 기독교 집안이었기 때문에 미선계 여학교에서 교육을 받았고, 복음주의자로서 가난한 사람들에게는 아낌없는 도움을 주는 여성이었다. 가정교육은 상당히 엄했지만, 장녀인 송애령과 동생 송미령은 매우 활달한 성품이고, 송경령은 내성적이며 온순한 성품이었다 한다. 세 딸은 모두 전족을 하지 않았으며, 기독교 계통의 중학교를 졸업하였다. 애령은 미국에 유학한 최초의 중국 여성이었으며, 몇 년 후인 1908년에는 경령과 미령도 함께 미국으로 건너가 웨슬리언 여자대학

(Wesleyan College)에 차례로 진학하였다.

경령은 철학을 전공하였으며 굉장히 학구적이고 진실하고 검소하고 이상주의자였다고 한다.[2] 미령은 언니 경령이 1913년 대학을 졸업하고 귀국한 후 하버드 대학에 다니는 오빠 송자문이 있는 매사추세츠 주의 웰슬리 대학(Wellesly College)으로 진학하였고, 전공은 영문학이었으며 부전공은 철학이었다.[3]

송경령은 이와 같이 유복한 기독교 가정에서 태어나 혁명의 무대로, 미국 유학에서 애국 혁명의 길로 크게 변신하면서 신해혁명 이래로 손문 곁에서 그를 도우며 그를 따라 혁명에 발을 들여놓았다.

영웅으로 숭배하던[4] 손문과의 결합은 애정의 결합이며 또한 이상의 결합을 뜻하였으며, 혁명전선에 투신하는 계기가 되었다. 특히 손문과의 결혼 생활 10년은 송경령에게 있어서는 정치를 익히고 혁명을 배우는 중요한 과정이었다. 그녀는 손문의 아내·비서·동지로서 반원(反袁)투쟁·호법(護法)운동·북벌(北伐)·국민당개조(改組) 등 혁명 사업에 함께 참가하였다.

1920년대 손문 사후 송경령은 국민혁명의 과정에서 정치적, 사상적으로 독자적 위치를 확립하였다. 혁명이 발전함에 따라 그녀는 또한 손문주의에 대하여 독자적인 해석을 내렸고, 손문 사상과 정책의 수호에 앞장섰다. 국공 분열 이후에는 국민당의 지도권을 장악한 장개석 정권의 정치노선에 끝까지 저항한 국민당 좌파의 인물로서도 유명하다.

1930년대 만주사변 이후의 항일구국운동 시기에는 세계반제·반파시즘운동과 중국민권보장동맹(中國民權保障同盟), 전국각계구국연합회 등을 통해 반장·항일노선(反蔣·抗日路線)을 견지하고 그 활동에 적극적으로 참여함으로써 제2차 국공합작·항일통일전선의 형성에 기여하였

■ 처녀 시절의 세 자매. 애령. 경령. 미령

■ 송경령과 손문이 1920년 상해에서 찍은 사진

다. 종전 후 내전을 거치면서 그녀는 끝내는 중공정권건설에 합류하였고, 중화인민공화국 성립 후에는 여러 정부요직을 역임함과 아울러 여성과 아동을 위한 평화·복지 사업에 헌신하였다.[5]

한편 송미령은 웰슬리 대학을 졸업한 후 1917년 귀국하였는데, 근 10년의 세월을 미국에서 보내고 돌아온 그녀는 방년 20세로서 상해의 YWCA의 지도적 회원이 되었으며, 또한 전국영화검열위원회에서 활약하였다. 국제 기독교는 일찍부터 노동 문제에 주목하였고, 특히 러시아혁명 후 이 문제에 대한 관심이 더욱 높아졌는데, 5·4운동을 겪은 중국에서도 아동·여성·노동 문제에 대한 관심이 높아졌다. 1923년에는 상해시 참의회의 의뢰로 아동노동위원회(童工委員會)에 참가하여 조사 작업과 제언을 하였다. 이 위원회에 참가한 첫 번째 중국 여성이 되었으며, 귀국한 후 미령은 하고자 하는 일이 매우 많았다. 그녀는 유창한 중국어를 구사하기 위해 몇 년 간 개인교수를 받았다. 이같이 학습과 각종 사업에 참가하면서 또한 상해 사교계에서 떠오르는 해와 같은 존재가 되었다. 예쁘고 교양이 있으며 화려하고 멋지게 꾸밀 수 있는 돈도 있었으며 모국어처럼 구사할 수 있는 영어 회화 실력은 그녀를 크게 뒷받침해 주었다. 학습과 사회사업으로 다망한 가운데도 사교 모임 참가도 병행하여 그녀의 인기는 더욱 높아졌고, 뭇 남성이 그녀에게 청혼하였으나 거절하였다.[6]

특히, 유기문(劉紀文)과는 미국 유학 시절부터 깊이 사귀는 연애 관계에 있었으나 언니 애령의 설득과[7] 퍼스트레이디가 되고 싶은 미령 자신의 야망 때문에 30세의 미령은 여자 관계가 복잡한 40세의 장개석과 결혼하게 된다.

처음에는 모친 예계진이 반대하였으나 기독교로 개종하고 세례를 받을 것이며 송 씨 집안 교회당에서 결혼식을 올리겠다는 장개석의 말에 끝내 결혼을 승낙하고 만족해하였다.

1927년 12월 1일 집안 식구가 모인 교회당에서의 결혼식이 먼저 거행되고, 다음에는 대화반점(Majestic Hotel)의 무도장에서 내빈들이 모인 가운데 채원배 선생의 주례로 성대하고 화려한 결혼식이 거행되었다. 이때 송경령은 모스크바에 망명 중이었고 두 사람의 결혼 소식에 크게 놀라고 타격을 받았다. 동생이 4·12반공쿠데타의 주인공인 장개석과 결혼하는 사실에 대해 그녀는 처음부터 반대하였으므로 이미 그녀는 이들의 결혼에 대해 "그들 둘의 결합은 정치의 일부분이지 사랑이 아니다"라고 말한 바 있었다.[8] 사실 이 두 사람의 중요한 매개인은 손문이었다. 손문이라는 커다란 후광을 중요시하는 장개석으로서는 손문 부인 송경령의 동생 송미령과의 결혼은 여러 가지 의미에서 그의 값어치를 두 배로 증가시키는 역할을 하였다. 국부로 존경받는 손문과의 관계를 대내외적으로 확실히 알리게 되고 굳건히 하는 계기가 되었으며 미국과의 외교 관계를 위한 대외적인 창구를 얻게 되는 호기였으며 자신의 위치를 한 단계 더 상승시킬 수 있었던 것이다.

1928년 10월 10일 무창 봉기를 경축하는 "쌍십절"에 장개석의 남경정부는 전국통일의 국민정부로 되었으며 송미령도 퍼스트레이디가 되었다. 따라서 미령이 말한 "영웅이 아니면 시집가지 않겠다"라는 맹세도 실현되었고 장개석도 손문 이후 최대로 막강한 총사령이 되었다.[9]

송미령은 '제2차 북벌'을 거행한 장개석을 따라 남경에서 외교적 역할을 수행함으로써 장개석의 결함을 잘 보좌하여 상당한 정치적 작용을 하였다. 결혼 후 그녀는 국민당을 이끌고 공산당과 일제침략에 대항하여 전쟁을 수행하는 장개석을 10여 년간 그림자처럼 수행하면서 그의 개인비서, 통역관 겸 외교고문으로 발군의 재능을 발휘했다. 그녀는 장개석을 따라 전선을 누비며 전선 상황을 취재하기도 했다. 그녀는 매우 용감하여 항공사령을 자처하고 나서서 비행기 120대를 미국에서 얻어와 항공외국용병대를 창설하기도 했다. 특히 북벌전쟁 중 사망한 열사 유족학교의 경영은 효과적이었다.[10] 1933년 장개석의 공산당 위초(圍剿) 작전에 참가하여 강서(江西)로 동행하였다. 강서 소비에트에 대한 군사적 승리를 목적으로 했던 장개석은 정신적 통일을 꾀하기 위해 1934년 '신생활운동'을 전개하기 시작하였다. 예(禮)·의(義)·렴(廉)·치(恥)의 유교도덕의 복권과 청결을 두 개의 기둥으로 하는 이 운동을 송미령은 여성들을 동원하여 추진했다. 이에 대해 송경령은「유교와 현대 중국」이라는 글을 써서 신생활운동이란 아무 것도 받아들일 것이 없는 운동이라고 비판하고 국민의 생활개선을 위해서는 한층 더 위대한 운동을 전개해야 한다고 주장하였다.

1936년 12월 장개석이 일치항일을 주장하는 장학량·양호성의 군대에 의해 서안에서 납치 구금되는 사건이 벌어졌다. 이때 송미령은 국민당 내부의 하응흠 등이 고집한 장학량 일파 처벌·서안진공(西安進攻)의 주장을 진정시킨 뒤 송자문 등과 함께 평화적 해결을 찾기 위해 서안으로 달려갔다. 서안사변은 송미령의 생애에서 가장 극적인 순간이었으며 어려운 상황 속에서 실제적인 수행력을 보여준 사건이었다. 장학량에게 납치 감금된 장개석을 구하기 위해 직접 서안으로 달려가 담판하는 용기를 보여줌으로써 그녀의 담력과 외교력을 과시했다. 이 사건으로 1937년 미국의 시사주간지『타임』은 "세계에서 가장 잘 알려진 여성"으로 선정했다. 이후 항일통일전선의 성립은 이 서안사건을 계기로 크게 진전되었으며, 또한 세 자매를 제휴하게 했던 것이다.

이상에서 살펴보았듯이 송경령과 송미령은 나이는 4살 차이였고, 독실한 기독교 신자인 송가수, 예계진이라는 같은 부모의 핏줄을 타고난 자매간이었다. 그리고 두 자매는 선교사가 경영하는 상해의 맥타이어 스쿨(McTyeire School)을 졸업한 후 미국으로 건너가 미국의 대학을 졸업해 교육 과정도 꼭 같았다. 다만 경령의 미국 체류 기간은 5년이었고, 미령의 미국 체류 기간은 10년이었다는 점은 다르다.

그런데 이 두 자매의 성격적 차이는 매우 컸음을 알 수 있다. 에밀리 한에 의하면 경령은 매우 수줍음을 타는 내성적인 성품으로 엄격하면서도 소박한 면이 많았고, 자신이 믿으려고 하는 것에 대해서는 어떠한 것이든 이유를 찾아내려 하는 등 모든 면이 철두철미했다고 한다. 그리고 철학적인 면이 많았다. 옷차림은 얌전했고, 자신이 가꾼 집안 분위기는 간결하고 경직된 면이 있었다고 한다. 경령은 다년간의 훈련에 의해 얻어진 자아 통제적 인상을 주었으며 깊은 자제력을 보여주었는데, 그녀의 개성은 약한 편이었으며 인내력이 강한 외유내강의 성품이었다. 대중 앞에서 연설할 때나 말할 때 그녀의 표정과 태도 속에는 부끄러움과 의무감이 교차되는 홍조 띤 모습이 역력했다고 한다. 미국과 관련해서는 동양인 차별과 미국 남부 흑인 차별 대우와 비참한 상황에 대해 매우 비판적이었다.

이에 비해 송미령은 열성적이고 재치 있고 생기발랄한 매너와 말솜씨를 가졌는데, 그녀의 언변술은 아버지 송가수를 그대로 닮은 타고난 재능이었다. 그녀는 "모든 사물에 대해 경애감을 가지고 사고하였다"라고 말하였는데, 매사에 열정적이고 성실하였고, 날카로우면서도 재미있는 냉소주의적인 모습과 순수한 열망을 보이면서 성숙된 배우나 교사 그리고 정치가적 행동 양식도 동시에 지니고 있었다 한다. 또한 매우 오만하고 독선적이며 당돌하고 매사에 철저하여 대단히 강한 면을 띠었다. 특히 크고 눈꼬리가 길게 뻗친 그녀의 눈은 특이한 매력을 가졌으며 아름다운 미소는 타인을 압도했다. 또한 세련된 옷 매무새는 타고난 자질이어서 무엇을 입든지 세련되게 보였다고 한다. 키는 작았으나 위엄 있고 당당한 걸음걸이는 그녀를 작게 보이지 않게 하였다고 한다.[11] 미국과 관련하여 미령은 언니와는 달리 오랜 미국 생활로 미국화되어서인지 비판적인 사고는 가지고 있지 않았다.

두 사람이 모두 성실하고 책 읽기를 좋아하고 학구적인 면이 있었다. 그러나 언니 경령은 내성적이고 침착하며 수줍음을 타는 성격으로 초미 일관하는 신념을 관철하는 외유내강의 성격이었음에 비해 동생 미령은 쾌활하고 재치 있고 세련되고 당당한 모습을 보이는 외향적인 성품을 가졌으며, 특히 사교적인 재능 면이나 외교적인 수완이 뛰어났음을 알게 한다.[12] 두 사람을 활동 면에서 보면 송경령은 손문의 아내이자 가장 신뢰할 수 있는 비서이자 동지로서 최초의 퍼스트레이디였다. 손문 사후에는 그의 신3민주의와 3대 정책 수호를 위해 진력하였다. 이에 비해 송미령은 장개석의 비서·통역관·외교관 역할을 하면서 그를 따라 북벌과 항일전을 함께 수행하며 이념적으로도 장개석의 정책을 따른 중국의 두 번째 퍼스트레이디였다.

그런데 두 자매가 결혼한 시기와 상황에는 큰 차이가 있다. 송경령이 손문과 결혼한 시기는 손문이 가장 어려움에 처해 있던 망명 시기로, 손문에게는 돈이 없었고, 나이 차이가 27년이나 되었다. 하지만 중국의 혁명을 돕기 위해서는 손문과 결혼해야 한다는 애국적 영웅 숭배심이 있었다. 이에 비해 송미령이 장개석과 결혼할 때는 장개석이 이미 중국의 제1인자로서 막강한 권력을 누리고 있을 때였다. 권력을 쥔 영웅과의 결혼이었으며, 송 씨와 장 씨 두 가문 간의 정치적 이해 관계의 증서 역할을 한 결혼이었다.

이렇게 두 자매는 현대 중국의 최초의 퍼스트레이디와 두 번째 퍼스트레이디가 되었다. 한 부모 밑의 한 핏줄의 자매이며 동일한 교육과 환경 속에서 자랐으나 매우 다른 정치노선을 가진 동생 송미령에 대해서도 송경령 못지않은 관심을 유발시킨다. 두 자매는 살아생전에 혈연의 관계는 어찌지 못했으나, 한 사람은 좌파로서 또 한사람은 극우로서 정책적으로는 서로 불화하였음은 익히 아는 바다. 아이러니하게도 송경령은 자신을 시초로 하여 이룩된 송가왕조(宋家王朝)를 그녀 자신이 끝까지 무너뜨리려고 노력하였던 것이다. 그들은 왜 이렇게 다른 인생관과 인생행로를 걸었을까?

한 개인의 행동 방향이나 특성, 정치적 노선은 첫째, 주관적 조건으로서 자아의 개성을 들 수 있으며, 둘째는 객관적 조건으로서 주변 인물과의 인간관계 및 그 영향을 들 수 있다. 셋째, 역사적 조건으로서 당시의 정치적 사회적 상황을 들 수 있다.

이 세 가지 조건에 비추어 볼 때, 두 사람이 동일한 환경에서 태어나 자랐지만 각기 다른 인생관과 인생행로를 걸어간 그 이유를 찾아낼 수 있을 것이다.

먼저 송경령은 부유한 집안의 딸이었지만 거기에 안주하지 않고 인민 편에 서서 가시밭길의 민족·민주 혁명을 위한 혁명가로 변신하여 인민과 고락을 같이 하였다. 그 이유는 첫째, 주관적 조건으로서 자아의 특성, 즉 그 타고난 천성이 치열한 애국심과 정의감과 용기와 신념 그리고 박애적 성품을 가졌으며, 둘째는 객관적 조건으로서 그녀에게 결정적 영향을 끼친 손문·요중개·하양응의 영향 및 국공합작 과정에서 코민테른과 중국공산당원의 협조를 통한 그들의 영향을 들 수 있다. 셋째, 역사적 조건으로서 진형명 반란의 교훈과 장개석·왕정위의 손문주의(만년의 손문 사상)에 대한 배반, 국공분열 그리고 손문의 죽음과 요중개의 암살 등 변화하는 시대적 상황을 들 수 있다.

송미령 역시 부유한 집안에서 태어났고, 11세에서 20세까지 10년간의 미국유학을 통해 서구적이고 현대적인 교육과 사상이 몸에 익혔다. 귀국 후 10년간 독신으로 지내면서 화려한 사교계의 여왕, 사회적으로 두드러진 명사로서 활동하였다. 사귀던 남자와도 과감히 헤어지고 권력의 절정기에 있던 장개석과 결혼하여 퍼스트레이디로서 온갖 화려함과 세련됨과 권위를 한몸에 독차지하였다.

그 이유는 첫째, 주관적 조건으로서의 그녀의 타고난 천성이 활달하고 화려하고 사치하고 권력 지향적이었다는 점이다.[13] 둘째, 객관적 조건으로서, 그녀에게 결정적 영향을 끼친 언니 애령과 형부 공상희의 끈질긴 영향과, 또한 장개석의 영향이다. 장개석은 외국의 원조 없이는 살아남지 못할 것을 인식하였기 때문에 미국과 영국의 관심을 끌고 있는 송 씨 가족의 송미령과 결혼함으로써 외국의 관심을 집중시키려 하였으며, 또한 손문의 결혼을 동경한 그는 젊고, 아름답고, 영어에 능통한 손문 부인의 여동생과 결혼함으로써 손문을 닮고자 하였다. 손문 미망인 송경령과도 잘 엮이기를 희망했기 때문에 몇 년에 걸친 관심과 구애 끝에 미령을 아내로 맞이할 수 있었다.[14] 이후 송미령은 남편으로서 최고 통치자로서의 장개석의 모든 것을 따르게 되었다. 여기에 한 가지를 더 첨가한다면 10년에 걸친 미국 생활의 영향으로 모던하고 실리적인 서구적 사고와 매너를 들 수 있을 것이다.

셋째, 역사적 조건으로서, 그 당시의 상황은 언니 송경령과는 전혀 반대적인 입장에서 송미령에게 작용하였다. 장개석의 4·12반공쿠데타나 국공 분열의 상황은 당연한 것으로 송미령에게는 받아들여졌으며, 언니는 모스크바에 망명하여 춥고, 어렵고 고독한 상황에 있는 것과는 전혀 관계없이 그 당시 북벌의 최고사령관으로서의 권력의 권좌에 앉은 장개석 즉 정치적 영웅과 결혼한다는 사실에 만족하였던 것이다. 뿐만 아니라 언니 경령이 민중 편에 서서 장개석 정권에 대해 비난을 할 때마다 미령은 언니를 이해할 수 없어서 분노와 슬픔을 함께 느껴야 했다.

03 항일전과 자매간의 협력

장개석 부인 송미령이 처음으로 대중적인 인물로 부상한 것은 신생활운동이었다. 보통의 중국인에게 송미령은 거의 외국인처럼 여겨졌다. 그런 그녀가 유교운동을 지지하는 것은 퍽 모순되게 보였다.[15] 송경령도 "우리들은 시대착오적인 유교를 부활시켜서는 안 된다"고 일침을 가했다.[16] 실질적으로 송미령은 그를 추종하는 정치적 세력도 없었고, 단지 외국인과의 관계에서 중추적인 인물이라는 것, 친미주의자, 반일주의자 혹은 반공주의자라는 것 외에 그녀의 정치적 주의가 무엇인지 설명하기는 어렵다. 그녀는 재능 있는 대중 연설가였고 강한 인상을 만들기는 했지만 결코 정치인이 아닌 데다가 정치에 관심 있는 것도 아니었다. 그런 의미에서 볼 때 송미령은 송경령보다 더 외로웠다. 특히 그녀는 미국과 중국이라는 두 문명 사이에 나뉘어져 놓여 있었다.

그러나 1936년 12월 12일 서안사변은 송미령의 생애 중 가장 극적인 순간이었고, 어려운 상황에서 실제적인 수행력을 잘 보여준 사건이었다. 이 사건은 장개석의 정책에 전술적인 변화를 가져오게 했지만, 송미령의 사상에도 커다란 영향을 미쳤다. 이 사건 이후 1937년 일본과의 전쟁이 발발하자 송미령은 생애에서 가장 바쁜 시기가 시작되었다.[17]

항전 초기 상해에 모여 여성구국활동에 종사하던 상층 여류인사들은 보다 협조적이고 통일된 여성구국운동을 추진하기 위하여 7월 '중국부녀항적후원회'를 결성하였다. 이것은 노구교사건 후 최초로 결성된 전국적 성격을 띤 여성 단체로서 송경령, 하향응 등 여성지도자가 제안하고 송애령, 손과(孫科) 부인, 채원배 부인, 상해시장 부인 등 유명인사 부인들로 구성된 상해여성계의 항일구국 통일전선이었다.

한편 1937년 8월 1일 송미령이 남경에서 조직한 '중국부녀위로자위항전장사총회(中國婦女慰勞自衛抗戰將士總會)'가 성립되었다. 이 성립 대회에서 송미령은 다음과 같이 연설했다.[18]

> 지금은 역사상 가장 위급한 시기로서 전쟁이 무섭게 우리를 압박해오기 때문에 우리는 전쟁의 암영 속에 모였습니다. 이 전쟁은 우리의 많은 장령과 병사와 무고한 무수한 평민의 희생과 국가의 크나큰 재산의 손실을 필요로 하고 있습니다. 우리는 인내하며 전력투구하여 용감하게 전진하여 국가를 위기에서 구해야 합니다. 그러기 위해서는 전국 동포는 절대로 정부 명령에 복종하며 일치단결해야 합니다. (……) 지금 스페인 여성들도 남성들과 함께 전선에서 싸우고 있으며 유럽 대전 때 각국의 여성들은 모두 힘을 다해 자기 나라를 위해 싸워 승리를 실현하였습니다. 우리 중국 여성들도 결코 그들에 비해 지력이나 체력이 뒤지지 않으며 애국의 용기와 정서는 그들과 비교할

수 없을 만큼 강합니다. 우리들 각자는 실제적인 일을 맡아 전력을 다해야 합니다. 전선에서 싸우는 남성들과 충성스런 장병들을 고무하고 그들이 후방에 대해 걱정하지 않도록 우리는 일체의 희생을 각오해야 합니다. (……) 이제 우리는 몇 개의 여성단체를 하나의 조직하에 연합시킴으로써 우리 여성들의 능력을 더욱더 크게 발휘해야 합니다. 단결이 바로 역량이기 때문이며 일치단결한다면 민족을 구하고 최후의 승리를 할 수 있기 때문입니다.

이는 국민당이 지도하는 여성항일 조직으로 주임위원에 송미령, 총간사에 당국정(唐國楨)이 선임되었다. 이에 하향응은 두 단체의 명칭은 비록 다르지만 추진하는 일은 대동소이하므로 하나의 조직으로 통일시키는 것이 항일하는 데에 훨씬 더 유리하다고 인식하였다. 또 송미령이 앞에 나서서 전국 여성 조직을 이끄는 것이 여러 가지 측면에서 볼 때 적합하다고 생각하였다. 그리하여 하향응은 앞장서서 이를 제의하였고, 후원회의 이사회 결의를 거쳐 8월 4일 중국부녀항적위원회는 중국부녀위로자위항전장사총회 상해분회로 개칭하였다. 여기에는 20여 개의 단체가 회원으로 참가하니 중국부녀항적위원회와 중국부녀위로자위항전장사총회의 결합은 중국여성계가 연합하고 통일하여 공동으로 항일하고자 하는 강렬한 의지를 반영한 것으로 이에 송경령과 송미령의 화합·협력도 이루어졌던 것이다.[19]

1938년 초 전선의 전투는 격렬하였고 전쟁지구의 아동이 대량으로 일본군에 살해되었으며 많은 아동들이 길거리를 떠돌며 기아 선상을 헤매고 있었다. 민족의 후대(後代)를 구하기 위해 등영초는 심균유·곽말약·이덕전 등과 함께 국민당과 각 당파 및 사회각계 유명인사 184명과 연명으로 발기하여 3월 중국전시아동보육회를 한구(漢口)에서 성립시켜 송미령을 이사장에 이덕전을 부이사장에 선임하였다. 그리고 국공 양당과 무소속의 저명한 애국 여성 56명을 이사로 임명하고 등영초는 상임 이사회 일을 맡았으며 국공양당의 지도자·구국회·민중당파, 사회저명인사 및 국제친선인·중국주재 사절 등 286명을 명예이사로 초빙하여 지지와 찬조를 얻어냈다. 이에 즉시 호응한 송경령은 홍콩에서 외국 친구들에게 편지를 보내 전쟁으로 고통 받는 중국의 아동을 구제해줄 것을 호소하였으며, 모금 활동은 신속히 전개되었다. 특히 송경령은 자신이 만든 '보위중국동맹'에서 모집한 자금과 물자를 아동보육원에 지원하였다.[20] 중국전시아동보육회는 1938년 10월 무한에서 중경으로 가서 중국남방국부녀위원회의 직접적인 지도를 받으며 사업이 전개되었다. 이 사업에 두 자매는 힘을 합쳤다. 그야말로 "형제는 담 안에선 싸워도 담 밖에 도적이 나타나면 그것부터 먼저 대적하기 위해 단합"하였던 것이다.

이제 송미령은 여성운동의 중요한 위치에 있었다. 그녀는 1938년 5월 여산(廬山)에서 부녀담화회를 개최하였다. 여기에서 여성 공작의 공동강령을 제정하여 항전과 생산에 각계각층의 여성을 동원함과 동시에 노동 여성 문화생활 면의 수준을 끌어올리고 특히, 여성을 속박하는 풍속·습관을 배제한다는 등 항일전쟁 시기의 여성운동 방침을 결정하였다.

중국공산당 측의 등영초·맹경수(孟慶樹)가 참가하였고 국민당 측의 심혜련(沈慧蓮)·당국진(唐國禎)·구국회 측의 사량(史良), 심자구(沈玆九) 등이 참가하였는데, 이 여산부녀담화회는 두 가지 문제를 해결하였다. 첫째는 전국적으로 여성이 항전과 건국에 참여토록 하기 위해 신생활운동부녀지도위원회를 총기구로 개조, 확대하여 여성을 동원하고 지도할 것을 결정한 점이다. 둘째는 국민당 통치기구 여성운동의 공동강령인 '동원부녀참가항전건국공작대강(動員婦女參加抗戰建國工作大綱)'을 통과시켜 신생활운동부녀지도위원회의 행동강령으로 채택한 점이다.[21]

이로써 신생활운동부녀지도위원회는 항전건국공작의 전국적 규모의 총기구가 되었으며 송미령이 여성운동의 최고지도자가 되었다. 새로 구성된 상무위원회에는 진보적 인사 이덕전(李德全)이 있었고 지도위원회에는 등영초 등이 있었으며 총간사에 장애진(張藹眞)이 선임되었고 훈련조와 문화사업조는 심자구(沈玆九), 사량(史良) 등이 맡았다. 이로써 좌파, 중간파, 우파는 대체로 각각 3분의 1씩을 차지하여 여성계의 통일전선의 골격을 형성하였다.[22]

제2차 국공합작으로 입을 연 송경령 또한 1938년 3·8여성의 날에 '전세계 여성들에게 보내는 호소(向全世界的婦女申訴)'라는[23] 제목으로, 항전 참여가 바로 여성해방의 지름길임을 강조하면서 다음과 같이 호소하였다.

> (……) 인류 사상 미증유의 잔혹한 대규모 학살이 세계 도처에서 만연되고 있습니다. 무수한 여성이 학살되고 능욕당하고 있으며 수천 수만의 어머니와 아내들이 그들의 자식과 남편을 잃었습니다. (……) 여성의 해방은 세계 절대 다수 대중의 해방과 공동의 운명을 가지고 있으므로 현 단계의 여성해방과 행복은 모든 피침략 민족의 항전 승리와 불가분의 관계가 있음을 인식해야 합니다. (……) 우리는 전인류의 이상과 행복을 위하여 싸우고 모든 여성의 해방과 자유를 위하여 싸워서 침략당한 전세계의 다수 대중과 함께 파시스트를 타도합시다!

제2차 국공합작이 성립되면서 국민당 치하의 여성운동은 여산부녀담화회를 계기로 전면적으로 새로운 단계에 들어가 전에 없이 활성화되었다. 아울러 자매간의 협력과 공동전선이 형성되었다.

송 씨 자매들이 의견을 완전히 합치한 흥미로운 부분은 중국공업합작사운동이었다. 이 운동은 합작사 형식의 소형공장을 많이 설립하고 남아 있는 노동력과 각지에 산재해 있는 풍부한 자원을 활용하여 여러 가지 일용품과 군수품을 제조하며 '이동수공업(移動手工業)'의 생산방식을 써서 공업과 농업을 합작하여 후방의 각 지역에서의 생산과 판매의 대동맥을 폄으로써 장기 항전에 대처하고자 함이 그 목적이었다. 이 운동의 발안자는 뉴질랜드 인 레위 알리(Rewi Alley)와 미국인 에드거 스노(Edgar Snow), 님 웨일즈(Nym Wales) 등이었으며 이 안에 찬동했던 송경령, 송자문, 영국대사 아키발드 클라크 카(Archibald Clark-Kerr) 등의 도움을 받았으며, 장개석·송미령·공상희 등 국민당 수뇌부의 지지를 얻게 되었다.

1938년 8월 '중국공업합작사협회(中國工業合作社協會)' 총회가 무한에서 성립되고 그 해 말 '공합(工合)' 조직기구가 중경에서 정식으로 건립되었다. 송미령이 '공합' 명예이사장직을, 공상희가 이사장직을 맡았으며, 레위 알리는 기술 고문을, 유황패(劉黃沛)가 총간사로 임명되었다.[24] 명백히 장개석 부인 송미령이 이 운동의 중심인물이었다. 송경령은 홍콩에서 이 운동을 후원했다. 그녀는 '중국공업합작사국제위원회'를 발의하여 1839년 1월 정식으로 성립시켰는데, 그녀는 홍콩 지역의 국내외 저명인사 다수를 이 위원회에 참가시켰다.[25] 뿐만 아니라 프뤼트(L. Pruitt) 여사에게 위탁하여 미국에서 공업합작사촉진위원회를 건립하게 하였는 바, 이 '공업합작사미국촉진위원회'는 미국 루스벨트 대통령 부인인 엘리노어 여사가 명예회장을 맡아 많은 후원을 해주었다.[26] 이와 같이 '공합'은 1927년 이후 세 자매가 협동한 최초의 실질적 사업이었으며, 1940년 공합이라는 간판 앞에서 찍은 사진은 1927년 이후 자매가 모두 함께 찍은 최초의 사진 중 하나였다. 이러한 장면의 사진은 국공합작이 아직 견고함을 국민에게 보여주는 증서 같은 것이었다.

1940년 송경령, 송미령, 송애령의 세 자매는 함께 홍콩의 각계 애국단체가 거행하는 집회에 참석하였다. 같은 해 4월 송 씨 자매들이 함께 비행기로 중경에 도착하여 장개석과 송미령이 베푼 환영회에 송경령은 공상희, 송애령과 함께 참석하여 국공합작의 굳건함을 보여주었다. 뿐만 아니라 세 자매는 사이좋게 중경의 방송국에 가서 미국 NBC방송을 통해 전파로 전 미국에 중국의 전쟁의 참상과 구제를 요청하는 방송 연설을 하였다.[27] 맨 먼저 송경령이 영어로 방송하였다.

민주주의 친구들에게

일본제국주의 침략에 대항하는 중국 국민들의 투쟁은 거의 3년이 다 되어갑니다. 일본이 우수한 군사력으로 3개월 만에 굴복시키겠다고 호언장담했던 우리 중국은 성공적으로 싸워 단호히 투쟁을 계속하며 최후의 승리를 완벽하게 자신하고 있습니다. 그러나 우리는 도움을 필요로 합니다. 친애하는 미국 청중 여러분, 힘자라는 범위 내에서 우리에게 원조를 해주십시오. 우리 4억 5천만 국민은 우리의 자유와 여러분들의 자유를 위해 무기를 들었기 때문에 태평양 지역과 전세계 민족들의 미래 역사는 지금과 달리 더 밝아질 것입니다. 이제 여러분들은 우리의 전시 수도인 중경으로부터 공상희 부인의 연설을 듣게 될 것입니다. 즉 어떻게 우리 국민과 정부가 무장 저항, 전시 재건, 갱생과 구제의 문제에 대처하고 있는지 들을 것입니다. 공(孔) 부인은 중국 여성들이 남성들과 함께 우리 민족의 생존을 위해 적극적으로 참여하도록 힘든 길을 닦은 선구자 중 한 사람일 뿐만 아니라 가장 값진 애국적 봉사를 하였으며, '중국공업합작사운동', '아동복지활동' 그리고 '부상병들의 친구' 와 같은 중요한 활동의 제일 두드러진 스폰서이기 때문에 이 연설에 매우 적합한 사람입니다. 나는 이제 영광스럽게도 공 부인에게 마이크를 넘기도록 하겠습니다.

다음으로 공상희 부인 송애령의 긴 연설이 이어지고 마지막으로 장개석 부인 송미령의 유창한 영어 연설이 다음과 같이 계속되었다.

안녕하십니까? 미국에 있는 친구 여러분.
나는 몇 분간 공 부인의 연설에 몇 마디만 덧붙이도록 하겠습니다. 제가 하고자 하는 말은 자유를 사랑하는 사람들은, 중국이 3년간의 피 흘리는 고통 속에서 자신의 권리인 정의를 얻게 되었음을 보아달라는 호소입니다.
우리 중국인들은 다음의 두 가지 중 하나라도 중지되어야 한다고 요구합니다. 미국의 입법가들인 의원들이 공격에 대한 공포를 표현하는 것을 멈추든지 아니면 가솔린, 기름 그리고 다른 전쟁물자들을 일본에 판매를 허락함으로써 그들의 공격을 고무하는 것을 멈추어야 한다는 것입니다. 나는 당신들 의원들이 만약 중국이 일본의 무력 앞에 항복하였다면 무슨 일이 발생하였을 것인지에 대해 한번 생각해 보시기 바랍니다.
대답은 명확합니다. 일본은 자기들 육·해·공군력에는 손 하나 대지 않고 우리의 영토와 우리의 인력과 우리의 자원을 사용하여 민주 국가들에 대한 제국주의적 작전을 수행하도록 했을 것입니다. 일본은 인도차이나 · 미얀마 · 말레이 국가들, 네덜란드령 동인도 · 호주 그리고 뉴질랜드의 영토에 즉각적인 공습과 강력한 공세를 가했을지 모릅니다. (……)

만약 계속적인 미국의 일본 원조 때문에 우리가 굴복할 수밖에 없다면 다음과 같은 일이 벌어질 것은 확실합니다. 몇 척의 비밀리에 건조된 큰 군함에 의해 열정적으로 확장되고 있는 일본의 해군은 기회만 주어진다면 네덜란드령 동인도를 마음대로 점령할 것이라는 점입니다. 일본이 관심을 가지고 있는 한 성공은 확실합니다. 그러나 중국의 저항을 육성시키는 중요성을 민주국가들이 망각하게 될 때, 그것을 일본에게는 굴러 떨어진 행운이 될 것입니다.

우리는 지금 일본 군대를 수렁에 빠뜨렸으며, 또한 적절한 시간 내에 패배시킬 수 있지만, 정의가 우리를 도와준다면 우리는 더 빨리 해낼 수 있을 것입니다. 그것은 귀중한 민주주의에 크게 도움을 주게 됩니다. 문제는 정의가 우리를 도와줄 것인가 하는 것입니다. 그리고 그것은 오직 미국 국민과 미국 국회의원에 의해서만 해답을 얻을 수 있습니다. 중국 국민들은 폭격에 의해 귀먹었지만 초조하게 여러분들의 응답에 귀 기울이고 있습니다.

유창한 영어로 한 세 자매의 연이은 대 미국 방송은 국내외에 국공합작하의 중국의 군건한 단결의 모습을 한껏 펼친 결과를 가져왔다.

이 같이 세 자매가 협력하여 행했던 일로서 잊을 수 없는 것은 국제적인 항일원조를 호소하여 반파시즘 국가들의 정부와 국민에게 매우 큰 영향을 끼친 것이었다. 세 자매의 영어 실력은 가히 수준급이었다. 그래서 세 자매의 호소력은 국내나 다른 나라의 어느 누구도 비할 수 없을 만큼 큰 것이었다. 진지한 감정을 담은 송 씨 세 자매의 호소는 대양의 저쪽으로 보내졌고 정의감을 가진 미국 청중들의 귀에 전해졌다.[28] 이 당시의 여성운동을 회고하면서, 사량은 송미령에 대해, 정치적 입장은 달랐어도 연설을 잘하고, 실천력이 있었기 때문에 항일운동에서 한 역할은 컸다고 말했다.

물론 세 자매 사이의 모순은 이 시기에도 전부 해소될 수는 없었다. 사량이 제공하는 에피소드가 있다. 시기는 확실치 않지만, 각 성의 주석 부인을 대상으로 했던 훈련반 모임이 있었다. 송미령이 "여러분들은 외국의 친구들을 접대하는 데 필요한 것, 예를 들면 나이프와 포크를 들고 식사할 수 있어야 합니다"라고 하자, 송경령이 "오늘날 중국 여성과 중국 인민의 문제는 나이프와 포크를 들고 식사할 수 있는가 없는가가 아니라, 먹을 것이 있는가 하는 문제입니다." 그러자 송미령이 난처해하고 있는 모습을 본 송애령이 구원에 나서서 "오늘날 여성계의 문제는, 무엇보다도 단결입니다!"라고 말했다고 한다.[29]

그러나 이러한 세 자매의 협력도 1941년 환남(皖南)사변 이후 사실상 국공(國共) 간의 위기와 분열로 인해 타격을 받고 항일민족통일전선이 무너지면서 여성운동도 침체의 늪에 빠지고 자매간의 관계도 점차 소원해진 가운데 송경령과 송미령은 본래대로 각자의 길을 걸어가게 되었다.

04 맺음말

　　　　　　　　　　　　　　　중국 4대 재벌 가운데 하나인 절강 재벌 송가수는 세 여걸을 딸로 두었다. 첫째 애령은 돈을 사랑했고, 둘째 경령은 나라를 사랑했고, 셋째 미령은 권력을 사랑했다. 현실주의자인 애령은 중국 실업계의 거물 공상희와 결혼, 중국 재계를 한껏 주물렀다. 근대 중국의 국부로 존경받는 손문과 열렬한 사랑에 빠졌던 경령은 그가 죽은 뒤 국민당 좌파로서 끝까지 손문의 주의와 정책을 수호하면서 투철한 혁명운동가로서 활약하며 민중 편에 서서, 대 민중정책에 실패한 장개석 정권에 반대하여 중공정권에 합류하였고 중공정권에서는 국가부주석과 명예주석 자리까지 올랐다.

　　미령이 장개석 총통의 세 번째 부인이 되기로 결정한 것은 사랑만이 아니었다. 그것은 권력을 향한 지향이었다. 그러나 그 후 1936년 송미령은 남편이 감금되는 사태가 벌어지자 서안으로 뛰어들어 장학량과 담판 끝에 남편을 구해내었다. 이 서안사건으로 송미령을 '세계에서 가장 잘 알려진 여성'이 되었다. 지난 40년대 그녀는 미국 의회를 상대로 정열적인 로비 활동을 펼쳐 미국의 원조를 끌어냈으며, '차이나 로비'의 주역으로 대접받았다. 1943년에는 당시 루스벨트 대통령의 초청으로 외국 여성으로서는 최초로 미국 상하 양원합동회의에서 미국 원조를 요청하는 연설을 하여 기립 박수를 받았다. 미국의 루스벨트 대통령은 "선교사가 중국에 예수를 전했듯이 송미령은 미국에 중국을 알렸다"라고 극찬할 정도였다. 송미령은 탁월한 언변과 정열적인 외교 활동으로 수많은 신화를 남겼다. 공산당에게 패한 뒤 대만으로 건너온 후 남편을 도와 자유중국정부의 강력한 배후가 된 그녀에게 있어 권력이란 의지를 성취하고, 상황을 조절하는 가장 확실한 수단이었다. 뛰어난 미모와 능력으로 송미령은 송경령에 못지않을 만큼 중국현대사의 한 페이지를 장식한 여성이었다. 장개석 총통을 세계적 인물로 만드는 데는 성공했으나 아이를 낳지 못했음은 안타까운 사연이었고 이 점은 송경령도 마찬가지였다.

이 두 퍼스트레이디 자매 사이의 경쟁의식은 상대적으로 강했다. 미령이 국가 최고의 자리에 있을 때, 언니 경령은 추운 모스크바에서 망명생활을 하고 있었다. 그러나 신중국 성립 이후 경령은 손문을 '공화국의 창시자'로 받들고 있는 중국 정부의 부주석 자리에까지 올랐으나, 동생 미령은 타이완에서 망명 생활을 해야 했으니 두 사람의 처지는 극적으로 바뀐 모양이었다. 그 뒤 미령은 남편이 사망한 1975년 미국으로 건너가 뉴욕 근교의 롱아일랜드에서 살았다.

1981년 송경령이 사망하기 전 중국 정부는 동생 송미령에게 전보를 쳤으나 그녀는 오지 않았다. 그리하여 1949년 대륙이 공산화된 이후 헤어진 경령·미령 자매는 '세기의 이산 자매'가 되어 죽을 때까지 서로 만나지 못했다.

그 후 제2차 세계대전의 유일한 생존 주역으로 불리며 양안(兩岸)과 미·중 관계의 살아 있는 교과서로 인정받는 송미령은 1995년 98세의 노구를 이끌고, 미국 의회에서 종전 50주년 기념 연설에 참가함으로써 다시 한 번 뉴스에 올랐다. 이러한 사실은 국제적으로 고립감을 느끼고 있는 대만인들에게 송미령을 '영원한 퍼스트레이디'로 남게 하였다.

2003년 10월, 3세기에 걸쳐 살아온 송미령은 106세를 일기로 타개했다. 송미령의 사망으로, 20세기 중국사에서 빼놓을 수 없는 역할을 했던 비중 있는 인물이면서 서로 상반된 인생 역정을 걸었던 송 씨 자매의 이야기는 그 파란만장한 삶을 마감한 채 이제는 모두 역사의 뒷장으로 넘어가게 되었다. 송미령 사후, 중국 본토인 상해의 친척들은 상해가족묘역을 고집했고 대만에서는 대만의 장개석 총통 옆의 묘역을 주장했으나 그녀는 그녀가 원한 대로 오래전부터 구입해놓은 뉴욕 시 근교 편클리프 묘지에 조용히 안장되었다. 송경령 또한 남편 손문 곁에 묻히지 않고 부모님과 자신을 보살펴준 하녀 이연아가 묻힌 상해 만국공묘에 안장되었다.

송경령과 송미령, 두 여성을 놓고 볼 때 경령은 파란만장한 중국현대사 속에서 평범한 여성으로 안주하지 않고 망명 생활을 하며 민중 편에 서서 남편 손문의 뜻을 수호하기 위해 외롭게 투쟁하였으며 결국 그녀는 최후의 승리자가 되어 중화인민공화국의 부주석과 명예주석에까지 올랐다. 미령은 대륙에서의 22년간의 화려한 퍼스트레이디 생활을 거친 후, 패망하여 대만으로 가 다시 26년간의 퍼스트레이디 생활을 하였으나 결국엔 정치적 패자가 되었다. 경령은 88년간의 생애 중 결혼 생활은 10년이었으나 그 이후 손문의 뜻을 따라 평생을 혁명운동에 몸을 바쳤고 미령은 106년간의 생애 중 결혼생활은 48년간이었으나 만년에는 거의 별거하다시피 했었다. 개인적인 의미에서 볼 때, 두 자매의 인생은 외롭긴 마찬가지였다고 보인다. 그러나 우리는 진정으로 조국을 사랑하고 민중과 고뇌를 함께 했던 '중국의 양심' 송경령의 모습이 더 배워야 할 모범이라고 생각하지 않을 수 없다. "이보다 더 훌륭하게 살 수는 없었다"라고 한, 송경령과 60년 가까이 친하게 지냈던 한 화교의 말은 이 사실을 잘 증명해준다.[30]

■주 석

1) 송가수와 예계진의 6남매를 간단히 살펴보면 다음과 같다.
   ① 송애령(1888-1973); 미국 웨슬리언 대학 졸업. 공상희 부인.
   ② 송경령(1893-1981); 미국 웨슬리언 대학 졸업. 손문 부인.
   ③ 송자문(1894-1971); 미국 하버드 대학 졸업. 행정원장. 재정부장 역임.
   ④ 송미령(1897-2003); 미국 웨슬리언 대학 졸업. 장개석 부인.
   ⑤ 송자량(1899-?); 미국 예일 대학 졸업. 금융인.
   ⑥ 송자안(?-1969); 미국 반더빌트 대학 졸업. 금융인.
2) 이양자, 『송경령 연구』(서울, 일조각, 1998) pp.10-13.
3) 미령은 1908년 11세 때 미국에 건너가 처음 1년은 뉴저지 주 서미트에서 공부한 후 조지아 주 더모래스트에서 공부하였고 그 후 1912년 조지아 주 메이컨 시에 있는 웨슬리언 대학(Wesleyan College)에 입학하였다. 그 후 1913년, 미령을 보살펴주던 경령이 귀국하자 웨슬리언 대학을 떠나 매사추세츠 주의 웰슬리(Wellesley) 대학에 다시 1학년으로 입학하였다. 매사추세츠 주 하버드 대학에는 그녀의 오빠 송자문이 다니고 있었으므로 오빠의 보살핌을 받기 위해서였다. 웰슬리 대학에서는 영문학, 철학, 수사학, 음악, 천문학, 역사학, 성경역사, 강연술 등을 배웠으며 버몬트 대학에서는 교육학을 선수(選修)하였다. 특히 웰슬리 대학 졸업 때는 가장 영예로운 '듀란트(Willam J. Dura'nt)장학금'을 받을 정도로 성적이 우수하였다. 대학 졸업 후 1917년 여름 송미령은 10년 가까운 미국 생활을 끝내고 오빠와 함께 귀국하였다.(楊樹標 著 『宋美齡傳』(南昌, 江西人民出版社. 1997. 7) pp.5 7. 참조)
4) 『에드거 스노 자서전』 p.175. (채재봉 역, 김영사, 2005.3.) 원제 *Edgar Snow, Journey to the Beginning*(1972) '사랑에 빠진 건 아니었어요. 먼 곳에 있는 영웅에 대한 숭배였어요. 저는 중국을 구하는 일을 돕고 싶었는데, 손 박사만이 그 일을 할 수 있는 유일한 사람이라고 믿었어요' 라고 송경령은 애드거 스노에게 말했다.
5) 이양자, 앞의 책 p.1.

6) 陳廷一,『宋美齡全傳』(青島, 青島出版社. 1993) pp.61-69.
7) 陳廷一, 위의 책 pp.117-135. 第九章「政治姻緣」陳廷一,『宋氏三姉妹全傳』(青島出版社, 1998.8) pp.421-433. 中篇 宋美齡傳 제8장 참조.
   송애령은 미령에게 다음과 같이 말하여 설득하였다. "지금 장개석은 미국의 세력을 업고 권력을 쥐려고 한다. 누가 송 씨 집안과 미국과의 관계를 모르느냐? 지금 우리 송 씨네 집안사람이 그에게 시집간다면 그건 그를 대신하여 중국을 통치하는 것과 마찬가지야. (……) 그리고 너는 장개석과 결혼하는 것이 아니고 중국을 통치하는 황제와 결혼하는 것과 같은 것임을 알아야 한다." 애령은 장정강을 중매꾼으로 하여 동생 미령의 혼사를 결정지었다.
8) 『에드거 스노 자서전』p.171. '두 사람의 결혼은 양쪽 모두의 기회주의의 결과이며, 사랑은 전혀 들어 있지 않아요'라고 송경령은 애드거 스노에게 말했다.
9) 陳廷一, 앞의 책(1993) pp.136-144.
10) 楊樹標, 앞의 책, pp.24-25. '第二次 北伐' 전후의 활동
11) Emily Hahn, *The Soong Sisters*(Doubleday Doran & co. Inc. New york, 1941) pp.313-320. Chapter ⅩⅩⅩⅢ. Appraisal.
12) Helen F. Snow, *Women of Moden China*(The Hague Mouton & Co. 1967) pp.157-170. Madame Chiang Kai-Shek and Madame H.H. Kung
13) 吳淑珍,「試論宋慶齡縱民主主義者向共産主義者的轉變」,『中山大學學報(哲社)』, 1986 年 1期 Sterling Seagrave, *The Soong Dynasty*(New york Harper & Row. 1985.) 한국 번역본 「宋家別曲」上卷 p.208. 미령은 귀국 후 아버지에게 "왜 큰 집을 사지 않는 거예요? 아버지, 왜 현대적 목욕탕을 만들지 않는 거예요?"라고 얘기했다. 송경령과는 아주 대조적이었다.
14) Helen F. Snow, 앞의 책 pp.157-170.
15) Helen F. Snow, 위의 책 pp.157-170.
16) 『宋慶齡選集』(人民出版社. 1966) pp.103-111.「儒教與現代中國」(1937.4)
17) Helen F. Snow, 앞의 책. pp.157-170.
18) 『蔣夫人言論選集』(臺北, 中央文物供應社 中華民國六十九年一月) p.1.「告中國婦女」(1937年 8月 1日)
19) 中華全國婦女連合會 編『中國女性運動史』下卷 韓國語번역본(한국여성개발원. 1991) 下卷. pp.151-161.
20) Helen F. Snow. 위의 책. pp.157-170.
21) 『蔣夫人言論選集』p.40. 婦女工作的綱領應與新生活運動目標相結合

22) 『中國女性運動史』下卷. pp.172-173.
23) 『宋慶齡選集』p.127.「向全世界婦人申訴」(1938. 3.8)
24) 菊池一隆,「抗日戰爭時期의 中國工業合作運動」(『歷史學研究』10. 歷史學研究會論集. 靑木書店. 1980.10) p.31, p.37
25) 『에드거 스노 자서전』p.390.
26) 張法租,『工合與抗戰』(星群書店, 1941) p.360.
27) Emily Hahn, 앞의 책. pp.323-328. Appendix. *The Soong Sisters' Broadcast To America* Chungking, April. 18. 1940.
28) 陳廷一, 앞의 책(1993). pp.300-303.
29) 史良,「我的生活道路(下)」,『人物』, 1983年 6月. pp.78-79.
30) 이스라엘 엡스타인저 저, 이양자 역『20세기 중국을 빛낸 위대한 여성, 송경령下』(한울출판사. 2000) p.399.

중국 여성혁명가의 초상, 등영초

전_동_현

01 중국혁명의 큰언니

중국인들에게 큰언니(鄧大姐)라는 애칭으로 불리는 등영초(鄧穎超, 1904-1992)는 5·4운동으로부터 1992년에 이르는 기나긴 혁명생애를 통해, 5·4세대가 어떻게 혁명의 주역으로 성장하고 새로운 중국건설에 참여했는가를 보여주는 대표적 혁명가이다.[1] 15살 어린 나이에 이미 강연대 대장으로 활약하며 천진의 5·4운동에 주도적으로 참여했던 등영초는 인생의 동반자이자 혁명의 동지였던 남편 주은래와 함께 존경과 사랑을 받는 혁명지도자로 남았다.[2] 근엄한 존칭보다는 그저 큰언니로 불리기를 원했던 그녀는 총명한 두뇌와 겸허한 인품을 지닌 모범적 혁명가로 주위 사람들에게 기억되고 있다.[3]

정치협상회의에 유일한 여성대표로 참여할 정도로 지도적 혁명가였던 그녀였지만 평생의 중심을 이루는 성과는 역시 통일전선정책의 실천과 중국여성운동의 지도에서 찾을 수 있다. 그녀는 민첩한 상황 판단과 세심한 친화력으로 공산당 안팎을 넘나들며 광범위한 인사들을 통합하는 능력을 보여줌으로써 통일전선정책을 수행하는 데 가장 큰 기여를 한 인물이었다.[4] 또한 본인이 성장과정과 5·4 시기에 절감했던 중국여성의 현실을 바탕으로 혁명 안에서 여성과 여성운동이 어떠한 방향으로 나아가야 하는지를 끊임없이 모색하고 여성 대중과 당 중앙을 향해 적극적 제안을 제시하였던 여성지도자이기도 하다.

등영초는 성장 과정에서 차례로 세 개의 이름을 가졌다. 첫 번째 이름은 태어나자마자 부모님들이 귀한 딸이라는 의미를 담아 지어 준 옥애(玉愛)였고, 두 번째 이름은 아홉 살이 되어 뒤늦게 정규학교에 들어가게 되었을 때 어머니가 덕과 재주를 겸비하기를 바라는 마음을 담아 지어 준 문숙(文淑)이었다. 그리고 가장 널리 알려진 세 번째 이름이 바로 독립적 성인으로서 본인이 스스로 모든 장애와 압박을 초월하고자 하는 의지를 담아 선택한 영초(穎超)였다.

등영초는 일곱 살에 아버지 등정충(鄧庭忠)을 여의고 어머니 양진덕(陽振德)의 슬하에서 외롭게 자라났다. 어머니 양진덕은 개명한 아버지 덕분에 의학을 익혔지만 일자리를 얻기는 어려웠다. 모녀는 딸이 세 살 무렵부터 곤궁한 생활을 면하기 어려웠다. 어린 딸은 생활비가 부족할 때 어머니와 함께 방직기 앞에 앉아 수건을 짜기도 했지만 어머니의 자애로운 보살핌으로 밝게 지낼 수 있었다. 어머니는 자존심 강하고 남에게 의지하려 하지 않는 성격을 지녔고 어린 딸은 그런 어머니를 보며 자신도 자립적으로 살아야겠다는 생각을 굳히게 되었다. 어머니에게 글을 배우던 딸은 1913년 아홉 살이 되었을 때 처음으로 학교에 가게 되었다.

어머니가 일하면서 알게 된 중국사회당 당원 장성화(張星華)의 소개로 북경 평민학교(平民學校)의 교원이 되었고 이곳에서 딸도 처음으로 학교에서 공부하게 되었다. 평민학교는 중국사회당 당원이자 북경지부 책임자였던 진익룡(陳翼龍)이 교장을 맡고 있었고 당시로서는 획기적으로 남녀공학을 실시하고 학비도 받지 않았던 진보적 성격의 교육기관이었다. 교사들도 대부분 사회당당원이거나 동맹회회원들이었고 근무를 봉사로 생각했기 때문에 월급은 지급되지 않았다. 어머니 양진덕 역시 월급을 받을 수 없었지만 모녀가 학교에서 숙식을 제공받았기 때문에 큰 곤란 없이 새로운 환경에 적응해갈 수 있었다. 식사 때마다 정치 비판과 새로운 사회 구상에 대한 토론이 벌어지는 진보적 분위기 속에서 모녀는 즐거움을 느끼고 새로운 이상을 추구하기 시작하였다. 그러나 1년도 되기 전에 교장 진익룡이 혁명자금을 모금해서 돌아오다가 체포되고 결국 처형되는 사건이 발생하였다. 학교는 폐교되었고 어머니와 학교 교사들은 진익룡을 구하기 위해 동분서주하였으나 성과 없이 끝나고 말았다. 진익룡의 죽음은 딸에게 처음으로 혁명가의 이상과 장렬한 희생을 절감했던 기억으로 남았다. 그리고 위험을 무릅쓰고 진익룡의 장례를 치른 강인한 어머니에게서 딸은 배워야 할 모델이자 인생 스승의 모습을 발견하였다.

평민학교가 폐쇄되자 북경에 의지할 곳이 없었던 모녀는 다시 천진으로 돌아갔다. 1913년 가을 등영초는 직예제1여자사범학교 부속 소학 4학년에 들어갔다. 그녀가 소학과정을 겨우 마치고 고등소학교에 들어가 1년 정도 공부했을 때 어머니는 실직했다. 학교를 중단하고 방직기로 수건을 짜서 팔아 생활비를 마련하고 있을 때 친구가 그녀에게 직예제1여자사범학교 예과에 응시해보도록 권유했다. 사실 학교 규정상 사범학교에 진학하려면 고등소학교를 졸업하고 나이도 열세 살이 넘어야 했다. 등영초는 고등소학교도 1년 밖에 다니지 못했고 나이도 열한 살 밖에 되지 않았다. 게다가 본과는 학비와 숙식비가 모두 면제되었지만 예과의 경우 시험 점수가 우수한 세 명만이 면제받을 수 있었다. 어려운 여건이었지만 총명하고 공부를 잘 했던 문숙은 1915년 가을 사범학교 예과에 입학할 수 있었다. 당시 직예제1여자사범학교는 컬럼비아 대학에 유학 중이던 교장 제국량(齊國梁)을 대신하여 진보적 교육가 마천리(馬千里)가 주관하고 있었다. 등영초는 열심히 유쾌하게 공부할 수 있었고 1916년 가을 순조롭게 본과로 진급하였다.

02 5·4운동과 여성의 각성

1919년 등영초가 열다섯 살이 되던 해 북경에서 5·4운동이 발발하였다. 5월 5일 저녁 직예여사범학교에서도 학생들의 모임이 이루어졌고 등영초는 곽융진(郭隆眞)과 함께 천진여계애국동지회를 만드는 데 참여하고 평의원으로 추대되었다. 동학 중에서 가장 어렸지만 주관이 분명하고 사고가 명석할 뿐 아니라 열성적 강연으로 사람들을 감화시켰던 등영초는 강연대장까지 맡아 활약하였다. 등영초는 5·4운동을 통해 처음으로 조국의 운명과 만나게 되었고, 88세로 세상을 뜰 때까지 70년이 넘는 혁명 생애를 시작하게 되었던 것이다

"5·4 때 우리들은 아직 지식인이 노동자 농민과 결합해야 한다고 생각하지는 않았다. 다만 레닌이 소련혁명의 지도자였고 압박받는 노동자와 농민을 위하여 해방을 도모하고자 하였다는 점을 알고 있을 뿐이었다. 그러나 우리들은 당시에 자발적으로 나라를 구하려면 학생에게만 의존해서는 안 되고 반드시 '동포들을 각성' 시켜야 한다는 점을 깨달았다. 그래서 우리들은 선전공작을 중시하였으며 많은 강연대를 조직하였다. 나는 당시에 여계애국동지회의 강연대장과 학생연합회의 강연대장을 맡았다. 강연을 할 때마다 매번 청중이 매우 많았고 우리들은 일치단결하여 구국할 것, 매국적(賣國賊)의 징계, 조선 망국에서 보는 망국노(亡國奴)의 참담한 고통, 애국적 집회의 자유, 북양군벌정부의 학생 탄압에 대한 항의 등의 내용을 중심으로 강연했다.

– 등영초 「"5·4"운동의 회고」(1959)[5]

처음부터 여학생들의 강연 활동이 순조로웠던 것은 아닌 것 같다. 「5·4 시기의 강연대 회고」에 의하면, 초기에 강연대의 여학생들은 봉건적 관념의 제한을 받아 길거리에서 강연하기를 꺼리는 경우가 있었다고 한다. 그래서 정기적으로 정해진 몇몇 공공장소에서만 겨우 강연을 했다고 한다. 그러나 점차 길거리 강연에도 익숙해졌는데 연사는 감정이 북받쳐 눈물을 흘리기도 했고 듣는 청중도 감동을 받았다. 특히 등영초의 연설은 열정적이고 거침이 없어서 호소력이 풍부했고 어떤 경우에도 당황하지 않았다고 기억된다. 강연대 활동 중에는 가정방문을 하는 경우도 있었는데 문전박대를 당하여 다들 의기소침해지자 당당히 문을 두드리며 "우리는 구국을 하자는 것이지 밥을 구걸하는 것이 아니에요"

■1926년 남편 주은래와 함께한 등영초

■1988년 전국정치협상회의 예비회의에서 발언하는 등영초

라고 외치고 대원들을 향해 군중 속으로 들어가 군중을 움직일 수 있는 방법을 찾자고 격려하기도 하였다고 한다.[6]

등영초는 자신의 회고에서 5·4애국운동의 발전이 동시에 여성해방운동을 일으켰고 이것은 5·4민주운동의 주요 내용이었다고 설명하였다. 여성해방의 구호로 남녀평등, 포판(包辦)혼인 반대, 사교의 공개, 연애의 자유, 혼인의 자유, 여학생 대학 입학 허용, 각 기관의 여직원 임용 개방 등이 등장하였다. 여성해방의 노력은 구호에서만 그친 것은 아니었고 천진의 남녀학생들이 조직한 각오사(覺悟社)는 바로 새로운 시도의 실천이기도 하였다.

천진에서는 5·4운동을 전개하면서 남녀학우들이 따로 조직한 학생연합회를 합병하였다. 여학생 중에서도 찬성하지 않는 이가 있었고 사회 여론도 부정적이어서 처음에는 곤란을 겪기도 했다. 합병 후에 남녀학생들 간에 풍기가 문란해지지 않을까 하는 우려가 있었기 때문이었다. 그러나 진보적이고 적극적인 사람들이 이러한 장애를 뚫고 용감히 합병을 실행하였고 결과적으로 높은 평가를 받았다. 남자 학우들 중에서 적극적인 이들은 새로운 사조의 영향을 받아 여자를 경시하는 관념을 타파하고 여학우들을 매우 존중해주었다. 각오사에서는 작업의 책임을 모두 평등하게 담당했고 각 부문의 책임자들은 물론 평의부의 주석도 남녀를 각 1인씩 동등하게 배정하였다. 당시 남녀동학을 한 명씩 배정했으며 평의부의 주석도 남녀 각 1인씩 배정하였다. 당시 학생연합회에서 여학우들의 지위와 역할은 남학우들과 마찬가지로 주도적인 것이었다고 한다.

여학생들의 적극적 역할은 대규모 시위집회에서도 반영되었다. 쌍십절 시위를 둘러싼 천진경찰청장과의 대결은 학생들의 기지와 용기를 보여주는 에피소드를 남겼다.

친일파로 악명 높았던 천진 경찰청장 양이덕(楊以德)은 천진 학생들이 중심이 되어 쌍십절 시위를 준비하고 있다는 제보를 듣고 모든 군중집회를 금지하였다. 그러나 당시 천진학생운동을 이끌던 주은래, 등영초 등의 학생지도층은 이에 대응할 전략을 준비하고 있었다. 10월 10일 오전 집회장소인 남개학교에는 5만여 군중이 운집했다. 그 중에는 남녀학생, 각계 대중, 적지 않은 노인들도 함께 했다. 이날 사람들을 놀라게 한 것은 여학생들이었다. 언제나 제일 안쪽에 배치되어 군중들의 보호를 받았던 여학생들이 이날은 가장 외곽에 서서 집회 군중들을 보호하고 있었던 것이다. 이러한 여학생들을 이끌었던 이들이 등영초를 비롯한 여학생 지도자들이었다.

집회가 성공적으로 끝나고 시위가 시작되자 대열의 이동에 맞추어 여학생들이 신속히 외곽으로 뛰어나가 외치기 시작했다. "경찰도 중국인이다. 경찰도 애국해야 한다", "애국학생들을 때리지 마라." 경찰들이 맨손의 연약한 여학생들에게 차마 손을 못 대고 망설이는 사이에 여학생들은 재빨리 경찰의 방어선을 뚫고 시위대에게 나갈 길을 열어주었다. 이것이 등영초 등 학생지도부의 전략이었던 것이다.

그러나 곧 경찰과 시위대 간에 위험한 난투극이 벌어지기 시작했고 선두에 나섰던 등영초는 총상을 입었으나 끝까지 시위를 계속했다. 유혈 사태는 시위 군중들을 더욱 격분시켜 결국 경찰청장이 경찰청 안에 쫓겨 들어가 시위 군중들에게 굴복하는 상황까지 이어졌던 것이다.

이렇듯 천진의 애국운동을 이끌던 학생지도자들은 각오사(覺悟社)라는 조직을 만들어 새로운 사회 건설을 추구하였다. 각오사는 그 활동 기간은 길지 않지만 혁명적 동지이자 반려자가 된 주은래와 등영초를 비롯하여 천진의 애국적 엘리트 학생들의 집합체로서 중국혁명의 인재들을 키워낸 곳으로 이름을 알리고 있다.

등영초는 애국운동과 각오사 활동을 거치면서 점차 중국 여성의 현실과 앞날에 대한 모색을 시작하게 된다. 특히 그녀의 친구였거나 가까이에 있었던 교육받은 여성들의 불행을 보면서 혼인, 가정제도의 폐해와 횡포에 대해 많은 관심을 기울이게 되었다. 1920년대에 들어가 각오사의 회원들은 일부가 일하면서 공부하는 생활을 실천하기 위해 프랑스로 출국하면서 뿔뿔이 흩어졌다. 등영초는 사범학교를 졸업하고 교사가 되었고 국내에 남은 일부 회원들과 함께 여성사(女星社)를 조직하고[7] 여성의 문제를 토론하기 위한 『여성(女星)』을 발간하였다. 여성은 여명의 새벽별과 같이 여성들의 앞길을 비추겠다는 염원을 담고 있었다.

여성사는 초기 공산주의 지식인들이 1923년부터 1925년까지 조직해서 활동하였던 진보적 여성운동단체였다. 이들은 『여성(女星)』과 『부녀일보(婦女日報)』 등 출판물을 창간하여 여성해방의 사상을 선전하는 데 주력하였다.

그들은 우선 현실 투쟁과 긴밀히 결합하여 여성들의 관심을 사회와 국가 문제로 인도하였다. 여성사 구성원들은 여성 문제가 전체 사회 문제의 일부분이라고 인식하고 사회변혁과 국가 운명과 여성해방을 분리할 수 없다고 생각하였다. 그리고 광대한 여성의 절박한 요구와 희망에서 출발하여, 여성 자신의 해방과 민족·계급의 해방을 결합하여 선전하였다. 적지 않은 글들이 국민혁명에 적극적으로 참가할 것을 주장하였다. 또한 구체적 사례를 통하여 사람들의 관심을 집중시킬 수 있도록 이론 선전과 사실 보도를 결합시키고자 하였다.

여성사 구성원들은 여성보습학교를 설립하여 여성교육을 추진하였다. 학교를 운영함으로써 교육을 통하여 여자들을 각성시키고 자립 능력을 키우려는 것이 여성사가 추구한 여성해방의 중요 활동이었다. 학교를 설립한 후 이치산(李峙山)이 교장을 맡고 등영초가 교무장을 맡고 교사는 여성사 구성원들이 담당하였다. 학교 운영 외에도 그들은 천진과 전국의 평민교육운동에 적극 참여하였다. 또한 교사의 신분이었던 그들은 성과 현의 교육회 위원으로 활동하였다. 여성을 무시하고 여자교육을 배척하는 세력들과 계속 투쟁해나갔다. 여성사의 교육 실천은 여자교육을 개혁하고 발전시켰을 뿐 아니라 여성의 지위와 각오를 제고하고 긍정적 영향을 미쳤다고 평가한다.

등영초는「선언 – 희생자의 죽음을 위하여」[8]라는 글을 통해 여성들을 죽음으로 몰아넣는 중국 가정제도의 개조가 분투해야 할 목표의 하나라고 주장하기 시작하였다. 그리고 무엇보다도 중등교육을 받은 많은 여성 청년들이 용감하게 싸우고자 하는 의지가 없이 상황에 굴복하고 마는 것이 가장 문제라고 통탄하였다.

이 시기 등영초에게 가장 충격을 주었던 사건은 여자사범학교 동학이었던 장사정(張嗣婧)의 비참한 죽음이었다. 등영초는「장사정 전기」[9]를 통해 비참한 결혼 생활이 친구를 어떻게 죽음으로 몰고 갔는지를 상세하게 소개하였다. 원래 공부를 잘하고 친절했던 장사정은 친구들과 선생님들이 모두 좋아했으며 등영초와는 5 · 4 시기에 집회, 시위, 강연을 함께 했고 각오사 회원도 함께 한 친자매 같은 동료였다. 그런데 장사정은 졸업이 반년도 남지 않았을 때 갑자기 학교를 떠났다. 어렸을 때 부모가 정해준 상대와 결혼해야 했기 때문이다. 그러나 남편은 간질이 발병하여 사람이 완전히 변해 있었다. 그녀는 차마 부모님의 마음을 상하게 할 수 없다는 "효도"의 심정으로 내키지 않는 결혼을 하였으나 남편의 발작과 시부모의 학대를 받으며 날로 황폐해져 갔다. 하루 종일 집안일을 하면서도 경제력이 없는 남편을 대신해 돈을 벌어야 했고 어려운 가정 형편 때문에 거의 굶주리다시피 생활했다. 아들을 낳자 아기는 대를 이을 자식이라고 애지중지하면서도 병이 깊어가던 장사정은 진료 한번 제대로 받지 못한 채 혹사당했다. 돌이킬 수 없이 병이 위중해진 장사정이 결국 숨을 거두던 날 처음으로 의사가 왕진을 왔다. 그러나 의사가 미처 집에 도착하기 전에 그녀는 숨을 거두었다. 장사정의 학비를 대주었다는 명목으로 며느리를 노예 부리듯 했던 시어머니는 이미 가망 없는 병인데 의사를 부르느라 괜한 돈을 썼다며 화를 내었다고 한다.

등영초는 장사정에 대한 전기와 함께 「자매들이여! 일어나라 !」[10]는 글을 발표하고, 장사정의 죽음이 구식 혼인제도, 경제제도, 어두운 가정의 압박, 출산 양육 과정의 영양실조, 그리고 분투하고자 하는 혁명정신의 부재 때문이었다고 분석하였다. 등영초는 과거 수천 년 동안 중국의 문화, 역사, 제도, 습관, 법률에서 여자는 한 "인간"으로 인정받지 못하고 장난감이거나 노예로 취급되었다고 말했다. 결혼하기 전에는 부모의 사유재산이고 결혼한 후에는 남편의 장난감이고 시부모의 노예가 되어 감옥으로 변형된 가정에 속박되었다는 것이다. 그래서 미혼 여성들을 향해서는, 이미 결혼이 정해져 있고 그것이 부모가 대신 결정한 것이라면 당신들은 마땅히 반항 분투해야 한다. 삼종사덕과 여자는 두 지아비를 섬기지 못한다는 등의 여성의 개성과 인격을 죽이는 나쁜 관념을 타파하고 결혼을 물리고 혼약을 해제해야 한다. 애정도 없이 일면식도 없는 사람들이 공동생활을 해야 한다면 남자의 입장에서는 강간과 무슨 차이가 있는가? 여자의 입장에서는 매음과 무슨 차이가 있는가라고 묻고 여자를 남자의 장난감으로 만들고 결국 생식 기계로 전락시켜버린다고 성토하였다. 이미 결혼한 여성들을 향해서는, 연애에 근거한 결합이 아니고 현재에 만족하지 않는다면 용감하고 결연하게 이혼을 제출하고 매음의 생활로부터 빠져나와야 한다고 조언하였다. 그리고 "친애하는 자매들이여! 일어나라! 용감히 일어나 진정 독립적 "인간"이 되자!"고 촉구하는 말로 끝맺고 있다.

그러한 불행한 결혼의 사례는 「시어머니의 가르침을 받은 학우」[11]에서 묘사한 여사범학교 동학의 신산한 결혼 생활에서도 찾아볼 수 있다. 무려 5년간 고등교육을 받은 인재가 1년 반 밖에 안 된 결혼 생활을 통해서 모든 교육의 성과를 완전히 상실했다는 것이다. 결혼 문제는 아니지만 가정에서의 종속적 지위가 여성들을 억압하는 사례는 「경제적 압박 아래 놓인 소녀」[12]라는 글에서 찾아볼 수 있다. 미스 L은 활발한 소녀로서 생각이 건전하고 용감히 타인을 도울 줄 아는 정신을 갖고 있었다. 그런데 아버지가 돌아가신 후 온 가족이 백부에게 경제적 지원을 받으며 생활하게 되면서 극도로 곤궁한 생활을 하게 되었다. 학업을 계속하기 어려웠을 뿐 아니라 눈병이 났는데도 비용이 없어 병원에 가지 못하고 있었다. 사정을 알게 된 학교 선생님 미스 Y가 도움을 주고자 교무회의에 알려 학교에서 백부에게 서신을 보냈다. 그러나 백부가 여전히 돈을 보내주지 않아 치료를 받지 못해 실명의 위기에 봉착하게 되었다는 것이다. 등영초는 "이러한 경제제도하의 사회에서 압박을 받는 이가 어찌 그녀 하나뿐이겠는가? 우리들도 이러한 압박을 받지 않았는가! 지금은 무산계급이 이미 자본주의를 향해 공격을 개시한 시기이니 압박받는 친구들이 빨리 경제혁명에 가담해야 하지 않겠는가? 친구들이여! 노력하자! 시급히 이 가련한 소녀를 대신하여 해결할 수 있는 방법을 희망한다"라고 제안하였다. 이 글은 무산계급, 경제혁명 등의 용어를 통해 등영초의 여성 관념이 마르크스주의와 결합하고 있음을 보여주는 사례이기도 하다.

잘못된 결혼이나 가정 문제는 어떻게 해결할 수 있을까? 당시 청년들이 잘못된 결혼을 거부하고 선택할 수 있는 대안은 연애결혼이었다. 그러나 물론 연애 역시 잘못의 위험을 안고 있었고 등영초는 「잘못된 연애」[13]라는 글에서 나름의 제안을 내놓고 있다. 당시는 연애에 기초한 양성 간의 결합이 증대되고 있는 추세였다고 파악하였으나 많은 경우 길을 잘못 든 것 같다고 보았다. 그 대부분이 일시적 감정이나 성적 충동, 물질적 유혹에서 급속히 연애에 빠져들게 되기 때문에 고통을 겪고 파경에 이르는 경우도 매우 많다는 것이다. 그래서 등영초는 청년들에게 행복하기를 원한다면 연인을 선택할 때 '이지적인 판단'을 하기 바란다고 권고하고 있다. 그러나 '이지적 판단'이 무엇인지에 대해서는 부연되어 있지 않다. 다만 청년들을 키워내는 학교 선생님들을 향하여 학생들의 앞날을 생각하면서 연애와 성교육 훈련을 시켜줄 것을 부탁하는 데에서 그 내용을 짐작할 수 있을 뿐이다.

등영초가 5·4 시기에 경험했던 애국과 여성의 각성은 마르크스주의를 매개로 중국혁명이라는 하나의 흐름에 통합되었다. 그녀에게 잘못된 결혼은 반드시 타파해야 할 비극이었지만 여성 문제는 양성 대립의 관점에서 풀 수 있는 문제가 아니었다. 그녀에게 있어 사회 전체의 구조가 만들어낸 여성 문제는 남성과 함께 거대한 총체적인 중국혁명의 과정 안에서만 비로소 해결될 수 있는 것이었고 중국혁명에 헌신함으로써 여성 문제를 해결할 수 있기를 기대했다.

03 여성혁명가로 산다는 것

1923년 6월 중국공산당이 제3차 전국대표대회를 소집하고 당이 정치적 조직적으로 독립을 견지한다는 전제 아래 공산당원이 개인 신분으로 국민당에 입당하여 반제반군벌의 국민혁명운동을 추진할 것을 결정하였다. 1924년 1월 제1차 국공합작이 이루어졌고 당의 방침에 따라 등영초도 개인 신분으로 국민당에 입당하여 공산당·국민당의 부녀운동에 적극적으로 투신하였다. 등영초도 동료들과 함께 국민회의운동을 거쳐 5·30반제운동에서 강연을 조직하고, 전단과 출판물을 배포하고, 문예공연 형식의 선전을 진행하였다. 물론 집회시위는 가장 호소력 있는 선전 활동 방법이었다.[14]

국민혁명기에 그녀는 여성들이 혁명에 동참하고, 5·30투쟁과 북벌전쟁을 지원하도록 이끌면서 노동자 농민 여성의 기본권, 특히 여성노동자의 8시간 노동제 확립과 동일 노동에 동일 임금을 받을 수 있도록 요구하는 데 주력하였다. 소비에트공화국 시기에는 중국공산당의 혁명 근거지 건설에 전력하면서 열정적으로 노동 여성이 홍군에 참가하고 전선을 지원하도록 이끌었다. 동시에 농촌 여성의 정치적 경제적 평등권과 혼인의 자유를 실현할 수 있도록 노력했다. 항일전쟁 시기에는 광대한 여성 대중들을 민족해방운동에 투신하도록 하고 이 시기 당의 여성운동방침의 제정과 실행에 적극적으로 참여하였다.

특히 등영초는 여성운동을 전개하는 과정에서 통일전선정책을 통해 각 계층의 여성 군중들을 교육 단결시키고 혁명 역량을 강화하는 데 탁월한 공헌을 하였다. 등영초는 제1차 국공합작뿐 아니라 항일전쟁을 위한 제2차 국공합작, 중화인민공화국의 부녀연합회 성립 등에 이르기까지 시종일관 통일전선정책의 효과적 실행을 주도하였다. 그녀 자신의 인품, 지식, 진지한 관심과 영향력 등은 당 내외의 인사들을 통일전선정책으로 설득하는 데 중요한 흡인력으로 작용하였다.[15]

국민당과의 합작에서 가장 중요했던 교우 관계는 역시 국민당 여성운동지도자였던 하향응과의 관계였을 것이다. 국민당과 공산당의 여성운동을 이끌던 두 사람은 제1차 국공합작 시기에 함께 활동하면서 국민혁명과 여성해방의 관계에 대해 의견을 같이 했다. 어떠한 사회의 진보와 혁명의 승리도 결코 인구의 절반을 차지하는 여성을 떠나서는 불가능한 것이고 여성은 결코 무시할 수 없는 생력군(生力軍)이라는 데 뜻을 같이 했던 것이다. 등영초는 하향응을 존경하는 혁명 선배로 예우했고 이후 사회주의 건설기에 이르는 반세기의 세월 동안 개인적으로도 긴밀한 우호 관계를 유지하였다.[16]

등영초는 하향응 외에도 여성계의 진보적 인사들과 동고동락하는 친밀한 친구 관계를 유지하였다. 일이 있을 때마다 함께 상의하고 서로 지지하고 협력하였으며 큰 흐름을 중시하라고 직언하곤 했다고 한다. 예를 들어 항일전쟁기 통일전선을 실행하고 있을 때 국민당 입당을 정면에서 거부한 진보적 인사 심자구(沈慈九)에게 감정적으로 처신하는 일은 통일전선정책에 도움이 되지 않는다고 조언하기도 했던 것이다. 이러한 관계는 등영초가 끊임없이 여성계 내부의 다양한 인사들을 단결시키는 데 관심을 기울였음을 보여주고 있다. 그녀는 정치적 입장이 다른 기독교계 여성지도자들과도 긴밀한 관계를 유지하였고 심지어 국민당 내 인사에 대해서도 합리적인 관계를 수립하기 위해 노력했던 것이다.[17]

등영초의 노력은 물론 상층부의 여성계 지도자들과의 협력 관계에만 집중된 것은 아니었고 여성운동의 조직화, 활성화 나아가 여성운동 간부들의 양성에도 심혈을 기울였다. 그러나 복고적 보수주의 경향이 강했던 국민당과의 통일전선 아래 추진하였던 여성운동이 순조롭기만 한 것은 아니었다. 항일전쟁이 대치 상태로 변한 1940년부터 "여성은 가정으로"라는 구호가 언론에 등장하여 논쟁을 일으키기 시작했다. 보수주의적 입장에서는 '5·4운동' 이래 여성운동의 성과를 전면적으로 부정하였고 당시 몇몇 중상층 여성들의 부패 현상을 모두 여성운동의 탓으로 돌리고 가정에 안주하면서 좋은 주부와 훌륭한 어머니가 되어야 한다는 현모양처론을 내세웠다.

이에 진보적 여성계에서도 반론이 잇달아 제기되었는데 여성운동의 노선과 방침에 관련된 문제였던 만큼 등영초도 논전에 참가하였다. 그녀는 반봉건·반식민지 중국의 사회적 상황에서 일본침략자들의 잔혹한 유린을 받으면서 '행복한 가정'을 꿈꾸거나 누리려고 하는 것이 차라리 웃음거리라고 지적했다. 그리고 등영초는 현모양처주의가 기꺼이 항전을 위해 소아(小我)적 가정의 행복을 희생해온 중국 여성들을 향해 가정으로 돌아가라고 함으로써 여성의 민족의식을 마비시킨다고 비판하였다. 그러한 현모양처주의란 여성들을 농락당하는 노예로 취급하는 처사이고 항전의 대열을 흐트러뜨리고 있다고 공격함으로써 항전과 여성의 역할을 재확인하였던 것이다.

등영초는 시종일관 중국혁명 안에서 여성이 해방되고 발전할 수 있다고 주장하는 입장을 견지하였다. 그러나 혁명 동력으로서 여성의 위상을 강조하는 노력은 자칫 여성의 주장을 유보하고 혁명에 일방적으로 동원되는 결과를 낳을 수 있었다. 등영초 역시 그러한 혁명과 여성의 딜레마를 그저 묵과했던 것만은 아니었을 것이다. 여성이 전체 혁명의 일

부임을 강조하면서도 국민참정회 대표로서 여성참정원들이 여성을 위해 무엇을 해야 하는가를 설명한「여성참정원(국민참정회대표)의 책임」[18]은 그러한 고민을 보여준다.

이 글에서는 가장 먼저 전국 인민을 대표해서 정부에 의견을 전달할 뿐만 아니라 가장 압박받고 고통받는 각계 여성 대중을 위하여 항전건국 시정 방침과 실시 상황에 대한 의견, 그들이 일본에게 당한 야만적 유린·오욕·도망의 참상 등을 전달해야 한다고 강조하였다. 그리고 참정회의 기간이 매우 짧기 때문에 "중요"하고 "긴급"한 문제만 토론할 수 있겠지만 반드시 여성 부분이 포함되도록 주의를 기울여야 한다. 그리고 좁은 의미의 남녀 양성 대립의 관점에 반대하고 전체 민중이 항전건국에 참가하는 관점에서 출발해야 한다고 강조하였다. 그리고 여성을 대변하기 위해서 여참정원은 여성 대중과 친절하게 일상적인 연락을 유지해야 하며 겸허하고 성실하고 자세하게 각계 여성 대중의 의견을 경청해야 한다고 당부하였다.

위의 글에서도 언급했듯이 등영초는 양성 대립의 관점에 반대했다. 그래서 남녀 관계가 이상적으로 전개될 수 있도록 노력하는 데 관심을 기울였다. 과도기적 시대에서는 이상적인 연애와 혼인이 어렵다고 보고「남녀 문제를 논함」[19] 이라는 글을 통해 새로운 양성 생활, 새로운 가정 생활, 새로운 문화, 새로운 도덕을 만들기 위해 노력하자고 제안하였다. 이 노력은 남녀 당사자들만의 분투로만 이루어질 수 있는 것은 아니었고 가정, 학교, 사회, 국가 각 방면의 교육과 인도가 함께 해야 한다는 것이다. 그녀가 본 이상적 남녀 관계는 "전일적(專一的) 애정"이었다. 물론 연애와 결혼은 인생 역정의 일부분이므로 항전건국 사업을 방해하지 않고, 학습과 공작을 방해하지 않고, 신체의 발육과 건강을 방해하지 않는다는 단서가 붙기는 하였다. 그러나 "점유"가 아닌 쌍방이 서로 믿고 지켜주는 "전일적" 애정이 바로 혼인을 강하게 만들 수 있고 행복과 생활의 유쾌함을 얻을 수 있게 한다는 설명은 그녀의 양성관을 잘 보여주고 있다.

등영초는 항일민족통일전선의 여성운동을 평가한 글에서도 여성운동은 혁명운동의 일부분이고 양성 간 투쟁이 아니라는 전제를 계속 천명하였다. 그녀는 항전이 진행되면서 여성운동도 질적 양적 발전이 진행되었다고 평가하였다. 즉 여성운동의 중점이 위로, 모금, 후원, 보육사업으로부터 교육, 문화, 정치 작업으로 이동해갔을 뿐 아니라 여성운동의 범위가 군중 속으로 확대되면서 운동의 규모도 확대되었다는 것이다. 그것은 정치적 통일전선의 결과 여성들의 행동을 통일할 수 있는 통일적 단체, 지도기관이 마련되었다는 점도 중요하게 작용했다고 보았다.[20]

물론 여성운동의 질적 양적 발전은 단순히 정치적 공작에 의존할 수 있는 것은 아니었다. 토지개혁 과정에서도 강조했듯이 여성들의 실제 상황에 대한 관심과 해결이 관건일 수밖에 없었다. 그녀는 「토지개혁과 여성공작의 새로운 임무」라는 글에서 여성 대중들이 토지개혁과 혁명운동에 참여하게 하면서 동시에 여성 자신의 각종 문제들을 의식적으로 해결하도록 하는 데 주의를 기울여야 한다고 강조하였다.[21] 그것은 자칫 전체 혁명의 이름으로 매몰될 수 있는 여성 문제와 권익을 강조함으로써 혁명 동원의 일방적 관계를 극복하려는 것이었다. 전체 혁명운동 과정에서 여성들을 억압하고 속박하는 강제 결혼, 악습 등 봉건제의 잔제와 종법사회가 남긴 낡은 규범과 도덕들을 타파하자고 주장하였다. 그뿐 아니라 중국공산당 중앙을 향해서도 혁명지도사상에서 여성 대중의 역량을 존중하고 여성을 경시하는 기존 관념을 극복하도록 촉구하였다. 더 이상 여성공작을 소수 여성동지들만의 공작으로 보지 말고 당 전체의 임무로 격상시켜야 한다는 주장은 혁명과 여성의 합리적 균형을 모색했던 그녀의 생각을 반영한 것이었다.

이러한 관점은 중화인민공화국 수립을 앞두고 「중국여성운동 당면 방침과 임무」라는 글을 통해 건국 과정으로 이어졌다. 등영초는 새로운 사회 건설을 위해서 우선 여성 교육을 전개하여 여성 문화 수준을 제고하고 노동을 수치스럽게 여기는 낡은 사상을 바꾸어 노동이 영광스럽다는 새로운 관념을 건립해야 한다고 제안했다. 그리고 봉건 잔재 악습에 반대하고 혼인 자유를 제창할 뿐 아니라 여성을 조직하여 적극적으로 민주 건설에 참여하게 해야 한다고 하였다. 또한 사람과 물질이 모두 발전하는 새로운 사회 건설을 위하여 모자 건강과 아동 보육 사업을 추진할 것을 주장한 것은 통치의 주체로서 여성에 대한 고려를 새롭게 하고 모자건강을 증진하고 사람과 물질이 모두 발전하는 새로운 사회를 건설하고 싶었기 때문이었다.[22]

1949년 수립된 중화인민공화국은 여성들에게 "새로운 중국"이었을까? 3년 후 발표된 등영초의 글 「새로운 중국의 여성들이여! 전진 또 전진하자!」는 글을 참조하면, 중국인민정치협상회의 공동강령에서 "중화인민공화국은 여성을 속박하는 봉건제도를 폐지한다. 여성은 정치, 경제, 문화 교육, 사회 생활 각 방면에서 모두 남자와 평등한 권리를 갖는다. 남녀 혼인의 자유를 실행한다"라고 규정하였다. 그리고 중화인민공화국은 이후 각종 중요 법령에서 이 정신을 관철하였으며 각 방면에서 법률상 남녀평등의 권리를 보장하였다고 한다. 새로운 중국의 건설자로서 중국 여성들이 획득한 평등권과 특수한 보호는 인민민주제도의 우월성을 증명하였다는 것이다. 그러나 여전히 가장 큰 난관은 수천 년간 전해내려온 여자를 경시하는 봉건잔여사상을 단시간에 전부 숙청할 수 없었던 점이라고 토로하였다. 그래서 전체 인민을 향하여 남녀평등의 정책을 선전하고 여자를 경시하는 봉건 잔재사상에 반대하여 여성의 잠재역량을 더욱 잘 발휘하여 조국의 위대한 건설공작에 참가하게 해야 한다는 것이다.[23] 그렇게 하여 봉건 잔재 관념의 극복은 새로운 중국에서도 해결해야 할 과제로 남아 있었음을 보여주었다.

04 신중국 여성 혁명 지도자의 모범

중화인민공화국이 성립한 이후 등영초는 새로운 중국에서 대표적 여성혁명가로 활동하였다. 전국인민대표대회 상임위원과 상임위원회 부주석, 전국부녀연합회 부주석과 명예주석, 중국공산당 중앙위원회와 중앙정치국의 위원 및 중앙기율검사위원회 서기, 정치협상회의 주석 등 그녀가 역임한 직책들은 여성혁명가로서 그의 위상을 반영하고 있다. 그녀가 주도적으로 참여했던 혁명 기간의 여성 정책이 일방적으로 중국혁명을 앞세움으로써 여성의 독자성을 간과한 부분은 없었는가에 대해 의문의 여지가 없는 것은 아니다. 그러나 그렇다고 해서 중국혁명과 여성해방을 조화롭게 추구하고자 했던 총명하고 헌신적인 혁명가의 노력과 그 결과로 얻어낼 수 있었던 여성 관련 사회적 성과들을 완전히 부정할 수 있는 것은 아닐 것이다.

왕성한 혁명 활동 과정에서도 줄곧 심장과 폐질환 등으로 시달렸던 등영초는 1978년에 이미 유서를 작성하였고 1982년에 보완하여 지니고 있었다. 1992년 7월 11일 노혁명가는 88세의 나이로 북경 병원에서 파란만장했던 생애를 마감했다.

중국혁명의 산 증인이었던 노혁명가는 간결한 유서에서 다음과 같이 자신을 소개하였다. "나는 1924년 천진에서 성립된 공산주의청년단의 제1기 단원입니다. 1925년 3월 천진시 당위원회 결정으로 중국공산당 정식당원이 되었습니다. 사람은 누구나 죽게 마련입니다. 내가 죽은 후의 처리에 대하여 당중앙이 나의 요구를 비준해주기를 간절히 바랍니다" 등영초는 남편 주은래와 마찬가지로 시신을 해부한 후 화장해줄 것, 화장한 유골을 안치하지 말 것과 추도회조차 하지 말아줄 것을 당부하는 유언을 남겼다. 살고 있던 집과 소유하고 있던 물품과 자료도 모두 당에 기증하거나 인민에게 돌릴 것을 부탁했다.[24]

평생을 개인보다 혁명과 인민을 먼저 생각했던 여성혁명가는 끝까지 인민의 공복으로서의 자세를 지킴으로써 중국인들의 마음속에서 사랑과 존경을 받는 "우리들의 큰언니"로 자리 잡았다.

■주 석

1) 등영초 생애의 주요활동에 대해서는 金鳳,『鄧穎超傳』, 北京, 人民出版社, 1993; 趙煒王思梅,『鄧穎超的故事』, 女革命家叢書, 石家庄, 河北少年兒童出版社, 1991; 中華全國婦女聯合會 編,『鄧穎超革命活動七十年大事記』, 北京, 中國婦女出版社, 1990 참조.
2) 『周恩來和鄧穎超』(李虹 外, 北京, 中共中央黨校出版社. 1994)에서는 부부로 맺어지는 과정, 혁명 과정에서 서로 돕는 모습과 함께 두 사람이 공유했던 신념들, 예를 들어 가풍, 인재양성, 성품 등에 대한 가치관 등도 세심하게 소개함으로써 공동의 이상을 추구했던 혁명가 부부의 내면세계를 보여주고 있다.
3) 등영초에 대한 주변인사들의 회고담은 鐔德山 責任編輯,『憶鄧大姐』(北京, 中央文獻出版社, 1994)와 中共中央文獻研究室 第2編研部 編,『我們的鄧大姐』(重慶, 重慶出版社, 2004)로 출판되었다.
4) 周紹錚,「難忘的經歷 親切的教誨」,『憶鄧大姐』. pp.66-72.
5) 「"五四"運動的回憶 (1959)」,『鄧穎超與天津早期婦女運動』, p.533.
6) 魏士如,「回憶"五四時期的講演隊」,『鄧穎超與天津早期婦女運動』, pp.550-552.
7) 殷子純,「天津女星社及其主要活動」,『鄧穎超與天津早期婦女運動』, pp.381-404.
8) 「宣言 - 爲衫棄的死」(『覺郵』제1기. 1923. 4. 6) ,『鄧穎超與天津早期婦女運動』, pp.266-267.
9) 「張嗣婧傳」(『女權運動同盟會直隸支部特刊』제3기),『鄧穎超與天津早期婦女運動』, pp.268-274.
10) 「姊妹們起哟」(『女權運動同盟會直隸支部特刊』제3기),『鄧穎超與天津早期婦女運動』, pp.274-277.
11) 「受了婆婆敎訓的一个同學」(『女星』제10기, 1923. 7. 25),『鄧穎超與天津早期婦女運動』, pp.328 329.
12) 「經濟壓迫下的少女」(『女星』제15기, 1923. 9.15),『鄧穎超與天津早期婦女運動』,

pp.329–332.
13) 「錯誤的戀愛」(『女星』제2기, 1923. 5. 5),『鄧穎超與天津早期婦女運動』, pp.323–325.
14) 李德福,「大革命時期的天津婦女運動」,『鄧穎超與天津早期婦女運動』, pp.514–530.
15) 陳慕華,「先驅 階模 公僕 母親」,『我們的鄧大姐』. pp.15-025.
16) 吳琴,『鄧穎超與何香凝』, 北京, 華文出版社, 1999. pp.1–79.
17) 중화전국부녀연합회 편, 박지훈 외 역,『중국여성운동사』하, 서울, 한국여성개발원, 1992. pp.176-177.
18) 「論女參政員的責任(1938. 7. 2)」, 中共中央文獻研究室 編,『鄧穎超文集』, 北京, 人民出版社, 1994. pp.1–3.
19) 「談男女問題(1942. 3. 2)」,『鄧穎超文集』. pp.32–36.
20) 「抗日民族統一戰線中的婦女運動(1939. 9)」,『鄧穎超文集』, pp.4–15.
21) 「土地改革與女性工作的新任務(1949. 12. 9)」,『鄧穎超文集』, pp.53–58.
22) 「中國婦女運動當前的方針與任務(1949. 3. 26)」,『鄧穎超文集』, pp.66–75.
23) 「新中國婦女前進再前進(1952. 10. 5)」,『鄧穎超文集』, pp.96–102.
24) 臧克家,「遺言動人心」,『我們的鄧大姐』. pp.261–263.

민중교육의 보모, 유경당

최_은_진

01 머리말

           민중교육의 보모라고 불리는 유경당(兪慶棠, 1897-1949)은 평생 교육 이념을 실천하였던 민중교육가이자 여성교육자라고 할 수 있다. 그녀는 중국이 반식민지화된 상황에서 교육을 통해 중국의 부강을 이룰 수 있을 것이라는 신념을 지니고 있었고 이러한 신념이 평생을 민중교육에 헌신하게 하였다.

 그녀는 비록 근대교육의 세례를 받고 미국에 유학한 여성 엘리트였으나 중국을 구하기 위해서는 여성을 포함한 민중들의 자각이 있어야 하며 이는 교육을 통해서 가능하다고 인식했기 때문에 평생 민중교육에 뛰어들었던 것이다. 또한 남경국민정부의 사회교육사처장을 역임하는 등 행정가로서도 활동하여 그 경험이 이론의 바탕이 되기도 하였던 것이라 그녀의 교육론은 이론과 실천이 겸비된 것이라고 볼 수 있다. 그러므로 이하에서는 그녀의 민중교육가이자 여성교육론자로서의 면면을 유경당의 생애와 그녀의 민중교육론과 이에 나타난 여성교육의 내용을 중심으로 간략히 살펴보고자 한다.*

02 유경당의 생애와 활동

1897년 상해에서 태어난 유경당은 1914년 무본여숙(務本女塾)을 졸업하고 1916년부터 1919년까지 중서여숙(中西女塾)과 성마리아서원에서 공부하였다. 5·4운동이 일어났을 때 학생회 주석에 선출되어 상해학련을 대표하여 전국학련회의(全國學聯會議)에 참가하는 등 적극적인 활동도 펼치면서 평민야학교를 세워 노동자들과 접촉하였다.

1919년 미국 컬럼비아 대학 사범대학에서 듀이에게 수학한 뒤 귀국하여 1922년 당경치(唐慶治) 교수와 결혼하면서 무석에 정주하였다. 이후 사립무석중학(私立無錫中學), 강소성립제이사범(江蘇省立第二師範)의 교사를 거쳐 상해 대하대학(大夏大學)의 교수가 되었다.

교수를 역임할 당시 그녀는 듀이의 "교육은 생활"이란 학설을 재해석하여 학교 생활은 생활의 한 단계에 불과하므로 "경험의 끊임없는 개조"가 중요하다고 하였다. 그리하여 "생활 즉 교육"을 주장하여 교육의 최대 효능은 생활 전체를 지속적으로 지도하는 데 있다고 보았다.

---

* 茅仲英 主編, 「俞慶棠敎育論著選」(人民敎育出版社), 1992에 있는 유경당의 글을 주로 참조하였다.

이렇게 교육의 범위를 학교에서 벗어나 사회 생활 전체로 파악해 1925년 5·30사건에서 상해학생후원회에 참여하고 나아가 남경정부의 성립과 함께 1927년 강소성교육청 사회교육과 과장, 제4중산대학 즉 중앙대학의 교수 겸 확충교육처 처장으로 활동하였다. 그녀가 교육행정가가 된 배경에는 무석 지역의 교사들 상당수가 국민당원으로 입당하여 국민혁명을 통해 교육 문제를 해결하고자 한 곳이었다는 점과 무관하지 않았을 것이다.

그녀는 중앙대학 확충교육처장을 하면서 현(縣) 교육국장을 모아 교육 실태에 대한 파악을 요청했을 뿐 아니라 현(縣) 교육 경비를 고정적으로 지정해줄 것을 요청하여 교육 사업을 시행하기 위해 노력하였다. 당시 그녀는 정부가 훈정 시기 전민교육을 강조했던 것을 고려하면서 의무교육을 중시하는 것 못지않게 사회교육 경비를 마련하는 등 적극적으로 사회교육 사업을 전개할 것을 주장하였다. 또한 확충교육처의 경비는 성교육회(省敎育會)라든지 아동의 놀이터 마련, 각 학교의 학교림을 만드는 데 지원하였다.

그녀는 또한 민중교육을 활성화하기 위해 이를 지도할 인재가 필요하다고 여겨 강소성립학교교육학원을 건립할 계획을 세웠을 뿐 아니라 노농학원을 합병시키기도 하였는데 이것은 이론과 실질적인 교육 내용을 결합하게 하기 위함이었다.

이 시기 그녀는 강소성 전체의 사회교육 사업을 계획하면서 강소성 각 현(縣)에 민중학교, 도서관, 민중교육관, 농민교육관, 공공체육장 등을 수백 곳을 건립하게 하였으며 직접 시찰을 나가 지도하였다. 또한 사회교육 교사를 양성하기 위해 1928년 3월 소주에 제4중산대학구 민중교육학교를 세우고 교장을 맡았다. 당시 그녀는 "민중교육은 실학아동,

■ 유경당(俞庚棠, 1897-1949)

청년, 성인의 기초교육일 뿐 아니라 이미 교육을 받은 아동, 청년, 성인의 계속적인 교육과 연수"라고 정의하고 "민중교육은 경제 위기의 사실과 민중 고통의 진상을 드러내어 대중의 각성을 이끌고 대중의 지혜, 열정, 의지와 노력을 모아 전체 국가경제제도의 개조를 이루는 것으로 이것은 교육 영역에서의 중대한 개혁인 것이다"라고 하여 그 중요성을 역설하였다.

1928년 하반기에 무석으로 민중교육학교를 옮겨 강소성립민중학원으로 개명하여 민중교육에 대한 연구를 담당하고 나아가 노농학원을 창설하고 이를 합병하여 강소성립교육학원이라고 하였다. 아울러 각종 민중교육실험구와 농민교육관을 창설하고 월간 「교육과 민중(敎育與民衆)」을 편집하였는데 이는 당시 사회교육의 권위 있는 간행물로 간주되어 민중교육을 이끌어나가는 견인차 역할을 했다. 그녀는 민중교육을 확대하고 전파하는 까닭을, 군중의 무궁하고 위대한 역량을 믿고 이들에게 새로운 생명과 역량을 부여하는 최고의 것이 교육이기 때문이라고 하였다.

그러므로 대중에 대한 신뢰는 대중을 통한 구국이 가능하다는 신념과 연계되어 그녀 자신도 대중들의 항일운동에 동참하려는 의지를 보였다. 이것이 1931년 9·18사변 후 항일구망운동이 전개되자 강소성립교육학원의 학생들이 시위를 하고 유경당이 이를 지지한 것에서 나타나며 1932년 「현난계 중국에 필요한 교육」이란 글에서 나타난다. 즉 중국의 가장 엄중한 문제가 독립의 문제이므로 민족해방운동에 노력하는 것이 가장 중요하고 교육도 민족의 생명과 분리되어 기능할 수 없다는 것이며 나아가 학생들의 항일의식을 고취시켰다. 그녀의 이러한 행동은 민중교육론이 교육구국(敎育救國) 인식에서 비롯된 바라는 것을 입증하는 것이며 이후 항일전쟁 동안 교육을 통해 항전 역량의 강화를 실천하는 방향으로 이어지게 된 것이라 하겠다.

한편 1931년 중국사회교육사의 성립을 통한 활동은 유경당의 민중교육론을 보다 심화하고 활동 영역을 구체화하는 계기가 되었다. 특히 농촌사회의 문제를 깊이 파고들어 농촌에 대한 연구를 바탕으로 농민교육의 중요성을 강조하였다. 그녀는 「중국 농촌 쇠락의 원인과 구제 방법」이라는 글에서 농촌사회는 세금의 고통, 경작지의 부족, 인구의 과밀, 고리대의 고통, 농업 자본의 결핍, 농기구의 불량, 농번기 고용하는 고농의 임금의 상승, 매매의 불공평 즉 판매가가 너무 낮은 점, 부업이 적고 각종 자연재해 등으로 인한 농업 생산량의 하락, 지방의 전통세력의 착취, 미신의 팽배로 앙신회(迎神會)에 드는 비용의 부담, 교통의 불편, 교육 기회의 결핍 등으로 쇠락하였다고 지적하였다.

그러나 그녀는 이러한 구조적인 문제가 중국 농촌의 현실을 어렵게 하는 원인이라고 지적하면서도 중국 농민의 결점과 단점을 보완하면 이러한 현실을 해결할 수 있을 것이라고 하였다. 농민의 결점인 지식과 기술의 결핍, 심리적 교통의 결핍, 즉 전혀 지식 교육을 하지 못한 것, 향촌의 자치기관 등을 조직하지 못하는 조직 능력의 결핍, 창조성의 결핍을 보완할 필요가 있다고 하였다.

반면 우수성도 많은데 그것은 충실하고 근검하고 인내하고 공정화평(公正和平)하며 가치 있는 경험, 즉 천문(天文), 측우(測雨) 등에 대한 풍부한 경험을 가지고 있으며 효제(孝悌), 예의(禮義), 권선(勸善) 등의 고유미덕(固有美德)이 풍부하고 민족정신과 생산능력을 지니고 있고 국가에 복무하는 것을 중시하는 것 등이라고 하였다.

그러므로 행정을 활용하여 잡세의 폐지, 교통과 수리의 개선, 교육행정 방면에서 농촌교육을 강화하고 언론계와 지식인 모두 이러한 단점을 폐지하는 데 노력한다면 중국의 문제가 해결될 것이라고 하였다.

이렇게 민족교육의 중요성을 설파하면서 그 근간이 되는 것이 직업, 생산교육이라고 보아 1932년에는 전국 21개 성시와 세계 각국의 회원을 모아 성립된 중화직업교육사의 상무이사 겸 총간사로서 활약하였다. 1933년에는 덴마크, 네덜란드, 영국 등 외국의 성인교육의 사례를 검토하고 이를 참고하여 1934년 낙양에 1935년 광주에 민중교육실험구를 건립하여 민중교육을 전국적인 범위로 확대하여 실천하였다. 또한 그녀가 만든 『민중독본(民衆讀本)』은 전국의 문맹 제거를 위한 교재가 되었으며 『신보(申報)』에 「농촌 생활 총담(農村生活叢談)」란에 농민 생활의 실제적인 어려움과 민중교육의 필요성 등을 생동감 있게 기술하기도 하였다.

한편 그녀는 민중교육의 범위 속에 아동과 여성을 고려하고 있었기 때문에 1923년에 제정되었던 국제연맹의 아동권리헌장을 중국의 의무교육입법자가 참고하게 하였고 시대의 선구자인 아동을 위한 아동년을 통해 아동복리와 교육의 중요성을 인식시키자고 제안하기도 하였다. 그러나 아동이 학교에서 교육받는 기간은 짧기 때문에 전체 민중교육 속에서 이를 포괄하는 것이 필요하고 따라서 사회를 학교로, 전체 민중을 학생으로 해야 하므로 각종 사회문화교육 시설이 다양하게 활용되어야 한다는 입장을 취하였다.

점차 일본의 침략이 강화되면서 화북 침략의 노골화에 맞선 1935년 12·9운동이 발생되자 유경당은 추도분(鄒韜奮)의 『대중생활』에 「상해 학생청원단에게 보내는 공개편지」이라는 글을 발표하고 대중의 항일운동을 지지하며 교육학원 학생들을 지도해서 〈오십육년통사(五十六年痛

史)》라는 영화를 제작하여 각지에 방영하는 것과 「민중항일구국독본(民衆抗日救國讀本)」을 만들고 1936년 10월 10일의 노신사망추도대회에도 참여하는 등 적극적으로 항일운동을 지지했다. 이것은 『신보주간(申報週刊)』에 「현재 중국에 필요한 교육」이란 글에서 그녀가 중국의 민족이 사생관두에 놓여 있는데 교육은 민족과 함께 하는 것이며 민족의 생명이 되어야 하므로 교육계는 국란교육을 역사가 부여한 사명으로 여겨야 한다고 주장한 것을 볼 때 교육이 구국이며 구국을 위한 교육을 해야 한다는 것이 그녀의 일관된 인식이었음을 알 수 있다.

결국 항일전쟁 폭발 후에도 1938년 여산(廬山)부녀담화회에 참가하고 전시교육협회에도 참여하면서 아동을 보육하고 부녀들을 구제하는 일을 하였다. 이 역시 항전의 역량을 기르기 위한 것이었다. 그러므로 부녀신생활지도위원회 생산부장으로 사천(四川)에서 다시 방직, 잠업실험구를 세우고 1940년에는 중화기독교여청년회전국협회의 편집간사로서 농촌 부녀들을 위한 교과서를 편집하는 일에 주력하였다. 항일전쟁기간 동안 부녀지도위원회의 생산사업조의 조장을 담당하며 부녀의 생산노동을 교육과 결합하여 실천해나갔고 무엇보다 전후에는 상해의 사회교육사업을 활발히 전개해나갔다.

상해시교육국의 사회교육처처장직을 맡으면서 도서관, 박물관 등등의 기관들을 복구하는 한편 상해시립실험민중학교를 설립하였다. 이 시기에는 특히 공장의 야간학교와 노동자의 자제를 위한 학교를 설립하였다.

1947년 1월에는 국민당상해시참의회가 민중학교를 없애려 했지만 보교운동(保校運動)을 전개하여 민중학교를 유지해나갔는데 이는 그녀가 현실 참여적 성향으로 인해 국민당정부와 갈등 관계를 나타내기 시작했음을 보여준다. 국민당의 민중운동이 규정하는 민중에 대한 소극적인 입장과 달리 민중의 저력과 능동성을 인식하고 이를 계발하는 것이 교육이며 이것을 통해 궁극적인 중국의 구국이 가능하다는 것이 유경당의 입장이었기 때문에 나타난 모습이었을 것이다.

한편 1948년에는 연합국의 아시아기독교육회의 중국대표단고문위원회 위원으로 미국을 방문하기도 하였다. 방문 중 1949년 북경으로 들어가 전국교육공작자대표로 중국인민정치협상회의에 출석해 교육부사회교육사사장에 임명되었으나 12월 4일 교육부 숙사에서 뇌일혈로 사망하여 교육 이론과 실천의 결합이라는 평생의 여정에 막을 내렸다.

03 민중교육의 일환으로서 여성교육

유경당은 단순히 민중교육론을 소개하고 전파한 데 그친 것이 아니라 실제 교육 실천의 경험에서 도출된 이론을 바탕으로 지속적으로 활동을 전개하였기 때문에 그녀의 민중교육론이나 이에서 비롯된 여성교육론은 당시 중국의 현실을 반영하고 있다는 점에서 살펴볼 의의가 있을 것이다.

1919년 「대전 후 중국의 부녀가 지녀야 할 각오」라는 글을 통해 중학시절부터 교육의 보급을 통해 부녀의 상식을 충족시켜 사회와 국가의 발전을 이루어야 한다고 하여 여성 문제를 인식하기 시작했던 그녀는 1922년 「중국의 여자교육」이란 글에서도 여성교육에 깊은 관심을 표명하였다. 이는 5·4운동의 세례를 받아 여성에 대한 자각이 이루어졌기 때문인데 특히 여성이 교육을 통해 중국의 현실 변화에 기여할 수 있다고 생각하였다. 그러나 귀국 이후 사회교육을 담당하면서 여성교육을 전체 민중교육의 일환 속에서 고찰하게 되었다. 그것은 그녀가 사회교육을 제도적인 교육에만 국한시키지 않고 민중교육론으로 확장해나간 것과 같은 맥락이었다고 할 수 있을 것이다.

중앙대학의 확충교육처장을 담당할 때 유경당은 각 현의 교육국장을 모아 확충교육에 대한 설명을 하면서 그 범위를 "협의의 민중교육이 아닌 광의의 민중교육"이라고 하였다. 그녀는 광의의 민중교육을 강조하는 이유에 대해 성인들의 교육이 선행되어야 자녀들에 대한 입학의 중요성도 알게 되고 그래야만 학교교육도 제대로 실시될 수 있기 때문이라고 하였다. 그러므로 중국에서 가장 필요한 교육은 민중교육으로 민중의 생활에 필요한 상식을 습득하게 하여 건전한 공민으로 만드는 중국화된 신교육이라는 의미의 민중교육이라고 하였다. 그러므로 유경당은 건전한 공민에는 실학 아동, 청년, 성인을 모두 포함시켜야 하며 무엇보다도 보통 기초 지식으로 문맹을 퇴치시키는 것이 교육 내용에서 중시해야 할 사항이라고 여겼다.

유경당이 말하는 교육 내용을 좀더 구체적으로 본다면 이 보통 기초 지식은 민중의 생계를 중시한 내용이여야 하며 아울러 민족의 우월성을 드러내는 반면 민족의 단점을 개조하는 데 중점을 두어야 했다. 또한 건전한 오락을 하기 위한 예술 음악의 교육, 체육관의 개설, 도서관과 박물관의 확충에 노력해야 한다는 것이었다. 즉 학습과 일과 오락은 함께 이루어지는 것이므로 오락 시간에 술과 담배, 도박이 아닌 위생 지식, 시사 지식을 익혀 사상과 행동이 양호한 국민이 되어야 한다는 것이었다.

그러므로 민중교육은 실제 인민의 생활에서 출발하며 대중 스스로가 스스로를 교육하고 최소한의 투자로 최대한의 투자를 낼 수 있는 효율적이고 경제적인 교육이 되어야 한다는 점을 강조하였는데 이는 우선 민중의 능력에 대한 신뢰가 기본이 되어야 한다고 하였다. 그런 점에서 그녀는 농민과 노동자에 대해 기본적으로 신뢰하고 있었으며 교육을 통해 그러한 역량을 키워주어야 한다고 생각했던 것이다.

부녀에 대한 교육도 그 입장 속에 놓여 있었다. 그녀는 부녀에 대한 관심을 보이며 "과거 여성이 재봉과 가사 등에 노력한 반면 지금은 사치의 추세로 나가고 절약하지 않으므로 소비만 하고 생산은 하지 않는다. 이러한 불량한 풍습을 개량해야 한다. 전국 인구의 반수를 점하는 부녀는 국가의 미래와 밀접한 관련을 갖고 있기 때문이다. 부녀의 민중교육의 중요성이 이에 있다"고 하여 여성의 국민으로서의 역할과 임무를 강조하였다. 무엇보다 경제적인 어려움 속에 처해 있던 당시 상황을 극복하고 부강한 중국을 건설하는 데는 대중의 자발적인 참여가 중요하고 특히 여성의 참여가 중요했기 때문에 여성의 생산 인력으로서의 역할이 중시되었을 것이다.

그러나 이러한 인력으로 양성되기 위해서는 교육의 기회가 보장되어야 했지만 1933년 「나의 여자교육관」이란 유경당의 글에 의하면 여자교육의 확대율은 지나치게 낮았다. 또한 「삼 년 동안의 중국 여자교육」에서 언급된 것처럼 영국, 미국, 일본, 러시아 등의 여자교육과 비교할 때 다른 나라에 비해서 여자교육의 확대율은 매우 낮은 것이었다.

이렇게 부녀교육의 열악한 상황을 정확히 알리기 위해 그녀는 교육부의 1931년도의 통계를 인용해서 여자 대학생은 10만 명 가운데 한 명에 불과한 거의 장식품과 같은 상황이며 학생이 있더라도 문과 방면에만 치우쳐 있다고 지적하였다. 중등교육의 경우는 강소성의 통계를 활용해서 매우 낮은 상황이라고 하고 이는 국민 경제가 낙후되어 있는 이유 외에 일반인의 여자 교육에 대한 홀시가 주된 요인이라고 분석하였다. 그러므로 여성들에게 교육 기회를 주어야 하므로 여자학교를 설립해야 한다고 하였다. 이러한 현상은 소학교육의 차원에서도 큰 차이가 없어서 상해와 같이 경제와 문화가 발달한 곳에서도 교육부사장 고수삼(顧樹森)이 1933년도에 시찰한 결과에 의하면 전시의 학령 아동이 33만으로 취학자는 10여만이나 이 가운데 여학생은 3분의 1에 미치지 못하였다고 하였다. 학령 아동의 5분의 1만 취학하였다고 인용하였다. 남경(南京) 또한 취학 아동의 3분의 1만이 여학생이므로 구미 각국과 비교할 때 심각한 상황이라고 하였다. 따라서 여자교육의 중심을 중등학교, 즉 진학을 하는 여성교육, 도시학교의 소수 여자에 국한하지 말고 2억 여자 전체를 대상으로 여자교육을 고민해야 한다고 하였다. 그녀는 중국은 지난 3년간 여자교육에서 그다지 발전이 없었고 오히려 1930년을 기준으로 할 때 초등교육은 오히려 감소하였다고 하였다. 또한 이전의 교육이 도시와 자본주의의 독점품이라고 했을 때 당연히 대다수 빈곤한 여자들에 대한 교육 보급은 어려웠던 것이라고 하고 최근의 여자교육이 대중화, 농촌으로 나아가고 있는 점은 여자교육 전도의 새로운 동향이며 진보라고 하였다.

유경당은, 여성은 중국의 주요한 공민으로 구성될 필요가 있고 여성의 역량이 강화되어야 중국이 부강해질 수 있다는 전제하에 그 역량의 강화를 교육받는 것이 중요하다고 보았음을 알 수 있다. 우선 여성교육의 심각한 상태를 알리고 소수의 고등교육자만을 배출하는 것이 아니라 대다수의 여성이 교육받을 수 있는 길을 찾아야 한다고 본 것이다.

또한 그녀는 여성교육의 역사를 정리하여 교육의 대상이 농촌의 여성교육으로까지 확대되어간 과정을 설명하였다. 즉 정치적으로 보면 과거 중국의 전제정부하에서 여성들은 노예교육을 받았을 뿐이며 재능 있는 여자들도 문사에만 능통했을 뿐 사회과학이나 자연과학에 재능이 있는 경우는 거의 없었다고 하였다. 중화민국 5, 60년 전 교회여학교가 여학교로는 처음이고 광서 28년 상해의 무본여학(務本女學)이 여자교육의 시작이었다고 하면서 장백희(張百熙)가 주창한 주정학당장정(奏政學堂章程)에는 여자교육이 없었다고 하였다. 1907년에야 여자교육은 과정에 편입되었고 민국원년에 들어가서 각종 교육의 기회가 생겼으며 5.4운동 이후에 대학이 개방되었다고 하였다. 1927년 이후 민중교육은 점차 대중교육 즉 농촌의 교육, 농촌의 부녀교육에 관심을 지니게 되었다고 하고 그러나 실제 생활과는 괴리가 있었고 학제 계통에도 포괄되지 않았다고 하였다.

그녀는 부녀계(婦女系)의 각성을 촉구하면서 서구의 여성계의 지위와 권리는 그녀들의 분투로 이루어진 것이라고 하면서 독일의 여자교육의 발전, 영국의 여자교육의 발전을 예로 들었다. 또한 그녀는 국가의 건설사업에 공동으로 참여하여 그 영향력을 확대해야 여자교육의 발전이 가능하다고 주장하고 정치적인 참여가 전체 교육에 대해 학제 계통의 개선, 강제적인 의무교육의 실시, 민중교육의 추진, 고급 학술기관 인재의 양성, 교육 경비의 모집과 독립 등을 해결할 수 있는 바탕이 되는 것이라고 주장하였다. 이를 볼 때 그녀는 민중교육의 추진이나 교육 경비 독립 등과 같은 것을 국가적 차원에서 가능한 것이라고 생각했음을 알 수 있다.

그녀는 구미각국의 여자교육 추진의 원동력을 고찰했는데, 우선 종교개혁을 통해 신(神) 앞에서 남녀의 동등함이 입증된 것과 공업 말달,

사회개혁가들의 제창, 정치적인 역량을 통해 여자 교육 추진이 가능했다고 하고 이를 종합하면 직업에 종사하는 것이 매우 중요함을 알 수 있다고 하였다. 그러면서 당시에 관심이 증대된 히틀러주의에 대해서는 여권을 압박하고 여자교육을 제한하였다고 비판하고 아울러 이탈리아의 무솔리니도 여권을 경시하고 여자를 현모양처로 되돌리려 하고 있다고 비판하고 여성을 자각시키는 교육의 필요성을 강조하였다.

그렇다면 여자교육은 어떠한 방향으로 구체적으로 실시되야 하는가. 그녀는 여자교육의 목표에 문제가 있다고 보았는데 「중화민국교육원칙 및 그 실시 방침」에도 여성교육의 목표를 현모양처 교육에 두고 있는데 가정 내의 여성의 지위로만 볼 것이 아니라 하나의 인간으로 국민으로 그 책임과 권리를 갖도록 하는 데 목표를 두어야 한다고 주장하였다. 그녀는 왜 현부양부(賢夫良夫)의 교육은 표방하지 않는가라고 반문하면서 중국사회의 정체는 이러한 가정본위(家族本位)에 있기 때문이라고 하고, 이제 민족본위(民族本位)로 바꾸어 각 개인을 발전시켜 민족 생명의 역량을 키워야 한다고 주장하였다. 즉 여성교육도 그 개인의 개성 발전이 우선되어야 하고 이를 통해 가정과 국가에 기여할 수 있게 해야 한다고 보았다. 이렇게 그녀는 남경국민정부의 여성교육 방침의 문제를 지적하면서 아울러 여성교육이 개성 발전을 통해 국가 민족에 기여할 수 있게 된 것은 여성의 애국 활동의 참여에서 비롯되는 것임을 강조하였다.

즉 중국의 고대사회는 원래 여성 중심 사회였으나 사회가 남성 중심으로 변화함으로써 여성은 사회적으로 남자와 동등한 사회적 책임과 지위 권리를 지니지 못하였다. 더욱이 남자들이 스스로의 이익을 고려하여 여자교육의 내용과 범위를 삼종사덕(三從四德), 무재종시덕(無才從始德) 등등의 관념으로 제한시켰다. 이것이 신해혁명과 교육학제의 변화를 통해 여자가 동등한 지위를 확보하게 되면서 또한 5·4운동 등 애국 활동에 참여하면서 변화되었다는 것이었다. 결국 이 때문에 전국 각 대학도 여자를 받아들이게 되었으며 여성의 능력에 대해 사회적 인식도 변화하였다고 하였다.

그러므로 그녀는 남경정부 건국 후 민중교육도 시대에 부응하여 교육 형식이 학교나 교육 기관에 국한하지 않고 대다수 교육받지 않은 국민에게 나아가며 교육의 역량으로 사회를 개조하고 향촌을 건설하여 대중의 참가와 노력을 이끌어내는 것으로 그 목표를 바꾸었는데 대다수 민중이 농촌사회에 있으므로 이후에는 특별히 농촌의 부녀를 그 대상으로 해야 한다고 강조하였다. 즉 여자교육은 사회적으로 바로 사회 개조와 향촌 건설을 농촌 부녀의 교육을 통해 이끄는 데 있는 것이며 모두 이를 명확히 인식해야 한다고 주장하였다.

이러한 주장은 기존의 여성교육이 소수 지식인 도시 여성을 중심으로 교육하자는 것을 비판하고 광범위한 농촌 여성의 현실과 그들에게 시선을 돌릴 것을 지적하는 것이었다. 그러므로 도시 여성과 달리 농촌 여성에게는 그들에게 필요한 교육을 주어야 한다고 하였다.

그녀는 여자교육도 경제적 영향을 받지 않을 수 없다고 보고 중국의 농촌 부녀의 대다수는 여러 생산활동을 하고 있으나 당시 여러 농촌을 살펴보면 여전히 18세기와 같이 경제권이 남자의 수중에 있어 여성은 그 생산과 교육에 영향력을 행사하지 못하는 실정이라고 하였다. 도시의 모던 여자도 소비 습관만 익힌 실정이라 양자 모두 문제가 있다고 하였다.

따라서 시대의 수요에 맞추어 여자교육도 여자의 특징을 발전시키고 여학교의 목적을 남자학교와 접근시키며 특히 직업교육을 중시하고 가사 경제를 익혀 가정 직무를 준비시켜야 한다고 하였다. 여기서 가사 경제란 가정 경제에서 동등한 경제력을 지녀야 한다는 의미로 해석된다.

이렇게 생산교육을 강조한 배경은 자신의 중국 경제 상황의 분석에 근거하기 때문이었는데 그녀는 중국은 현재 농촌 경제도 붕괴되고 공업도 발전하지 못하는 실정이라고 하고 이는 불평등조약의 철폐로 관세자주화(關稅自主化)를 회복하여 제국주의의 침략에서 벗어나고 봉건잔재를 없애서 군사의 수를 줄이고 잡세를 폐지하여야 극복될 수 있다고 보면서 경제의 발전이 중요함을 강조하였다. 그러므로 이러한 관점은 전국 민중에게 교육 기회를 주어 생산의 효능을 증가시키고 적당한 소비를 하게끔 하고 분배 원칙을 합리화시키는 것이 필요하다는 주장에서 비롯된 것으로, 즉 민중의 생산교육 강조를 주장하게 했던 것이다.

또한 중국의 경제적 발전이 강조된 것은 그녀가 다른 나라들의 경험을 고찰한 결과와도 관련이 있었다. 당시 덴마크의 농촌합작사 사업의 발달이 가장 두드러졌는데 덴마크는 민중고등학교의 학생들이 이 사업을 주도하면서 상당한 성과를 거두었고 유경당은 이를 교육의 역량으로 경제 조직을 건전화하여 국가 경제를 발전시킨 예라고 평가하면서 여자 교육의 발전도 농촌의 경제 발전과 맥락을 함께하는 경제교육이라고 파악했다고 할 수 있다.

그렇다면 중국여자교육이 개선해야 하는 점은 무엇인가. 여자교육의 기회를 보편화시켜야 하는데 특히 농촌 건설과 향촌 부녀교육에 주력해야 하고 남녀가 공동으로 공공사업에 참가하도록 한다. 다음으로 여자 중학의 과정을 고쳐서 단순한 진학 준비만 하지 말고 다양한 직업교육의 기회를 줄 수 있도록 한다. 그 과정을 다양화하여 농사, 잠상, 원예, 축목, 칠죽공, 전기 수리, 촬영, 인쇄, 부기, 회계, 문서, 간호, 조산, 육아보육, 가정 경제 등등으로 하며 교육 인재를 훈련하여 유치원, 소학교사, 민중교육복무원 등으로 양성해야 한다고 주장하였다. 즉 구체적인 직업교육을 주장하였다.

중국의 신시대 여성은 자유와 낭만에 빠져 장래의 국민이 될 유아에 대한 임무를 망각하고 있다고 하면서 유아보육과 가정 경제도 반드시 여자 직업 과정의 하나로 해야 하지만 2억 여성을 모두 현모양처로 만드는 것에는 찬성할 수 없다고 하였다.

아울러 학제 계통을 개선해야 한다고 하고 교육 내용이 민중의 생활과 국가의 수요에 적합하게 해야 하며 각각의 개성을 발전시킬 수 있도록 과정을 분화하고 보국애국(保國愛國)의 관념을 심을 수 있도록 하며 여러 단계의 활동을 통해 진학과 연수의 기회를 부여해야 한다고 하였다. 교육은 사회 개조의 책임을 지니고 있으며 또한 입국의 근본 방법이므로 전체 중국교육의 발전이 여자교육의 발전을 가져오는 가장 유효한 방법이라고 하였다.

또한 여자를 남자의 조수로 생각하거나 가정상의 일원으로만 생각하고 사회상의 일원으로 생각하지 않는 이러한 생각은 여자의 권리를 망각하게 하는 것이라고 한다고 지적하고 교육을 받을 권리는 천부적인 것으로 이것은 여자도 예외는 아니라고 하였다. 그러나 과거의 여자교육은 전통적인 교육에서 벗어나지 못하였고 고상하고 소비적인 교육에 불과하여 사회성의 공헌은 거의 하지 못하였다고 하였다.

그녀는 교육이 점차 농촌의 대다수 여성으로 확대되고 있는 상황이지만 농촌 사회의 쇠락으로 인해 여성 계층이 가장 고통받고 있다고 하였다. 현재 농촌 여자교육의 중요성이 제기되면서 생활개선을 위한 여러 노력이 전개되고 있다고 하고 그 예를 평민교육을 촉진시킬 것을 목적으로 한 정현실험구(定縣實驗區)를 상세히 소개하기도 하였다. 1932년 농촌가정회를 조직하면서 주부회, 규녀회, 소녀회 등등을 조직하여 농촌의 여자교육을 실시하여 일 년 만에 성과를 거둔 것에 대해서 가정의 노인의 윤허를 받고 남자들의 도움을 받아 가능했다고 긍정적으로 보았다. 또한 강소성립교육학원도 농촌 여자교육을 중시하였는데 부녀학교와 민중학교에서 교육의 기회를 주었다고 하면서 북하(北夏)실험구 제5계 민중학교도 여학생을 39%를 받았고 4계 민중학교 학생은 여학생을 30.6%를 받았던 점도 소개하였다. 특히 과정에서 여자개진회(女子改進會)를 조직하여 정치 활동의 능력과 대중 복무의 정신도 훈련시킨 점을 중시하였다. 또한 이러한 모든 농촌 교육 활동이 여자교육의 중요한 현상이 되었다고 하였다.

교육은 대중의 권리이나 경제력이 없는 경우 교육을 받을 수 없어 결국 80% 이상이 문맹인 것이 현실인데 여기에 중남경녀(重男輕女)의 관념까지 있어 여자 식자인은 더욱 적을 수밖에 없었으나 최근 여자교육 대중화운동이 점차 보편적으로 일어나고 있다고 하였다. 강소성립교육학원은 향촌의 교육 실험을 하는 외에 도시에서도 빈곤한 가정의 여자, 즉 공장의 여공이나 수공업자도 고려하였다. 중화기독교청년회는 전국에 3개의 향촌공작지구 외에 10여 개의 도시공작지구를 두고 여자교육을 발전시켜 나갔는데 이러한 여자교육의 대중화 노력은 이미 새로운 단계로 나아갔음을 보여준다고 하였다.

앞에서도 지적되었듯이 유경당이 여성의 권리는 여성이 찾으려 노력한 구미를 본받아야 한다고 하였듯이 중국의 현실에서는 여자는 국민의 하나로서 남자와 마찬가지로 민족 부흥의 책임이 있다고 하였다. 9·18 이후 부저항으로 천리를 잃은 뒤 전국 상하가 각종 구국운동을 벌여나

가고 있는데 여자도 참여해야 한다고 하였다. 1·28항전 때 남양에서 귀국한 부녀들이 각종 식품을 항전장병들에게 날라다준 것이나 상해 각계의 부녀단체들이 부녀계구국대동맹을 결성하여 2,000여 명이 대일경제 절교를 선서하고 각 학교의 여학생들이 모금운동과 방독면구나 의복을 만들어 병사들에게 보낸 것, 이렇게 국가를 위해 민족을 위해 희생하는 정신은 부녀운동에서 중요한 부분이라고 하였다. 이후 여자교육은 민족사상을, 민족부흥의 정신을 지니도록 교육해야 한다고 하면서 강소성교육청이 양주중학에 초급여자생활학교를 부설하고 인내의 정신, 실용 지식을 가르치는 외에 국민 고유의 미덕을 발양하고 애국 정신을 계발시킨 것이 그 예라고 하였다. 또한 이러한 생활화 교육은 과거의 공허한 교육의 문제를 없앨 수 있다고 하였다.

이러한 주장을 종합해볼 때 당시 여성교육이 소수의 중등, 고등교육을 받는 도시의 여성에 국한되고 있음을 비판하고 대다수 농촌의 부녀 여성과 도시의 빈민층 혹 노동자 가정의 여성에게 그들의 권리와 지위를 보장해줄 수 있는 실질적인 교육을 강조했음을 알 수 있다. 또한 가정 내에서의 현모양처 교육만이 아닌 다양한 직업을 지닐 수 있도록 하기 위해 교육 보급을 통해 그 기회를 더욱 확대하는 것이 급선무임을 강조하고 있다. 그러나 이러한 여성교육은 국가의 건설, 민족부흥운동과 일체되어 진행돼야 한다고 주장하였고 여성교육은 이것을 벗어날 수 없다고 강조하였다. 그녀는 자주적인 중국의 건설이 중요한 당면 과제이고 여성의 해방도 여기에 기여함으로써 가능하다고 인식했던 것으로 보인다.

04 맺음말

　　　　　　　　　　　　　이상으로 유경당의 민중교육론의 전개와 그 속에 나타난 여성교육론의 내용과 그녀의 활동을 대략적으로 살펴보았다. 그녀는 남경정부 시기 정부의 교육행정관료로서 민중교육가로서 활약했다. 그러나 남경정부의 교육 방침과 거리를 두고 자신만의 독자적인 민중교육론을 전개해나갔다. 그것은 그녀의 민중교육론이 중국의 구국(救國)이라는 전제에서 출발하였기 때문이며 교육 구국의 신념이 바탕이 되었기 때문이었다. 즉 교육을 통해 대다수 민중에게 생활에 필요한 실질적인 능력을 키워주고 이것이 결국 중국의 저력을 키워줄 것이라는 믿음이 그녀의 민중교육론의 근간이 되었다고 할 수 있다. 특히 민중교육의 범위를 단순한 학교교육으로 국한시키지 않고 전 생활에 걸친 것으로 대상도 아동, 여성, 성인을 모두 포괄하는 것으로 여겼다는 점에서 그녀만의 독창성이 존재한다고 볼 수 있다.

　그리고 민중의 저력에 대한 믿음과 신뢰를 기반으로 한 민중교육을 실시, 실제적인 경제 능력을 배양하고, 특히 농촌 개량의 힘을 키워 경제적으로 부강한 국가를 지향했다는 특징도 지니고 있다. 이것이 남경정부의 교육정책과 부저항정책(不抵抗政策)을 비판했던 근거가 되었다. 그녀에게 중국의 건설은 남경정부와 국민당만의 국가가 아닌 전 민중의 국가였기 때문이었다.

　특히 여성은 직업을 통해 생산력을 갖추고 국가에 기여할 뿐 아니라, 경제력을 바탕으로 독립을 이룰 수 있기에 그 기반이 되는 여성교육은 매우 중요하다고 지적하고 남경정부의 현모양처 교육을 비판하였다. 이에 대한 대안으로 직업교육과 대다수 농촌 여성과 도시 빈민 여성을 위한 교육 정책의 필요성을 강조하였다.

그러나 당시, 직업교육과 생산교육 자체가 제대로 실현되지 못하던 실정에서 여성의 직업교육에 대한 주장은 오히려 여성 노동력이 착취될 우려는 없었는가 하는 의문이 든다. 또한 교육으로 구국을 할 수 있다는 교육구국론이 오히려 국가 건설의 참여에 제한을 가할 수도 있었을 것이다.

그러나 교육을 통한 여성의 경제력 향상과 이를 통한 국가 건설의 기여라는 여성교육론은 당시 광범위한 농촌 여성의 실상을 고려할 때 농촌 여성에 대한 식자교육(識字教育)을 기본으로 하는 각종 직업교육을 중시함으로써 당시 중국 현실에서 여성 문제를 해결할 하나의 대안이 될 수 있었다는 점에서 유경당 여성교육론의 의의를 찾을 수 있을 것이다.

필자 소개
(본문 게재순)

김선주　국립대만대학교 박사. 증산도사상연구소 연구원.
　　　　중국고대법제사 연구. 「진율의 형성과 발전」, 「진시황의 법령통일에 대하여」 외.

배진영　이화여자대학교 박사. 전북대학교 사회교육학부 강사.
　　　　중국고대사 연구. 「중국고대 연문화연구-연문화의 형성과 전개」, 「연국의 5군 설치와 그 의미」 외.

문현실　이화여자대학교 석사.
　　　　중국여성사 연구. 「후한의 후비 임조칭제에 관한 고찰」.

김성희　이화여자대학교 사학과 박사. 동덕여자대학교 강사.
　　　　위진남북조사 연구. 「북위의 문하시중」, 「북위 문명태후의 시대」 외.

이성규　서울대학교 박사. 서울대학교 동양사학과 교수. 학술원회원.
　　　　중국고대사 연구. 『중국고대제국성립사 연구』, 「중국고대제국의 통합성 제고와 그 기제」 외.

이명화　이화여자대학교 박사. 한양대학교 강사.
　　　　중국고대사 연구. 「춘추시대 오문화의 기원과 형성」, 「춘추시대 오국의 패권에 관한 분석」 외.

육정임　고려대학교 박사. 고려대학교 민족문화연구원 연구교수.
　　　　송대 가족사, 여성사 연구. 「송대 유촉에 의한 상속」, 「송대 분할상속과 가족」 외.

권현주   이화여자대학교 사학과 박사과정 수료.
        중국현대여성교육사 연구.「중국근대여자교육제도 성립에 관한 연구」,「명대 여성교육의 사회적 변형 연구」외.

이승은   이화여자대학교 지역연구 박사과정 수료.
        중국현대여성사 연구.「동학사상에 내재한 유교적 요소의 분석적 고찰」외.

김염자   서강대학교 박사. 이화여자대학교 사학과 교수.
        중국여성사, 사학사 연구.「국민혁명기의 부녀운동」,「항일구국기 중국부녀운동의 특성 연구」외.

조세현   북경사범대학교 박사. 부경대학교 인문사회과학대학 사학과 조교수.
        중국근현대사, 동아시아 근현대 사상(문화)사 연구.『동아시아 아나키즘, 그 반역의 역사』,「보이틴스키의 중국 방문과 '사회주의자동맹'」외.

김문희   부산대학교 사학과 박사과정 수료. 신라대학교 역사교육과 겸임교수.
        중국현대정치사, 중국여성사 연구.「팽배와 해륙풍 농민운동」,「고교 교과서에 나타난 중국 여성 관계 서술에 대한 고찰」외.

지현숙   이화여자대학교 박사.
        중국현대여성사 연구.「남경국민정부의 국민통합과 여성」,「1930년대 중국의 부녀회가논쟁과 남경정부」외.

천성림   이화여자대학교 박사. 배재대학교 사회과학연구소 연구교수.
        중국근현대여성사, 사상사 연구.『근대중국 사상세계의 한 흐름』,『산업화가 유교체제하 중국 여성의 지위에 미친 영향』외.

윤혜영   서울대학교 박사. 한성대학교 역사문화학부 교수.
         중국현대정치사, 여성사 연구. 『중국현대사연구』, 「빙심(1900-1999)
         과 5·4운동」외.

이양자   영남대학교 박사. 동의대학교 인문학부 사학전공 교수. 중국사학회
         회장.
         중국 여성을 통해서 본 중국현대사 연구. 『송경령 연구』, 『조선에서의
         원세개』외.

전동현   이화여자대학교 박사. 이화여자대학교 사학과 강사.
         중국현대정치사상사 연구. 「중국국민혁명기 삼민주의연구」, 「자유주
         의 시각에서 본 훈정과 인권」외.

최은진   이화여자대학교 박사. 이화여자대학교 사학과 강사.
         중국근현대교육사 연구. 「12·9운동기 학생운동에 관한 일고찰-북평
         학련의 활동을 중심으로」, 「남경국민정부 시기(1928-1937) 절강성의
         소학교육 확대와 국민 양성」외.